ジョン・フォード論

蓮實重彦 Shiguéhiko Hasumi

文藝春秋

目次

à Chantal

ジョン・フォード論

始まりにさきだって

ここに『ジョン・フォード論』として読まれようとしている書物は、いわゆる「研究書」ではなく、あくまで批評のたえざる実践として提示される。その内容は、2005年（平成17年）3月号から2021年（令和3年）4月号まで、それぞれ異なる時期に雑誌『文學界』に掲載されたテクストをもとにしており、「序章　フォードを論じるために」、「第一章　馬など」、「第二章　樹木」、「第三章　そして人間」、「第四章　――『囚われる』ことの自由――」、「第五章　身振りの雄弁　あるいはフォードと『投げる』こと」、「終章　フォードを論じ終えぬために」の五部構成からなっているが、「終章」をのぞいて、書籍化にあたってほぼ全面的に書き改められている。

この書物が分析の対象としているのは、『誉の名手』（1917）から『荒野の女たち』（1965）まで、ジョン・フォードがその存命中に監督した作品に限られ、そのプリント――かりに一部しか残っていなくとも――が現存しているすべてのフィクションの作品である。そこには、『竹の十字架』（1955）をはじめとするテレビ向けの短編、中編映画も含まれるが、原則として、初出時に題名のあとに公開年度を括弧内に示すこととする。こうした作品の題名の現綴は、最後にまとめられた「主要監督作」に記されているが、それはフォードの全作品を網羅するものではなく、あくまでこの書物で言及した作品に限られている。他の監督の作品についても、同様の処置が施されるだろう。

『Ｓｅｘの衛生』（１９４１）に始まるフォードのいわゆるドキュメンタリー作品への言及は、アカデミー賞を獲得した『ミッドウェイ海戦』（１９４２）などのようにどれほど興味深い出来映えにおさまっていようと、あえて避けられている。グレッグ・トーランドとの共同監督作品でフィクション的な色彩の濃厚な『十二月七日』（１９４２）の場合も同様である。この書物における「ジョン・フォード」という名前は、書かれるに従って刻々とその姿を変えて行くいわばフィクションの存在に与えられたとりあえずの名前にほかならず、それを正当化するものは撮られた作品でしかない。だから、合衆国東部のメイン州でアイルランド系の両親から１８９４年にショーン・アロイシャス・オフィーニーとして生まれ、西海岸のカリフォルニア州で１９７３年にジョン・フォードとして没したという現実――とは何か？――の存在にかさなりあうことはいっさいないからである。

作品分析の過程で参照した文献は、外国語の著作の場合、邦訳のあるものはその題名を『インタビュー ジョン・フォード』（ピーター・ボグダノヴィッチ）のごとく記し、邦訳のないものは著者による翻訳題名を『ジョン・フォード――人とその作品』（タグ・ギャラガー）のごとく示した。論文は、外国語文献の場合は、題名の日本語訳を提示した上でShigehiko Hasumi,《Touching the Glossy Coat of a Horse — John Ford's *Kentucky Pride*》, Undercurrent, Fipresci, Issue #5, 2009のごとく記し、日本語文献の場合は「思わず触れたくなるような艶やかな馬の毛並みにキャメラを向ける――ジョン・フォード監督の『香も高きケンタッキー』について」（蓮實重彥『映画時評２００９-２０１１』、講談社、２０１２）と記すこととする。なお、巻末の「主要参照資料」は、いわゆる「フォード研究」にふさわしいテクストを網羅するのではなく、あくまでこの書物で言及したものに限ることとする。

最後に、作品の登場人物とそれを演じる男女の俳優との関係について。一般の「研究書」では、まず役名を挙げ、それを演じている役者の名前をその直後に括弧で括るという習慣が定着しているが、それに従うことはせずにおく理由を説明する。例えば『リオ・グランデの砦』（1950）の場合、ジョン・ウエインが演じているのが「カービー・ヨーク中佐」であり、その別居中の妻「キャサリン」を演じているのがモーリン・オハラであることはいうまでもない。実際、ヨークという姓は点呼の際の息子の返答で声として作品に導入されているし、妻のファースト・ネイムがキャサリンであることも、作中で歌われる曲の題名によって強く印象づけられている。だが、月影を浴びながらサンズ・オブ・ザ・パイオニアーズの歌う《I will Take You Home Again, Kathleen》に聞き入っている二人は、もはや「ヨーク中佐」でも「ヨーク夫人」でもなく、被写体となっているジョン・ウエインを芸名とする男優と、モーリン・オハラを芸名とする女優以外の何ものでもない確かな人影におさまっている。それは、『静かなる男』（1952）の猛烈な風の中での二人の抱擁が、ショーンとメアリー・ケイトという作中人物の範疇を超え、ジョン・ウエインとモーリン・オハラという俳優そのものの生々しい存在感を画面に露呈させてしまっていることと変わりがない。そうした理由によって、ここでは、「作中人物名（それを演じる俳優名）」といういわゆる「研究書」的な慣習を守ることはあえてせずにおく。

序章　フォードを論じるために

『アパッチ砦』よりヘンリー・フォンダ演じるサーズデー中佐

憎悪は増殖する

アルジェリア戦争のさなかに徴兵を忌避したことで母国フランスには住めなくなり、亡命先の西ドイツ――ベルリンの壁の崩壊よりはるか以前のことである――でダニエル・ユイレとともに難儀しながら映画活動を始めたジャン＝マリー・ストローブは、やがて『妥協せざる人々』（1965）や『アンナ・マグダレーナ・バッハの日記』（1968）の成功で、ニュージャーマン・シネマの中心的な逸材と見なされるようになる。そのストローブは、1975年、共同監督の地位にある伴侶のダニエルをともない、晴れて合衆国に足を踏み入れる。亡命者として、西ドイツをはじめ、スイスやイタリアに住むこともあった彼らにとって、これが初めてのアメリカ訪問である。ふたりの最近作『モーゼとアロン』（1975）が、ニューヨーク映画祭の招待作品に選出されたからだ。

彼らの作品の日本初公開は『アンナ・マグダレーナ・バッハの日記』が1985年のことだから、これは異例に早い国際的な認知の機会だといえる。だが、用意されていたニューヨークのホテルに着くなり、この厄介な亡命者たちは、いきなりジョン・フォードの映画が見たいといいだして、映画祭のプログラム・ディレクターであるリチャード・ラウドを混乱に陥れる。いったい、なぜ、いま、ジョン・フォードなのか。そこにストローブ＝ユイレの側からの挑発の意図があったとは思わないが、なぜフォードなのかが、ラウドにはまったく理解できなかったのである。

すでにゴダールをめぐる著作（『ゴダールの世界』）があり、のちにアンリ・ラングロワについての書物（『映画愛――アンリ・ラングロワとシネマテーク・フランセーズ』）をも書くことになる映画祭ディレクターのラウドは、アメリカ人でありながらもフランスの批評誌「カイエ・デュ・シネマ」《Cahiers du cinéma》の同伴者的な存在と見なされており、どちらかといえば「前衛」的といってよい批評家である。彼は、まだ三本の長編映画しか撮ったことのない国際的にもほとんど無名だったジャン＝マリー・ストローブをめぐる書物『ストローブ』（1972）を世界で初めて刊行したことで、批評界の注目を集めていた。その冒頭部分に、ロベール・ブレッソン、ジャン・グレミオン、ジャン・ルノワール、ゴダールといった名前をストローブが好む作家たちだと書いているラウドは、ごく当然のことのように、『モーゼとアロン』の作者を「カイエ・デュ・シネマ」系の「前衛作家」とみなしていた。その「前衛作家」が、「古典的」というよりむしろ「保守的」とさえみなされていたジョン・フォードに関心をいだくことなど、あってはならないとラウドは考えていたはずである。『モーゼとアロン』のクレジットによれば、ストローブとユイレの名前は、製作、監督、編集の各部門にともに連ねられており、現在なら、監督名としてはジャン＝マリー・ストローブとダニエル・ユイレという二つの名前を列挙するのが普通であり、ストローブ＝ユイレと表記することもひろく受け入れられている。だが、リチャード・ラウドがその書物の題名として選んだのは、あくまでストローブひとりの名前でしかなかった。もっとも、それは「時代」のなせるわざとして、ひとまず容認することもできるかと思う。ところが、ストローブ＝ユイレは、ラウドにとってはすでに「終わった」監督にほかならぬジョン・フォードをぜひとも見たいといいはって聞かない。おそらく、その意思疎通の困難さにも「時代」が介在していると見てよかろうと思うが、それがいかなる「時代」であったのかは、のちに詳しく触れることにする。

ブレッソンやルノワールやジャン・グレミオンならともかく、フォードが好きだなんてことを、お前さんはどこにも書いたことがなかったはずではないか。「カイエ・デュ・シネマ」誌の記事には精通していたはずのラウドは、ひそかにそうつぶやいたはずである。だが、ストローブ＝ユイレの意志は頑固なまでに硬い。かくして、想像もつかない事態に遭遇して混乱したニューヨーク映画祭のディレクターは、同じ都市に暮らしていたひとりのフォード・マニアの青年に声をかけ、ひとまずふたりを彼に託して厄介ばらいすることに成功する。『モーゼとアロン』のニューヨーク映画祭での上映がどのような反応を導きだしたかについては、今日あまり語られることがない。仔細に探ってみればしかるべき批評テクストにはたどりつけるだろうが、いまはそうしているときではない。ところが、ストローブとユイレという厄介なふたりを託されたフォード・マニアの青年が彼らをどう遇したかの詳細は、いまでもよく知られている。彼は、ふたりを自宅に連れて行き、『戦争と母性』（1933）と『ドノバン珊瑚礁』（1963）の二本を、所蔵の16ミリ・プリントから選んで上映して見せたというのである。デヴィッド・ボードウェルがその小津論（『小津安二郎——映画の詩学』）を執筆中に16ミリフィルムを参照していたように、DVDなどまだ存在してはおらず、ヴィデオの質もまだまだ劣悪だったこの時期、16ミリを収集することの方が、合衆国の研究者たちの間ではるかに推奨されていたのであり、むしろそれが常道だったとさえいえる。

それまで未知だった青年のアパートの床に座りこんだストローブとユイレは、すでに触れておいたフォードの二作を見てたいそう喜んだようだ。「ストローブは頬を紅潮させながら、自分が映画でやってみせたいのは、ジョン・フォードと溝口健二を結びつけることだ」とつぶやいたという。1975年までこの二本の作品を見ていなかったというのだから、このふたりもまた、ジョン・フォードについてはほとんど素人同然の存在だったといえる。だが、それについてはのちに触れるとして、いまは、どうしてそのように些細でプライベートな逸話が、40年後のいまにも伝えられているのかを知ることが肝心なのである。それは、ふたりを自宅に招待したそのフォード・マニアの青年が、のちにその言葉に耳を傾けるにたる信頼のおける研究者となり、個人的な想い出として、1975年のストローブ＝ユイレを自宅に招待した日の例外的な体験を、回想記として書きとめているからなのである。フォード・マニアの青年は、やがて『ジョン・フォード——人とその作品』を出版することになるタグ・ギャラガーその人だったのである。

もちろん、ジョン・フォードをめぐる書物なら、合衆国をはじめとする英語圏にはいやというほど存在している。フォードに対する敬愛の念をいっときも隠したことのない映画作家のピーター・ボグダノヴィッチの『インタビュー　ジョン・フォード』をはじめ、無声時代のフォードの西部劇に重要な役割を演じた名優ハリー・ケリーを父に持ち、みずからもフォード作品の重要な助演俳優だったハリー・ケリー・ジュニア（『英雄たちの仲間』）、『ジョン・フォード伝――親父と呼ばれた映画監督』などの関係者たちがあれこれ書いている（註1）。また、名高い批評家のジョゼフ・マックブライド（『ジョン・フォードを求めて』）やスコット・エイマン（『伝説を活字にせよ』）による浩瀚な評伝も存在している。さらには、フォードをアメリカ海軍のスパイだと断定している――どうやらまんざらの出鱈目でもなさそうだ――イギリス人のアンドリュー・シンクレアの伝記（『ジョン・フォード伝』）まで存在しているという現状でギャラガーの著作を評価するとしたら、とりわけフィルモグラフィーなどのアーカイブ的な詳細さからして重要な著作と見なすことができるだろう。ただ、書誌学的な詳細さという点では、現在のところ、ビル・レヴィの『ジョン・フォードの伝記＝書誌』（*John Ford – A Bio-Bibliography*）がもっとも充実しているといえる。ごく最近の著作としては、スー・マシソンの『ジョン・フォードの西部劇と戦争映画』（２０１６）が挙げられようが、フォード晩年の、おそらくはその病床で行われたものだろうきわめてプライベート性の高いキャサリン・ヘップバーンとの対話などを記録した音声資料（インディアナ大学のブルーミントン校リリー図書館にテープのかたちで所蔵されている）に対する敏感さもそなえた書物であることは間違いない。

もっとも、マックブライドはスピルバーグをはじめ、キャプラやホークスなどについての著作を持ち、エイマンもまたルビッチをはじめ、メアリー・ピックフォードのような女優まで論じてもいる職業的な映画批評家である。それと比較してみると、ギャラガーはあくまでフォード・マニアとしてフォードを論じているという違いが明確に認められる。彼には、映画批評家として多くの作家や作品を論じようとする意思など、あまりなさそうに見える。だが、1975年にストローブ＝ユイレを自宅でもてなしたフォード・マニアの青年が、それから十数年後に、ジョン・フォードをめぐる世界的な「権威」のひとりとなっていたのは確かな事実なのである。

タグ・ギャラガーの書物は、かなりの加筆や訂正をともない、新たな文章をも含め、六倍ものイラストレーションに彩られた『ジョン・フォード、彼自身とその映画たち』という独立した新たな書物となって、2017年にKindleヴァージョンとして刊行されている。だから、ことによると、リチャード・ラウドにはフォードの作品を見る目はともかく、人を見る目だけはあったというべきかもしれない。そこで、ラウドが囚われていた「時代」がいかなるものであったかを、タグ・ギャラガーの回想記を通して見てみることにする。

オーストラリア系のサイトマガジン「センシズ・オブ・シネマ」《Senses of Cinema》誌の37号に発表した「具象化されたモノノナミダ」《*Lacrimae Rerum* Materialized》というウェルギリウスに想をえた題名の回想録——これまでの記述は、それに多くを負っている——で、この時期のニューヨークに住むものたちの多くは、「フォードを憎悪する道徳的な義務感」《a moral duty to hate Ford》を覚えていたと述べている。なぜなら、「フォードの作品は、人種差別、軍国主義、家父長制、愛国主義、感傷主義、絵に描いたような古くささ、図式化された因習主義を祝福しているといわれていたからだ」と書くタグ・ギャラガーは、だからリチャード・ラウドもまた、そうしたニューヨーク的な「道徳的な義務感」（！）を共有しつつ、フォードをまともな作家とは見なしていなかったはずだといっているのである。

だが、それにしても、1975年のニューヨークでは、何という野蛮な事態が生起していたのだろうか。その2年後の1977年には、わたくし自身が「ジョン・フォード、または翻える白さの変容」（『映像の詩学』、筑摩書房、1979）を発表して、日本の批評界に挑戦状をたたきつけたのとほぼ同時期にあたっているが、そのことをもって、合衆国よりも極東の小さな島国の方がフォード理解については進んでいたなどといいはるつもりはさらさらない。しかし、遺作となった『荒野の女たち』（1965）の異様な美しさに心を打たれ、世評に逆らってでもフォードを擁護する批評家がニューヨークにほとんどいなかったことは、いまなお不思議でならない。もちろん、『ジョン・フォード　映画の神秘』の著者となるアンドリュー　サリスは、「ヴィレッジ・ボイス」紙の1966年5月26日号に『荒野の女たち』を賛美する短い記事を発表しているが、それはあくまで少数派にとどまっていた。実際、フォードの死にあたって「ニューヨーク・タイムズ」紙に追悼文を発表したロジャー・グリーンスパンのもとには、反＝フォード主義者たちからの批判の手紙がたくさん寄せられたというのだから、嘆かわしいことというほかはない。それは、わたくしが映画批評を書き始めた1970年代の初頭に直面していた難題——マキノ雅弘とジャン＝リュック・ゴダールを同時に愛好しつつこれを論じるにはどうすればよいかという——を方法的に解決しようと試みたものが、この都市にほとんど存在していなかったことを証明しているように思える。

その後、事態は好転したとギャラガーは書いているのだから、誰もがほっと胸を撫で下ろす。「今日、事態は変化している。ニューヨークのものたちは、アカデミックな連中たちはともかく、邪悪な主義主張に対する弾劾ゆえにフォードを賛美し、彼の作品の繊細で、豊かで、真性の芸術ゆえにフォードを賛美している」と彼は書いている。実際、彼自身によるフォード論は、そうした「賛美」の視点から書かれたものである。だが、ギャラガーの指摘にもかかわらず、いまなおそうした時代遅れの「道徳的な義務感」に囚われているのが、優れた映画作家と呼ばざるをえないクエンティン・タランティーノであることには、触れておかざるをえない。

自作の『ジャンゴ 繋がれざる者』（2012）をめぐる「ザ・ルート」《The Root》誌のインタビューで、タランティーノは、「自分にとって、アメリカ西部劇のヒーローは、間違いなくジョン・フォードではない。ごく控えめにいっても、このおれは彼を憎悪している」と述べている。ところが、その理由として彼が挙げているものは、タグ・ギャラガーが「フォードの作品は、人種差別、軍国主義、家父長制、愛国主義、感傷主義、絵に描いたような古くささ、図式化された因習主義を祝福しているといわれていた」と書いていたものにほぼ相当している。すなわち、ここでのタランティーノは、みずからの若かりし日に流通していた「フォードを憎悪する道徳的義務感」がいまなお有効であるかのように勘違いし、その後のフォードをめぐる批評史的な変遷にも無知なまま、フォードの作品をじっくりと見直す機会も持とうとせず、結局のところは古くさい「紋切り型」を口にしているだけなのである。

タランティーノのこの「暴言」をめぐっては、「フィルム・コメント」《Film Comment》誌の2013年の5／6月号の「イントレランス」《Intolerance》という長いテクストでケント・ジョーンズが詳細に批判しているので、それにつけ加えるべきことは何ひとつ存在しない。ジョーンズの論述は、タランティーノがフォードの作品をほとんどまともに見ていないことを雄弁に証明していたからである。また、タランティーノがとりわけ好んでいるというリパブリック系のウィリアム・ウイットニー監督にしても、ヘンリー・ブランドン主演の中編シリーズ『フー・マンチューの太鼓』では、東洋人に対する侮蔑的な演出をしているではないかと追い討ちをかけている。これに対してタランティーノはいかなる反論も試みてはいないが、ここで気になるのは、1975年当時の「フォードを憎悪する道徳的な義務感」がいまなおどこかしらに生きのびており、ふとした隙に顔を覗かせぬともかぎらないということだ。実際、故のない「憎悪」の共有ほどしぶとく増殖するものも、またとないからである。

ブレヒト的な映画作家？

あるとき、まるで「天啓」に打たれたかのように、フォードの素晴らしさに目覚めた。そう告白しているのは、パトリス・ロレとニコラ・サーダ共編の『ジョン・フォード』（1990）で、ダニエル・ユイレとともにインタビューに答えているジャン＝マリー・ストローブである。1965年、スイスで『妥協せざる人々』の字幕入れの作業――ドイツ映画であるだけに、フランス語のスーパーを入れていたのだろう――に没頭していたとき、たまたまジュネーヴの場末の小屋で『アパッチ砦』（1948）を見たことが「天啓」だったというのである。この作品のフランス公開は1948年のことだが、それに続く文脈からすると、どうやらストローブはこの「騎兵隊」三部作の第一編を、それまで見たことがなかったらしい。彼はこう述べているからだ。

「当時、これは素晴らしい作品だが、不幸にして――サドゥール（註2）などを読んでほしい――ハッピーエンドで終わっていると誰もがいっていました。ところが、われわれは、そのハッピーエンドなるものが、作品の残りのすべての部分にもまして苛酷なものであることを発見したのです。そのハッピーエンドとは、ジョン・ウエインの記者会見の場面であり、その背後の壁には、映画でいま見たばかりの戦闘を賛美する絵画が掛けられている。記者たちはジョン・ウエインに向かって、それは本当にそこに描かれている通りだったのか、カスター将軍はいわれているように偉大だったかと訊く。ジョン・ウエインは、『殺人狂時代』で検事が『紳士淑女諸氏、この極悪非道の男を見て下され』というのを耳にしたときのチャップリンのように、振り返ることがない。ジョン・ウエインは、背後の絵画に目をやり、やや躊躇してから向き直り、こういうのです。『そう、まさしくその通りでした』。彼は記者たちを送りだし、カスターがかぶっていたような彼の軍帽をかぶる。その瞬間、フォードは、そう思われていたような作家でないばかりか、そういわれていたような作家ですらな

『アパッチ砦』より

いと認めざるをえなかったのです。ジョン・ウエインですら、記者たちが目にしているその絵画が卑しむべきものだとは、いえないからです」（102頁）。

ただ、ここでのストローブは思いもかけぬ記憶違いを犯しているし、そこにちょっとしたいい間違いさえ含まれている。まず、記者会見の行われているアパッチ砦の貴賓室には、「映画でいま見たばかりの戦闘を賛美する絵画」など掛けられてはおらず、ヘンリー・フォンダ、すなわちサーズデー中佐の大きな肖像画が見えているばかりである。その戦闘を賛美する絵画とは、記者のひとりが話題にしているものにすぎず、このときおそらくは中佐に昇任しているはずのジョン・ウエインは、この前ワシントンに行ったときに見たことがあると答え、それは細部にいたるまですこぶる「忠実」に描かれていると語っているのである。また、記者たちを送りだしながら彼がかぶるのは、もちろん実在のカスター将軍のものではなく、フィクションである『アパッチ砦』の登場人物にほかならぬ故サーズデー中佐が好んでかぶっていたのと同じもので、長くて白い帽垂布がその首の後部を覆っている軍帽でしかない。

だが、こうした細部の不正確さにもかかわらず、ここでストローブが指摘したかったことは、明確きわまりない。「ジョン・ウエインですら」と彼がいっているのは、百戦錬磨の酋長コーチーズ（ミゲル・インクラン）に指揮されている――とはいえ、彼もまたできれば闘いを回避しようとしている――インディアンに対して、四列縦隊で真正面から突撃するという命令を下す上官ヘンリー・フォンダに向かって、「それは自殺行為だ！」と言い放ち、いきなり馬の手綱を引いて激しく振り返り、制服の一部ともいうべき軍手袋を地面に思いきりたたきつけてまで命令に同意しなかったほどの彼にしてからが、というほどの意味にほかならない。

おさえがたい憤怒の表現として、上官に逆らって手袋を投げつけるというこの荒々しい動作の重要さについては、のちに「身振りの雄弁　あるいはフォードと『投げる』こと」の章で詳しく論じることになるので、ここでは触れずにおき、それに対するサーズデー中佐の反応だけを記しておくなら、この臆病者めが、いずれ銃殺されるか軍法会議にかけられるだろうとまで口にして指揮権限を彼から奪い、後方の部隊への配置転換を命じているのである。それに従うしかないジョン・ウエイン、すなわちヨーク大尉にしてみれば、「いま見たばかりの戦闘」とは、その資質を欠いた無能な指揮官による文字通りの「自殺行為」にほかならず、その愚かな命令によって兵士たちは犬死にしたに等しく、その悲惨な光景に、彼は遠方から望遠鏡でむなしく立ち会うことしかできなかった。

そうした思いをいだいているにもかかわらず、「そう、まさしくその通りでした」とあからさまな虚言を弄してまでサーズデー中佐の偉大さをいいたてねばならない軍隊という組織の一員である自分自身への深い諦念を、フォードはみごとに描いてみせたとストローブはいいたいのである。だから、その場面は、一部の論者たちが勘違いしたように、ハッピーエンドによる「軍国主義」の賛美などではなく、むしろ悲惨きわまりない事態の推移であると彼は確信したのであり、「天啓」とは、まさしくその確信をもたらした画面そのものの力にほかならない。そして、こうしたストローブの姿勢は、『アパッチ砦』の解釈として、ひとまず正しいといわざるをえない。ただ、それは充分には正しくないと思うのだが、それについては、のちに詳しく見てみることとする。

こうしたジャン゠マリー・ストローブによるジョン・フォード論への不意の介入が、合衆国の研究者たちに少なからぬ影響を及ぼしているので、ひとまずそのことについて検討しておかねばなるまい。実際、過去40年ほどの間に合衆国で刊行された重要なフォード論の三つまでが、ストローブに言及しているからである。例えば、『ジョン・フォードを求めて』の著者であるジョゼフ・マックブライドは、その『アパッチ砦』に捧げられた章で、ここでのジョン・ウエインは、上官であるヘンリー・フォンダから「個人的で気まぐれな表現」と批判された白いつば広の帽子をもはやかぶっておらず、かつての上官が好んでいた長くて白い帽垂布がその後頭部を覆っている軍帽をかぶってインディアンの討伐に出発する。そうした彼の振る舞いのうちに、「サーズデーの虚しい栄光へのヨークの悲劇的な従属と、こうした「理由ある反抗」にもかかわらず、騎兵隊そのものへのヨークの従属とを暗示している」（457頁）と述べたあとで、いま見たジョン・ウエインの姿勢をめぐって、フォードは「あらゆる映画作家の中でもっともブレヒト的だ」とストローブがいったと書きついでいるのである。その理由は、「観客たちが作品との協同作業をすることによって、フォードが人々にものを考えさせている」（同前）からだというのだが、はたして、それは正しい解釈だといえるのだろうか。

ここでマックブライドが述べていることも、きわめて正当な『アパッチ砦』の評価にほかならず、ストローブの解釈ともほぼ一致している。だが、その解釈にたどりつくにあたって、ストローブ経由でベルトルト・ブレヒトの名前を挙げる必要がはたしてあったのかと問うてみる必要はあろうかと思う。というのも、『アパッチ砦』の解釈をめぐってブレヒトの名前を引いているのは、この書物の著者にとどまるものではないからである。実際、『伝説を活字にせよ』のスコット・エイマンもまた、なぜかブレヒトを問題にしている。

エイマンは、書いている。「ジャン゠マリー・ストローブは、かつて、フォードを、もっともブレヒト的な映画作家だと呼んだことがある。彼は、矛盾を露呈させているからだ。『アパッチ砦』においてほど、ほかの何にもましてそれを深くまでおし進めたことはなかった。実際、その最後の場面は、虚しい栄光と無意味な死を肯定している。そうすることは、神話による一体化の要請に貢献しているからだ。新聞記者のひとりが、サーズデー中佐の肖像写真を見ながら、彼は偉大な男で偉大な兵士だったという。カービー・ヨークは黙って、熟慮してから、『彼ほど勇敢な死を選んだものは誰ひとりとしていません』という。かりに伝説が嘘であったとしても、その伝説を肯定しながら」（340頁）。

ジョゼフ・マックブライドの場合もそうだったが、ここでのスコット・エイマンもジャン゠マリー・ストローブの発言の出典をまったく提示していないので、この括弧に括られた文章のどこまでがストローブのもので、どこからが著者の解釈なのかは確定しがたい。ここでは、『リバティ・バランスを射った男』（1962）の終幕近くで、誤って「リバティ・バランスを射った男」と見なされている上院議員のジェームズ・スチュアートに向かって、記者のひとりが口にする「伝説を活字にせよ」という主題が視界に浮上してくるのだが、それが優れてフォード的な主題であるかどうかは、にわかには判断しがたい。こうした論者たちより一世代上のイギリスの人リンゼイ・アンダーソンまでが、『ジョン・フォードを読む』で『リバティ・バランスを射った男』をめぐって、ブレヒト（258頁）という名前に言及しているのである。

ただ、それが「かりに伝説が嘘であったとしても、その伝説を肯定」するという事態の推移を重視する視点だとするなら、いかにも『伝説を活字にせよ』の著者にふさわしいものではあるが、これは必ずしもブレヒト的なものとはいえまい。実際、エイマンは、その後、スコット・フィッツジェラルドの「第一級の知性とは、二つの矛盾する考えを同時に頭脳に想い描く可能性をいう」（491頁）という言葉を引きながら、「そうだとすれば、フォードは、彼の全生涯を通じて、第一級の知性の持ち主だったといえる」（同前）と結論しているが、ここで問題となるのは、フォードの「知性」のあり方とはいっさい無縁に、『アパッチ砦』の最後の場面にこめられている画面の連鎖をどうとらえるかにかかっていたはずであり、おそらく、それを知るためには、ブレヒトも、フィッツジェラルドもあまり利用価値が高い名前だとは思えない。

では、三番目に、『ジョン・フォード――人とその作品』のタグ・ギャラガーがブレヒトについてどのように言及しているかを見ておくこととする。かつてストローブとユイレをニューヨークで親しくもてなしたことがあり、その後もヨーロッパでふたりに会っていたと想像されるギャラガーの場合、フォードとブレヒトの関係についてはより慎重な姿勢をとっている。その固有名詞は、先述の比較的長いテクスト「具象化されたモノノナミダ」には一度も登場していないし、また、そこには、ブレヒト的な概念ともいうべき「異化効果」なるものへのストローブの嘲笑に近い反応まで含まれており、さらには『アパッチ砦』を分析する章にもブレヒトへの言及は皆無である。ただ、複数の節からなる「結論」の「対照的なもの」の部分で、彼は、フォードがブレヒト的な映画作家であるということの意味を説明しているだけなのである。

たとえば、「フォードの作品は見せかけの等質性（しばしば軍隊的な）という社会的な配置を細部にいたるまで理想的に描いているが、それは、いま見た社会をその歴史的な瞬間においてとらえ、その社会のみせかけが、その歴史そのものとともに、いかに個人的なものの上に作用を及ぼすかを明らかにしようとしているのである」（477頁）と述べてから、フォードがブレヒト的だというのはそうした理由からだとギャラガーは結論づけている。しかも、彼はそれに長い註をつけ、ブレヒトによるDramatic TheaterとEpic Theaterの違いまで詳述しているのだが、そうした生真面目ともいえるほどの論述が説得的だとはとても思えない。なぜなら、映画は、演劇と異なり、そこで語られている言葉が、あくまで視覚的に限定された表象形式におさまるものであり、そのショットによる視覚的な限定に対して、ストローブをはじめとして、合衆国の研究者たちも充分に意識的とは思えないからである。そこで、『アパッチ砦』の問題のラストシーンに戻り、そこで現実に何が聞こえ、現実に何が見えているのかを再検討してみるとどうなるか。

映画を論じるにあたって重要なのは、あるシークェンスを語ろうとするとき、それを構成しているあらゆるショットが、それに先だつ、あるいはそれよりもあとに姿を見せるしかるべき視覚的な要素との間に、必然的かつ想定外の響応関係を成立せしめているか否かを見極めることにある。その意味で、『アパッチ砦』のラストシーンと呼ばれるものを、そこに観察しうる複数のショットと、そこで口にされる台詞だけで分析することはきわめて危険な振る舞いだといわねばなるまい。それは、当然のこととしてその直前のいくつかのショットと深く共鳴しあい、作品の目指す方向を示唆しているからである。だから、その遥かな響応や共鳴に視線を向けることがない限り、シークェンスそのものを読みきれたとはとてもいえぬはずなのだ。

では、『アパッチ砦』のラストシーンで人々がまざまざと目にするものは何か。最初に見えてくるのは「B」という文字を刺繍した連隊旗の一部であり、その後、やや上方にパンしたキャメラはサーズデー中佐の油絵による肖像画をとらえ、その下に彼のものだと思われるサーベルが置かれている。そこで、まず、連隊旗を見てみるなら、それは、サーズデー中佐が部下たちと立てこもる窪地での防戦中にインディアンが奪いとったものであることを、遠方からの俯瞰ながら誰もがしかと見ていたはずのものである。その奪われた連隊旗は、このシークェンスの直前の砂塵におおわれた画面の遥かな中央部分に、酋長コーチーズが無言で地面に立ててから遠ざかっていったものにほかならない。

アパッチ砦の貴賓室での記者会見のシークェンスに先だつそのショットは、兵士たちに撃つなと命じてから、その旗をとりに向かう丸腰のヨーク大尉がいつまでも立ちつくしている長いロングショットで終わっており、その背後には遠ざかるインディアンの騎馬の一隊がたてる鈍い蹄の音が響いているばかりだ。このふたりの男たちの間にいかなる視線の交錯があり、どのような言葉が交わされたのかは、砂塵におおわれ、しかも離れた距離からしてまったくわからない。ただ、地中に立てられたままコーチーズによって放置された軍旗がふと風に翻った瞬間、そこには「B」の文字がちらりと読めたことは誰もが記憶しているだろう。ますます濃くなる砂ぼこりの中に立ちつくすヨークを捉えたこのロングショットは、やがて長くて深い溶暗で消えて行き、シークェンスの終わりを告げる音楽の高まりがそれを締め括る。だから、アパッチ砦での記者会見のシークェンスが画面に映し出され、しかもそれが連隊旗の真正面からの近接ショットで始まっていることを見るとき、誰もが、これはインディアンに奪われてからいわば厚意で返却されたものであり、騎兵隊のまごうかたなき敗北の象徴にほかならぬことを理解する。

サーズデー中佐の遺品とみなされうるサーベルについても、そこには敗戦の気配が色濃く漂っている。サーベルを高く掲げて突撃隊の先頭を走っていた彼が銃撃を受けてもんどり打って落馬したとき、サーズデーはすでに自分のサーベルを失っており、かぶっていた制帽をもその場に放置しているからだ。同時に彼は、救助に駆けつけたヨーク大尉を制し、命令によって彼からサーベルを奪いとり、部隊は壊滅状態だから援軍の到着を待とうという彼の言葉をさえぎり、これまた彼から奪った馬を蹴立てて、自分はあくまで部隊を指揮するとい い残し、味方が立てこもる窪地に向けて走り去ってゆく。残されたヨーク大尉は、「質問はありません」と口にして事態の推移を見まもることしかできない。しかも、窪地に倒れこんだ瞬間にサーズデー中佐はヨークから取り上げたサーベルをその場で手放しているのだから、貴賓室に飾られているサーベルが彼自身のものであるとはとても考えられぬ。おそらく、ヨークから命令で取り上げたサーベルが、遺品としてそこに置かれていたと考えるのが妥当かとは思う。ただ、『ジョン・フォードの西部劇と戦争映画』の著者スー・マシソンのように、「ヨークもまた観客も、サーズデーの肖像画の下に置かれたサーベルがヨーク自身のものであることを知っている」（159頁）と断定することの性急さだけは避けたいと思う。ヨークがサーズデーに手渡したサーベルは窪地での戦闘が始まる以前に彼の手を離れており、それをヨークが戦闘後に探しあてたと想像するにたる画面など、どこにも挿入されてはいないからである。

敗戦の記憶を濃密にたたえた軍旗と、サーズデー中佐のものとはとても思えないサーベルというふたつのオブジェが冒頭から示されており、しかも記者たちのひとりとしてその事実に気づいてはいないのだから、この記者会見のシークェンスに、アイロニーを色濃く含んだ距離の意識がたちこめていることはあまりにも明白である。ジョン・ウエインと彼をとりかこむ記者たちとの会話が成立する以前に、軍旗とサーベルというふたつのものが、すでに事態の不吉さを示唆しているからである。そこにブレヒト的な何かを嗅ぎあてる論者がいても不思議ではないが、そうしたものは誰ひとりとしていない。ストローブを含めて、合衆国の研究者たちもまた、この場面で交わされる「言葉」にしか興味を示してはおらず、スー・マシソンをわずかな例外として、何が見えているかにはいかなる関心も示していないからである。

サーベルにそっと触れた記者のひとりが、「彼は優れた人物だった、優れた軍人だったのですね」と言うのを無視し、いっさいそちらに向き直ることなく、あたかも自分自身にいい聞かせるかのように、「彼ほど勇敢な死を選んだものは誰ひとりとしていません」とジョン・ウエインはつぶやく。それに続いてほかの記者がサーズデーの栄光をたたえる絵画を問題にするとき、彼はむしろ陰惨ささえたたえた表情で、「そう、まさしくその通りでした」と答えている。だが、そうすることで、彼は「伝説を活字にせよ」というスローガンを肯定も否定もしておらず、むしろこいつらには何もわからんだろうと思っている記者たちとの対話を無視しようとする姿勢がかいまみえている。

事実、サーズデー中佐と一緒に殉職したコリングウッド大尉の名前さえ正確に発音しえない記者たちから意識して遠ざかり、ジョン・ウエインは窓辺にたって無名戦士たちの栄光を語り始めるのだが、『黄色いリボン』（1949）の最後のナレーションにも通じるそこで語られている言葉については、ここでは触れずにおく。いまは、サーズデー中佐の栄光を語るヨーク＝ジョン・ウエインが、ストローブのように、「虚言を弄してまでサーズデー中佐の偉大さをいいたてねばならない軍隊という組織の一員である自分自身への深い諦念を、フォードはみごとに描いてみせた」と考えるべきかどうかを検討してみることにつきている。あるいは、ジョゼフ・マックブライドのように、「サーズデーの虚しい栄光へのヨークの悲劇的な従属と、……騎兵隊そのものへのヨークの従属とを暗示している」と考えるべきなのだろうか。

わたくしたちがこの作品の画面を見ることでたどりついたのは、それとはいくぶん異なる解釈である。ここでのジョン・ウエインは、軍隊という組織の問題を超えて、彼だけが目にしたごく個人的な感慨を反芻しているかにみえるからである。それは、ジョン・フォードが、「彼ほど勇敢な死を選んだものは誰ひとりとしていません」とヨークに思わせるにたる画面を、作品にまぎれもなく挿入していたからだ。それは、この映画で人が目にするヘンリー・フォンダの最期の光景にほかならない。部隊が立てこもっている窪地に戻った彼が、助け起こしてくれたコリングウッド大尉（ジョージ・オブライエン）と拳銃をさしだすオルーク軍曹（ワード・ボンド）とに、単純だが明確な語調で詫びの言葉を述べてから、残された隊員たちのかたわらを通りすぎ、インディアンを迎え撃とうとして拳銃を構えるショットの、すでに敗北が確定した指揮官にふさわしい荘厳なまでの毅然とした姿勢から想起される感情にほかならない。

なるほど、ジョン・ウエインは彼の命令に手袋を投げて反抗したし、その命令が「自殺行為」であることも、兵士たちの死が犬死にであることも、彼にとっては否定しがたい現実である。にもかかわらず、フォードが描いてみせるヘンリー・フォンダの最期の勇姿は、その「自殺行為」の責任をとろうとして身がまえる男を賛美しているとまではいえぬにせよ、その人格的な尊厳だけは救おうとするかのような光景だからである。

実際、迫りくる敵の大群を味方の先頭に立って迎え撃つヘンリー・フォンダの勇姿――もはや軍帽もかぶっていない――は、『アパッチ砦』でもっとも記憶に残るショットのひとつなのである。ジョン・フォードという監督は、かりにそれが非難さるべき人物だったとして、その最期の一瞬を悲壮な峻厳さで彩ることができるほど、鷹揚かつ寛大な監督なのだ。そもそも、『若き日のリンカン』（１９３９）、『怒りの葡萄』（１９４０）、『荒野の決闘』（１９４６）、『逃亡者』（１９４７）などで典型的なフォードの人物を演じさせてきた役者を、ここでたんなる「悪役」として無惨に葬ることなどできるはずもなかったのである。それを、ハリウッド的な「スターシステム」への安易な妥協とすべきとは思えないが、その最期を華麗に彩ることは、監督としてごく当然のことであるはずなのだ。あるいは、ある意味で妥協をも恐れぬ大胆かついい加減な映画作家が彼だといってもよい。その点で、フォードは、批判さるべき階級に属する人間たちでさえ魅力的に描ききってしまった『ゲームの規則』（１９３９）のジャン・ルノワールのように、すべてを抱合する非＝排他的で鷹揚な映画作家だといえるかも知れない。

『アパッチ砦』を「天啓」として受け止めたジャン＝マリー・ストローブの解釈は、作中人物が置かれた「状況」の分析から割りだされるものであり、それはそれである程度まで正しい。だが、その分析は、見えている画面の捨象なくしては遂行しえないものである。それは、歴史的な状況――19世紀後半の合衆国における白人支配の貫徹――と社会的な状況――軍隊内部における階級差――の理解なくしては遂行しがたいものである。確かに、わたくしたちは、『アパッチ砦』の最後において、愚かで傲慢な指揮官ヘンリー・フォンダの命令により、合衆国騎兵隊がインディアンに壊滅される光景をまざまざと目にしている。その命令に反抗を試みたジョン・ウエインは、離れた地点からなす術もなくその最期を見届けざるをえなかったのだが、その彼が、のちにその指揮官をめぐって何かの理由で賛美に近い言葉を口にしたとしたら、そこに残酷なまでに皮肉な状況を読むことにひとつの意味があるのは確かである。

だが、映画の分析においては、そうした「状況」のみによる解釈の過程で、見えている画面の反乱が起きる。『アパッチ砦』の数あるショットの中でもっとも厳格、かつ魅力的な構図で撮られているのは、これがブレヒト的な作品であろうがなかろうが、死を覚悟したサーズデー中佐が、無帽のまま、サーベルも手にすることなく、間近に迫っていながらもまだ画面には見えてはいない敵に向かって、静かに拳銃を構える無言のごく短いショットだからである。ヘンリー・フォンダがどれほど高慢で身勝手な軍人を演じていようと、フォードは、ハリウッドのスターにふさわしい華麗な死というものを彼に用意していたのである。その後、立ちこめる砂塵に包まれ、彼の姿を画面で見ることはもはやできない。ただ、その一部始終を望遠鏡で見ていたジョン・ウエインは、いくぶんかの逡巡をともないはするものの、「彼ほど勇敢な死を選んだものは誰ひとりとしていません」とあたかも自分自身にいいきかせるようにつぶやくことで、その画面の力を肯定しているのである。

こうした視覚的な明証性を無視したいかなる解釈も、所詮は抽象的な言葉遊びでしかない。これからフォードの作品と向かいあおうとしているわたくしたちは、何よりもまず、画面に見えているもの同士の対立や思いもかけぬ響応関係に、じっと瞳を注ぐことだけは怠らぬつもりでいる。

盲目　あるいはバザンの「呪い」

ここで、ジャン＝マリー・ストローブとダニエル・ユイレとが、ジョン・フォードの偉大さに「天啓」として目覚めたのがなぜ１９６５年だったのかという問題をめぐって、いささか詳細に論じておかねばなるまい。というのも、この時期のフォードをめぐるフランスでの評価が、合衆国での評価——さらには、日本を除く世界の——に深く影を落としていたからである。

ところで、65年といえば、難儀しながら『シャイアン』（１９６４）を撮りあげた老齢のフォードが、はからずも遺作となってしまった『荒野の女たち』に着手する年のことにすぎず、そのとき71歳になっていたフォードの映画作家としてのキャリアは、ほぼ終わりかけていたといってもよい。だとするなら、この「天啓」がストローブを震撼させたのは、フォード評価という点からすると、あまりに遅きに失していたといわざるをえない。では、『アンナ・マグダレーナ・バッハの日記』の作家たちは、なぜ、これほどの遅れを恥じる風情もなく、65年にもなってから、フォードの『アパッチ砦』を「天啓」として発見せねばならなかったのか。それは、彼らがその周辺に暮らしていたフランスの映画批評誌「カイエ・デュ・シネマ」の編集方針とジョン・フォードとの微妙な関係に起因している。微妙なというのは、偉大な作家の優れた作品を優れた作品だと素直に断じることを、当時の「カイエ」誌の編集者たちが長らく——ほとんど正当化される理由もないまま——躊躇していたということを意味している。その躊躇というか逡巡は、どのように見てとれるのか。

実際、１９５１年に創刊されたこの映画批評誌のベスト10のリストに目を通してみると50年代には——52年と53年は発表されていないが——、一本のフォードの作品もそこには挙げられていない。『幌馬車』（１９５０）や『太陽は光り輝く』（１９５３）はいうに及ばず、『捜索者』（１９５６）の影すら認められぬのである。フォードの作品がこの批評誌のベスト10に顔を出すのは、何と１９６１年のことでしかなく、まさかと思うだろうが、あのリチャード・ブルックスの『エルマー・ガントリー／魅せられた男』（１９６０）に続いて、『馬上の二人』（１９６１）がかろうじて10位にランクされているにすぎないのである。これは、ジャン＝リュック・

ゴダールがこの作品を1位に推挙していたので、その結果として点数が加算され、ベスト10に入ったということなのだろう。ところが、1966年にいたると、こんどは『荒野の女たち』が、同誌のベスト10の6位に顔を出している。これは、新たに編集部に加わったジャン・ナルボニが1位に推挙していたことと深く関わっている。50年代には一本の作品も選んでいなかった「カイエ」の編集者たちが、60年代の7年間に、いきなり二本ものフォードの作品を選ぶことになるのは、なぜか。この晩年のフォードに対する「カイエ」誌の不意の評価の高まりは、いったい何を意味しているか。だが、それにしても、権威あると見なされている「カイエ・デュ・シネマ」誌の50年代から60年代にかけてのベスト10に選ばれたジョン・フォードの作品が、『馬上の二人』と『荒野の女たち』の二本にすぎないという事態は、いったいどういうことを意味しているのかと問いなおしてみるべきだろう。

まず、ごく単純にいって、そうしたいかがわしい評価を恥じる風情もなく公表してきた雑誌による世界の映画作家たちの評価など、まともに信じることなどできはしまいということだろう。それはあらゆる映画雑誌についてもいえることだが、それにもまして、60年代に入ってからの「カイエ」誌の不意のフォード評価の高まりが、ストローブの受けた「天啓」と時期的にほぼかさなっているということにも注目しておきたい。あたかも何ものかの「呪い」から解放されたかのように、フォードをまともに――あるいは、ときに過大に――評価する気運が「カイエ」周辺の批評家たちのあいだにひろまり、この雑誌の編集方針をゆるやかに変質せしめたのだともいえる。では、その「呪い」とは何か。それは、この雑誌の実質的な創刊者の一人ともいうべきアンドレ・バザンの「呪い」にほかならない。

いうまでもなかろうが、無能とは呼べぬばかりか、むしろ感性豊かな批評家であり精緻な理論家でもあったバザンが、ことさらフォードを「呪って」いたわけではない。さいわいにして、1960年代のニューヨークのように、「フォードを憎悪する道徳的な義務感」が、１９５０年代のパリ右岸に位置する「カイエ」の編集部を支配していたのではなかった。ただ、リンゼイ・アンダーソン（註３）がその『ジョン・フォードを読む』の第５部「フォードをめぐる批評家たち」の第１章「作家か詩人か」《Auteur or Poet ?》――翻訳では「〝作家理論〟派から敬遠されたフォード――『カイエ・デュ・シネマ』派／アンドレ・バザン、フランソワ・トリュフォー、ロジェ・レーナルト」と説明的に翻案されているが――で述べているように、フォードが、「カイエ」誌の推進したいわゆる「作家理論」の上で、否定的な評価を蒙っていたのも間違いのない事実である。たとえば、何度もオスカーに輝いているフォードにくらべて、合衆国では徹底して無視されていたハワード・ホークスを擁護するという姿勢のほうが遥かに強かった「カイエ・デュ・シネマ」という映画批評誌は、むしろ反＝フォードを旗印として創刊されたものだといっても過言ではないのである。それは、いったいどういうことか。

　最初に反＝フォード的な視点を鮮明に口にしたのは、あの素晴らしい『最後のバカンス』（１９４７）の作者でもあるロジェ・レーナルトだった。批評家でもあり、理論家でもあり、実作者でもあり、アンドレ・バザンに大きな影響を与えた人物として知られていたレーナルトは、ゴダールの『恋人のいる時間』（１９６４）に出演したことでも名高いのだが、その彼が、どちらかといえばフランス共産党的な視点に立つ「レクラン・フランセ」《*L'Écran Français*》誌の１９４８年のある号に、彼自身の言葉によるなら「機知をこめた放言」なるものを題名とした『フォード打倒！　ワイラー万歳！』（《À bas Ford ! Vive Wyler !》堀潤之訳、『アンドレ・バザン研究』１）という短文を発表していたのである。

　そこでのレーナルトは、「世界で最も偉大な二人の演出家であるフォードとワイラーを対照させる」と書いているように、とりわけフォードを貶めているわけではない。「フォードよりワイラーを好むこと、それは要するにアメリカ映画の最新の傾向を定義することである――あるいはそうであるはずだ。……それはイメージよりもシーンを、モンタージュよりもデクパージュを、ドラマよりも物語を、リズムよりバランスを、象徴よりも性格を、効果よりも抑揚を好むことであると言っておこう」（前掲書22頁）といいそえながら、レーナルトはワイラーに代表される「ネオ・ハリウッドが過小評価されている」ことへの不満を述べたてているのである。

いま見た新旧ハリウッドをへだてる一連の対照的な特性が、はたしてフォードとウィリアム・ワイラーとにふさわしいものかどうかは、ここでは問わずにおく。また、現在はフランス領のミュルーズだが当時はドイツ領だったミュールハウゼンでユダヤ系の両親のもとに１９０２年に生まれ、母親の縁戚関係にあったユニヴァーサル社のカール・レムリを頼ってハリウッドに進出し、１９２６年からすでにサイレント映画を撮り、トーキー時代に入っても『孔雀夫人』（１９３６）や『デッドエンド』（１９３７）などで世界的に高く評価されていたワイラーをもって第二次世界大戦後のハリウッドを代表させせようとする視点にも、無理があるといわざるをえない。戦後のハリウッドというなら、むしろジョゼフ・L・マンキーウィッツなどのほうが遥かにふさわしいと思えるが、それについては触れずにおく。

ところで、フォードとワイラーとを優れたハリウッドの映画作家として比較するという姿勢は、何もレーナルトに限られていたわけでもない。たとえば、初期の「カイエ・デュ・シネマ」と深くかかわっていたジョルジュ・サドゥールは、その『世界映画史』において、ワイラーは、フォードと異なり、「形式よりも内容にその重点をおいた」（２１７頁）という言葉で二人の違いを問題にしていたのだし、また、「恐らくジョン・フォードとオースン・ウェルズ――当時ワイラーは彼らの撮影監督グレッグ・トーランドを使っていた――の影響をうけて、ワイラーはその主題よりも撮影技巧に重点をおいていた」（同前）とも述べているのだから、フォードとワイラーの比較という視点にさしたる独創性があったわけではない。ただ、オーソン・ウェルズはむしろジョン・フォード的な作家であり、それをもって「ネオ・ハリウッド」を代表させることには慎重であらねばならぬと指摘している点において、レーナルトの視点はある程度まで——おそらくバザンより——正しいといえるかもしれない。しかし、どれほどワイラー的なものを評価しようとしても、その後のワイラーの作家的なキャリアは、不幸にしてレーナルトの信頼に値するものではなかったという点が、やはり問題として残る。

だが、アンドレ・バザンによって受けつがれたレーナルト的な反＝フォードの視点が、事態をいちじるしく混乱させた。それは、「カイエ」の前身ともいうべき「ラ・ルヴュ・デュ・シネマ」《*La Revue du Cinéma*》誌の1948年の3月号に発表されたアンドレ・バザンによる「ウィリアム・ワイラー、または演出のジャンセニスト」（『映画とは何かⅡ　映像言語の問題』）という長編評論のもたらした衝撃にほかならない。書物としてまとめられるにあたって註でも述べているように、そこでのバザンは、文字通り、レーナルトがあたりに行きわたらせた「フォード打倒！　ワイラー万歳！」という時代の雰囲気の中で、その論文を一気に書きあげていたからである。彼自身は「フォード打倒！」ともいうべき言葉はまったく口にしてはいないにもかかわらず、「ワイラー万歳！」という姿勢ばかりが読者に受けいれられたのである。たしかに、フォードの名前には数回触れられているが、そこには「フォード打倒！」というほどの意味合いはまったくこめられていない。にもかかわらず、不幸なことに、事態は「フォード打倒」の方向に進展してしまったのである。

ごく率直にいって、「ウィリアム・ワイラー、または演出のジャンセニスト」という長編の評論は、この映画作家を論じたテクストとしてはもっとも優れたものの一つだとさえいえる。「ジョン・フォードには様式《スタイル》とともに流儀《マニエール》がある。だが、ワイラーには様式《スタイル》しかない」（前掲書204頁）とバザンは書いている。この「様式《スタイル》しかない」と断じられている『我等の生涯の最良の年』（1946）の作家のさまざまな作品を、おもに画面の焦点深度の深さという視点から分析＝記述することにおいて、これは優れた作家論となっている。だが、人びとは、その分析＝記述を読みながら、その背後にたちこめている「フォード打倒！　ワイラー万歳！」という耳当たりの良い響きにとりわけ敏感だったようだ。ある意味では、そのスローガンの精緻な実践編をバザンのテクストに読んでいるかのように思いこんだ人びとが大半だったのである。

かくして、ジョン・フォードという名前は、その直後に創刊された「カイエ・デュ・シネマ」誌の前景からあっさり追いやられることになる。それが「バザンの呪い」の実態にほかならない。とはいえ、フォードをめぐるテクストのまったき不在がその実態だというのではない。「カイエ・デュ・シネマ」誌の第45号には、ジャン・ミトリーによる「ジョン・フォードに会う」（mars 1955）という記事が載っているし、フランソワ・トリュフォーもまた、同じ号にミトリーによる『ジョン・フォード論』のいくぶんか好意的な書評を書いたりしている。ミトリーの書物は、1950年代のフォード作品にはどちらかといえば懐疑的だったのだが、それに同調するかのように、トリュフォーは「カイエ」とは異なる場——たとえば週刊誌の「アール」《Arts》など——で、同時代のフォード作品に対してかなり辛辣な言葉を書きまくっていたのである。時代は、明らかに「フォード打倒！」というスローガンに敏感に反応していたのだ。

そうした事態の推移にいくばくかの責任を感じていたと思われるバザンは、「ウィリアム・ワイラー、または演出のジャンセニスト」が『映画とは何か』に収録されるに際して、「時が実に手荒く試練にかけたこの演出家［＝ワイラー］に対して、今では、これほど割の良い評価を与えたままにしておきはしなかったことだろう」（前掲書237頁）と告白してから、「今では、ワイラーを、ジョン・フォードの位置する場所よりも、はっきりと下におかなければならない」（同前）と、ごく正当な位置づけを書きそえていることは指摘しておかねばなるまい。にもかかわらず、レーナルトの「フォード打倒！　ワイラー万歳！」というスローガンを積極的に受け止めたかにみえるバザンの影響は、大きかった。１９７５年にニューヨーク映画祭のプログラム・ディレクターだったリチャード・ラウドは、当時の合衆国にはびこっていた「フォードを憎悪する道徳的な義務感」もさることながら、「カイエ・デュ・シネマ」誌と親密な関係を保っていただけに、アンドレ・バザン経由で耳にしたこともあろうレーナルトによる「フォード打倒！　ワイラー万歳！」というかけ声にも敏感たらざるをえない存在だったはずである。ストローブとユイレもまたそのような風土のなかにいたので、二人のフォードの発見は異様なまでに遅れたのである。これは、50年代から60年代にかけての映画雑誌「カイエ・デュ・シネマ」の世界の批評界への影響――悪しきそれをも含めて――の大きさを、改めて思い知らされもする事態だといえよう。

『映画とは何か』を遺著として、アンドレ・バザンは１９５８年に惜しまれつつも逝去する。その後の「カイエ」におけるジョン・フォード評価の変遷に詳しく触れている時間的な猶予はいまはない。ただ、１９６０年代に入ってからのこの雑誌が、いささかけたたましいフォード擁護の姿勢に突き進んだことについては触れておかざるをえない。まず、１９６６年10月号に、「カイエ」は、紹介記事的なものがほとんどだった１９５８年のものとは比較にならない詳細で本格的な「ジョン・フォード特集」を組んでいる。当時の編集長ジャン＝ルイ・コモリは、多くの軽蔑にさからって『シャイアン』を擁護（「道しるべ」*Cahiers du cinéma*, No 164, mars 1965）しているし、副編集長格のジャン・ナルボニもまた、１９６６年のベスト10の第１位に『荒野の女たち』を挙げ、「カイエ」誌にこの作品を絶賛した記事（「八人による証明」No 182, octobre 1966）を書いているのだから、この二人はあからさまなフォード主義者だといえるかと思う。また、この年には、フォードが久方ぶりにフランスを訪問しているので、パリの多くの新聞雑誌はこぞってフォードのインタビューを掲載しており、さながらフォード・ブームともいうべきものがフランス全土を席捲していたのは間違いない。

ちょうどそれから数年後、コモリとナルボニは、1968年の「革命」的な風土に同調しつつ、一時的ながら、アルチュセールの強い影響下でマルクス主義的な風土をおのれのものとしている。二人は、「映画／イデオロギー／批評」(*Cahiers du cinéma*, No 216, octobre 1969)によって、いわばバザンの経験論的な批評への反旗をひるがえす。その後、彼らは「フォードの『若き日のリンカン』」(*Cahiers du cinéma*, No 223, août 1970)についての詳細なイデオロギー分析を匿名の集団として試みているのだが、それがアンドレ・バザンによる「反＝フォード」宣言ほどの影響力を持ったとはとうてい思えない。この雑誌が極度に難解化し、多くの読者の目に触れる機会が乏しい時期のことだったからである。それより、バザンの一番弟子ともいうべきフランソワ・トリュフォーが、ほぼそのころフォードの魅力に目覚めていることの方が、遥かに意義深く思われる。

実際、トリュフォーは『わが人生の映画たち』(邦訳では分冊化され、その第一分冊『映画の夢 夢の批評』)に、「ジョン・フォードに神の祝福あれ」という心のこもった追悼文を書いており、そこで、「長いあいだ、批評家だったころのわたしは、フォードの女性の見かたに不満であった――あまりにも十九世紀的な男の思想に思えたのだ――が、みずから監督になって、初めて、モーリン・オハラのような派手な美人女優が一九四一年(『わが谷は緑なりき』)から一九五七年(『荒鷲の翼』)のあいだにアメリカ映画の最高のヒロインの役のいくつかを演じることができたのは、まったくジョン・フォードのおかげなのだということを理解することができた」(同書171頁)と書いている。また、同書の序文ともいうべき「批評家はなにを夢みるか」(分冊化の関係で、日本語訳では「あとがき」という部分におさめられているが)で、トリュフォーはこうも書いているのである。「ジョン・フォードに関するかぎり、わたしは、まったく正直のところ、ある時期から完全に評価を変えてしまった。というのも、かつて、批評家時代に、わたしはどうしてもジョン・フォードを好きになれず、彼の作品に悪評を浴びせたことも二度や三度はあったはずだ。わたしがいかに盲目であったかということを思い知らされたのは、それからずっとのちに、わたしが監督になってから、ある日、たまたまテレビのスイッチをひねって、『静かなる男』の放映を見たときだった。このときから、わたしはジョン・フォードの多くの作品を見始め、また見直した。そして、いまでは、ジョン・フォードに対して、たとえばジャン・ジオーノに対してと同じくらい深い関心をいだいているのである」（同書２５５―２５６頁）。

ジオノという標記が一般化されているジャン・ジオーノがいかなる人物であるかは、ひとまずどうでもよろしい。ほかのインタビューで、トリュフォーは、ジオーノと同様に小説家であるジョルジュ・シムノンの名前を挙げて、フォードの偉大さを語っていたりするほどだからである（チャールズ・トーマス・サミュエルズ『監督たちに会って』1972）。誰に難詰されたわけでもないのに、フォードに対するおのれの永年の「盲目」ぶりを率直に告白しているトリュフォーの真摯な鷹揚さが、わたくしたちの胸を打つ。実際、彼は、『家庭』で、フォードの『シャイアン』を上映中の映画館の前にジャン＝ピエール・レオを立たせ、背後の大きな看板広告を強調しつつフィルムにおさめているほどなのである。だから、ホークスの『暗黒街の顔役』や『紳士は金髪がお好き』、あるいは『ピラミッド』についてそうしたように、彼が『静かなる男』についての好意的な文章を書き残さなかったことが、惜しまれてならない。だが、それにしても、トリュフォーの長い歳月におよぶフォードへの「盲目」ぶりが、もとはといえば「バザンの呪い」に由来していることに、彼自身がどれほど意識的だったろうか。

２０１９年、ジョン・フォードが他界して46年もの歳月が流れたいま、わたくしたちは、「フォードを憎悪する道徳的な義務感」からも、「ブレヒトの影響」からも、「バザンの呪い」からも解放され、思いのままにジョン・フォードを語ることができる。だが、思いのままにフォードを語るとはどういうことか。言葉による分析＝記述には必然的にもろもろの——意識的、かつ無意識的な——不自由がともなうものだから、思いのままに、といっても、そこに絶対的な自由など保証されてはいない。では、どうするか。

まず、個々の作品のできばえの評価にだけは向かわぬこと。１９１７年から１９６５年までのほぼ50年近い時間をかけて、何本かのドキュメンタリーを含め、モノクロームのサイレントからカラーの大型画面まで、スタンダード・サイズからヴィスタヴィジョン、シネマスコープ、ときにはシネラマからテレビ向けの中編、等々、さまざまに異なるスクリーン・サイズの作品を後世に残してくれたフォードの作品のなかで、この映画はあれより優れている、あの映画はこれより劣っているといったことだけは間違っても口にせずにおきたい。すなわち、すべてが同じ資格で見るものに委ねられているという視点から、わたくしが生まれるより遥か以前に撮られた作品であろうと、それを「過去」の作品としてとらえることなく、そのつどいまというかけがえのない「現在」としてそれらに向かいあうこととしたのである。そして、画面に映っているものに視線を向けるとき、作中人物としての人間のみを特権化することなく、馬のような動物を始めとして、樹木などの風景にとどまらず、不可視の風の流れなどにも親密な視線を向けること。そして、人間たちの振る舞いを読みこもうとするとき、その台詞ばかりに耳を傾けるのではなく、彼らまたは彼女らが演じてみせる身振りなどにも細心の注意を注ぐこと。

あるシークェンスを分析＝記述するとき、『アパッチ砦』に触れて書いておいたように、あくまで見えているものの視覚的な明証性、聞こえているものの聴覚的な明証性と向かい合い、それを構成しているあらゆるショットが、それに先だつ、あるいはそれよりもあとに姿を見せるしかるべき視覚的な要素との間に、さらには、異なる作品の異なるショットとの間に、必然的かつ想定外の響応関係を成立せしめているか否かを見極めること。そのとき、わたくしたちは、まったく異なる画面と思われたショットの中に、思いもかけぬ類似が息づいていることに驚かされるだろう。たとえば、『モガンボ』（１９５３）のエヴァ・ガードナーと『騎兵隊』（１

959）のジョン・ウエインとは、酔っ払って酒瓶を投げるという身振りにおいて、まるで兄妹のように、まったく同じ振る舞いを演じているのである。映画における作品では、まったく異なるはずの複数のショットが、時間的、空間的な距たりを越えて、同じものの反復であることをそのつど見るものに発見させる装置なのである。映画と向かいあうことは、この大胆きわまりない反復の力に身をさらすという、危険かつ爽快な体験にほかならない。

以下に読まれる『ジョン・フォード論』は、終章をのぞいて五つの章からなっている。だが、その章立ての構成がなぜそうなっているかの理由は敢えていわずにおく。それは、お読みいただくことで、ごく自然に明らかにされるはずだと確信しているからである。その際、それが、画面に具体的に見えるものとその連鎖、すなわちわたくしの言葉でいうなら「フィルム的現実」なるものに注目することで語り継がれることになるのはいうまでもない。

第一章　馬など

『リオ・グランデの砦』より

I　艶やかな毛並みに導かれて

穏やかな厳密さ

何頭もの馬が群れをなし、あるいは一頭だけ孤立しながら、放牧地でのどかなときをすごしている（註1）。それぞれの馬が全身で、あるいは横顔として無理なく画面におさまっているその構図から、この動物たちのたたずまいと初めて向かいあいつつあることの興奮を鎮めようとするかのように、キャメラは穏やかにその被写体をフィルムにおさめてゆく。しかも、その穏やかさは、思いきりのよいショットの厳密さをいささかもそこなうものではない。この穏やかな厳密さ、あるいは厳密な穏やかさともいうべきものは、ことによると、映画だけに許された特権的な資質なのかもしれない。

そのようにして撮られたフォードの『香《かおり》も高きケンタッキー』（１９２５）の冒頭の数ショットを目にしただけで、誰もがたちまち快い錯覚へと誘いこまれる。その錯覚は、まず、映画のキャメラというものが、馬という名の四つ足動物をごく自然にフレームにおさめるために発明された装置にほかならぬという確信となって、映画史的な常識に揺さぶりをかける。

実際、ここでの馬たちは、立っていようと横たわっていようと、動いていようとその場にたたずんでいようと、そのうちの二頭が後ろ足で立ちあがって戯れに争いあっていようと、あるいは無数の群れとなって原野を木立沿いに思いきり疾走していようと、いずれもスタンダード・サイズと呼ばれる１：１・３３の画面にぴたりとおさまっている。しかも、馬たちの屈託のない表情をとらえた映像がいささかも音声の再現をめざしていないのは、ここでのこの家畜たちが、音として響かぬ内面の言葉で意思を伝えあっているからだという確信となって、見るものの心を震わせる。というのも、このサイレント映画では、生まれたばかりの雌の仔馬のモノローグが字幕画面に文字として流れてくるからである。

そのとき、映画が音を欠いた視覚的な表象手段として誕生したのは、それが人類にとってはどれほど不自然なことであろうと、馬たちにとっては、この上なく自然で、またこの上なく幸福なことだったに違いなかろうという確信となってふくれ上がり、その思いを誰もがもはや抑えきれなくなっている。その確信は、この馬たちの引きしまった四肢を覆う短い毛並みの艶や、その額を彩る白い斑点などをキャメラにおさめるというただそれだけのために、映画はあくまでモノクロームの画面として誕生したのだという新たな確信へと見るものを導き入れずにはおかない。そうした理由から、このフォード論は、人間ではなく、あくまで馬について語ることから始まる。

もちろん、それのいずれもが途方もなく愚かな錯覚でしかないことは、誰もがよく知っている。にもかかわらず、せめてこの作品の上映が終わるまでは、エドワード・マイブリッジやエティエンヌ＝ジュール・マレーによる疾駆する馬に向けた前＝映画的な連続写真の試みや、リュミエール兄弟による「シネマトグラフ」やエディソンによる「キネトスコープ」の開発といった映画史的な現実を思いきり意識から遠ざけ、映画は馬とともに、ただひたすら馬のためだけに、まったく音を持たない黒白のスタンダード画面として誕生したのだという甘美な錯覚にひたりきっていたいと思う。そうせずにはいられない不可思議な魅力が、この作品にはみなぎっているからだ。

封切り当時の「ニューヨーク・タイムズ」紙は、『香も高きケンタッキー』についてはまったく何も語っていない（註2）。事実、無声映画の黄金期にフォードが撮ったこの作品はこれといった評判にもならなかったし、現在にいたるも市販のＶＨＳやＤＶＤはほとんど存在してはおらず、近年ではおそらく劣悪な16ミリのプリントによるものらしい見苦しいコピーがサイト上に出まわっているだけで、スクリーンで上映される機会もごく稀なのである。この稀有な作品の題名をぜひとも覚えておいていただきたいのであえてくり返しておくが、『香も高きケンタッキー』という作品は、『アイアン・ホース』（1924）で一躍名を挙げたジョン・フォードが、この時期の代表作といってよい『三悪人』（1926）の準備にとりかかる直前に、これといった野心もこめずにさっと撮りあげたごくマイナーな作品の一本と見なされている。それは、ユニヴァーサル社時代の西部劇ではジャック Jack と署名していたフォードが、フォックス Fox 社への移籍後にジョン John と名乗り始めてから、まだ3年もたっていない時期の作品である。

『香も高きケンタッキー』より

この頃のフォックスの契約監督たちがどのような仕事ぶりをさせられていたかについては、『インタビュー ジョン・フォード』（註3）で、ピーター・ボグダノヴィッチに向かって、フォード自身が次のように回想している。「脚本の選り好みなど許されなかった。仕事は、会社から投げ与えられるのが普通で、それを最善を尽くして仕上げるのがわれわれだった。当時は、夜ベッドに入ると、翌朝早くベルで叩き起こされた。それが仕事の命令なんだ。『タイトルは何です?』ときいても、答えは、『知らんね。しかし、七時には出社しろ!』だ。前もって何をやらされるか知ることもできないし、ましてや、準備のために一週間もらうことなんて夢のような話だ。誰が出演するかも、皆目わからない。会社は、キャストを全部お膳立てして、こっちに押しつけ——場合によっては、お気に入り

の役者を、その中に滑り込ませることはできたがね」（前掲書95頁）

その「お気に入りの役者」のひとりはJ・ファレル・マクドナルドにほかならぬとフォード自身は告白しているが、いかにもアイルランド系に見えながら実は生粋の合衆国生まれだったこの役者が重要な役を演じているる『香も高きケンタッキー』もまた、「会社から投げ与えられる」脚本にもとづくものの一つであったのはいうまでもあるまい。ところが、戸外場面の撮影のために「はるばるケンタッキーくんだりまで出かけた」（前掲書91頁）というフォードは、そのロケーション先で、思いもかけぬ奇妙な体験をすることになる。一頭の雌の仔馬に愛されてしまったというのだ。「撮りながら、お笑いをどっさり詰めこんだ」（同前）という彼は、さらにこうつけ加えている。

「雌の仔馬がいて――実にホレボレする容姿だったよ――、それが、何かと私にすり寄ってきたっけ。群から一頭だけ離れて、俺んところにばかり来るんだ。俺の帽子をくわえて逃げ、こっちをふり返る。そして、トコトコ戻って来ては地面に落とす。拾おうとすると、またくわえ上げて逃げていく。持ち主が言ったもんだ。『どうして名前をつけてやんなさらない？　あのこは監督さんにホレてるんですぜ』」（同前）。その言葉を受けてフォードがメアリー・フォード Mary Ford――それは、ほかならぬ彼自身の妻の名前でもある――と名づけたのだというこの仔馬は、長じて競馬レースで三度も優勝したという。

馬は走る、そしてその破局

この映画の撮影中にフォードの身に起こったこの雌の仔馬との挿話を読むと、わたくしが誘いこまれた映画史的な錯覚なるものが、さほど現実から遠くはなかったのかもしれぬと思わずにはいられない。ジョゼフ・マックブライドが「思いもかけぬ甘美さと魅力」（註4）をそなえているというこの作品は、ボーモン家の厩に、名高い競走馬ネゴフォール Negofol の娘として、ヴァージニアズ・フューチャー Virginia's Future が誕生する瞬間に始まる。フォードはこの新生児が母親の胎内から送りだされ、未知の世界を発見する瞬間を「主観」キャメラで表現している――新生児を見つめる人間どもの歪んだ顔、等々――のだが、すでに触れておいたように、ここでの物語の語り手はまぎれもない馬なのである。わたくしたちは、字幕画面を通じて、競走馬としてのヴァージニアズ・フューチャーが、「まっすぐに走れ、そして速く走れ」を家訓としていることを知らされる。

ケンタッキー州のレキシントンで牧場を営んでいるボーモン氏を演じているのは、フォードがボグダノヴィッチに向かって「過去、現在を問わず、偉大な俳優の一人だ」(前掲書93頁)と形容してみせたヘンリー・B・ウォルソール。『國民の創生』(1915)に主演するなど、彼がフォードの師にあたるグリフィスの記憶につらなる重要な俳優であることはいうまでもない。その神話的なスターは、それからほぼ20年後に、フォードの『プリースト判事』(1934)で、とうてい忘れがたいその端整な面影でスクリーンを彩ることになるだろう。その役者が演じている男の牧場で働いているアイルランド系の調教師マイク・ドノヴァンを演じているのは、すでに述べたように、この時期のフォードの代表的な脇役の一人J・ファレル・マクドナルドである。

ヴァージニアズ・フューチャーが優れた競走馬に成長するのを楽しみにしているボーモン氏は、先妻との間に生まれた一人娘のヴァージニア(ピーチス・ジャクソン)とともに、二度目の妻(ガートルード・アスター)と暮らしている。ところが、その二度目の妻という大柄な女性――意地悪そうでいながら、しかるべき魅力の持ち主でもある――は馬にはいっさいの興味を示さず、もっぱら夫の財産のことしか頭にない。あるとき、ポーカーに負けて何頭かの持ち馬を手放さねばならなくなったボーモン氏は、ヴァージニアズ・フューチャーが出走する競馬レースに全財産を賭けねばならぬはめに陥る。

こうして、忘れがたい競馬のシーンが始まる。額を星形の白い斑点が彩っているこの馬の素晴らしい疾走ぶりを、フォードがジョージ・シュナイダーマンに託したキャメラで目にするわたくしたちは、マイブリッジやマレーによる連続写真の抽象性を愚かで野蛮な試みとして快く視界から一掃するかのような純粋の運動ともいうべきものに立ち会う。おそらく、ボリス・バルネットが、とてもスターリン主義時代に撮られたとは思えないほど爽快な『騎手物語』（1940）で描いて見せた名高い競馬シーンがかろうじてそれに匹敵しうるほど、ここでの馬たちの走行ぶりは圧倒的な印象をもたらす。

一方、レースを息をつめて見まもっているわたくしたちはといえば、これという確かな理由もないまま、二つのことを漠とながら予感せざるをえない。まず、このレースで、ヴァージニアズ・フューチャーが勝利することはまずあるまいと誰もが想像する。また、この作品には、これに劣らぬ驚くべき競馬シーンが間違いなくもう一度描かれるはずだとも予感する。そして、まず第一の予感についてみれば、最後まで先頭を走っていたこの雌馬はゴール直前に転倒して脚を折り、全財産をこの馬に賭けていた馬主からいっさいの資産を奪ってしまう。

かくして、わたくしたちは、馬と人間という二つの家族の崩壊に同時に立ち会うことになる。ドノヴァンにこの馬の射殺を命じたボーモン夫人は、他の男とともに夫のもとを離れ、財産を失って没落したボーモン氏もいずこへか姿をくらまし、娘のヴァージニアとも別れて暮らさねばならない。また、ドノヴァンが何とか殺さずにおいたヴァージニアズ・フューチャーも、コンフェデラシーという娘を生んでから売りに出され、悪漢じみた三人の買い手が、それを運搬用の馬として酷使することになる。だが、その直前、ヴァージニアズ・フューチャーが夫となるべき牡馬に出会った瞬間、二頭の馬はもっぱら親しげに寄りそっているだけなのだが、その二頭がいきなり並んで林の奥へと遠ざかるショットにこめられた愛の気配は、それがフィクションでしかないと知っていながら、それを目にするわたくしたちをして、二頭の馬たちの愛の成就を心から祝福させずにはおかない。

もちろん、母親の馬はその娘との再会をはたすだろうし、人間の父親もまたその娘といつか再会することになり、しかも、彼らの目の前で、額を白くて長い斑点で彩ったコンフェデラシーがレースを制するだろうと誰もが予想する。物語は、事実、ほぼその予想通りに推移する。唯一予想を超えていたものがあるとするなら、それを乗りこなすのがドノヴァンの息子だということぐらいだろう。母親ヴァージニアズ・フューチャー——ドノヴァンが、悪漢どもから力ずくで奪ってきたものだ——が見まもる前で、娘のコンフェデラシーはケンタッキー・ダービーの「フューテュリティー・レース」で優勝し、ボーモン夫人をその夫から奪った男は、このレースで全財産を失う。また、ヴァージニアとの再会をはたしたボーモン氏は、コンフェデラシーに賭けた賞金でこの有望な雌馬を買い戻すことに成功する。こうして、血の絆を絶たれていた馬と人間という二つの家族は、新たな生活を始めることになる。

字幕画面には、感極まったヴァージニアズ・フューチャーのモノローグが流れる。「私の生んだ娘が先頭を切って走っているところを見ると、私自身の生涯の疼くような失望や苦々しさがことごとく晴らされるように思えた。……突然、私は自分が失敗したのではない、私もまた頑張ったのだと悟った。……私の愛する娘は、私の負債を充分すぎるほどに晴らしてくれたのだ」（註5）

あまりにも図式的というほかはないハッピーエンドで終わるこの感傷的な親子愛の物語を照れた気配を見せることなく撮りあげてみせるフォードの姿勢を、スコット・エイマンとともに、「『香も高きケンタッキー』は、破廉恥な——破廉恥なまでに効果的な——作品である」（註6）ということもできる。また、「こうした初期のヴィニェット・スタイルの中に、フォードの偉大さの種が宿っている」（註7）というタグ・ギャラガーのように、ここにフォード的な「伝統と義務のテーマ」（註8）のあらわれを指摘することも間違ってはいないだろう。しかし、わたくし個人としては、作品にこめられているこうしたテーマにもまして、フォードの演出の細部における冴えた繊細さに深く心を奪われずにはいられない。それには、没落したボーモン氏が、いまは交通整理の警官として働いているかつての調教師ドノヴァンとともに、重い荷車を引いているヴァージニアズ・フューチャーと交差点で偶然にすれ違い、それと気づかぬままに別れてしまうという美しい――映画の歴史でもっとも美しいと断言することに何の誇張もない――シークェンスを思い出してみれば充分だろう。

まず、雨上がりの濡れた舗道に馬と二人の人物とを配し、それをあたりの雑踏から視覚的にきわだたせるかのようなショットの構図が何とも素晴らしい。警官ドノヴァンがある荷車の運搬人に難癖をつけるとき、娘を迎えに行こうとしてたまたま通りかかったボーモン氏が手持ちぶさたにかたわらの荷車の馬に寄りそい、その手を何気なく馬の腰にあてがう。すると、生まれた瞬間に同じ部分に添えられた元主人の掌の感触を思い出すヴァージニアズ・フューチャーは、右の前足で舗道をあがくようにして合図を送る。それ以前にも視線を交わらせようとして何度もその首をかつての主人の方に振り向けたりもしていたのである。だが、その必死の身振りもその真摯な思いも見とどけられることなく、たがいに別れて行くしかない。

このごく短いシークェンスには、競馬レースの疾走感の無類の爽快さとはまったく異なる痛ましいできごとが、いかなる派手なアクションをともなうことなく、人と馬との身振りと視線のむなしい交錯として描かれている。だが、無言のまま馬によりそうボーモン氏の左手の無意識の動きと、長いレインコートをまとった警官ドノヴァンが車輪の通過をさばく職業的に有効でときに滑稽な身振りと、必死ではあるがどこか諦念をもはらんでいるようなヴァージニアズ・フューチャーの右の前足や首の動きなどが夕暮れ近くの雑踏の中できわだち、娘と出会ってその手を握り、幸福そうに画面の手前に戻ってくるボーモン氏のショットがゆるやかに暗転することで閉ざされるこのシークェンスは、あえてくり返すが、映画史でもっとも美しいと呼ぶこともいささかの誇張ではない光景として、見るものの心をぞわぞわと騒がせずにはおかない。それは、現実の雌の仔馬から愛されてしまったという経験を持つジョン・フォードだけが実現しうる奇蹟のような瞬間だと誰もが思うからである。

触れあうこと

見落としてならぬのは、このシークェンスが、地位も名声も失った一人の紳士の掌と、いまは重い荷車を引いているかつての名馬の艶をおびた毛並みとが、渋滞しかねない四つ辻の湿った大気の中で触れあうというともすれば見落とされがちなごく些細な身振りを通して、瞳も言葉も無力でありながら接触の記憶だけが意味を持つというこの作品独特の主題を開示しているということだ。事実、娘のヴァージニアが、警官となったドノヴァンのはからいで、その妻がかいがいしく働いている彼の家のキッチンで思いがけずに父親のボーモン氏と再会するとき、娘は背後から黙って父親の瞳をその幼い掌でそっと覆う。父もまた、すぐにはふり返ることなく、その手を娘の手にそっとそえる。

ここでも、瞳や言葉は遠ざけられ、ただ触覚体験だけが物語を進展させているのを見逃してはなるまい。そのとき、娘と再会した父親役のヘンリー・B・ウォルソールは、ただそこにいるだけで、演技など何ひとつとしてしていない。「この作品中では、彼は何もしなくてもよかった。ただそこにいるだけでよかった。ジョン・バリモアもそうだったが、ウォルソールのほうが、一枚上手の俳優だった」（ボグダノヴィッチ、前掲書93頁）とフォードはいうが、この「ただそこにいるだけでよかった」という存在感というべきものにこそ、彼の作品の人物や動物を鮮やかにきわだたせる秘密がひそんでいる。「存在感」という言葉がある種の鬱陶しさを示唆しがちだとするなら、いっそう稀薄な「存在の気配」といいかえてもよい。『香も高きケンタッキー』の冒頭の数ショットで見るものを魅惑し、あらぬ錯覚へと導き入れたのも、「ただそこにいるだけでよかった」ともいうべき馬たちの「存在の気配」にほかならない。フォードは、その後の西部劇やアイルランドを舞台とした作品などで馬たちをみごとに走らせてみせるだろうが、その運動へのたぐいまれな感性が彼を「作家」たらしめているのではない。馬の疾走にキャメラを向けるぐらいのことなら、黒澤明にだってできるからだ。ジョン・フォードの真の偉大さは、走っている馬のみならず、立ち止まっている馬をも視界におさめ、思わず手をのばして触れずにはいられなくなる毛並みの艶にキャメラを向けることで、その稀薄だがどこかしら生きていることの色気を漂わせてもいる「存在の気配」を、人間のそれにも劣らずにスクリーンに漂わせる術を心得ていたことにある。雨上がりの濡れた舗道でそれをごくさりげなくやってみせることこそ、グリフィス以来、映画作家にとっての真の「伝統と義務」だったはずではなかっただろうか。

Ⅱ　動物たち、あれこれ

存在の気配

いうまでもなかろうが、フォードの画面を彩っている動物たちは馬にかぎられているわけではない。では、どんな動物が、いつ、どこで、どのような身振りを演じているのか。

『若き日のリンカン』で青年エイブラハムを演じるヘンリー・フォンダは、弁護士となって開業するために、イリノイ州のスプリングフィールドを目ざすのだが、そのとき、それなりに盛装した彼は、丈の高い黒のシルクハットなどかぶり、やや小型の馬に跨っているかにみえる。馬の背丈とそれを乗りこなす若者の長身ぶりと

『若き日のリンカン』より

がやや不釣りあいで妙だなと思っていると、やがて住民たちの言葉から、それが馬ではなく、驢馬であることが明らかになる。まだ開業すらしていない青年エイブラハムは、馬を買うだけの資金をいまだ持ちあわせていなかったのだが、驢馬と馬との形態的な類似は何とも否定しがたい。

そのように、馬によく似たものとして、『三人の名付親』（１９４８）の最後に姿を見せる驢馬も想起されるが、これは「三人の名付親」の生き残ったひとりとして、赤ん坊を抱えたジョン・ウエインをニュー・イェルサレムの街へと導くという新約聖書的なニュアンスがこめられているので、ひとまず触れておくにとどめる。それより、さらに馬に似たものとして駱駝が考えられるからだ。

砂漠地帯の原住民がそれに跨がって旅をしたりもするこのエキゾチックな動物は、しかし、アルジェリアの外人部隊の駐屯地から始まる『血涙の志士』（１９２８）にも、インドを舞台とした『黒時計連隊』（１９２９）にも、オリエントの砂漠を背景として描かれる『肉弾鬼中隊』（１９３４）にもまったく姿を見せておらず、そこでの兵士たちは、いずれも馬に跨がって移動している。数少ない例外は、これまたインドを舞台とした『テンプルの軍使』（１９３７）だろうが、そこでの駱駝は、兵士たちにとっての軍事的な移動手段というより、現地人たちが重くて大きな荷物を担がせる運搬手段にほかならぬ動物として姿を見せている。

まだ幼くはありながらもその大人びた言葉遣いの完璧さで見るものを微笑ませるシャーリー・テンプルは、寡婦となったばかりの母親につきそわれて祖父が連隊長を務めている英国植民地のインドの町に到着する。列車を降りた彼女とその母親は、ヴィクター・マクラグレン演じるイギリス軍の軍曹によって馬車で駐屯地まで案内されることになっている。ところが、軍曹と母親とが駅構内へ荷物を受けとりに行っている隙に、見も知らぬ異国への到着にいささかも脅えることのないこの可憐な少女は、あたりに行きかう現地人たちへの強い興味をこれっぽっちも隠そうとせず、ごく自然にその雑踏にまぎれてゆく。

そのとき、両脇に重い荷物をつり下げた長い駱駝の行列が少女の視界を横切る。一頭の駱駝が運んでいた大きな布の袋が建物に触れて破れ、そこから何丁もの銃がどさりと地面にこぼれ落ちる。あたりに緊張が走るのは当然のことだ。兵士たちが呼笛を吹いて集まってきてその荷物を運んでいたイギリス軍に反抗的なシーザー・ロメロ演じるコーダ・カーンはその場で拘束される。その際、兵士たちともみ合っている隙に落とした彼のブローチのようなものを目ざとく見つけたシャーリー・テンプルは、あたりの群衆をかきわけるようにして拾いあげ、それをカーンに渡そうとする。そのことからふたりの間に友情のごときものが生まれ、やがて祖父の軍隊でさえ結ぶことのできなかった休戦協定がカーンの部族との間に署名されるのだから、ここでの駱駝にはそれなりの物語的な機能がそなわっていたといえるかもしれない。

だが、被写体としてのこの大きな駱駝そのものはいささかも視覚的に人目を惹きつけることなく、人びとが物語をたどるうちにその登場はあっさりと忘れられてしまうだろう。例えば、砂漠を舞台にした『アラビアのロレンス』（1962）のような作品には、駱駝という動物が出てきてごく当然と思う。そこには、アレクセイ・ゲルマン監督の『戦争のない20日間』（1977）に登場する駱駝が放っていた不気味な存在感のようなものは描かれていない、ということだ。『テンプルの軍使』における エキゾチックな四つ足動物はあくまで脇役に徹しており、『香も高きケンタッキー』の馬たちのように、その「存在の気配」によってことさら人目を惹くことのないごく凡庸な被写体として画面におさまっているにすぎないからだ。

猛獣たち

駱駝が跳梁している地域からはやや距離をおいたタンザニア、ウガンダ、ケニア、等々、赤道アフリカの熱帯地方でロケーション撮影されたＭＧＭの超大作『モガンボ』の主人公は、世界各地の動物園に猛獣を提供している冒険家のクラーク・ゲーブルである。だから、そこにさまざまな猛獣どもが登場しているのはいうまでもない。まず、冒険家のオフィスでとぐろを巻き、その床を音もなくうねうねと滑ってエヴァ・ガードナーを脅えさせる巨大な蛇や、到着したばかりのグレース・ケリーが散策する森林にいきなり姿を見せて彼女に襲いかかり、すんでのところでクラーク・ゲーブルに射殺される黒豹などが画面に緊張を走らせる。だが、ギャラガーによれば、作品のクライマックスに登場する凶暴なゴリラの群れを撮影したのは第二班だということになっているので（註9）、巨大な象をはじめとして、川面で争いあう二頭の河馬や、獲物をあさるライオンなども遥かな距離から描かれていながら、アフリカならではのこうしたさまざまな猛獣たちに、フォード自身がみずから親しくその視線を向けていたかどうかは判断しがたい。

ただ、冒険家クラーク・ゲーブルの宿舎の裏手にある無数の檻の中では、動物園への発送を待つ猛獣どもが何頭も牙を剝いており、近づいてくるエヴァ・ガードナーに吠えかかったりして彼女を脅えさせる。もちろん、そこにはキリンのような無害な動物もいれば、滑稽な狒々《ひひ》などもいる。そんな場面はまぎれもなくフォード自身の演出によるものだろうが、檻の外にいる小さな仔象が彼女になつき、小さな仔犀とともにまつわりついてはその手に握ったバナナを鼻を伸ばして欲しがったりするので、結局のところ彼女がぬかるんだ泥のくぼみに倒れてしまうさまなどは見ていて何とも微笑ましい。だが、やはり象という動物は、それがどれほど可愛らしい仔象だったとしても、映画的に完璧な被写体とは呼びがたく、可憐さという点でも『香も高きケンタッキ

『モガンボ』のエヴァ・ガードナー

ー』の仔馬の魅力とは比肩すべくもない。

『モガンボ』の魅力は、むしろ、近くにカンガルーはいないのかなどと口走って、アフリカとオーストラリアとの区別もつかぬのかと冒険家に嘲笑されるエヴァ・ガードナーの、あやうげでありながらも奔放で、どこかしら無垢な振る舞いにつきている。言葉の真の意味で「動物」的なのは、むしろ彼女があたりに漂わせている「存在の気配」だといいたくなるほどだ。その振る舞いは、ふと『荒野の女たち』でのアン・バンクロフトの豪快な女医を思わせぬでもないが、人妻であるグレース・ケリーの唇をも奪ってみせるクラーク・ゲーブルを最終的には自分のものにしてしまうのだから、エヴァ・ガードナーには充分すぎるほどの色気が漂っているというべきだろう。この作品でアカデミー賞の主演女優賞にノミネートされた――驚くべきことに、その短いとはとてもいいがたいキャリアでたった一度だけのことである――エヴァ・ガードナーは、ここで何とも忘れがたい人物像におさまっている。

そんなエヴァ・ガードナーは、グレース・ケリーが生物学者である夫とともに登場したことで部屋を奪われ、クラーク・ゲーブルの寝室をあてがわれてしまう。彼女は思いきりふてくされ、持参した荷物をどさりと床に落とし、ベッドの上にとぐろを巻いている大蛇をいまでは脅える風も見せずに追いはらい、壁ぎわに置かれた酒瓶を手にして口もとに運んで一口ほど飲んで顔を顰め、いかにも投げやりな風情で壁に向かって放りだす。がちゃりとガラスの割れる音が何とも小気味よいのだが、これについては「身振りの雄弁　あるいはフォードと『投げる』こと」の章で詳しく語ることになろうが、その瞬間の場違いな滑稽さは秀逸きわまりない。

また、狩りに出た日の晩、クラーク・ゲーブルにすげなくあしらわれ、自分のテントに戻ってから簡易テーブルの上にトランプのカードなどを孤独に並べたりしていると、名も知れぬ小柄な猛獣がテントの隙間から音もなく闖入し、美女の存在など見向きもせずにもっぱらカードに鼻を近づけてから何ごともなかったかのように出て行ったりするとき、その遠ざかる後ろ姿をふと目にして遅ればせながら身の危険に脅え、ふらふらとベッドに倒れこむ瞬間にみせるエヴァ・ガードナーの魅力も尋常一様のものではない。彼女は、また、ボートでの移動中に河馬の攻撃を受け、その衝撃でざぶりと頭から水をかぶり、一人だけ両足を空に向けて甲板にひっくり返ったりするのだが、そうしたはしたない振る舞いさえも、どこかしら「動物的」で愛くるしい。

ここでの彼女は、合衆国には存在しない野生の動物たちといたって相性がよい。その意味で、フォードの作品に出たのはこれが最初で最後のことであるにもかかわらず、例外的ながら優れてフォード的な女優だといえるのかもしれない。その『フォード論』で「このアフリカを舞台とした豪華で壮麗なメロドラマは、あまりにも長く過小評価されすぎてきた」（註10）と書くパトリック・ブリオンは決定的に正しい。『キング・ソロモン』の大成功で味をしめたMGMの放つ異国を舞台とした超大作の一つぐらいだと思っていると、この作品の肝心の魅力を見損なうおそれがあるとひとこと警告しておきたい。

『モガンボ』では、ゴリラを求めて奥地へと向かう冒険家たちの一行を乗せた大きな荷車を引いているのが、複数の水牛だったことにも注目しておきたい。これは、『三悪人』の開拓者たちの多くが、重そうな荷車を複数の牛に引かせていたことを思い出させもする光景だからである。『荒野の決闘』の導入部にキャトル・ドライブが描かれているように、フォードがひたすら牛を回避したわけではないが、『捜索者』の頑なな主人公であるイーサン・エドワーズ（ジョン・ウエイン）が、インディアンへの憎悪心から、彼らの食料となるバッファローを無闇に射殺するシーンが挿入されているように、牛とそれに類する動物は必ずしも優遇されてはいない。

羊の魅力

では、牛のように、合衆国にもごく普通に棲息している別の家畜の場合はどうか。

例えば、『四人の息子』（１９２８）の三男坊のアンドレアスは羊飼いだから、もちろん羊の群れがショットとして描かれてはいる。だが、蹄鉄工である次兄ヨハンの仕事場をもごく律儀に紹介して見せているように、それはごくありきたりな説明的な描写にとどまり、物語と画面との調和がごく丁寧に跡づけられているにすぎない。ところが、『わが谷は緑なりき』（１９４１）の導入部で、番犬に追われるように画面の奥へと遠ざかって行く一群の羊たちは、思いもかけぬ生々しさで「存在の気配」を漂わせている。その群れをやり過ごすようにして父親ドナルド・クリスプと末息子のロディー・マクドウォールとが画面の奥から姿を見せ、その背後に成人した末息子のナレーションが流れ始めるとき、ここでいかにも寡黙に遠ざかってゆく羊たちの群れは、物語の始まりにふさわしいゆるやかな運動感を画面に導き入れ、素朴だが雄弁きわまりないショットにおさまっている。画面から姿を消そうとしている動物たちが、その寡黙な運動ぶりによって、いつともしれずに説話論的な持続を刻み始めているからである。

とはいえ、羊の群れというなら、誰もが『静かなる男』の導入部の森の中で、ジョン・ウエインとモーリン・オハラとが初めて視線を交わしあう名高い遭遇シーンを想起せずにはおくまい。息をつめて見まもるしかないこの二人の無言の視線の交わしあいの素晴らしさについては、「樹木」をめぐる章などで改めて詳しく触れることになろうから、ここでは、午後の陽ざしがあたりに投げかける斜めの木影に包まれるようにして、青のブラウスと赤いスカート姿で黒々とした長い木の杖を握り、森の斜面にそって羊たちを追ってゆくモーリン・オハラを捉えたロングショットの無類の美しさに触れておくにとどめよう。『静かなる男』に先だつ『リオ・グランデの砦』ではすでに母親役を演じていたほどだから、もはや若いとはとてもいえないこの美貌の赤毛女優が本当にしがない田園地帯の羊飼いでしかないのかと、見るものが一瞬の戸惑いを覚えるのは否めない。だが、的確でありながらも抒情を排することのないここでの周到きわまりないショットの連鎖が、その戸惑いをすぐさまうち消してくれるだろう。

フォードにおける羊と人間たちとの無類の相性のよさは、あえていうまでもあるまい。実際、『アイアン・ホース』の冒頭のショットの地面を流れるように埋めつくしていた羊の群れの思いがけない登場ぶりには、思わず息を飲むしかない。画面を横切るように張りめぐらされた何本もの丸太の柵の上には、後のヒーローとヒロインになるかもしれない少年と少女がたたずみ、何やら親しげに語りあっているのだが、そのちっぽけな人影のまわりを、あたかも二人の幼な気な愛を祝福しているかのように、羊の群れがひたすら流れて行くのである。

あるいはまた、『誉れの一番乗』（1926）でレスリー・フェントンとジャネット・ゲイナーとが不器用に愛を語りあう大きく折れ曲がった木の幹の向こう側には池か沼のようなものが拡がっており、そのかなたにはさらに無数の羊の群れがたえず揺れ動いている。この構図はしばしば肝心な場面――合衆国への出発前と帰国後、等々――でくり返し描かれているが、逆光に映えるその樹木の黒々とした幹の優雅なしなりかたが忘れがたい光景をかたちづくっている。さらには、『マザー・マクリー』（1928）の導入部のアイルランドの田舎の村にも家鴨をはじめ、群れになった羊たちが行きかい、あたりの雑踏に活気を与えている。だが、これらは、いずれも合衆国とは異なる土地――『四人の息子』はドイツ、『わが谷は緑なりき』はウェールズ、そしてとりわけ『誉れの一番乗』と『マザー・マクリー』と『静かなる男』とはアイルランド――を舞台としており、物語がアメリカ合衆国で起こる作品での羊とフォードとの相性のよさを証言するものは、『アイアン・ホース』の寡黙な冒頭場面につきているのかもしれない。

あるいは、ここで、『プリースト判事』などにも登場する黒人俳優ステッピン・フェチットと動物たちとの特殊な関係ともいうべきものにそっと触れておくにとどめておくべきかもしれない。この名高い黒人コメディアンが初めてフォードの作品に姿を見せたのは、そのトーキー第三作でフォックス社――20世紀フォックスとなる以前のことである。なお、フォードのトーキー第一作の中編『ナポレオンと理髪師』（1928）はプリントが失われていて見ることができない――の『最敬礼』（1929）である。兄は陸軍士官学校の優秀な生徒でスポーツにも優れ、弟は海軍兵学校に入学したてで運動神経はなさそうにみえるという軍人一家の召使いを演じている彼は、その独特のしゃべり方と身振りによって、家族のあからさまな軍人気質ともいうべきものをあたかも揶揄――あるいは、脱臼――するかのような役割を担っている。同じ女性を愛しているこの未来の軍人である兄弟は、ウエストポイントとアナポリス両校のアメリカン・フットボールの試合で対決することになり、ロングショットとクローズアップとを巧みに組み合わせて撮られた両軍の応援は最高度に達する。だが、そのとき召使いの職からはすでに離れているステッピン・フェチットが、いきなり競技場の廊下に大きな角を持った山羊を連れて姿を見せ、弟の思いもかけぬ活躍で同点に終わった試合への観客たちの熱狂とはおよそ無縁の奇妙な距離の意識を作品にもたらしている。

実際、この黒人コメディアンのまわりには、アメリカの田園地帯ならどこにでも存在するだろう動物たちがいっせいに姿を見せている。『プリースト判事』での彼は鰻釣りに固執しているが、その魚は画面には描かれてはいない。『静かなる男』での神父のワード・ボンドも川で魚釣りをしているが、魚そのものは描かれることがない。その点からして、ことによると魚類は反＝フォード的な被写体なのかもしれぬと思わぬでもない。だが、そのことよりも、このプリースト判事の自宅の正面入り口前にそえられた高段の回廊のまわりをあの独特な台詞回しで歩きまわるステッピン・フェチットの周辺に、無数の家鴨や鶏がたえず群れをなしてうろついていることには注目しておきたい。

とりわけ彼を脅えさせるのは、「悪魔の使者」と呼ばれたりもする頑丈そうな二本の角を持つ巨大な山羊が不意に姿を見せる瞬間である。彼は、『最敬礼』で自分がつれていた動物がいきなり作品を超えて登場したことにひどく戸惑っているかのように見えるのだが、判事がこれを追いはらえと命じるのは、彼自身の大好物であるミント・ティーに必要なこのハッカ属の植物の葉を、その山羊がたべつくしてしまうからなのだ。

囀るものたち

『プリースト判事』で判事役を演じるウィル・ロジャースの家の前の回廊のまわりには、たえず鶯のような鳥の鳴き声が聞こえている。だが、鳥というなら、『わが谷は緑なりき』で療養中でベッドに横たわる末息子ロディー・マクドウォールの窓辺に不意に姿を見せる名も知れぬ二羽の小鳥を誰もが思い出すかもしれない。これは、長くて暗い冬の終わりを告げるすがすがしさをフィルムの全域に漂わせる素晴らしい画面である。あるいはまた、『果てなき航路』（１９４０）でジョン・ウエインが飼っている鳥籠入りのインコを思い起こしておくべきかも知れぬ。これは、終幕近くで薬を飲まされて人事不省に陥り、「地獄船」と呼ばれるアミンドラ号へと彼が拉致されようとしたとき、それを救おうと立ちあがる仲間たちに、その鳥籠を持っていた男がそれを隠そうとしても、鳴き声でそれと知れてしまうのだから、鳥籠は物語的な役割さえ果たしていたことになる。『俺は善人だ』（１９３５）の独身会社員エドワード・Ｇ・ロビンソンの殺風景なアパートにも鳥籠が吊るされているが、そこには物語的な機能は皆無である。また戦後の作品で言うなら、フォードがスコットランドヤードの刑事であるジャック・ホーキンスの一日を描いた『ギデオン』（１９５９）で、彼があわただしく朝食をとるキッチンの窓辺には鳥籠が置かれており、名も知れぬ鳥がたえずさえずっている。だが、夜更けに戻って来て同じキッチンのテーブルにつく彼の背後の籠はすでに白い布に覆われていて、もはや鳥はさえずってはいない。そのように、同じキッチンの朝と夜とを周到に描き分けるフォードの演出の繊細さには、改めて驚かざるをえない。

だが、鳥籠というなら、そのもっとも念入りな描写は『三悪人』に認められる。三悪人の一人「スペード」――トランプで人を騙すのが得意なのでそう呼ばれているらしい――を演じているフランク・カンポーは、手作りのものらしい木製の粗末な籠にインコのような鳥をかっている。野営地のテントの中でヒロインのオリーヴ・ボーデンに入浴をうながすとき、熱湯を桶で樽の中に何度も注いでやった仲間のマイク（Ｊ・ファレル・マクドナルド）は、若い女性の入浴シーンをインコに見せまいとして、白い布を鳥籠にかけてみせたりして笑わせてくれる。

ところが、ヒロインとヒーロー（ジョージ・オブライエン）とを邪悪な保安官の一味から逃れさせようとして、三悪人はカードを引いて犠牲になって防禦にあたる者の順番を決めることになる。そのとき、クラブのエースを引き当てた「スペード」は、皆に明るく別れを告げてから、岩陰に身を隠して一味に狙いを定める。彼はよく防戦して数人の敵を倒しはするが、ついに敵弾を受け、その場に崩れ落ちる。その瞬間、彼のかたわらに置かれた粗末な鳥籠の中から、インコがその主の最期をしかと見届けているのだから、フォードが別れの儀式としても鳥を重視していることがわかる。

フォードにおける鳥は、すんでのところで食べられそうになって笑いを誘ったりもする。たとえば、途方もない怠け者を演じている『野人の勇』（１９２０）のバック・ジョーンズは、ホーボーまがいの振る舞いで切符も持たずに列車をただで乗り継ぎ、車掌から追われている孤児らしき少年を線路際で助ける。ところが少年が腹をすかしているのを見かねて、人生で初めての積極的な振る舞いとして鶏を捕まえ、それを料理して食べようと出刃包丁を振りかざしてその首を切り落とそうとする。だが、その例外的ともいえる献身的な身振りはあっさり少年にたしなめられ、二人はあえて空腹を選択することになる。

あるいはまた、『誉れの一番乗』でアイルランドの老貴族に仕える使用人のＪ・ファレル・マクドナルドは、小さな籠のようなものに入れて家鴨をペットとして可愛がっており、それをアメリカまで連れて行く。だが、合衆国での生活は厳しく、食べ物にも困るありさまだ。そんなとき、ふと食卓に鳥料理が並ぶのを見て、ペットの家鴨が食われてしまうのかと彼は動顚する。だが、それは間違いだったことがわかり、ほっと胸を撫で下ろすのである。

だが、フォードにおける鳥といえば、何といっても『戦争と母性』（１９３３）を想起すべきだろう。あまり知られてはいないがこの作家の理解にはきわめて重要なこの作品の舞台となっているアーカンソー州の片田舎の農家の前庭には、数えきれないほどの鶏と家鴨とがけたたましい鳴き声をあげながら、女主人の投げ与える餌をあさっているからだ。夫を失い、一人息子の成長だけを楽しみにしているその女主人を演じているのは、南北戦争時代の将軍の娘で、名高い作曲家スティーブン・フォスターの姪だという名家出身のヘンリエッタ・クロスマンである。娘時代をパリですごしたというこの素晴らしいブロードウェイの女優は、ここでは嫉妬深い寡婦であることをいっときも隠そうともしない頑固な農婦の役に徹しきっている。彼女は、最愛の息子が結婚前にさる女性をはらませてしまったことで、その相手の若い娘をことさら嫌っており、断じて許すことができない。だが、出征した一人息子は、第一次世界大戦のさなかにフランスであえなく戦死してしまう。彼女はますます自分の殻の中に閉じこもるほかはない。

やがて、10年ほどの時がたつ。彼女は、下校時に、多くの鶏や家鴨の群れとともに自宅の前を通りすぎる孫にあたる少年にも冷たい視線を投げかけ、決して許そうとはしない。だが、息子の墓地を訪ねるという挙国一致のツアーにいやいやながら参加してフランスへと赴いてから、なにごとにつけても単独行動をとりがちなこの老婆は、ふとしたきっかけから、橋に手を掛けてセーヌへと身を投じかねない酔っぱらった自暴自棄の青年にであう。母親から禁じられて親しい女性との結婚を諦めねばならないという酔っ払ったこのアメリカ青年を力ずくでタクシーに乗り込ませ、彼女はその下宿にまでおしかける。こうして、泥酔した青年を介抱しながら、はからずも彼のかたわらで過ごすことになる長い夜の時間を通じて、彼女は「許すこと」の意味にゆっくりと目ざめてゆく。長いバゲットを膝でわりながら用意した朝食のテーブルへと青年を招き、食後にはタオルをエプロンがわりにして皿洗いの手伝いをさせたりしているうちに、青年の恋人が訪ねてきて、彼女をママと呼んで思いきり抱きついてくる。そのとき、青年の母親と間違われた彼女は、二つのことを決意する。まず、この二人の若い男女をぜひとも結婚させること、続いて、合衆国に帰ったら、孫とその母親とを自分の胸に思いきり抱きよせてやること、という決意である。

このアーカンソーの片田舎の老農婦が、パリの超高級ホテルに足を踏みいれ、豪華なスイートルームに君臨している高慢そうな大富豪夫人たる青年の母親と対面するシーンには、その不自然きわまりない状況を不自然とも思わせずにおく真実の「気配」のようなものが漂っていて、見るものを呆気にとらせる。あなたはいったい何ものなのかと誰何《すいか》する優雅に着飾った大富豪夫人といきなり対決し、この老いた田舎女は不器用にソファーに座ったりいきなり立ちあがったりしながら、社交界に君臨してもいるだろうこの青年の母親を説得し、ついに息子の結婚に同意するといわしめる場面の滑稽さを超えた爽快さには、思わず目を見張るものがある。物語の展開の思いもかけぬ大胆さと、それを語る画面の連鎖の的確きわまりない繊細さが、涙さえ誘うほどなのだ。

帰国後、かつて嫉妬深かったこの寡婦は、孫の母親となる女性を許し、孫息子を抱擁するだろう。そうした点から、彼女は『捜索者』の「イーサン・エドワーズの長女のようだ」(『伝説を活字にせよ』141頁)とスコット・エイマンも書いているように、インディアンに捕らわれていた姪のナタリー・ウッドを最後に抱き上げる『捜索者』のジョン・ウエインの役柄を思わせもする「初めての『フォード的なヒーロー』」(『ジョン・フォード――人とその作品』94頁)――ヒロインではなく――がここに成立したのだと書くタグ・ギャラガーは決定的に正しい。実際、彼女は袋いっぱいの餌を鶏や家鴨に豪快に投げ与えるかと思うと、夜中に扉を叩くものがあればすぐさま銃を握って身がまえるし、またフランスの遊園地の射的場では、ありとあらゆる賞品をたやすく射貫いて店主を困惑させるという女傑ぶりを発揮したりもしていたのである。

犬の特権

こうして思いもかけぬ変貌をとげてみせるヘンリエッタ・クロスマンの周りにいるのは、鶏や家鴨ばかりではない。死んだ息子が可愛がっていた犬もまたたえず彼女に忠実で、時に応じて重要な役を演じている。息子が隠れて夜中に恋人に会いに家を抜け出すのを鳴き声ひとつで母親に知らせるのもその犬だったし、最後の最後に、孫が祖母を恐れて部屋に閉じこもってしまったときも、犬が鳴き声ひとつで彼の居場所を彼女に告げることになるからだ。ここでの犬は、明らかに物語的な役割を演じているきわめて雄弁な存在なのである。それは、ことによると、『四人の息子』の太った郵便配達夫にたえずつきそっている黒い犬についてもいえることかもしれない。実際、その犬は、心痛めた配達夫が逡巡しながらも年老いた母親に彼らの息子たちの戦死を伝える手紙を配達しに行くときなど、どこかしら悲しげな表情を浮かべて主に従っていたりするからだ。

スコット・エイマンのフォード論『伝説を活字にせよ』には、立ちあがるとフォードの背丈ほどの高さを誇る大きな犬と並んで撮った写真が掲載されている。それには、「フォードは小さなものにせよ大きなものにせよ、犬を好んでいた。この犬は、アイリッシュ・ウォルフハウンドである（ダン・フォード収集品）」という説明文がそえられている（口絵頁）。実際、犬たちは、『大空の闘士』（1932）の飛行場、『テンプルの軍使』のインドのイギリス軍駐屯地、あるいは『黄色いリボン』の合衆国騎兵隊の辺境の砦など、多くの男たちが群がっている開けた土地を、思いのままに走りまわっている。だが、それらはいずれも点景として描かれているにすぎず——インドの駐屯地の犬は、テンプルになついたりするが——これといった物語的な役割を演じるものではない。

では、『戦争と母性』の場合のように多少とも物語に介入する犬が他にもいないかといえば、まず「小さなもの」として、初期の西部劇『砂に埋れて』（1918）でシャイアン・ハリー役のハリー・ケリーがその恋人のベス役のネヴァ・ガーバーに贈る思いがけないプレゼントとしての、黒い帽子に隠されていた生まれたてのちっぽけで剽軽な顔の仔犬などがそれにあたるだろう。また「大きなもの」としてのアイリッシュ・ウォルフハウンドを見てみるなら、こ

『戦争と母性』より

れはアイルランドを舞台とした作品に少なくとも二度ほど登場している。

一度目は、警察に追われてアイルランドから亡命し、いまではフランスの外人部隊の将校であるヴィクター・マクラグレンが、パリで妹を見殺しにしたという卑劣な男を懲らしめるべく、僧侶の衣裳で身をやつして密かにアイルランドに戻って来るという『血涙の志士』（1928）の場合である。原題の「首つりの家」が意味しているのは、多くの犯罪者に絞首刑を宣言してきた判事の豪華な邸宅というほどの意味なのだが、その老齢の判事が、老い先の短いことを慮り、娘をある男と結婚させようとしている。ところが、その男こそ、マクラグレンの妹をパリで見殺しにして自殺にまで追いやったいかがわしい男だったことが判明する。かくして、敵討ちの物語が展開されることになる。そのきっかけとして素晴らしい競馬シーンが描かれているのだが、それにはここでは触れずにおく。男の悪行が露呈し、ヴィクター・マクラグレンが男を追いつめようとするとき、判事に飼われていた巨大なアイリッシュ・ウォルフハウンドが吠えかかってその行く手を阻もうとする。この犬は、一家の食事にもつき合っており、床に座っていてもその首がテーブルにとどくほど背が高いのだが、それまで背景に控えていると思われていた犬が悪人を追いつめもするのだから、ここでの犬はしかるべき物語的な役割を演じているといえるかもしれない。

サイレント時代から続いているこうした犬の活躍ぶりは、後期の映画にまぎれもなく受けつがれている。たとえば、『タバコ・ロード』（1941）の飢えた農民一家に飼われている犬など、食料を持った姿の夫のワード・ボンドに対して、それぞれ石を握って襲いかかろうとする一家の凶暴な貪欲さを共有してそのズボンに噛みつき、思いきり引きちぎろうとして笑いを誘う。かと思うと、日本では一般公開されなかった『ウィリーが凱旋するとき』（1950）では、第二次世界大戦に召集されたウィリー（ダン・デイリー）が生まれた町に配属されていらいらしていると、必ずその足にまつわりついて彼を困惑させる小さな犬がいる。その犬は、彼が任務を終えて密かに村に戻るときにもその足にじゃれつき、彼が誰であるかを吠える声であたりに知らしめてしまうのである。

だが、物語的な役割を演じる点で重要な犬といえば、『捜索者』のそれを思いだしておくべきかもしれない。物語の始まり近く、ワード・ボンドに率いられるテキサス警備隊の一行が討伐にでかけている隙にインディアンの襲撃を受けるジョン・ウエインの弟一家は、せめて子供だけでも助けようと、幼い娘——成人してからは、ナタリー・ウッドが演じることになる——を犬とともに納屋に隠しておくのだが、一行が戻ったとき娘の姿はなく、ただ犬だけが尻尾を振っているのである。これが、ジョン・ウエインとジェフリー・ハンターとに長い「捜索」の旅を続けさせることになるという意味では、ここでの犬の存在は物語の端緒となる重要な役割を演じていることになる。

すでに触れた『誉れの一番乗』の家鴨をペットにしていた馬具係のJ・ファレル・マクドナルドが好んで可愛がっていた大きなアイリッシュ・ウォルフハウンドが二度目の登場となる。だが、こちらはのどかなアイルランドの風景にみごとに溶けこんでいて、これといった物語的な役割を演じているわけではない。ただ、フォードの大型犬への愛好がそこにも的確に描かれている。

それに対して、猫がほとんど登場していないことは指摘しておくべきだろう。『野人の勇』の少年が捨てさせられる生まれたばかりの仔猫たちを除けば、フォードに登場する猫といえば、『四人の息子』で行進するドイツ軍部隊の先頭を横切ったり、『駅馬車』（1939）のクライマックスで、ジョン・ウエインを迎え撃とうとするトム・タイラー一味のかたわらに姿を見せ、手下の一人が撃ち損じる不吉な黒猫などにかぎられている。また、『コレヒドール戦記』（1945）の船の一つにも猫が飼われているが、その船は日本軍の攻撃で座礁してしまうだろう。

おそらくジョン・フォードは、思いきりがよく、かつ飼い主に従順な犬たちの闊達な運動ぶりに魅せられていたのだろう。にもかかわらず、犬が馬に較べて優遇されているとはとてもいいがたい。では、フォードにおける犬は、その運動ぶりにおいて、馬とどう違っているのか。あるいは、馬のまぎれもない優位は、いったいどこからきているのか。

Ⅲ　馬たち、再び

多彩で、思いがけぬ

『香も高きケンタッキー』で二度も描かれていたように、ジョン・フォードがそのキャリアを通して何度もくりかえし競馬シーンにキャメラを向けていたことを知らぬものなどおそらくはいまい。

実際、アイルランドを舞台とした『血涙の志士』にも描かれており、合衆国に舞台を移した『誉れの一番乗』などの馬たちが原野を駆けめぐる障害物競走は、『静かなる男』では改めてアイルランドに舞台を移し、海岸の砂浜や緑の原野を背景として、色彩をともない大がかりに再現されることになる。ただ、ピーター・ボグダノヴィッチがその『インタビュー　ジョン・フォード』のフィルモグラフィーに書きそえているように、『血涙の志士』の競馬のシーンは、後年の『静かなる男』のそれと比較して、「描写の素晴らしさの点では、こちらが上である」（前掲書２４３頁）と書きそえている。はたして「こちらが上である」という『血涙の志士』の優位を断定するボグダノヴィッチの姿勢を素直に肯定するかどうかについては、ここではあえて触れずにおく。だが、フォードが、抜きつ抜かれつという複数の馬たちのひたむきな疾走ぶりにキャメラを向けるとき、すでにサイレント期にその方法をしかと確立していたのは、まぎれもない事実であると断言することはできようかと思う。

　とはいえ、フォードにおける馬たちの速さの競い合いは、思いのままに疾走する犬たちの無方向な運動ぶりをそのコースの一定性によって凌駕しているのではない。馬たちの決定的な優位は、人間たちがそれに跨がり手綱を引くことで、その動きを思いのままに操作してみせることが可能な動物だという点につきている。思いのままの「操作」といっても、それに必要とされているのは、馬の特性を充分すぎるほどに熟知している乗り手の存在にほかならない。馬もまた、みずからを操ろうとする騎手の資質を本能的に察知しているのであり、この無言の相互信頼が嘘のようなたやすさで成就したとき、ただそのときにのみ、フォードにおける馬たちはその疾走ぶりによって見るものを魅了しつくすことになるだろう。

　そうした視点からすると、多彩でありながらも思いがけないやりかたで馬たちが画面を爽快に活気づけている作品は、「騎兵隊」三部作を締め括る『リオ・グランデの砦』をおいてほかには思い浮かばない。実際、この作品は、たぐいまれな騎手であるベン・ジョンソンの存在を無視して語ることはできない。『アパッチ砦』では、落馬して転倒する瞬間のヘンリー・フォンダ演じるサーズデー中佐の身代わりとなって、この厄介な場面をみごとにフィルムにおさめることに貢献し、『黄色いリボン』では、百戦錬磨のインディアン戦士たちさえ怖じけづいて躊躇した地表の深い裂け目を軽々と飛びこえてみせもしたスタントマン出身のこの役者が、『黄色いリボン』と『幌馬車』についで、『リオ・グランデの砦』の撮影にとってはなくてはならぬ存在となったことは誰もが知っている。彼は、現実の世界においても、またフィクションの登場人物としても、数ある馬の中でどれが俊敏な走りをするかをたちどころに見抜ける術を心得ていた人物だからである。

　とはいえ、『リオ・グランデの砦』は、馬たちの思いきりゆるやかな歩みから始まっている。ジョン・ウェインが演じるヨーク中佐に率いられてインディアンの討伐に出ていた騎兵隊の一行が、馬の歩みを思いきりゆるやかにして何日ぶりかで砦に戻ってきたところだからである。兵士たちの帰還を告げるラッパが高く響き、小学校の少年少女が鐘を鳴らしながら教室から下る石段をかけくだって迎えに走る。司令部に通じる木立のさなかにのびる長いほこりだらけの道で、疲れはてた兵士たちを乗せた馬たちはゆるやかに歩調を整えている。騎兵隊員の家族のものたちやそれぞれの妻は、父親や夫の無事を祈りつつ、大きな白いエプロンを風にひるがえしながら一行に視線を向け、思わずほっとした表情でかけよる女もいれば、心配そうにかなたに視線をはせている女もいる。そうした視線の先には、何人かの負傷兵が木製の長い担架に横たわって馬に引かれている。このあくまで緩慢な馬たちの歩みは、これまでのフォードの西部劇ではあまり見たことのない静止へと向かうただならぬ運動感の不在をあたりに波及させ、導入部として目覚ましい効果をあげている。では、いったいどのような迅速性が、ここでの馬たちの緩慢な歩みと対照をなすことになるのか。

この「騎兵隊」三部作をしめくくる作品でジョン・ウエインが演じているのは、元北軍の将校であり、南北戦争のさなかに、上官の命令で妻モーリン・オハラの邸宅に火を放たねばならなかったという痛ましい過去を持つ。いまはその妻とは別居中の身なのだが、数学の理解が不充分でウエストポイントの陸軍士官学校を放校されてしまった彼らの一人息子クロード・ジャーマン・ジュニアが、新兵としてこの砦に配属されたことで、思いもかけずに西部の辺境を舞台としたホームドラマが展開される。新兵の点呼のとき、「ヨーク」と呼ばれ、「イエス・サー」と答える彼の声が指揮官室まで届いた瞬間のジョン・ウエインの表情の微妙な変化は、ホームドラマという点では到底無視できない細部である。また、はるばるこの砦を訪れた母親モーリン・オハラが、夫である指揮官に向かって息子の即座の除隊を申し入れることで、それは確かな輪郭におさまる。彼の除隊には指揮官たる自分の署名が必要だと口にして受け入れようとしない夫を前にした妻は、歓迎の晩餐の席で、「わたくしにとっては唯一のライヴァルである合衆国騎兵隊のために」と盃を挙げたりするだろう。彼女は、アイルランド系の旧家に生まれたねっからの南部女なのである。

「古代ローマ人」流の

そうした家族の物語にいきなり馬の疾走を導き入れるのが、ベン・ジョンソンであることはいうまでもない。彼は、新兵仲間となったばかりのハリー・ケリー・ジュニアとともに、併走する二頭の馬の背中に両足で踏んばり、いわゆる「古代ローマ人」流の軽業めいた騎乗ぶりを軽々とやってのけ、指導している軍曹ヴィクター・マクラグレンを呆気にとらせる。これは、この作品に描かれた最初の馬の疾走ぶりであり、導入部の馬たちの緩慢な歩みとは好対照をなしている。

その光景が撮られたのはユタ州のモアブ地方だというが、いつものモニュメント・ヴァレーの風景に似ていることから選ばれたというこのロケーション地は、遥かに仰ぎみる乾いて切り立った岩山の手前には木々が生い茂り、サボテンや枯れ木ぐらいしか見あたらぬ乾燥地帯とはいくぶんか異なるおだやかな風景におさまっている。だから、ジョン・ウエインが生活の場としているテントの斜めの白い布にはたえず木影が落ちかかっているし、感慨深げにサンズ・オブ・ザ・パイオニアーズの歌声に耳を傾けるモーリン・オハラのまとっている白いブラウスの胸もとにも、月光による樹木の影がかすかに揺れている。

その点で、この砦は、モニュメント・ヴァレーを舞台とした『アパッチ砦』や『黄色いリボン』における砦の植物一つ見えない徹底した峻厳さにくらべると、はるかになだらかな自然環境だといえる。一部はモニュメント・ヴァレーにロケーションをしているが、なぜいつもの土地を避けたかについてはここでは詳しく述べずにおく。そのように豊かな木影が目だつ風景を背景として、ベン・ジョンソンとハリー・ケリー・ジュニアとが「古代ローマ人」流の曲乗りで砂埃をあげながら馬場を一周し、障害物さえ鮮やかに飛び越えてみせるさまは爽快きわまりない。クロード・ジャーマン・ジュニアもその乗り方をみごとにやってのけるのだが、最後には落馬してしまう。ふとその瞬間に立ちあって目を見張る父親ジョン・ウエインの背後にも、木の枝が鬱蒼と茂っている。

リチャード・D・ジェンセンのベン・ジョンソンの伝記『最高に素晴らしい奴』(註11)によると、ベン・ジョンソンは、撮影の準備段階で、ジョン・フォードに向かって、「どの馬も『古代ローマ人』流の騎乗には使えません。二頭で並んで走れるように調教せねばなりません」(同書96頁)と提言したのだという。それを聞いたフォードは、すぐさまファット・ジョーンズの牧場に行ってしかるべき馬の調教をせよと彼に命じる。ファット・ジョーンズとは、ハリウッド近郊で調教用の馬を扱った牧場を経営している元ロデオ選手で、多くの作品——そのほとんどは西部劇である——の撮影に必要な馬をしばしば提供しており、しかもベン・ジョンソン自身の岳父にもあたる人物である。その男の牧場で、彼は「古代ローマ人」流の騎乗にふさわしい馬——栗毛色のペアーとサラブレッドのペアーの計四頭——を見つけ出すことに成功し、新兵役の二人の俳優仲間とともにトレーニングに励んだのだという。

ここで注目すべきは、ベン・ジョンソンが、『リオ・グランデの砦』のハイライトともいうべき「古代ローマ人」流の二頭の曲乗り場面の撮影に、さまざまな意味で不可欠な存在だったことである。ハリー・ケリー・ジュニアの自伝『ジョン・フォードの旗の下に』には、「僕は千年かかっても曲乗り師にはなれっこないな」(同書199頁)と尻込みする彼自身を説得したのも、ベン・ジョンソンだと書かれている。これは、親しい俳優仲間への激励であるとともに、自分が選んだ馬への全幅の信頼がそうさせたというべきだろう。それから3年後の世界ロデオ選手権で優勝するほどだから、彼が砂漠地帯の疾走にふさわしい優れた馬を識別する能力に恵まれていたのは当然だといわねばなるまい。

ところで、『リオ・グランデの砦』のつきぬ興味深さは、そのような資質に恵まれたベン・ジョンソンという役者が、どの馬が乾いた岩石砂漠をこの上ない俊敏さで走りぬけてみせるかを一目で見わけることのできる作中人物を演じていることだろう。この新兵は、さる事件から殺人容疑で追われる身であることが明らかになり、保安官に拘束されてしまうのだが、討伐に出ている中隊長の署名なしには逮捕できないので、ひとまず砦の医務室で軍医の監視下におかれることになる。おとなしくその処置を受け入れた彼が、向かって左に位置する軍医チル・ウィルズと右にいる軍曹ヴィクター・マクラグレンとに視線を向けながら、事件に巻き込まれた妹が結婚してカリフォルニアに落ちつくまでは、裁判沙汰で彼女を悩ませたくないという事の次第を語ってみせる。

ベン・ジョンソンの視線の動きを的確なショットの連鎖で捉えてみせるこの夜の医務室のシーンは、まことに味わい深いものである。彼の説明で事態を納得した軍医と軍曹とが、阿吽の呼吸でそれぞれこの新兵には視線を向けずにおく瞬間をつくりだすことで、彼のその場からの脱走を間接的に手助けすることになるからだ。彼らの心遣いを恩義に感じながらも医務室から抜けだしたベン・ジョンソンは、躊躇なく厩へと向かい、討伐から戻ったばかりの中隊長ジョン・ウエインが保安官の前で署名すべき書類に目を通している隙に、手際よく中隊長自身の馬を奪って砦から脱走する。それが、この連隊でもっとも優れた馬だと即座に見わけたからである。

かくして、たぐいまれな俊足ぶりを誇る中隊長ジョン・ウエインの持ち馬を乗りまわして砂漠地帯を自分の家の庭のように走りまわるベン・ジョンソンは、まず、インディアンに追われる伝令のクロード・ジャーマン・ジュニアをその危機から救い、その後は、中隊そのものに名誉をもたらす勲功をあげさえすることになるだろう。

馬、その五つの表情

ここでジョン・フォードの作品の馬たちがどのような表情や身振りを演じることになるのかを、ざっと見ておくことにする。それは、ほぼ五つのカテゴリーに分類することができる。その五つを挙げておくとするなら、まず、1：ある不測の事態から馬たちが人間には統御しがたいかたちで騒ぎだし、脅え、めくらめっぽうに暴走するというものだ。続いて、2：馬が乗り手の意志をたちどころに了解し、足を崩して勢いよく地面に伏せてみせるという瞬間も捉えられている。また、3：川の浅瀬を水を蹴立てて走りぬけるという爽快な運動をもやってのける。さらには、4：地上を駆けまわる馬が、あろうことか、乗り手の意志にしたがって建物の内部にまで走り込むことも描かれている。そして最後は、5：鞍から降りた兵士たちがかたわらを歩むという馬たちの緩慢な運動というものだ。

この五つのカテゴリーに分類さるべき馬たちの多様な表情は、サイレント期から大型の色彩画面のフィルムにいたるまで、フォードの西部劇のほとんどで描かれる馬たちの多彩で、かつ思いもかけぬ表情にほかならない。そこでまず、人間たちがにわかには手がつけられぬほどに馬たちが暴れ出す瞬間を見てみる。それは、インディアンの夜襲によって砦の厩近くの建物に火が放たれ、炎に脅えた馬たちがいっせいに嘶き、後ろ足で立ったり、柵を飛び越えたりして収拾がつかなくなるという『リオ・グランデの砦』の一場面なのだが、フォードはそのほとんどを昼を夜に見立てた「アメリカの夜」の手法で念入りに撮りあげている。

それは、母親のモーリン・オハラがひそかに息子のクロード・ジャーマン・ジュニアを訪ねるときに起こる。ヴィクター・マクラグレンの軍曹につきそわれ、インディアンの捕虜たちがたむろしている川の窪地にかけられた橋を渡ってから、母親はテントの入り口に立つ。それまでみんなで歌を楽しんでいた仲間の兵たちがそれぞれの言葉で彼女に敬意を表してから姿を消すと、母親は息子をそっと抱きよせ、その額と頬と唇とに接吻し、こんなところにいないで早くおうちに帰りましょうと静かに説得する。だが、息子は、ぼくの署名がなければ除隊できないはずだから、ここに残るつもりだと母親に抵抗する。まあ、あなたはお父さまそっくりの頑固な方ねというかのように母親は溜息をつく。

テントの外では、今夜は妙にコヨーテが啼くなとヴィクター・マクラグレンがいぶかしげにつぶやいているが、ベン・ジョンソンがあれはコヨーテではないと口にして危険を察知して身がまえたとき、不意に夜襲が起こる。捕虜にされていたインディアンは仲間たちの巧みな馬捌きで壊された柵から抜けだし、用意されていた馬であっさり脱走に成功する。近くを通りすぎる騎乗のインディアンが間近からの一発で撃ち倒されるのを見て、モーリン・オハラはその場に卒倒する。しばらくしてかけつけたジョン・ウエインは、隊長夫人が気を失っていたのでは収拾がつかないといいたげに、すでに意識をとり戻しているヨーク夫人を宿舎までエスコートせよと新兵の息子に命令したところで、辺境の砦のテントを舞台としたホームドラマから活劇へと転調するこの場面はほぼ終わりを告げる。

馬が移動のための数少ない動力源だった19世紀のことだから、フォードの西部劇には、この種の厩の襲撃がしばしば描かれている。実際、この作品の最後では、騎兵隊がインディアンの集落でほぼこれと同じことをやってのけるだろう。それがさらに大がかりに描かれているのは、『黄色いリボン』のクライマックスなのだが、そこでも、夜中にインディアンの野営地に奇襲をかけた合衆国騎兵隊の兵士たちが、馬という馬を囲いから解放することで敵の戦意を喪失させてしまう。だが、その光景は、色彩映画であるだけに、モノクロームの『リオ・グランデの砦』による不意のインディアンの襲撃の夜景の緊密な描写に較べて、いささか見劣りするといわざるをえない。『駅馬車』の宿駅でも、乗り換えるために用意されていた生きのよい馬がメキシコ人たちに奪われて苦境に陥っていたことを想起しておこう。

二番目の身振りは、馬が乗り手の意志に応じていきなり横たわってみせるというものだ。これは『リオ・グランデの砦』のもっとも緊迫した瞬間でもあるので、この後も何度か触れる機会もあろうかと思うが、それは砦からより安全な場所へと女や子供たちを移動させるための幌馬車隊がインディアンの襲撃で危機に陥り、クロード・ジャーマン・ジュニアが砦へと伝令に走る場面である。インディアンについても土地柄についてもほとんど知識を持ちあわせていない彼の背後には、四騎のインディアンが間近に迫っている。

そのさまをふと目にとめた脱走兵のベン・ジョンソンは、岩山を全速力でかけおり、まず一騎のインディアンに体あたりを喰らわせてその場に転倒させ、クロード・ジャーマン・ジュニアに追いついて拳銃を借りる——脱走兵は丸腰だった——と、いきなり乗っていた馬を器用に横倒しにして動きを止め、馬の背後に膝をついて拳銃を構えて間近に迫ったインディアンに狙いを定め、一人、また一人と的確にこれを射殺する。三人が動かないのを目にするや否やたちどころに馬を起こし、それにまたがって仲間に無事を伝える。この敵の馬を蹴散らしての疾走、仲間から拳銃を借りうけることの素早さ、そして不意の停止、さらには馬を意のままに横たわらせて銃を構え、目的を達するや否や、寝そべっていた馬を一息に起きあがらせてそれに跨がるという一連の動作は、そのことごとくがほんの数分のできごとでありながら、この作品にとどまらず、フォードの作品のもっとも充実したショットの連鎖におさまっている。ベン・ジョンソンにそれが可能だったのは、彼が中隊長から奪った名馬のたぐいまれな俊敏さゆえだったことを、ここで改めて指摘しておく。

ただし、この場面で見誤ってならないのは、この脱走兵が、横たわらせた馬をいわば防禦壁として身を隠し、迫ってくる敵に照準を合わせていたのではないということだ。こうした場合、低い位置に身を置くことがもっとも安全だということを、ベン・ジョンソンは経験的に心得ていたのである。それは、たとえば『駅馬車』の最後の決闘で、ジョン・ウエインが地面にひれ伏してライフルを発射することで三人もの敵を倒していることからしても明らかだろう。また、それが馬にとってもきわめて安全な姿勢だということは、『砂に埋れて』で、凄まじい砂嵐の到来にそなえて、シャイアン・ハリーを救いに向かっている二人の男たちが、ともに馬を地面に横たわらせてからみずからもその脇に寝そべるという経験的な配慮によって、砂塵による被害を最小限にくい止めていたことからしても明らかなはずである。馬の安全を慮ってあえて寝転ばせること。無声時代の初期の西部劇でやっていたその振る舞いをあえて『リオ・グランデの砦』でやってのけたフォードの馬へのねぎらいの心をこめた戦略がここでみごとに功を奏していることには、思わず溜息をつかざるをえない。

馬はまた、川の浅瀬を疾走し、小波を蹴たてて小気味よく対岸へといたるという渡河を爽快にやってのける。それが、フォードがしばしば描いてみせる馬の三つ目の表情にほかならない。それが見られるのは、ジョン・ウエインの中隊長が、上官のシェリダン将軍の命令を受けて国際法を無視し、メキシコ領に逃れたインディアンから子供たちを救うという作戦を実行に移す場面の冒頭においてである。騎兵隊がいよいよ国境の川岸にさしかかろうとする瞬間、対岸から一頭の馬が水しぶきを蹴立てて勢いよく駆け戻ってくるという素晴らしいショットが挿入されている。「あれは何だ?」、「閣下の馬を奪った脱走兵であります」、「即刻逮捕せよ」。だが、それは、命令に先だって子供たちが捕らわれている場所を仔細に偵察してきたベン・ジョンソンにほかならず、いわば自発的な斥候としての彼は逮捕されるどころか、事情を仔細に中隊長に説明した上で、先発隊として現地に派遣されることになる。そのとき、ジョン・ウエインが「俺の馬に乗って行け」と命令するのはいうまでもない。

こうした状況を先導しているのが、国境の浅い川を水しぶきを上げて小気味よく渡ってくる馬上のベン・ジョンソンの姿であったことを見落としてはならない。ユニヴァーサル社時代のサイレントの西部劇でのシャイアン・ハリーを演じるハリー・ケリーが、小波を蹴上げて浅い川を渡河することにかけては天才的な馬の乗り手だったことを、ここで思い起こしておこう。また、『誉の名手』の彼は、いったい何度、意を決した瞬間に、思いきって浅い川を小波をたてかけ渡ったことだろう。『砂に埋れて』の彼もまた、作品の冒頭から、浅い川を巧みに横切ることで追っ手から逃げていはしなかったか。『リオ・グランデの砦』の魅力は、こうした無声時代の西部劇の肝心な部分を想起しながら、フォードが優れた馬の特質を綿密に撮っていたことにあるのだといえよう。

『捜索者』で、テキサス警備隊の隊長ワード・ボンドに率いられた一行が、しばらく左右両側に迫るインディアンと併走しながら進んで行くという緊迫した画面で、隊長のかけ声とともに一気に渡りきる大きな川もまた、きわめて浅いものだったことを想起しておきたい。ここでも、相手に一歩先んじるかたちで、全員が『リオ・グランデの砦』のベン・ジョンソンさながらに小波を蹴立てて対岸へとたどりつくことに成功しているのである。

だが、『捜索者』には、さらに素晴らしい渡河のシーンが存在する。インディアンの集落を攻撃し、戦士のほとんどを殺戮し、女子供だけを捕虜にして騎兵隊員たちが砦に帰還する場面である。季節は冬で、あたりの光景はすっかり雪におおわれ、凍てつくような寒さが手にとるように感じとれるこのシーンで、隊員たちは流氷が勢いよく流れる細い川をそれぞれが難儀しながらも着実に渡河するのである。そこには、主要な人物は一人としてまぎれこんでいないが、そのいかにも冷えきった季節にほとんど氷結したかのような細い川の渡河の光景にキャメラを向けるフォードの悦びが、手にとるように伝わってくる魅力的なシーンとなっている。それに較べれば画面としての力ははるかに劣るが、インディアンにさらわれた白人を取りもどすという類似の主題を扱った『馬上の二人』にも、浅い川の渡河の光景が何度も描かれている。騎兵隊の一隊が、あるいはジェームズ・スチュアートが一人で、さらにはリチャード・ウィドマークとともに、何度も浅い川を水しぶきをあげて渡ってゆくのである。

だが、ことによると、浅い川の渡河でもっとも緊密で優れたショットは、『西部開拓史』（1962）の「南北戦争」編に見られるものかもしれない。そこには、北軍兵士たちの突撃の模様が複数のショットで描かれているのだが、銃声や砲弾の破裂音が響く中、いきなり馬に跨がった兵士や大砲を引いた複数の馬たちが勢いよく水を蹴立てて進む森に囲まれた浅い川の光景が鮮やかに描かれており、名高い俳優など一人として混じっていないのでおよそ主観性を欠いた画面でありながら、その小気味よさは圧倒的であらゆる比較を超えており、その点から、この「南北戦争」編をフォード後期の優れた作品の一つとみなすことに、いかなる躊躇もない（註12）。

もちろん、フォードの川は、そのことごとくが浅い川であるとはかぎらない。『周遊する蒸気船』（1935）のミシシッピー河のように、おそろしく川幅が広く、何艘もの汽船が同時に就航できるほどの川も何度か――『西部開拓史』の「南北戦争」編にさえ――登場しているからだ。また、『駅馬車』には、木材を括りつけて馬車に浮力を加えて渡るしかない深い川も登場していたし、後期でいえば、『騎兵隊』に描かれている南部の川もかなりの深さのもので、北軍の兵士たちが南軍の追跡を妨げるには、橋を爆破しなければならないほどである。

また、敵軍の目をくらますために、指揮官ジョン・ウエインは、あえて白樺のような木々に覆われたあまり浅くはない沼沢地帯にゆっくりと騎馬の戦士たちを踏みこませなければならなかったほどである。にもかかわらず、こうした特殊な例外を除いて、フォードにおける川といえば、『リオ・グランデの砦』の脱走兵ベン・ジョンソンがいかにも心地よさげに水を跳ね上げながら渡河してみせた浅い川ばかりが思い浮かぶのは、いったいなぜなのだろう。それは、恐らく、ここでのフォードが、『誉の名手』や『砂に埋れて』などの初期の作品の記憶とともに、この作品を撮っていたからではなかろうかと思われる。

『リオ・グランデの砦』がきわだたせてみせる馬たちの四つめの身振りは、馬たちが、あたかも何ごともなかったかのように、建造物の内部にまで騎手を乗せたまま侵入するというものにほかならない。たとえば、子供たちがとらわれていた教会へと救援に向かった中隊長のジョン・ウエインは、そのまま内部に馬を乗り入れ、祭壇を前にして馬に跨がったまま、あたかも戸外にいるかのように、いつもとかわらぬ風情で部下たちに的確な指令をあたえている。だが、それもまた、『砂に埋れて』のシャイアン・ハリー、すなわちハリー・ケリーがやって見せたことによく似ていることは明らかである。すなわち、ハリーは眠いから寝かせてくれといいはり、満員だというオーナーの制止にも耳を傾けず、馬に跨がったままホテルの広いホールを横切り、そのまま二階にまで駈け上って部屋に闖入し、横たわっている先客のベッドのマットレスにつめられた藁屑を馬に喰わせたりしながら、そこに寝てしまうことに固執していたのである。

建物の内部まで足を踏みいれるという馬の振る舞いは、およそフォードにしか描くことのできない特殊な身振りにほかならない。たとえば『騎兵隊』の中隊長ジョン・ウエインは、できれば避けたかった南軍との戦闘にひとまず勝利しながら、ごく親しかった南軍将校の命を奪いかねず、多くの負傷者まで出してしまったことを深く後悔しながら、それが戦争というものだとはにわかには容認しがたく、多くの負傷兵たちを寝かせて病院に見たてたホテルのバーでひとり酒をあおっている。そこに馬に乗った兵士が意気揚々と廊下に姿を見せ、南軍の進撃に必要な鉄道の線路はすべて破壊しましたと得意げに報告する。それを耳にしたジョン・ウエインは、いきなり怒り狂ったようにその兵士を馬から引きずり下ろし、腰と尻を蹴り上げるようにして、扉の外に追いやってしまう。職業軍人ではなく鉄道技師だったこの隊長は、鉄道路線が無惨に破壊されることが我慢ならなかったのである。

馬はまた、『リバティ・バランスを射った男』でも屋内に侵入する。それは、終幕近くの選挙演説の場面である。ジェームズ・スチュアートの対立候補が、景気をつける意味からカウボーイを雇い、演説会場の正面玄関から白っぽい馬に乗って演説会場に登場させているのである。カウボーイは壇上にまで上がり、馬の背中に立って投げ縄を振りまわし、候補者に縄を掛けたりもするという曲芸まで演じてみせる。『騎兵隊』の場合と同様、ここで屋内にかけ込む馬もいたって不快な印象をもたらす。もしジョン・ウエインがその会合に出席していたら、カウボーイをたちどころに叩きのめしていただろう。

馬に跨がった男たちがもっとも荒々しく屋内に侵入するという場面は、『シャイアン』のダッジ・シティーのエピソードにおいてだろう。街一番の大きなサルーンの奥まった丸テーブルでは、『駅馬車』から抜けだしてきたようなジョン・キャラダインの黒服の賭博師と、『荒野の決闘』の二人とは似てもつかないワイアット・アープ役の白服のジェームズ・スチュアートとドク・ホリデー役のアーサー・ケネディーがポーカーを楽しんでいる。近くにインディアンが迫っているというので、大砲まで乗せた列車で兵隊どもが街を離れ、あたりには緊迫した気配が漂っているのに、この三人はどこ吹く風かといった気配でカードに集中している。そこへ、四人もの男たちが馬に乗ったままサルーンに乗り込んできて、バーで酒をくらいながら、俺たちはインディアンを退治したのだと大声で怒鳴りまくっている。室内に馬で乗り入れるとは稀なできごとだとジョン・キャラダインは怪訝そうな視線を彼らにはせるが、これまで見たように、それはフォードにあっては決して稀なことではない。

バーを占拠した酔漢どもは、奥の席でポーカーを楽しんでいる一人がワイアット・アープだと知り、難癖をつけに丸テーブルに近づき、そのうちの一人であるケン・カーティス——フォードの娘婿である——は腰の拳銃に手をかけようと身がまえる。その瞬間、アープは服のポケットに忍ばせていた小型拳銃で相手の足を撃つ。もんどり打って斃れる相手をバーに横たわらせ、いきなりその後頭部を殴って眠らせるアープは、荒療治でその大腿部から銃弾を抜き、彼らを退散させる。彼らが、何ごともなかったようにポーカーを続けるのはいうまでもない。ここでも、馬に乗ったまま屋内に侵入した男たちは、したたかに懲罰を受ける。だが、『リオ・グランデの砦』でのジョン・ウエインが馬ごと教会にかけ込む場面にその不快さは皆無であり、むしろ爽快ですらあるといえる。それは、ことによると、無声時代の『砂に埋れて』を誰もがつい思いだしてしまうからかもしれない。

『砂に埋れて』より

馬という乗り物が家内にかけ込むという特殊な状況の原点の一つともいうべきものが、『最後の無法者』（1919）に素描されている。不幸にして冒頭の一巻だけが保存されているにすぎず、不完全なかたちでしか見ることができない作品だが、西部華やかなりし時期に悪行をかさね長らく獄中にいたエドガー・ジョーンズが出獄したとき、時代はすっかり変わっており、見たこともない自動車に引かれそうになって慌てふためくさまなどが語られている。彼が劇場の前の階段に腰をおろし、溜息をつきながらおのれの過去の華やかさを回想する場面に、かつての彼自身が荒馬を乗りまわし、そのままサルーンの扉をおして中に入って行かんばかりという瞬間が映し出される。その後、彼が『砂に埋れて』のハリー・ケリーさながらに室内にまで馬で乗り入れるか否かは知りえないのだが、その端緒のようなものが語られていることだけは確かなのだから、この状況が無声時代のフォードの関心をとりわけ強く引きつける荒行事だったことだけは間違いない。

馬に跨がったままのカウボーイを屋内にまで駆けこませるという粗暴な振る舞いは、ほかの監督の西部劇ではまずお目にかかることのないフォードならではの独特な演出にほかならない。それこそ、馬の見せる四つめの表情となるのだが、本来であれば不作法きわまりないそんな振る舞いを無声映画時代からみずからのものにしていたジョン・フォードが、後年の西部劇で、その光景にとりわけ陰惨きわまりない色彩を帯びさせていることにここで触れておかざるをえない。それは、『捜索者』のクライマックスともいえるテキサス警備隊――と、ごくわずかな数の騎兵隊――によるインディアン部落の襲撃のシーンに見られるものだ。そこでのジョン・ウエインは、拳銃を乱射しながら疾走して部落を素早く往復し、酋長のテントを目にするなり馬に跨がったままその内部に荒々しく踏みこみ、すでに死体となっている酋長役のヘンリー・ブランドン――その直前にジェフリー・ハンターによって射殺されている――の髪を頭蓋骨から思いきりよく剝いでみせる。その残虐さは、すでにこのテントの中で、彼自身がひそかに愛していた弟の妻マーサの頭蓋骨から剝ぎとられた黒髪の束を捧げてみせた姪のデイビー――少女時代と同様のお下げ髪をしているが、すっかりインディアン風の衣裳に身をつつんでいる――の姿を、その目でしかと見てしまっていたことと無縁ではない。

実際、1865年の南部連合の敗戦以降、王党派と共和主義者たちとが対立し合っていたメキシコを始め、どことも知れぬ土地を長いこと彷徨ってきた元南軍士官イーサンを演じているジョン・ウエインは、すさみきった表情で弟夫妻の家に戻って来たのだが、出迎える弟の妻マーサの額にそっと唇をそえる身振りからしてその秘かな愛着を隠そうとはしていなかったし、また脱がせたコートをいたわるように胸にいだく素振りによって、マーサの彼への執着もまた慎ましく、だが的確に演出されている。ここでマーサを演じているドロシー・ジョーダンのエプロン姿こそ、後期の西部劇におけるもっとも女性的なイメージを具現化するものにほかならない。また、イーサンは、初めて会ったマーサの次女デイビーがことのほか気に入った様子で、思いきり高く抱きあげてから、彼女にメキシコの勲章を与えたりしていたほどである。だが、テキサス警備隊と共に彼がその家を離れていた隙にインディアンの襲撃に遭い、マーサは虐殺され、デイビーは囚われの身となってしまう。その瞬間、イーサンによる長い復讐と、親しい親族を囚われの身から解放するという奪還の主題が物語を複雑に染めあげることになる。

では、復讐を成就したイーサンはいかなる身振りを演じることになるのか。懲らしめるべき敵がインディアンであろうと、ジョン・フォードはことさら凶暴きわまりない演出に徹しているのだが、ここでのジョン・ウエインの振る舞いは、愛の執念ともいうべきものが結実した無謀さに徹している。だが、それにしても、野戦病院と化したホテルのバーまで騎馬のまま乗り込んで来た部下の一人を手荒くたたき出すことになる『騎兵隊』のジョン・ウエイン自身との違いはどうだろうか。

とはいえ、真の違いはそこにあるのではない。ここでのことのほか凶暴きわまりないジョン・ウエインは、馬に跨がったまま、その髪の毛を手にしてテントから出てくるからだ。屋内に騎馬のまま侵入した男が、そのままの姿で屋外に出てきてあたりを睥睨するという光景は、『捜索者』の場合がおそらく最初にして最後のこととなるだろう。そのとき、男の振る舞いの残虐さは崇高さともいうべきものに変質しようとしているのだが、酋長のテントから姿を見せた彼の殺伐とした表情を目にすれば、この男がさらに一人や二人を殺《あや》めても一向に不思議ではないと誰もが思う。実際、デイビーの身を案じるジェフリー・ハンターは、それだけは思いとどまれと必死にすがりつく。すっかりインディアンの風習に染まっていたかに見えるデイビーを射殺しようとしたイーサンの姿を、彼はすでに見てしまっていたからだ。だが、馬上から彼を乱暴に振りはらったジョン・ウエインは、斜面を逃れて行くデイビーを無言で追いつめる。

ところが、その直後にわたくしたちが目にすることになるのは、殺伐さとはおよそ畢なる身振りとなるだろう。その少女時代に初めて出会ったときのように、ジョン・ウエインは、両腕で彼女を馬上高くにまで抱きあげることになるからだ。脅えていたかに見えた彼女は、しずかにその胸に顔をうずめる。かくして、彼は、囚われていた姪デイビーの帰還を実現させることになるのだが、この陰惨さから穏やかな和解への不意の転調は、『ジョン・フォードを読む』のリンゼイ・アンダーソンが言うように、ジョン・ウエインの役柄が「〝神経症患者〟」(前掲書215頁)風だからでもなければ、その演技に「統一がとれていない」(前掲書218頁)からでもない。ここで問われるべきは「心理」的な一貫性などではなく、もっぱら身振りの響応性にあるからだ。馬に跨がったまま酋長のテントに侵入し、そこから死者の髪を握って出てくるという陰惨な身振りは、少女時代に抱きあげたデイビーその人を、インディアン風の髪型と衣裳のまま抱きあげるという晴れやかな振る舞いによってたちどころに否定されているのである。フォードの作品は、心理的な不統一と思われるものを超えて、あくまで仕草の一貫性が勝利する物語なのだ。それこそ、『捜索者』という作品の苛烈さにほかならない。ジョン・ウエインが馬に跨がったままテントに入り、またそこから出てくるという行為を、その後の思いもかけぬ振る舞いによって、崇高さの域にまで高めているからである。

ところで、『リオ・グランデの砦』は、冒頭に見られたのと同じ馬たちの緩やかな歩みとともに終幕を迎える。こんどは、交戦中に胸を矢で射貫かれた中隊長ジョン・ウエインが木製の担架で馬に引かれており、それを待ち受けていたモーリン・オハラが黙って手をそえ、息子の活躍を語ろうとする彼を制して埃の中を静かに宿舎へと遠ざかって行く。このあくまで緩やかな歩調こそ、疾走する馬の魅力をかえってきわだたせるものにほかならない。そして、それこそがフォードにおける馬が演じてみせる五つ目の表情にほかならない。

それは、例えば、医師の幌馬車の中に寝かされた負傷兵の治療のために部隊の全員が馬から降り、そのかたわらをゆっくりとした歩調で進んで行くという『黄色いリボン』の一場面で印象深く描かれている。折りから天候が急変し雨が降り始め、モニュメント・ヴァレーの見なれた岩山の上空には雷の閃光が走るという、音響的にも素晴らしい光景なのだが、ジョン・ウエインの隊長を始めとして、兵士たち全員が黄色の裏地のコートを肩になびかせながら雨中を進む騎兵隊のどこまでも緩やかな歩みぶりが、負傷兵と同時に馬へのいたわりをも思わせ、何とも忘れがたい。

これは馬が演じてみせる五つの表情の補遺ともいうべきものだが、例えば、『黄色いリボン』に描かれているように、ベン・ジョンソンは、追ってくるインディアンの誰もが怖じ気づいて立ち止まってしまうような深い峡谷の谷間を、いとも軽々と飛び越えてみせる。その種の深くて険しい峡谷は、『アイアン・ホース』などにしばしば登場していたものだが、それを馬にのったまま飛び越えてみせるという運動は、いまはプリントが失われている『Three Jumps Ahead』（１９２３）の残されているスチール写真などから想像する限り、サイレント期の作品からフォードがしばしば描いていた特技だといえる。ベン・ジョンソンは、騎馬で疾走するとのみならず、切り立った峡谷を思いきり飛び越えるという特技にも優れている馬の乗り手だったのである。

馬が都会の舗道を疾駆する

とはいえ、フォードにおける馬たちは、西部の荒野やアイルランドの牧草地帯を勢いよく疾駆することだけで見るものを歓喜させるとはかぎらない。およそ想像を超えた思いがけない土地を、軽々と走りぬけてみせるからである。実際、ジョン・フォードの西部劇で、馬に跨がったカウボーイたちが、群れをなしていっせいにニューヨークのブロードウェイを駆けぬけるなどといった光景を、いったい誰が想像できるだろうか。だが、『鄙《いなか》より都会へ』（１９１７）のフォードは、それを軽々とやってのけてみせる。

ニューヨークの豪華ホテルへかつての婚約者の奪回に訪れたシャイアン・ハリーは、客室のスチームの音をガラガラ蛇と勘違いしてピストルを抜いたりする都会生活には不慣れな田舎者である。それに近づき金銭を盗もうとするいかがわしい美女が、ホテルのバーに巣くっている。だが、ひたむきな彼の話を聞くうちについほだされて、いつの間にかその味方になってしまう。いざ豪華な戸外の食堂へ婚約者の奪回に向かうと、相手は多くの部下たちに守られており、多勢に無勢で勝ち目がないと判断したハリーは、いかがわしい美女に、家畜の輸送のためにニューヨークの駅に到着したばかりの仲間たちを電話で呼びよせるよう依頼する。合点だといわんばかりに、女は馴れた手つきでダイヤルを回す。すると受話器を取って事態を理解した仲間たちは、やおら鞍を馬の背に放り上げてこれに跨がり、隊伍を組んでホテルに向けて走り始める。

『鄙より都会へ』より

　騎馬のカウボーイたちは、路面電車のレールが敷かれている繁華街にさしかかり、ゆるやかなカーヴをものともせず、馬のために敷きつめられたわけではない不揃いな舗石などものともせずに都会の舗道を疾駆し、ひたむきにホテルへと急ぐ。その食堂でのシャイアン・ハリーの孤独な乱闘ぶりと、ブロードウェイを疾走するカウボーイの群れのカットバックの図式性が、何とも痛快である。ここでのフォードの馬たちは、乗り手の指示にいたって忠実に、馬とは異なる乗り物のために配備されたはずの二本のレールなどものともせずに、難なくニューヨークの華麗なホテルへと到着する。レセプションの広間でボーイを脅えさせたカウボーイたちはたちどころに食堂へとなだれこみ、大乱闘の末、シャイアン・ハリーは元婚約者の奪回にみごとに成功する。

だが、それにしても、路面電車の二本のレールが陽光に映えるなだらかにカーヴしているブロードウェイの不揃いに敷きつめられた舗石などものともせずに疾走する馬たちといった光景を、いったい誰が想像できただろう。それを、ジョン・フォードは、すでに1917年に、ごく呆気なくやってのけて見せているのである。ここでの馬たちは、文字通り「多彩で、思いもかけぬ」身振りと表情におさまっており、やはり映画のキャメラというものはもっぱら馬という四つ足動物のために発明された装置にほかならぬと、誰もが納得せざるをえない。

ここでいささか唐突に、とはいえ文脈の一貫性をこれっぽちも損なうことなく、冒頭で論じた『香も高きケンタッキー』に改めて触れておかざるをえない。そこでは、顔をゆがめるとそれがそのまま笑顔を思わせてしまうドノヴァン役のJ・ファレル・マクドナルドが、精一杯に着飾り、儀式的なシルクハットまでかぶった姿で、箱形で幌のついた自動車ばかりが行きかっている不揃いな道路を、あたかもそれが馬のために設けられた花道だというかのように、美しい馬に跨がり、キャメラに向かって進んでくるのである。

額に星形の斑点のあることで、それがヴァージニアズ・フューチャーであることはひと目でわかる。見ているものは、それが、悪漢どもから男が力ずくで奪ってきた馬であることをよく知っている。だが、いつもは重い荷車を引いて難儀しながら歩んでいたこの舗道を、いま、その雌馬はかつてのように人を乗せて晴れやかに進んでくるのである。それはほんの数秒のショットでしかないのだが、ここでの雌馬は、自分の娘が競馬レースで勝利する瞬間をいままさに目に収めようとしている。それが、いかなる言葉も必要としていない徹底した視覚体験であることはいうまでもない。

映画が音を欠いた表象手段として生まれたことをこの上なく自然なことだと、誰もが改めて思い知ることになる。では、ジョン・フォードは、映画が音声を持ち、色彩さえも身につけてしまったことと、どのように向かいあって行くのだろうか。そもそも、当然のことながら、馬にとどまらず人間の男女にもキャメラを向けようとしているこの映画作家は、それをどのような構図に収めようとしているのか。

第二章　樹木

『誉れの一番乗』より

I　太い木の幹と枝に招かれて

鬱蒼と生い茂って

いたるところに樹木がたわわな枝を茂らせているのではなく、むしろ、地表をおおう植物のまったき不在として想起されがちなジョン・フォード的な風景は、もっぱら空の拡がりと大地のはてしなさとが媒介なしに接しあうことで、創世記的とも呼べそうな調和を生きているかに見える。ところが、ときおり、そうした西部劇的な風土からは思いきり遠いところに、太い一本の木の幹がいきなり姿を見せ、そここそが歩みをとめるにふさわしい場所だと低くつぶやくかのように、純朴な男女にひそかな手招きを送る（註1）。

実際、フォードの作品では、何人もの男女が、まるで吸いよせられるようにしてその太い木の幹に近づき、そのかたわらで読書に励んだり、編み物をしたり、あるいはそこで煙草に火をつけたり、亡き妻の思い出にふけったり、潤んだ瞳を交わしあったり、ときには誘惑の身振りさえ演じあってみたりもする。だから、フォードは、「太い木の幹と枝の誘惑」に屈しうる感性の持ち主だけにキャメラを向けがちなのだといえるかと思う。ふと、そう断言せずにはいられないほど、黒々とした太い木の幹や張りだした枝が、一作品の限界を超えていたるところに生い茂り、遥かな主題論的な響応関係を生きているかのようだ。

とはいえ、フォード的な風景が太い木の幹なしにも充分に成立しているのは、すでに述べておいた通りだ。『駅馬車』から『シャイアン』までのほぼ25年間にわたって、『荒野の決闘』や『アパッチ砦』や『黄色いリボン』、さらには『リオ・グランデの砦』の一部と『捜索者』、『バファロー大隊』（１９６０）などにいたるまでの作品の主要な舞台となったモニュメント・ヴァレーの岩石砂漠が、むしろ樹木を排することで特権的な風景たりえていたことからも明らかなように（註2）、太い木の幹があらゆる作品を律する主題論的な一貫性におさまるものだとはいえぬかもしれない。また、疲労しきったものたちが思わず吸い寄せられてゆくのは黒々とした木の幹のかたわらとはかぎらず、たとえばその流れが月の明かりに映える夜の川辺であったり、庭先と表通りとを隔てる木製の白い柵であったり、家の前にしつらえられた木製の回廊だったりもする。

　にもかかわらず、ジョン・フォードの映画では、モノクロームのサイレント作品であろうと色彩のついたトーキーであろうと、あるいは１：１・３３のスタンダード・サイズであろうと、１：１・６６のヴィスタ・サイズであろうと、あるいは１：２・３５のシネマスコープ・サイズであろうと、とうてい忘れがたい何本もの太い木の幹や枝がまぎれもなく画面を彩っている。だが、それは、いわゆる樹木という抽象的な概念ではなく、太い木の幹とたわわな葉を茂らした枝として、あくまでスクリーンに描き出されたまぎれもない画像として見るものの瞳を惹きつけていることが肝心なのだ。樹木は、作中人物たちにとっての背景ではなく、また、彼らにとっての視覚的な対象ですらなく、人間たちと同じ資格で構図を引きしめている。モノクロームの画面であれば黒々と構図の一部を占め、そのかたわらに立つ男女を直射日光から保護し、その向こうに拡がる風景との影の濃淡をきわだたせる太い木の幹やはり出した枝がここでの問題となるのだが、その梢がフレームにおさまることはごく稀である。

　と、ここまで書いておけば、おそらく『駅馬車』でＢ級西部劇に埋もれていたジョン・ウエインを本格的にデビューさせた直後に、こんどはヘンリー・フォンダと組んで撮った『若き日のリンカン』の、あの黒々とした太い木の幹のことを誰もがごく自然に想起するに違いなかろうと思う。フォンダが扮しているあの若き日のリンカーンが、ふとしたきっかけで出会った開拓民の一家から譲り受けた法律関係の書物に読みふけるための特権的な舞台装置が、文字通り太い木の幹のかたわらにほかならなかったからである。

『若き日のリンカン』のヘンリー・フォンダ

まず、全景をやや俯瞰気味にとらえた大きな木の枝が生い茂っている画面が導入されるのだが、そこでの作中人物はまだまだごく小さくしか映ってはいない。だが、それにしても、何という贅沢な樹木のショットだろうかと溜息をつくいとまもないまま人が目にすることになる次の木の幹のショットでは、青年リンカーンが地べたに寝そべり、両足を思いきり大きな幹にそって伸ばしている光景にほかならない。そう、だから、誰もが一度見たらとうてい忘れられまいあの美しい太くて黒々とした木の幹から話を進めることに、異を唱えるものはまさかいまいと思う（註3）。

そのとき、フォンダ＝リンカーンはまだ弁護士ですらなく、雑貨屋を営みつつ、州議会議員の選挙への立候補を思い描いているというだけの身である。だが、その太い木の幹の下で法律書に出会ったばかりに、この青年は、人間にとっての正義と公平とは何かという問題にようやく目覚めようとしている。すると、あたかも太い木の幹にすいよせられたかのように一人の娘が姿を見せ、艶のある声で「エイブ」とその名を呼ぶ。この太い木の幹で読書に励んでいる男がいれば、その誘惑に応えるのがもっとも自然ななりゆきだというかのように、そこには決まって美しい女性が姿を見せるのである。それこそ、フォードにおける木の幹の主題論的な要請にほかならない。その声に応えて起きあがったフォンダは、柵を乗り越えてその声の主の前に立つ。赤毛は人に愛されないと口にする相手の女性は籠を手にしているが、二人はまだ恋人ではなさそうに見える。だが、たがいに惹かれあう仲であることを、背後に流れ始めるアルフレッド・ニューマンの抒情的な旋律がすでにきわだたせようとしている。

あたかもその音楽にうながされたかのように、川を背にして立っている二人は樹木が鬱蒼と生い茂る川岸の道をゆっくりと歩き始めるのだが、このごく自然な移動撮影が何とも素晴らしい。そして、斜めに伸びた黒い木の枝に空が覆われたあたりで歩みをとめると、親しげに言葉をかわしあっていた二人はふとだまりこみ、やがて女は画面からそっと姿を消す。一人とり残されたヘンリー・フォンダは、これから進むべき道を決めたぞといわんばかりに、その黒々とした木の枝の下で石を拾いあげ、なだらかな動作で川に向けて思いきり投げ入れる。

この瞬間の彼の仕草については、第五章の「身振りの雄弁　あるいはフォードと『投げる』こと」で改めて触れることにもなろうが、不意に水面に拡がる波紋につれて画面が変わり、流氷が音をたてて流れている冬の川の光景がオーヴァーラップして現れることだけには、ぜひとも触れておかざるをえない。季節はいきなり極寒の冬となり、あたりの地面は雪に覆われつくし、厚い衣服をまとったフォンダが花市を持ち、ひとつの墓の前に立つ。この驚くべき時間と季節との不意の転換は、いずれも太い木の幹のもとで出会った二人が、ついに思いを遂げられなかったことを示唆しているのだが、雪の中に建てられた女の墓の前に立つ男は、持ってきた花を供えながら、自分は法律をやるぞと決意するのである。

ポーリン・ムーアが演じているこの赤毛のアン・ラトレッジと呼ばれる魅力的な若い女性は、どうやら史的な事実に基づいた人物らしい。歴史上の人物としてのアンが太い木の幹に誘われるようにこれまた歴史上の人物としてのリンカーンに近づいたとはとても思えないが、このフィクションでの彼女は、明らかに太い木の幹の誘惑に惹きつけられたかのようにこの作品に姿を見せている。そして、葉もたわわにおい茂った黒い木の枝に保護されているかのようにエイブのかたわらを歩みながら、ふと画面から姿を消す。この樹木の氾濫ともいうべきゆるやかな光景こそ、フォードならではの演出の妙によるものだといえる。

いずれにせよ、まず黒々とした太い木の幹がある。そのかたわらの葉の繁る黒い木の枝に保護されるかのように、女が「エイブ」と声をかける。みちたりた風情の女は、男とふたりして川辺の道をゆっくりと歩み、やがて若者から無言で離れてゆく。そして、「投げる」というきわめつけのフォード的な身振りをフォンダが演じてみせるという三つの段階が、この場面には典型的に描かれているのだが、この三つの段階の推移をしかと記憶しておくことにする。

『若き日のリンカン』に続いて同じ年に公開された『モホークの太鼓』(1939)は、フォードにとっては最初のカラー作品となるのだが、舞台装置のほとんどが森林地帯に設定されていながら、ヘンリー・フォンダが仲間のワード・ボンドとともに切り倒す白っぽい大木をのぞくと、これといった人目を惹く太い木の幹は姿を見せていない。だが、その翌年に撮られた『怒りの葡萄』となると、すでに冒頭近くから太い木の幹が人目を惹きつけている。ヘンリー・フォンダがトラックを乗りついで降り立った不毛の土地にそれはいきなり姿を見せているからである。その根元に横座りしている農民だか労働者だかわからないジョン・キャラダインは、どうやら靴を履き替えているところらしい。その枝の茂みにいだかれるかのように立ち上がると、彼はどうやら疲労しているらしいフォンダと並んで酒をのむことになるのだから、太い木の幹の保護機能のようなものがここに描かれているのはいうまでもない。ただ、『怒りの葡萄』には、さきに見た三段階は観察できない。それは、この作品に描かれているのが男女の愛というより、フォンダとその母親であるジェーン・ダーウェルとの間の母子愛ともいうべきものなので、それ以降、これという太い木の幹が画面に登場することはない。

ところが、その翌年に撮られた『タバコ・ロード』になると、冒頭のショットから風に追われる枯れ葉が描かれていたように、太い木の幹はいきなり淫靡な姿を露わにしているかに見える。この作品では、ほとんど地べたにだらしなく横たわっていることの多かったジーン・ティアニーがふと立ちあがると、いきなり、陽光もさしこんではこない薄ぐらい風景の中に姿を見せ、黒々とした太い木の幹の間を裸足のまま妖しげに走りまわり、ふとこちらに視線を向けたりもする。そのとき、彼女は、もはや妹の亭主であるはずのワード・ボンドではなく、見ている観客そのものを誘惑するかのように妖しく身をくねらせる。そのさまは、まさに圧巻というほかはない。それは、この作品がモノクロームのフィルムで撮られていることによって、樹々の幹の黒さがいっそうきわだつからである。

では、先述の三段階が描かれているその木の幹は、色彩映画ではどのようなあらわれ方をしているのか。

休息と出会い

たとえば、テクニカラーで撮られた『静かなる男』もまた、こうした黒々とした太い木の幹の思っても見ない誘惑を描くことで、見るものの感性を深く揺り動かさずにはおかぬ作品となっている。しかも、ここでは、木の幹の誘惑に応えるかのように、男に意義深い身振りを演じさせているのである。そこでの黒々とした太い木の幹は、作品の導入部で、合衆国でボクサー生活に見切りをつけて故郷のアイルランドに戻ってきたジョン・ウエインを出迎える特権的な光景をかたちづくることになっているからである。

とはいえ、キャッスルタウンの駅に列車から降りたった彼が、すべてを心得たかのような老馭者のバリー・フィッツジェラルドの馬車でかけぬける田園地帯の樹木の緑が、ことごとく憩いへの誘惑を投げかけているというのではない。わたくしたちがとりわけ惹きつけられるのは、たった一本の木の幹であり、それが姿を見せるショットを特定することもできる。それは、「羊」という動物について触れつつすでに語っておいたモーリン・オハラとジョン・ウエインとの不意の遭遇場面を導き入れるショットにほかならない。

ここでは、まず、ジョン・ウエインが太い木の幹のかたわらに立ち止まって煙草に火をつけ、ふとマッチを消そうとして何ものかの気配を察して視線をあげる。だが、そのとき彼は火の消えたマッチを捨てることなく、その仕草を中断するにとどめている。すると、その視界に、羊の群れを追う赤毛のモーリン・オハラが登場することになるという、あの思いきり太い木の幹がここでの話題となるだろう。

赤毛の女ということでいうなら、これはテクニカラーで撮影された作品なので、モノクロームで撮られた『若き日のリンカン』のポーリン・ムーアの場合より、モーリン・オハラは遥かに雄弁な赤毛によって見るものの感性に働きかけているといってよい。では、『静かなる男』においては、誰もがその太さにただならぬものを感じとったはずのあの木の幹は、いったいどんな身振りを作中人物たちに演じさせているのか。

まず、その太い木の幹のショットが、どのように作品に導入されていたのかを思いだしてみる。そのとき、まずいえるのは、駅から生まれ故郷のイニスフリーの村までの5マイルほどの道のりを、ジョン・ウエインがもっぱら馬車に揺られて走りぬけたわけではないということだ。彼は饒舌な馭者から神父のワード・ボンドに引きあわされ、明日のミサに行きますと約束したうえで、二人から離れて野原の中の道に沿って一人で歩き始める。スーツの襟に手をやってからポケットに収められている煙草を探る動作で終わるショットに続いて、靴の底にマッチをこすりつける彼の全身をとらえたショットが視界に浮上する。

そのとき、わたくしたちは、この大柄な男をまるで小学生のように見せてしまう太い幹が構図の半分以上を占めているこのロングショットに、思わず息をのむ。逆光のカラー画面に黒々と浮きあがるこの木の幹の太さ

『静かなる男』より。モーリン・オハラと羊の群れ

が、とうてい尋常のものとは思えないからである。何かが起ころうとしているという予感に、思わず胸が高鳴る。すると、次の画面では、バストショットとしてとらえられたジョン・ウエインが煙草に火をつけ、ふと何かを認めたかのようなのだ。

そのとき、太い木の幹はすでに画面から姿を消しており、直射日光を受けとめてはいない彼の顔に落ちかかる淡い陽光が、見えてはいない巨木の途方もない枝の茂みをすぐさま感じとらせるだろう。犬のなき声が、鈴の音に混じって聞こえてくる。そして、日陰になった谷にそって家畜の群れが移動している次の画面で、ヴィクター・ヤングによるゆるやかな主題の旋律が高まってゆく。

真紅のスカートを翻すようにモーリン・オハラが姿を見せるのは、その瞬間である。黒い杖を握った彼女は、影になった斜面を移動する羊の群れの中でふと足をとめ、男の視線を意識してはにかむようにキャメラから遠ざかって行く。その動きを受けとめる次のショットで、彼女の顔はクローズアップで画面を占めることになるのだが、そこでのモーリン・オハラは、樹々の梢に切りとられた鈍い色あいの空を背景として、ゆっくりと、だがもはやはにかむこともなく振り返り、やや瞳を伏せるように画面の奥へと遠ざかって行く。その瞬間の女性の身振りと目の動きは、いくぶんか誇張されているかに見えながら、その誇張こそが映画だけに許された特権だというかのように、キャメラは離れて行くモーリン・オハラをじっと見送っている。

　画面はふたたびジョン・ウエインに戻る。だが、こんどは、何本もの木の幹にはさまれたロングショットとしてである。遠ざかり行く未知の女性をなおも視線で追いながら、彼は大きく息をつく。はき出された煙草の煙が、風に追い払われる。太い樹々の幹を通して、男の背後に馬車が現れるのが見える。馭者に呼ばれて走って馬車の踏み段に足をかけるとき、いまのは夢ではなかろうかと、誰に言うともなく彼はつぶやく。動き始める馬車。ふたたび、向こうの斜面を羊の群れとともに遠ざかるモーリン・オハラ。彼女はロングショットの中央でふと足をとめ、手にしていた杖を胸の前で握りしめるところで主題の旋律が終わり、このシークェンスはなだらかなフェイドアウトで終わりとなるのだが、空を背景にしてふり返る羊飼いの娘モーリン・オハラのゆっくりとした瞳の動きによって、それはとうてい忘れることのできない魅力的な光景におさまっている。

　もちろん、その間、音楽が高まるだけで、台詞はいっさいない。だが、それはまた、ジョン・フォードの演出の魅力を言葉にすることの困難さをそっくり体現してみせる場面でもあるだろう。見るものは、いま見たばかりのものを芸もなく書きとめてゆくしかなく、あとはただ、かぐわしい微風を受けとめたときのように思わず目をつむり、そのまま大気の微妙な流れに身をゆだねてしまいたい誘惑を受け入れるしかないからである。それまで出会ったことすらない二人の男女が、ほとんど宿命的というほかはない残酷さで瞳を交わしあう瞬間に立ちあうことが、映画を見ているという体験を超えた何かへと見るものを導いて行くからである。

　もちろん、それに似た体験は、『若き日のリンカン』の太い木の幹の下で出会った男女の振る舞いを見ながら感じとっていたものとさして異質なものではない。だが、若き日のリンカーンと赤毛のアンとはすでに何度も出会った仲であったはずなので、ここでの不意の遭遇ともいうべきできごとの演出とは異なる画面の推移を示しており、とりわけ、数年後に彼女がすでに他界していることが画面からわかるという不意の転調ぶりが、『静かなる男』における遭遇とは異なる演出法をフォードに選択させていたことがわかる。

ところが、ここでは、演出を超えた何かが、ほとんど淫らなまでに露呈されているので、あと一瞬でもこの画面が続いていたとするなら、思わず目をそむけずにはいられないほどの淫靡な体験へと見るものを導きかねない何かがこめられている。映画が、視覚的に物語を語ってみせる手段として発明されたのだとしたら、この画面には、その発明者の意図を遥かに超えた何かが生々しく揺れ動いており、それに触れてしまったら最後、もはや物語の筋をたどりつつ残りの部分を見続け、その上で『静かなる男』が傑作か否かと論じたてる勇気さえ見失っている自分を心から幸福だと思う。

実際、『静かなる男』が傑作だというのは大いに疑わしい。また、フォードが偉大な映画作家であるかどうか、これもまたここでの問題とはなりがたい。この作品を最後まで見続けても、この太い木の幹のかたわらで起きていたこと以上に鮮烈な瞬間に立ちあうことはまったくないからである。それほどまでに、この場面の魅力は均衡を逸している。そして、『若き日のリンカン』もそうだったが、フォードに姿を見せているいくつもの太い木の幹もまた、均衡を逸したやり方でフィルムを活気づけているというべきかも知れない。

ことによると、木の幹について語るのは、いささか早すぎるのかもしれない。いまはとりあえず、瞳を放棄したい誘惑をひとまず絶って、ここで起こっていることが何であるかを、改めて詳しく見てみることにする。そのためには、主題となる旋律の高まりとともに、絵に描いたようにふり返るモーリン・オハラを仰角気味にとらえたクローズアップの異様な美しさも、あえて忘れることにしよう。なぜなら、彼女は、あくまでジョン・ウエインの視界に浮上した夢のような女にほかならぬからである。事実、これは夢としか思えぬこの世ならざる魅力を描いた場面なのだが、では、その夢は、いったいどのように可能となったのか。

夢のような女をフィルムに導き入れたものは、画面を黒々と占有している均衡を逸したまでに太い木の幹だということは、あえていうまでもない。だが、その事実を述べるに先だち、ここで触れておかねばならぬいくつかの問題がある。それは、フォードの演出にかかわるものだからである。そのとき、何にもましてまず指摘すべきことがらは、これほど鮮烈な出会いの印象を与える場面で、瞳を交わしあう二人が一度たりとも同じショットの中で共存していないという点だろう。それが『若き日のリンカン』との大きなちがいである。それは、ここでの二人の位置している場所が距離のうえでかなり離れていることに起因する差異だといえばいえようが、もっぱら切り返しショットの原理にもとづく編集がなされていながら、そこにはいささかも機械的な反復性はみられず、現実の距離の遠さにもかかわらず、二人をそれぞれクローズアップに近いバストショットで示す大胆さこそ、フォード的な演出だといえるかとも思う。そして、フォードは、その大胆さを周到に修正すべく、モーリン・オハラを、そのまま遠ざかるに任せているのである。

その事実が、いまひとつの演出上の特質を明らかにしてみせる。つまり、フォードは、男を立ち止まらせ、その視界に浮かぶ夢のような女を、もっぱら移動し、遠ざかり行く人影として描いているのである。モーリン・オハラがいったん足をとめてふり返るとしたら、それは、彼女をそのショットの中で背後へと後退させるためでしかなかったわけだ。動きを奪われたまま視線を遥かかなたへと投げかけている男と、ときにはその赤いスカートを翻してまで斜面を小走りに遠ざかる女。この動きと不動性との対立が、この場面を支える周到な演出原理なのである。

素朴な、おそらくは創世記的とさえ呼べそうなその演出原理に加え、いまひとつ、とりあえずは古典的なものとしておけるだろう画面の連鎖が挙げられる。それは、この場面に存在しているジョン・ウエインの三つのショットが、いずれも同じ軸上に据えられたキャメラによる、三つの異なる距離からのショットとして編集されていることと深くかかわっている。多くのフォード的なシークェンスに似て、ここでのキャメラはアングルを変えることがないのだが、それは創世記の映画を肉体的に生きてしまった者のほとんど本能と化した聡明さによるものにほかならない。フォードはしばしば自分のことを無声映画の監督だと定義しているが、それにふさわしく、これはカラー映画でありながら、ここには一つの台詞もなく、もっぱら音楽の主旋律に導かれて、ただ見るものと見られているものとが嘘としか思えぬ自然さで融合しているのである。

すでに述べておいたことだが、まず心持ち膝をまげて靴の底にマッチをこすりつけるジョン・ウエインの全身像が、構図の半分近くを占めている太い木の幹の黒さとの対照で浮かびあがる。煙草に火をつけようとする者にふさわしく、両手を口もとにそえてその背をややかがめようとするところでカットが変わり、こんどは同じアングルのまま近寄ったキャメラが、足から胴へと移ろうとする男の身振りをバストショットにおさめる。被写体との距離を異にする二つの画面が、同じ動作による同軸のつなぎでなだらかな流れをかたちづくるというグリフィス流の編集のリズムが、どれほどここで見るものの悦びをいやましにしているかは、あえていうまでもあるまい。そして、点火された煙草の最初の紫煙が風に運ばれるのをきっかけとして瞳を上げるジョン・ウエインが、右手でマッチを捨てようとして動作を中断させるとき、映画はフォード独特のリズムを刻み始める。

太い木の幹のかたわらで煙草に火をつけ、そのマッチを捨てようとして思いとどまるというだけのごく単純な仕草を、二つのショットに分割して見せるというこの律儀さは、それが古典的な画面連鎖の原則だとはいえ、何という開放感を見るものにもたらしてくれることだろう。わたくしたちがフォードに惹きつけられるのは、その古典的な画面つなぎのリズムにもまして、それがもたらすこの唐突な開放感ゆえなのである。しかも、それが規則にかなったリズムのもたらす安心感ではなく、規則とは無縁のごくしなやかな開放感をあたりに煽りたてるのはなぜか、その真の理由はよくわからない。わたくしたちには、これに似た画面を、フォードの作品であれこれ思い浮かべることしかできない。

それは、『わが谷は緑なりき』で牧師を演じるウォルター・ピジョンが、暗い部屋でモーリン・オハラが待っているとも知らずにランプに火をつける瞬間、彼女の存在に気づき、思わずマッチを捨て切れずにいたときの動作の中断を思い起こさせるものだろうが、それについてここで詳しく論じることは避け、第五章の「身振りの雄弁 あるいはフォードと『投げる』こと」での分析に譲ることとする。ここでは、何ものかの気配を察知して視線を向けるジョン・ウエインが、木蔭にさえぎられた淡い陽光の中に間接的な照明で浮かびあがるさまが美しいからかと問うにとどめておく。それとも、何かが始まろうとする予感が、ヴィクター・ヤングの音楽の高まりとして確かなものになろうとしているからこのショットに惹かれるのか。あるいは、これまでひたすら饒舌に語りかけていた馭者から離れた帰郷者が、言葉より雄弁な視覚の優位を回復しつつあるからなのか。おそらくは、こうして吸いかけの煙草を片手に見る人となった男が、どのような姿勢で見ることを止めるかが無意識のうちに気になり、それが一つのサスペンスをかもしだしているのかもしれない。実際、未知の異性の存在に視線を向けようとしてしまった男は、どのように凝視から解放されるのか。

あたかもそうした疑問を心得ていたかのように、フォードは、モーリン・オハラが遠ざかってゆく次のショットで、ジョン・ウエインの表情を識別しえないほどの距離までキャメラを引いている。何とも素晴らしいのは、アングルだけは律儀に維持されているこのロングショットである。そこでわたくしたちが目にするものは、何本もの木の幹にはさまれて立つ男のはき出す煙草の紫煙にすぎない。まるで、遥かかなたを羊の群れとともに遠ざかってゆく夢のような女を息をつめて見まもっていたかのように、われに返った男は、ここで初めて深々と大気を吸いこんでいるのである。

この異なる三つのキャメラの位置こそが、ジョン・フォードならではの筆致である。この距離とアングルが一つでも狂えばすべてが崩壊するといったせっぱつまった息苦しさを感じさせることなく、なお、それしかないという的確さでキャメラを寄せ、あるいは引いてみせるフォードには、ほとんど肉体化されたかのような距離の感覚が備わっている。見るものから言葉という言葉を奪ってしまうのは、まさしくその感覚なのだ。

にもかかわらず、断言しなければならぬ。ここで見逃してならぬのは、この黒々とした太い幹のかたわらで、思わずその動作を中断してしまうジョン・ウエインの凍結された身振りにほかならない。ここでの彼は、凍結された身振りという名の身振りを演じているのである。その身振りは、川面に向かって石を投げた『若き日のリンカン』の石を投げる動作の等価物にほかならない。フォードは、そこで凍結された動作を、前作の場合同様に、この上なく表情豊かな音楽に仕立てあげているのである。

Ⅱ　斜めに伸びる枝に導かれて

アクション

ジョン・フォードは、イメージの作家ではない。彼が残した数ある作品の魅力は、その点に存しているといってても過言ではなかろうと思う。彼は、本質的にアクションの監督である。もっとも、アクションといっても、銃撃戦や追跡場面の卓越した演出ぶり故に彼をアクションの巨匠と呼ぶことは決定的に間違っている。アクションとは、『静かなる男』のジョン・ウエインが吸いかけの煙草を中断したり、『若き日のリンカン』におけるヘンリー・フォンダが川面に向かって石を投げるというごくさりげない動作が演じてみせる説話論的な持続へのゆるやかな介入ぶりなどに惹かれつつ、彼をアクション映画の作家だと呼びたいのである。銃撃戦や追跡場面を導きだす場面のほとんどには、まず、こうした些細な身振りが描かれているからだ。
　これは「身振りの雄弁　あるいはフォードと『投げる』こと」や「『囚われる』ことの自由」の章で改めて詳細に見てみることになろうが、『リオ・グランデの砦』でインディアンに追われる伝令クロード・ジャーマン・ジュニアを助けるベン・ジョンソンが岩山を駈け降りる直前に、食べ終えたばかりのビーンズの缶詰を空に向かって思い切りよく放り投げる簡素な身振りが、それに続くみごとな追跡場面と銃撃戦とを準備していたことを想起するなら、ここでいうアクションの一語にこめられた意味が多少なりとも理解していただけようかと思う。

　ところで、前章の「馬など」の結びで、「映画が音声を持ち、色彩さえも身につけてしまったことと、どのように向かいあって行くのだろうか」と述べておいた手前、太くて黒い木の幹が横長のシネマスコープ画面でどう扱われているかについても触れておかざるをえまい。

　そうした太い木の幹と生い茂った枝が作りだす陰翳はといえば、『西部開拓史』の「南北戦争」編の最後で、ジョージ・ペパードが戦闘を終えて帰りつく自宅の庭にも鬱蒼とした木蔭を投げかけている。これはシネラマで撮られているから、1：2・59という特殊なスクリーン・サイズで上映されたが、その巨大なスクリーンに不意の瑞々しさを与えようとするかのように、フォードは兄の帰宅を待つ弟にいきなり水を撒かせている。それについては、「身振りの雄弁　あるいはフォードと『投げる』こと」の章で改めて触れることになろうが、何の前触れもなくスクリーンをよぎる飛沫の拡がりは、一瞬のこととはいえ、生い茂る樹木の魅力を一層きわだたせている。

　他方、フォードの遺作となった『荒野の女たち』にも、太い木の幹は間違いなく姿を見せている。しかも、この作品の場合、それは1：2・35というシネマスコープの細長い画面の中央に位置しているので、人工的に再現された蒙古に接する中国の辺境地帯を想定したオープンセットの中でも、人びと――むしろ、辺境に生きる女たち――にふと憩いの場を提供している。そのほとんどの演技がカルヴァー・シティーのMGMのオープンセットを舞台としてメトロカラーで撮影されているので、光線もいくぶんか人工的なものたらざるをえないが、太くて黒々とした木の幹がそこにも間違いなく生えていたことに、誰もが深い心の動揺を覚える。

だが、フォードのこの驚くべき遺作について語ることは、いまだ時期尚早といわざるをえない。本来なら、この書物の最後の最後で触れるべきものだろうから、いまはその太い木の幹が彼の遺作にまぎれもなく登場していると指摘するにとどめ、ここでは、『若き日のリンカン』ですでに言及しておいたあの大胆に折れ曲がり、黒々としなっているようなその太い木の幹の魅力を、初期のモノクローム作品からたどり直しておくことにしたい。

『誉の名手』より

その殆どが失われているフォードのユニヴァーサル時代の西部劇の中でこんにちも見ることのできる最古の作品『誉の名手』は、それまで2巻ものしか撮らせてもらえなかったジャック・フォードJack Ford――ユニヴァーサル時代のフォードの作品は、そのことごとくがジャックと署名されている――が初めて撮った5巻ものの中編西部劇である。短編と中編との撮り方にしかるべき差異があるか否かもいまでは比較しようがないが、その中編西部劇第一作の冒頭から、大きく曲がった太い木の幹が画面の中央に姿を見せていることを見逃す者はまさかいまいと思う。

強い風をうけて曲がってしまったのか、それともそれがごく普通の姿なのかは知るよしもないが、地表すれすれに大きく曲がった黒々とした木の幹に腰を下ろしているのは、一人の若い娘である。どうやら編み物などしているらしい――あるいは、干しておいた洗濯物を畳んでいたのかもしれない――彼女は、そこがことのほか快適でのんびりできる場所だというかのように、その幹に心地よさそうに座りこみ、何の屈託もなく時を過ごしている。と、何やら気配を察して彼女が木から地面に降り立つときにショットがかわり、その太い枝の背後に据えられたキャメラによって、こんどは自宅の玄関前に立っている父親に向けて彼女が合図を送り、そのかたわらに駆けよって無邪気に抱擁するまでが、かなりの距離からのロングショットで示される。そのジョーンという名の娘を演じているのは、モリー・マローン。彼女は『鄙《いなか》より都会へ』でもハリー・ケリーの相手役を演じている。

いま、つい玄関と書いてしまったが、それはあたりの地面を耕して生計を立てているやもめの農夫一家が住まうごくつつましい農家の入り口の扉にほかならない。その扉の縦に細長い枠組みの内部から恋人のフート・ギブソンなどが顔を出したりするという構図など、すでに『捜索者』のラストシーンを予告していてきわめて興味深いものがある。

だが、やがて、その土地を奪おうとする牧畜業者と農民との葛藤が生じる。そのとき、業者に雇われていたはずのハリー・ケリー演じるシャイアン・ハリーは、ふとしたことで業者の仕打ちの悪辣さに目ざめ、農民を支援する側にまわり、その襲撃を何とか撃退するというのがその主なる筋なのだが、そもそもここでのハリーは、何らかの悪行をしでかしたお尋ね者であるらしく、彼が初めて画面に登場するときにも、太い木の幹には彼自身の手配書がまぎれもなく張り付けられている。すでに『誉の名手』を撮るときから、フォードは斜めに延びる太い木の幹の誘惑にことのほか敏感だったのである。

もっともここでの黒々とした太い木の幹は、そこに穿たれている途方もなく大きな空洞が、お尋ね者のハリーに安全なねぐらを提供していたのであり、木の幹の保護機能はこの初期の西部劇においても、すでに優れてフォード的な主題となっていたことが理解できる。しかも、その空洞から姿を見せるハリーは、その幹に貼られていたみずからの手配書をあっさりと破り捨ててみせもするのだから、ここでも、木の幹は、作中人物にしかるべきアクションを惹起させているのである。また、農夫一家の長男が牧畜業者の手先によって射殺されて葬られる墓もまた太い幹の木が生い茂る場所なのだから、フォードはすでにユニヴァーサル時代の初期の西部劇いらい、太い木の幹を画面に導入し、それにしかるべき物語的な機能を担わせていたのは間違いなかろうといえる。言葉を変えるなら、そこはきまって何ごとかが起こる特権的な場所なのである。

これまた5巻ものの中編『野人の勇』にも美しい木の幹が姿を見せている。怠け者の青年ビムを演じているバック・ジョーンズが、美貌の女教師メアリーを演じているヘレン・ファーガソンに心惹かれてその家の前に佇むとき、そこにも太い木が豊かに生い茂る枝を支えて立っているのだから、その幹がここで野人と美女との恋の仲立ちをしているのは明らかである。『静かなる男』のジョン・ウエインがそれとほぼ同じ光景の中にたたずむとき、わたくしたちは、ごく自然にこの「スモールタウン」ものののどかな雰囲気だったのかもしれないと想像せずにはいられない。あるいは、羊について触れたおりに言及しておいた『誉れの一番乗』で、ジャネット・ゲイナーとレスリー・フェントンとが不器用に恋を語り会うあの黒々とした巨木の木蔭の方が、舞台がアイルランドであるだけに、『静かなる男』をふと思い起こさせているというべきかも知れない。

実際、『誉れの一番乗』のジョージ・シュナイダーマンのキャメラが逆光でとらえた黒くて太い幹ごしの光景こそ、まさしくジョン・ウエインとモーリン・オハラの宿命的な出会いにふさわしいものかも知れない。しかも、ここには、地面すれすれに伸びる太い枝が二人の恋人たちに椅子のような役割を提供しており、あるいは無人で、あるいは恋人たちを配したかたちで、さらにはその上を騎馬の一行がかけぬける舞台装置として何度も描かれることになるこの太い木の幹と、横に伸びる太い枝の伸び具合こそフォード的な世界の中心と呼ぶべきものかも知れない。まさに、それが誰もが歩みをとめるにふさわしい憩いの場だからである。

ブランコと十字架

作品の風土にふさわしくさまざまな潜在的アクションを顕在化させる場としての黒い木の幹と地を這うように伸びるその太い枝。そうした細部を改めて列挙するまでもあるまいが、その顕在的なアクション性という点でわたくしたちを驚嘆させずにはおかぬのは、『餓饑娘』（１９３１）で小説家を演じているアラン・ダインハートの豪華な邸宅の庭に立っている巨木の幹と、そこからまがって伸びている太い枝のしなり方だろう。両親のない不良娘の行状をいま書いている作品に利用すべく、観察の対象として作家によってその家に連れてこられた餓饑娘のサリー・オニールは、巨木の枝に吊された長いブランコを自在に操って小説家の恋人を茫然とさせるかと思うと、サーカスの曲乗りさながらにそこからテラスへと飛び移ったりして、執事役のＪ・ファレル・マクドナルドを呆気にとらせる。

この画面でのフォードによる木の幹とその太い枝との映画的な活用法の大胆さには、誰もが啞然とするしかあるまい。すでにサイレント時代にハーバート・ブラッシェ監督によって映画化されているモード・フルトンのさして面白みもなかろう舞台劇を、庭に生えている木の幹一つで途方もない女性のアクション映画に仕立ててしまうジョン・フォードのあっけらかんとした演出力にこそ、人は心底から驚かねばなるまい。それにしても、太い木の幹とそこから伸びている枝という何の変哲もない被写体が、これほど豊かで思いもかけぬ表情におさまってみせるものとは、いったい誰に想像しえただろうか。

ひたすら列挙することの愚は避けたいと思うが、『四人の息子』のドイツの村に暮らす家族の家の前には、道路をはさんで大きな木が茂り、それが水辺で洗濯をする母親をおだやかに保護していたし、アメリカに移住している四男が恋人とブランコに乗る素晴らしいシーンの背後にも、木々が豊かに茂っていたことを見逃さずにおきたい。また、『戦争と母性』の寡婦が息子と暮らしている家の前にも太い幹の高い木が鬱蒼と茂っている。そして、こうした作品で室内から表に通じる扉が開けられるとき、それは間違いなくセット撮影のはずなのに、その開かれて閉められるドアーには、一瞬のことながら、きまって外部の見えてはいない樹木の影が反映しているのである。樹々の影を欠いたフォードの映画というものなど、誰にも想像しがたいものだというべきかもしれない。

たとえば、『プリースト判事』における寡夫の判事を演じているのはウィル・ロジャースなのだが、彼が、ふと思いついて裏庭に椅子を持ち出し、そこにしつらえられている墓の前で亡き家族を追悼するときもまた、その背後には太くて黒い幹の樹木が枝を張り、鬱蒼と茂っている。それは、一方で悲しみの儀式でもあるが、他方では安寧をもたらすのどかな瞬間でもある。だから、フォードにおける樹木は、単なる植物ではなく、それには決まってできごとの進展を鎮める機能が備わっているといえるかと思う。

『黄色いリボン』でジョン・ウエインが演じているブリトルズ大尉もまた妻を早くに失っているが、作品の導入部と終局近くで、彼もまた二度、妻の墓に花を捧げている。ロケーションされた場所がモニュメント・ヴァレーだけに、スタジオのステージに構築されたこの墓地には木など茂ってはいない。大尉が大きな如雨露のようなもので花に水をやっていると、不意に亡き妻の墓の上に女の影が射す。砦では誰からも愛されている若いジョーン・ドルーが、ジョン・ウエインの居場所を察知し、鉢植えの花を手に墓場に姿を見せたのである。するど、その異性の出現に応じるかのように、彼の右隣に立っている彼女の背後の遥か彼方に、すっかり枝が枯れてはいるが、まぎれもない太い木の影が見えている。それは、あたかも、この若い女性が、この枯れ木を画面に導き入れたかのようですらある。

『逃亡者』の僧侶であるヘンリー・フォンダが追手を逃れて水辺で馬を休ませるとき、その対岸の太い木の幹の黒々とした枝は、水面に映ってふと十字架を思わせぬでもない。あるいは、『ドノバン珊瑚礁』で合衆国の東部から南海の孤島にまで旅してきたエリザベス・アーレンが、マルセル・ダリオ演じる島の神父に、故郷に戻ろうとしなかった父親の秘密を聞き出そうとする墓地にも太い幹の木が生えていたから、そこには休息と救いの雰囲気がたちこめているといえるかも知れない。サイレント期の5巻ものの西部劇から、カラーで撮られたこの南海ものにいたるまで、画面に背の高い木の太い幹が黒々と構図の中央を占めているとき、わたくしたちは、ふと何かが起こるという予感に身を震わせるのだが、その何かは、ほとんどの場合、存在を保護する機能を帯びているように思う。

例えば、『荒鷲の翼』（１９５７）の最初のショットは、後に提督の茶話会と知れる大がかりな野外パーティーの場面からなっているが、白い制服を着た幾人もの海軍士官たちとその正装した妻たちとが瀟洒な会話を楽しんでいるのだろうその光景にアクセントを添えるかのように、彼らの頭上には、左端から大きくて太い木の枝が斜めに張りだしている。そのショットはほんの一瞬で終わるが、黒々としてその太い木の枝の映像は、しばらくしてからいまいちど挿入される。それは、上官による禁止にもかかわらず、難癖をつけにきた陸軍士官を乗せて二葉の水上機を操縦し、上空に達してから操縦経験11秒にすぎぬと自慢するジョン・ウエインが、ジープで追いかける妻のモーリン・オハラを睥睨しながら荒っぽい飛び方をしたあげくにガソリン切れとなり、パーティーを主催する提督の家の庭にあるちっぽけなプールに不時着する直前に再び挿入されている。

陸地に不時着しながらプールに着水して二人は生命を落とさずにすんだのだから、その直前に目にした斜めにのびる太い木の枝には、やはり救命の力が備わっていたといえるのかも知れない。もっとも、その後、ジョン・ウエインが軍法会議にかけられるのは、いうまでもない。

Ⅲ　救いとしての木

生命の維持

救いと休息と生命の維持とを保証する太い木の幹と枝という主題になお懐疑的だというのであれば、『ハリケーン』（1937）を例として挙げるほかはあるまい。あれこそ、フォード的な人物たちに生を約束し、文字通り救いと解放の舞台装置としての太い木の幹と無数の枝を描いた作品だからである。もちろん、それはこの映画の最後の最後に見てとれる文字通りのアクションでもあるからである。

『ハリケーン』より

『ハリケーン』の終幕で、南海の孤島にモンスーンが襲いかかり、強風で家という家が空中に巻きあげられ、津波で教会の壁が崩れ始めたとき、牢獄から脱走して故郷の島に辿りついたばかりの原住民役のジョン・ホールがどんな振る舞いを演じていたかは、誰もが記憶しているはずである。彼は、吹きすさぶ風の中を、島一番の高くて太い木に難儀しながら這いのぼって綱をいくえにも巻きつけ、その低い枝に家族全員を結びつけていたのである。そここそが唯一の救いの場だと本能的に察知していた彼は、確信にみちた身のこなしで高くて太い木に近づき、妻のドロシー・ラムーアにも綱を巻きつけ、崩壊寸前の教会に避難していた総督夫人のメアリー・アスターをもそこに呼びよせていたのである。

もちろん、そこには風というもうひとつのフォード的な主題が介在しているが、いまはそれには言及せずにおく。問題は、あくまで太い木の幹なのだ。ジ

『わが谷は緑なりき』のロディー・マクドウォール
とウォルター・ピジョン

ヨン・ホールの家族全員と総督夫人とがしがみついていた巨木は根こそぎ颪に煽られ、空中を舞って濁流に運ばれる。だが、あらゆる島民たちが波にのまれてしまっても、この巨木は嵐の海に漂いだし、やがて無人島の浜辺に打ち上げられるのである。太い木をめぐって演じられた身振りのことごとくが生命の維持につながるというフォード的な主題体系の見事というほかはない一貫性が、ここに見られるのだといえる。

ここまで書けば、誰もが『わが谷は緑なりき』の名高いシーンを思い出すに違いない。一家の末の息子ロディー・マクドウォールは、真冬の川に落ちた母親のセイラ・オールグッドを助けようとして自分も転落し、足が麻痺してしまうほどの重傷を負いながら、春の到来とともに回復の兆しが感じられる。だが、みずから歩こうとはしない。長い回復期間をじっとベッドに横たわっていたので、両足でからだをささえるという自信がなかなか持てなかったからである。そこで、ウォルター・ピジョンが演じている牧師が彼を戸外に連れ出し、みずから立つというかつての習慣を思い出させようとする。

そのとき、物語の舞台となった煤くさい炭鉱町からは想像しがたいほど豊かな樹々におおわれた自然の光景が目の前に展開される。初めは背におぶって小高い丘を目ざしていた牧師は、木の枝に注意しろよなどといいながら、眺望のよい草原に到達すると、そこで彼を降ろし、いきなり離れた地点まで遠ざかる。脅えるロディー・マクドウォールの背後には、太い木の幹が枝を伸ばしている。地面には季節にふさわしい草花が生い茂り、少年の対極にいる牧師も、大きな木の幹を背にしている。つまり、二人は、二本の太い幹の木の枝が黒々と視界を覆い隠すような風景の中で向かいあっているのである。

少年は、そこで初めての一歩を踏み出す。数歩いったところで倒れかかろうとする彼を、牧師が受けとめる。ほら、歩けたじゃあないかと、牧師は微笑む。フォードにおける太い木の幹は、重篤な病気の少年にその回復を保証するものでもあったのである。太い木の幹に敏感なものだけがジョン・フォードにふさわしい作中人物だといっておいたのは、そうした意味においてである。それは、物理的にいっても、精神的にも、彼ら、彼女らに安寧を約束する場所だったのである。

だとするなら、樹木の幹やそこから拡がりだして画面をおおう太い枝は、あらゆる作品を楽天的な生の色調で染めあげるものなのだろうか。いや、そうとはかぎらないというところに、フォードの作品の味わい深い陰翳がかいまみられるのだといえる。

しのびよる死の影

ジョン・フォードは、その決して短いとはいえぬ半世紀にもおよぶ作家的な生涯で、主演女優が演じているヒロインの死によって物語が悲劇的に閉ざされる作品を、少なくとも二本撮っている。キャサリン・ヘップバーン主演の『メアリー・オブ・スコットランド』（１９３６）と、奇しくもその30年後に公開されたアン・バンクロフト主演の『荒野の女たち』がそれである。だが、そもそも、主演男優が演じているヒーローの死によって終わるフォードの作品としては、『アパッチ砦』で戦死する指揮官を演じたヘンリー・フォンダをのぞけば、スペンサー・トレイシーが最後に病死する『最後の歓呼』（１９５８）ぐらいしか思い浮かばない。しかもスペンサー・トレイシーの最期に悲劇的な色彩はほとんど漂ってはいなかったのだから、ヒロインの死によって終わる悲劇とは、フォードにとってもきわめて特殊なケースだといわねばならない。そのこと故に、監督自身にとってそれはいったい何を意味しているのかと、真正面から問うてみるだけの価値はあろうかと思う。

たしかに、『長い灰色の線』（１９５５）では、タイロン・パワーが演じている主人公の妻モーリン・オハラは、夫を残して死んではいる。だが、それで物語が閉ざされているわけでもないし、最後には彼女の記憶が改めて賛美されているのだから、そこにはいかなる悲劇性も感知できない。ところが、『メアリー・オブ・スコットランド』と『荒野の女たち』の二本は、一方は自死同前の処刑により、他方は毒物を呷るという文字通りの自殺によって、まぎれもない悲劇として終わっている。そのこと自体がハリウッドではきわめて稀な事態なのだから、そこにジョン・フォードという映画作家の他と隔絶した揺るぎない姿勢がきわだってくるともいえる。

しかも、はなはだ意義深いことながら、一度見たらとうてい忘れることのできない太い木の幹が、その二つの作品にまぎれもなく描かれているのである。それを、いったい、どのように解釈すればよいのか。何ごとにも例外があると考えればよいのか。それとも、例外こそが規則の正当性を裏付けていると解釈すべきなのだろうか。

『メアリー・オブ・スコットランド』の場合、16世紀の大英帝国史——あるいは、宗教戦争に先だつ時期のフランス史——に多少とも親しんでいるのであれば、スチュアート家のメアリー、すなわちスコットランド女王メアリーが迎えいれる最後の死は、初めから誰の目にも明らかなものだろう。だが、『荒野の女たち』の場合、アン・バンクロフトが演じている女医の自殺で終わる物語をどう受けとめてよいか、ほとんどの人は戸惑うしかあるまい。だが、フォードは、その戸惑いを真正面から観客に向かって投げかけている。しかも、彼女の自死とは無縁だというかのように、蒙古近郊の中国の辺境を模した人工的な舞台装置の真ん中に、一本の太い幹の樹木が豊かな枝を張りめぐらせてもいる。そう、樹木はまぎれもなくここにも描かれているのだが、物語は最後に意志的な生の切断をもたらしているのだから、ここまでに見てきた太い木の幹の主題の楽天性にはおさまりがつかない。だから、誰もが思わず考えこんでしまうほかはないのである。

例えば、フォードがはじめてジョンと署名したサイレントの『俠骨カービー』（1923）をとってみると、ミシシッピー河を上下する船上での賭博の情景で物語が始まるので、やがて流れるものとしての水を遡行する船上の揺曳が強調されるのかと思っていると、後半は鬱蒼と生い茂る森のなかの息づまる対決シーンが続くので、数えきれないほどの黒い樹木の幹や、生い茂る葉陰が銃を手にした人物たちを覆い、あたかも息づまる森林活劇の様相を呈している。また、『世界は動く』（1934）の冒頭近く、19世紀初頭のルイジアナの旧家を舞台として、マデリーン・キャロルが演じている美貌のウォーヴァートン夫人をめぐる決闘が行われることになるのだが、その舞台となる庭には木々が鬱蒼と生い茂り、それが不穏な雰囲気をあたりに漂わせている。そこで彼女に惹かれるリチャード役のフランチョット・トーンは相手を倒し、みずからの手に傷を負うのだから、鬱蒼と茂る木々の枝や木の葉が救いのしるしとは考えにくい。

また、そのほとんどが室内場面に終始する『メアリー・オブ・スコットランド』を見てみると、若くしてのちのフランス国王フランソワ二世の妻となり、その死後、スコットランドにひそかに帰国したメアリーは、カトリック信徒であったが故にプロテスタント系からの激しい攻撃を受け、さらにイングランド女王のエリザベス一世とも反目し合い、宮廷内の陰謀にも曝され、女王としてとても安泰とはいえない日々を送らざるをえない。ボズウェル伯爵のフレドリック・マーチに心惹かれていながら、彼女は愛してもいないダーンリーと結婚し、子供まで儲ける。だが、夫は陰謀で命を落とし、メアリーはごく少数の忠実な家臣たちに囲まれて暮らすしかなくなる。

だが、あるとき、森のなかでボズウェル伯と出会う。そのとき、伯爵は武力をもって誘拐されたという口実のもとに、伯爵の城館であるホリロッドの城で暮らすことを提案する。忠実な家臣たちは、ことの推移を認めることができず、みずからの剣をたたき折ってみせるのだが、ほとんどつねに宮廷におかれていたキャメラは、その出会いの瞬間、例外的に戸外のごく自然な光景に向けられることになる。フォード映画のそこここで親しく目にしていたはずの太い木の幹がいきなり姿を見せるのは、まさにその瞬間なのである。

もともと惹かれあっていた二人にとっては、それから忘れがたい愛の日々を送ることになるのだから、ここでも黒々とした木の幹や斜めに伸びるたわわな枝振りは、二人の来たるべき幸運を祝福していなければならない。だが、騎馬の二人をおおうように枝をおし拡げているここでの太い木の幹は、二人にとっての愛の成就を祝福しているというより、むしろ彼らの遠からぬ死を予言しているかのような陰鬱な雰囲気を作品に行きわたらせる。

たしかに、女王メアリーとボズウェル伯爵とは密かに結婚さえしている。だが、その幸福な日々はほんの20日ほどしか続かず、ボズウェルはみずから選んだ亡命先のデンマークで暗殺され、メアリーもまた、エリザベスの軍勢にとらえられ、イングランドで幽閉の日々を送らねばならない。王位継承権を放棄するなら命だけは保証するというエリザベスの提案を晴れやかに拒絶するメアリーは、かくして、みずから進んでというほかはないやりかたで、ひとり断頭台の階段を上らねばならない。そうした陰鬱な最期を、ほんの数分だけ画面を占有していた太い木の幹が、遥かに予言しているかのように思えてならない。

では、遺作となった『荒野の女たち』の場合はどうか。その舞台となるのは、中国辺境のキリスト教伝道施設という閉ざされた空間である。原題である「七人の女たち」が示唆しているように、そこはほとんど男を排した閉ざされた場所であり、ときどき開かれたり閉められたりもする両開きの重そうな木製の扉によって外界と接しているものの、近隣の街までどれほどの距離があるのかさえ明らかにされることもない。だが、西部劇の辺境の砦を思わせるようなその空間の中央に、一本の太い幹の樹木がまぎれもなく立っているのである。

もっとも、ここは女ばかりの施設で、男といえば、宣教師となることを目ざしている冴えない中年男のエディー・アルバートぐらいしか見あたらず、その妻も妊娠しているという身なので、これまでにみたような若い男女がその太い木の幹に惹きつけられて近より、思わず愛を語り始めてしまうといった瞬間はまったく訪れようもない。やがて臨月を迎えようとしているペザー夫人を演じているのは、かつてハリウッドのスターだったベティ・フィールド。彼女には事態を把握する能力がそなわってはおらず、もっぱら自分勝手なことばかり口にして、まわりのものたちを苦労させている。

女ばかりのそんな閉ざされた空間に君臨しているのは、伝道施設の責任者であるアガサであり、マーガレット・レイトンがそれを演じている。アガサは、あたりには匪賊が跳梁跋扈していると耳にしても、ここにいるのは全員が「アメリカ市民」だから危害はなかろうなどと口にしているが、それを演じているマーガレット・レイトン自身は「アメリカ市民」ではなく、マックス・ラインハルト、ローレンス・ハーヴェイ、マイケル・ワイルディングといった錚々たる三人もの男性を夫とした生粋の英国の大女優である（註4）。

フォードは、この神話的な女優に、『アパッチ砦』でヘンリー・フォンダが演じたサーズデー中佐に似た役割を演じさせている。つまり、彼女は宗教的な規律一点張りの気難しい女とひとまずは見えているからである。だが、サーズデー中佐が軍規にはあくまで忠実であり、そのために自分の生命を捧げることも辞さぬほどだったのとは異なり、ここでのアガサは、宗教に自分の人生を捧げきることのできない女としての弱みを隠し持ち、ことあるごとにそれを露呈させているところがきわめて興味深い。

いつもは背筋をすっと伸ばし、化粧も髪型も申し分なく、ブラウスの襟は首もとで小気味よく閉ざされ、いつもはいている長めのスカートも踝《くるぶし》だけのぞかせて背の高さをきわだたせている。だが、そうしたアガサの弱みは、この閉鎖空間に外部の存在が侵入するたびにあからさまなものとなる。まず、男の医師が派遣されると誰もが思っていたところに、D・R・カートライトなるニューヨーク育ちの女医が到着したことで、内部の秩序が目に見えて乱れ始める。間違ってもスカートなどははかず、乗馬ズボンにカウボーイ・ハットなどかぶっているアン・バンクロフトがいかにも心地よさそうに演じているその女医は、夕食時にはお祈りに和そうともせず、テーブルでは煙草をふかしまくり、ときにはバーボンにまで手を出すほどの男まさりの言動で、伝道施設に勤め始めたばかりのまだ若いスー・リオンが演じているエマの興味を惹く。

だが、彼女が到着するまでは平和だったというかのように、それ以前のアガサは夕食に遅れないようにとエマの私室に足を踏み入れ、着替え中の彼女のむきだしにされた二の腕にそっと触れたり、庭の太い木の根もとに呼びよせて、何と美しい夕方でしょうかなどと口にしながら、その手をそっと握ってみせたりしていたのである。そのとき、誰もがアガサの弱みをそれとなく知ってしまっている。つまり、彼女は若くてみずみずしい同性の肉体に強く惹かれているという、いささか淫靡な女でもあるのだ。

この映画で、アガサは二度、庭の太い木の根もとに座りこむ。一度目は、いま見たようにエマとともに、ごく短くはあっても落ちつきはらったときをすごす。そのとき、彼女は、髪型もほどよく整い、化粧も申し分ない年長の女性としての貫禄をもって、若い娘に庇護者的な態度を崩そうとしていない。だから、その状況は、『若き日のリンカン』のヘンリー・フォンダのもとにどこからともなく若い娘が姿を見せる瞬間のパロディーのようにも見える。あるいは、事態はより深刻なものだといえるかとさえ思う。

二度目は、匪賊に襲われた近隣の英国の宗教施設のものたちが、多くの中国人男女とともにここに避難しに来てからのことだ。その責任者を演じているのがフロラ・ロブソンである。生まれてから一度も祖国のイギリスの地を踏んだことがないという彼女の方が、宗教的に見るとアガサより遥かに本格的な信仰者とみえる。だが、彼女とともに匪賊から逃れてきた中国人の間にコレラが蔓延しているのを発見したカートライト医師は、孤軍奮闘、何とか伝播を抑えることに成功する。また、エマが痙攣して卒倒したというアガサに起こされたカートライト医師は、これまた的確な処置を施す。その間、アガサは、アルコール・ランプを手に、祈りの言葉がでてこないといってとり乱している。

病人の安全を確認してから、カートライト医師は、表玄関に姿を見せ、そこに立ちどまって煙草に火をつけたマッチを放り投げてから、疲れた体と心を休めようとするかのように、庭の中央に位置している太い木の幹の根もとに歩み寄る。ここでのアン・バンクロフトは、『静かなる男』のジョン・ウエインのように、マッチを捨てようとする手を中断させたりはせず、思い切りよく捨てていることが、事態の変容ぶりを示唆しているのだろうか。

日はとっぷりと暮れ、木の幹の黒さがきわだつ照明のもと、その太い木の幹のかたわらに座っていたアガサの姿は、最初のロングショットではよく見えていない。だが、ああ疲れたと女医が地面に乗馬ズボンのまま横座りするときキャメラが近づき、二人を鮮明に映し出す。睡眠中に起こされたためだからだろうか、髪は乱れ、化粧も落ちてしまったかのようなアガサは、この映画で初めて、途方もなく無防備な姿勢を隠そうともせず、エマは死ぬのでしょうかと真剣な表情で女医に訊ねる。

あの若さだから大丈夫だと念を入れるカートライト医師は、アガサの乱れ気味の衣裳を慮ったかのように、彼女の宗教的な弱さについての言葉をかける。自分に欠けている何かを埋めようとしているが、それもむなしいと彼女はもらす。それなら、結婚したらどうなのなどと問いかける女医の言葉を即座に否認しはするが、アガサの悩みはなおも深そうに見える。この施設では懸命に働いているが、神だけでは自分の生を救えそうもないといった意味深長な言葉まで素直に口にする始末だ。サイレント時代の初期の西部劇から姿を見せていた太くて黒々とした木の幹は、ここで初めて、しかるべき判断力を持ち、自己分析も可能な同性の成人たちによる会話の舞台装置として機能することで、その役割を終えようとしているのだろうか。それとも、これが、その主題体系の到達すべき結論だったのだろうか。

最後の言葉を口にしてからアガサは立ち上がり、カートライト医師の前を横切るようにして画面から出て行く。これが大型画面でなければ、フォードはその立ちあがる動作に同調してショットを切りかえすはずなのだが、ここでは、離れてゆくアガサを見送るカートライトのショットに続いて、宿舎の建物に向かって遠ざかる彼女の後ろ姿を、長いショットで示すのみである。その人影は、もはやその施設の責任者である自分から遠ざかろうとしているかのようにさえ見える。それは、事態が自分で処理できる範疇を遥かに超えてしまったと告白しているようですらある。ショットは、その姿を見やっている女医カートライトの顔をとらえてフェイドアウトする。

実際、危険な感染症の発病に気づいたカートライトはみずから銅鑼を打ちならし、ほとんど責任者のように振る舞い始めている。とりわけ、匪賊の群れがこの伝道施設になだれこんでからというもの、あらゆる決断は、女医のカートライトが行うことになるだろう。だとするなら、あの太い木の幹のかたわらでの邂逅は、何ごとかの終わりと何ごとかの始まりという印象を画面にもたらしていたといえるかと思う。だが、そのとき、アン・バンクロフトが演じている女医は、その何ごとかの終わりと何ごとかの始まりとが、この辺境地帯での自分の生命を脅かすほどのものとは、まだ意識していない。彼女の最後の自決は、黒々とした太い幹の樹木とは異なる主題体系にそったものだからである。

生命の誕生

では、その異なる主題体系とは何か。「辺境での分娩」という『駅馬車』で始まり『三人の名付親』へと受けつがれる主題体系が、この『荒野の女たち』でも語られていたことに、見るものは驚かずにはいられない。本格的な医療施設からは思いきり遠い人里離れた僻地で嬰児が誕生するという物語を、フォードはその生涯で三本も撮っていたからである。

その三本という数字を多いと見るか少ないと見るかは意見の分かれるところだろう。だが、少なくとも、そんな例外的な題材を扱った作品を生涯で三度も撮った映画作家はフォードをのぞいて一人もいないのだから、ここでの三という数字は、それだけで主題体系を構成するに充分なものだといわねばなるまい。『駅馬車』で僻地に赴任中の騎兵隊将校の妊娠中の妻を演じているのはルイーズ・プラット、『三人の名付親』で夫を失った開拓者の妻を演じていたのはミルドレッド・ナットウィック。いずれもしかるべき名前を持った、確かな女優たちである。そして、『荒野の女たち』で宣教師を目ざす夫を持った妊婦を演じているベティ・フィールドもまた、かつてのスターだったことはすでに指摘しておいた通りである。そうした事実は、僻地での分娩というものが、フォードにとっては単なるエピソードにとどまるものではなく、しかるべき説話論的な機能を物語にもたらす決定的な挿話であることを意味している。

では、その主題は、物語にいかなる作用をもたらしているのか。それは、赤子の誕生が、他者の死を代償とすることなしには実現できないものだという苛酷な現実にほかならない。実際、『駅馬車』では、騎兵隊将校の妻に対して騎士道的なエスコート役を演じていた賭博師ハットフィールド役のジョン・キャラダインが、最後の襲撃場面で、彼女をインディアンの手にかかる以前に殺すことで救おうとするかのように拳銃を構えた瞬間に、銃弾を受けて命を落とす。また、『三人の名付親』でも、ジョン・ウエインとともに赤子を助けようとする意志を隠そうともしなかったペドロ・アルメンダリスとハリー・ケリー・ジュニアもまた、嬰児を町まで運ぶ途中に命を落としているのである。だとするなら、「七人の女たち」のうちでもっとも男勝りのカートライト医師こそがその役を担わねばなるまい。それは、フォード的な主題体系のもたらす必然的な結論だからである。

では、アン・バンクロフトが演じるその「七人の女たち」の一人は、どのようなかたちでその死を受け入れるのか。かたわらのトゥンガ・カーン（マイク・マズルキ）が呆気なくその場に崩れ落ちるのを目にしてから、落ち着き払った表情でみずからが盃に注いだ毒入りの酒を呷ろうとするアン・バンクロフトの身振りについては、のちに「身振りの雄弁　あるいはフォードと『投げる』こと」の章で詳しく見てみることになろうから、ここでは触れずにおく。

ただ、『メアリー・オブ・スコットランド』のキャサリン・ヘップバーンが断頭台への階段を上り始めるところを真正面からのキャメラがとらえ、あたりに鳴り響く雷鳴によってその死を象徴していたという間接性をここでのフォードが選択してはおらず、真っ暗な廊下をこちらに向けて進んでくる東洋風の衣裳をまとった女医の小さな人影を真正面からじっと捉える横長の画面についで、扉に手を掛ける動作を契機として画面が室内に移行するといった按配に、その死の瞬間を真正面からフィルムにおさめようとする1965年のジョン・フォードの大胆きわまりない直接性というか、無媒介性についてはぜひとも触れておかざるをえない。

ありとあらゆる媒介性を排すること。それは、これまでに見てきた木の幹の主題論的な一貫性、説話論的な一貫性をも排する姿勢にほかならない。それ自体が表象的である一編の映画にそんなことが可能であるかと問われれば、理論的には不可能だと答えるほかはあるまい。確かに女医がみずから毒を呷る建物の庭には、太い樹木が植えられてはいた。しかし、『荒野の女たち』の多くの細部が、それまでの主題論的、かつ説話論的な一貫性を、映画というフィクションだけに許された悦楽として否定することはないにしても、そこからは遠ざかろうとする作者の意志だけはかいま見させるものだといえるだろう。１９６５年のジョン・フォードは、恐るべきところまでみずからの演出をつきつめていたのであり、そのことに率直な驚きを覚えることを、見るものに禁じているとはいえるかと思う。

『荒野の女たち』を驚くべき作品に仕立てあげているのは、これまでにフィクションにほかならぬ数々の作品の枠を超えた意義深い細部の響応によって織りあげられてきたもろもろの一貫性を、あからさまに崩壊させることも辞さないというかのようなジョン・フォードの覚悟としかいえぬものが、この作品の画面からうかがわれるという否定しがたい現実なのである（註５）。

だが、その覚悟について語るのは、まだ早かろうと思う。ここで問われるべきは、映画という表象的な表現手段が、その表現手段そのものによって否定されることがはたして可能かというその存立条件そのものであるはずだ。その点を、なお究明し続けねばなるまい。

第三章　そして人間

『太陽は光り輝く』より

Ⅰ 「不自然さ」に導かれて

脚力

ジョン・フォードにとっては最初のテクニカラーによる色彩映画となった『モホークの太鼓』は、ウォルター・D・エドモンズの同名小説（１９３６）の映画化であり、ウィリアム・フォークナーまでが脚色に動員され――作品の冒頭のクレジットにその名は記されていないが――、本来ならヘンリー・キング監督が演出を担当するはずだったといういわくつきの作品である。20世紀フォックス社内の事情があれこれあって、結局のところはフォードがメガフォンを握ることになったのだが、その題名に含まれている「モホーク」とは、現在のニューヨーク州の北部に位置している土地なのだから、これは同じ年に発表された『駅馬車』のような「西部劇」とは異なり、いま成立しようとしている合衆国の東部の原野を舞台とした作品であり、むしろ独立戦争の一挿話を題材とした18世紀の「歴史劇」として分類されるべきものだろう。

もっとも、ロケ地はユタ州のワサッチ・マウンテンズ Wasatch Mountains――文献によってはさまざまな綴りが見られる――なのだから、そこに西部劇的な雰囲気が立ちこめるのも否めない。実際、ここでロケーションされたこの作品の画面の一部は、19世紀を舞台としたウィリアム・A・ウェルマン監督の西部劇『西部の王者』（１９４４）にもストック・ショットとして活用されているという。また、ここにもフォードならではの追跡場面が描かれているのはいうまでもない。ところが、それは、ひとりの白人の入植者がひたすら走りまわり、土着のインディアン三人がそれを執拗に追いまわすというやや長めのシークェンスであり、その筋立てには、奇妙なことにサスペンスというものが徹底して欠けている。逃げるヘンリー・フォンダも、追いかけるインディアンたちも、これという火器を持っていないからである。

そこへといたる事情はこうしたものだ。王党派の指揮官であるジョン・キャラダインにたきつけられたインディアンの攻撃を受けて、開拓民たちの砦は陥落寸前となり、離れた土地の味方の軍勢に助けを求めねばならない。最初にその伝令役を買ってでた男を演じているのはフォード自身の兄貴にあたるフランシスだが、いつもまわりのものたちを笑わせていた飲んだくれの彼はあっさりと敵軍に捕まり、藁を積んだ荷車に縛りつけられて火を放たれてしまう。そこで、焼死寸前という瞬間に、その苦しみを避けさせようとした味方の一人によって射殺されてしまうのだが、そうした陰惨な戦闘のさなかに、こんどはヘンリー・フォンダが、自分は俊足だから追手から逃げ切ってみせる自信があるし、あなたと暮していた林の中の状況にも詳しいからと妻のクローデット・コルベールに向かっていい、身軽になるために彼女にその重そうな銃を託し——彼女は、思いもかけず、それでインディアンを殺戮することになるだろう——、夜陰に乗じて、小さな斧だけを手に砦を抜け出す。ところが、彼を追おうと走り出した三人のインディアンは、ついさっきまで火のついた矢でしきりに砦を攻撃していたはずなのに、なぜか長い槍とトマホークしか握っておらず、馬という俊足動物の姿はみごとなまでに画面から排除されている。

ようやく明け始めた茜色の空の拡がりを背景として、フォンダは動物さながらの寡黙さで——あえて、馬のようにとはいうまい——ひたすらに走る。谷川に足を踏み入れ、野原を走りぬけ、難儀しながら沼を渡り、渓流で喉を潤し、折れた枝に行く手を阻まれがちな林を器用にすり抜けてゆき、いっときも休もうとすらしない。遥かに地平線が見えるほどの平坦な草原をかけぬけるヘンリー・フォンダの背後には、三人のインディアンが迫っている。だが、さすがに健脚を誇るだけあって、彼との距離は一向に縮まろうとする気配すらない。しかも、インディアンの二人はすでに遅れ始めている。また、ここにはクローズアップが一つとして挿入されていないので、作中人物の心理を推測することもかなわない。そして、ようやく朝日が昇ろうとする赤みがかった空を背景として、ふと画面から消えて行くヘンリー・フォンダの小さな姿が見てとれる。ところが、かなりの近距離から追っていたインディアンの一人はそこで力尽き、トマホークを放りだしてがっくりと膝をつく。その姿が小さなシルエットとして逆光の中にきわだつとき、日本でも欧米の劇場でも、観客の含み笑いのようなものが必ず起こったものだ（註1）。

なるほど、ここでのヘンリー・フォンダは、まぎれもなく俊足の持ち主だった。土着のインディアンでさえ追いつけぬほど、しっかりとした下肢に恵まれた男だったからである。そして、フォンダによる救援の要請を受けた連隊が砦に到着してインディアンを壊滅させることになるのだが、それにしても、必死の長い追跡場面が終わろうとするときに思いもかけず笑いがこみあげてくるとは、いったいどうしたことか。実際、追跡を放棄するインディアンの姿がちっぽけなシルエットとして逆光で捉えられるというこの朝焼けの光景は、滑稽とまではいわぬにせよ、どこかしら何かがおかしいのである。だが、それは、はたして正しい見方なのだろうか。フォードは、ここでコミカルな効果を狙っていたのだろうか。

すでに引いておいたパトリス・ロレとニコラ・サーダ共編の『ジョン・フォード』の作品解説の部分で、T．J．と署名された筆者――これは間違いなく、その後に「カイエ・デュ・シネマ」編集長を務めることになるティエリー・ジュスだろう――は、この場面をめぐって、「フォンダとインディアンとの間で繰りひろげられる、はてしなく続き、ほとんど信じられないほどに名高い追跡場面」（１２８頁）と書いている。このシークエンスは「息切れがするインディアンと地平線の彼方へと姿を消してゆくフォンダとの対照によって、皮肉な終わり方をしている」（同前）とも書きつがれているのだが、ジュスは画面のスタイルという点からして、これは注目すべき場面だと主張している。ところが、世の多くの批評家や研究者たちは、この「名高い」といわれる追跡場面について論じることを、つとめて避けているように見える。

おそらく、それにはさまざまな理由が考えられもしようが、同時代的にフォード擁護の姿勢を鮮明にしていたはずのアンドリュー・サリスですら、その『ジョン・フォード 映画の神秘』で、この場面を「フォンダと追いかける二人のインディアンとの徒競走」（89頁）というごく短い、しかも誤った記述——すでに述べたように、インディアンは最後まで三人で追っている——でお茶を濁しているほどなのだ。それにまともに言及しているのは、「序章」で触れておいた批評家ジョゼフ・マックブライドぐらいしかいないかもしれない。

実際、その『ジョン・フォードを求めて』の『モホークの太鼓』をめぐる節で、隊列に加わった夫が遥かに遠ざかる姿を丘から見送るクローデット・コルベールの後ろ姿の魅力をめぐって、彼は『モホークの太鼓』は、このように独立した場面の視覚的な効果によって評価さるべき作品だと書いたうえで、「インディアンに追われながら、森林を無言で走りぬけるフォンダの、長くて鮮やかなペース配分によるモンタージュ」（前掲書307頁）もまた、そうした魅力のひとつだと述べているのである。「鮮やかなペース配分によるモンタージュ」と書かれていれば、誰もがそれはそうだとうなずきもしようが、その編集の「鮮やか」さは、では、いったい何に貢献しているというのか。

すでに記しておいたように、この追跡場面には、いかなるサスペンスもかもしだされることがない。フォンダの健脚ぶりは、いわばおのれに課した肉体的な責務を誇示しているまでで、ひたすら孤独な振る舞いに徹しているからである。また、追うインディアンにしても、ひたすら走ることで敵に追いつくことを彼らなりの唯一の目的としており、それ以外の方法をまるで考えようともしていない。

だが、かりに三人の敵のひとりが騎馬の戦士であったなら、追跡はいともたやすく終わりを迎えたはずなのだが、すでにのべたように、なぜか馬の姿はここからは徹底して排されている。また、もし弓矢を持っていれば、かなりの距離からでも相手を傷つけることもできただろうに、彼らは長い槍とトマホークしか握っていない。その意味で、ここでの「鮮やかなペース配分によるモンタージュ」は、目の前に生起しつつある事態の「不自然さ」をことさらきわだたせるのみである。最後の瞬間に観客たちをとらえる不可解な笑いは、その「不自然さ」に耐えきってみせた自分自身への、いたわりのようなものかもしれない。

だが、ここで想起しておきたいのは、こうした「不自然さ」にかんする限り、フォードには天才的な処理能力が備っていたという確かな現実にほかならない。名高い『駅馬車』の最後の追跡場面もまた、よく考えてみれば「不自然」きわまりないものだからである。実際、そこで騎馬を疾駆させているインディアンたちは、もっぱら車内の乗客たちや馭者に狙いを定めるばかりで、馬車を引いて走っている複数の馬に弓矢や銃を向けようとはまったくしておらず、これは、いかにも「不自然」なことというほかはない。

その点をめぐって、フォードは、ピーター・ボグダノヴィッチに向かって、後に親しくなった脚本家のフランク・ニュージェント——フォードとの協力は、戦後の『アパッチ砦』で始まる——から、「インディアンは、どうして駅馬車を引っ張っている馬を撃たなかったのかねえ?」と訊かれたとき、「現実には、たぶんそうだったかも知れん。だがな、フランク。もしインディアンがそうしたら、映画はそこで終わってしまうではないか」(前掲書133〜134頁)と答えたというのである。

ジョン・フォードにとって、映画という名のフィクションは、そのようないくつもの「不自然さ」の上に構築さるべきものであり、それこそ、フォード的な「不自然さ」の処理の天才的なところなのである。実際、誰もが記憶しているだろう『駅馬車』のクライマックスには息もつかせぬサスペンスがみなぎっているので、見ている瞬間からその「不自然さ」に気づくものは、ほぼ皆無といってよかろう。

では、誰もが薄々と感じとっている『モホークの太鼓』の「不自然さ」については、どう考えればよいのか。

声の不在

　ここで、この場面を構成している三つ目の不在、すなわち「馬」と「火器」のそれについで、「声」の不在について見てみるなら、この決して短くはない追跡のシークェンスには、人間の声というものがいっさい響いていないことに改めて気づかされる。もちろん、その背後にはアルフレッド・ニューマンによる音楽は流れているが、ここでの追うものは、追われるものもまた、いっさい言葉を口にすることがない。その意味で、これは一種のサイレント映画のような効果をあげているのだが、これほどの長いシークェンスを通じて、そこに描かれている人間たちがいっさい言葉を口にしないというのは、そもそも「不自然」ではないか。ことによると、フォードは、画面に映っている作中人物の一人として言葉を発することがないという場面を、どれほど長びかせることができるのかという実験をしていたのかもしれない。

　実際、これと同じ状況にキャメラを向けることにフォードがどれほど執心していたかを示すいくつもの例が存在する。ここでは、『モホークの太鼓』を含めた五つほどの例を引いてそれを検討してみようと思うのだが、それは、複数の人物たちが、長い時間をかけて地上を移動しながら、その間、誰ひとりとしてまったく口をきくものがいないという状況にほかならない。すなわち、誰もが無言のまま黙って歩行するという事態が思いきり長く推移するという状況がここでの問題となるのだが、すぐさま想起されるのは、『太陽は光り輝く』の誰もが口をとざしたまま歩行する長い葬列のシーンである。

　この作品が『プリースト判事』のリメイクであることはあえていうまでもなかろうが、20年後にもステッピン・フェチットが同じプリースト判事——彼は市長でもあり、ここではチャールス・ウィニンジャーが演じているが、もとの作品ではウィル・ロジャースのはまり役だった——の執事を演じているという点をのぞくと、作中人物たちの設定はかなり異なっている。両者に共通しているのは、どこか薄幸そうだが清楚な美貌に恵まれた若い娘が出ているということであり、前者では彼女の父親の名誉が回復されたのに対して、後者ではその母親の名誉が問われることになるだろう。『プリースト判事』では、判事の家の隣に住む嫌われものの父親を持つ一人娘のエリーがそれであり、アニタ・ルイーズが演じていた。他方、『太陽は光り輝く』での若い娘は、町のさる重要人物に託されて育てられたルーシー・リーにほかならず、アーリーン・ウェランがこれを演じている。フォード作品への出演はこれに限られた女優たちだが、いずれもプリースト判事がことさら大事に扱っている女性であることに変わりはない。

舞台は、いまなお南北戦争の余韻をとどめているかのようなケンタッキー州の小さな町であり、時代は20世紀に入ったばかりの頃だろう。その葬列が見るものの視線を異様に惹きつけるのは、市長選挙が行われる日の昼さがりのことである。すでに、プリースト判事の対立候補による選挙運動のパレードが、このさして大きくはない町の表通りを派手に賑わせていたばかりのときである。支持者たちに対して大声で支援を呼びかけていた北部出身の対立候補は、ふと彼方へと目をやり、ああ、あそこにわが政敵がおるぞと微妙な笑みを浮かべる。すべてが静寂へ移行するのは、その瞬間である。日当たりのよいその街の大通りを、白い二頭の馬に先導されたこれまた白い霊柩馬車が、こちらに向かって進んでくるロングショットがいきなり挿入されるからである。その背後には、白い背広に黒い帽子姿のプリースト判事が、おそらくは聖書を手にしてゆっくりとした足どりで歩んでいる。キャメラが近よると、二頭だての白い馬は細くて黒い網のようなもの——喪のしるしだろうか——をまとっており、その足どりは判事の歩調にあわせるように、きわめてゆったりとしている。なるほど、馬の聡明さは人間にあわせて緩慢に歩くこともできるのだといまさらながら驚かされるが、孤独に歩調を踏む判事のうしろには、栗毛の黒い二頭の馬が黒々とした馬車を引いており、黒い喪服を着た五人の女性が向かいあって、居心地悪そうな表情で座っている。

その女性たちの喪服姿を見て、心ない町の御婦人たちは大げさに嘲り笑う。それは、そのいずれもが娼婦であり、昼間から人目のつくところに姿を見せることなどあってはならないはずだからである。だが、これまで見続けてきたわたくしたちは、白い霊柩馬車におさめられているのが、病身をおしてこの町を死に場所に選んだルーシー・リーの母親役のドロシー・ジョーダン（註２）の遺骸であることをよく知っており、ルーシーその人が町の重鎮である元南軍の将軍の孫であることも承知している。その間も、白い霊柩馬車と判事と黒い馬車とは、ゆっくりとした歩調を変えることがない。あたりに聞こえているのは、判事の足音と、二台の馬車の回転する車輪が土の道路の砂利に触れる音ばかりである。すると、相手候補のポスターの近くに立っていた北軍将校――つい北軍と書いてしまったが、それは前夜のパーティーに元南軍の制服を誇らしげに着ていた人物が多かったからにすぎず、南北戦争は遥か以前に終わっているのだから、実際には合衆国陸軍の将校である――がその二台の馬車とプリースト判事に目をとめ、制帽を正しくかぶり直してから、その葬列に無言でつらなる。ここにもクローズアップは、たったの一つも挿入されていない。

こうした無言の葬列に参加するものたちのうちでフォードの作品でよく知られている役者を数名挙げておくなら、医師のラッセル・シンプソンや、あんなことをする判事に声をかける女性はもういなくなるわと憤るメー・マーシュときっぱり袂を分かち、断乎として葬列に加わるジェーン・ダーウェルもいたりする。わけても厚遇されているのは、老狩人のフランシス・フォードであり、大きな酒瓶を手にしているその顔はかなり近くからの距離で撮られており、判事の姿を見るなり、大きくて長い猟銃を握ったまま、よろよろと葬列に加わる。ちなみに、これは、フォードの兄貴フランシスにとっての最後の映画出演となってしまった。

その間、周りの人間たちの私語をのぞくと、葬列の参加者たちはいっさい無言を貫いたまま、沈黙の行進を続ける。その光景を、フォードは、固定画面、移動撮影、パノラミック撮影、俯瞰撮影などを織り交ぜながら、有効かつ簡潔にキャメラに収めてゆく。マックブライドがいう「鮮やかなペース配分によるモンタージュ」とは、むしろここにこそ妥当しそうな言葉だと思わずにはいられないほど、見事な編集作業がなされている。しかも、『モホークの太鼓』の画面の奥に流れていた音楽がここにはまったくそえられていないので、わたくしたちは無言の行進ぶりをひたすらいまこの瞬間に起きつつある事態として受けとめざるをえない。

窓辺で白い霊柩馬車の接近を確かめたルーシー・リーは、帽子をかぶって自宅を出ると、喪服姿の娼婦たちの乗った黒い馬車を軽い腕の動きひとつで止め、馭者の黒人の驚きをよそに、あえてその助手席に胸をそらせて身を落ちつける。彼女の恋人であるアシュビー役のジョン・ラッセルもまた、帽子をかぶった礼服姿で、その黒い馬車によりそう。そのとき、一行は教会に近づきつつあり、その前に並んだ黒人男女の口ずさむ賛美歌が遥かに聞こえてくる。こうして、いつの間にか百人を超えるだろう人数になっていた男女の沈黙の歩みは、その動きを止めることになる。アシュビーの祖父であることがいまや明らかな将軍もまた、やや遅れて葬儀に加わるのだが、ここでのフォードの演出は、念入りな撮影をそうとは見せまいとする見事な簡潔さにおさまっている。

もちろん、映画はそこで終わるのではなく、後にはプリースト判事の市長当選を祝うパレードが行われ、そこでは、無実の黒人少年のリンチを避けようとした判事への感謝をこめた意味も含まれており、多くの黒人男女が列をなして参加している。行進の背後に流れているのは、いうまでもなく南北戦争時代の南軍の行進曲「ディキシー」（註3）である。それが歌われて最後にパレードが行われるのは、『プリースト判事』の場合も同様だが、それに参加するアニタの父親である元南軍兵士の名誉がそれで回復するのだと指摘しておくにとどめる。

『ジョン・フォード――人とその作品』のタグ・ギャラガーはフォードにおける「パレード」の重要性に言及しており、それはウエストポイント陸軍士官学校とアナポリス海軍士官学校とのアメリカン・フットボールの試合をクライマックスとした『最敬礼』から、ウエストポイントそのものを舞台とした『長い灰色の線』まで、多くの作品に描かれているので、それはきわめて正しい指摘ではあるが、行列に向けたフォードの心意気が感じとれるのは、ここでは最後のパレードではなく、やはり沈黙の葬列の方だといわざるをえない。

この場面については、『モホークの太鼓』の無言の追跡シーンとは反対に、多くの論者が言及している。とりわけ、ギャラガーはこの作品について捧げられた章に「行列」という項目を立てて詳細に分析している。だが、「誰もが無言のまま黙って歩行するという事態が思いきり長く推移するという状況」という点において徹底して無言の行動だという点で、『モホークの太鼓』の問題のシーンとの共通点があると指摘しているものは、誰ひとりとしていない。複数の人物がまったく口をきかずに長い道のりを歩んで行くというシークェンスはこの二つの作品に尽きているはずだが、ほんの一言二言台詞を口にしながら、長い行程を複数の人間たちが踏破するという状況には、いくつものヴァリエーションが存在している。

まず、そうしたヴァリエーションの一つとして『静かなる男』の場合を見てみるとどうなるか。自分の兄のヴィクター・マクラグレンに持参金を求めない夫のジョン・ウエインを勇気のない男と断じてひそかに家出をする妻のモーリン・オハラのあとを馬で追い、すでにダブリン行きの列車に乗り込んでいた彼女を、コンパートメントの扉を乱暴に開閉しながらついに探りあて、彼女の手を荒々しく握り、離れた兄貴の家まで連れて行く場面がそれにあたる。

薄いベージュのスーツをまとったモーリン・オハラは濃いグレーのベレー帽をかぶっているが、これまたベージュのハンチングをかぶったジョン・ウエインは彼女の左腕をつかんでいっときも離そうとせず、駅のホームでは置かれた荷物の上を跨がせ、ゆるやかに曲っている舗道を遠ざかり、長い石造りの橋を渡り、道路沿いに力ずくで妻を引きずり回し、日陰になった林の斜面を抜け、森の木々の枝を避けながら、片方の靴が脱げても無視して足早に歩き続け、彼女が芝生で転んで尻餅をついてもスーツの襟をつかんでその背中を引っ張ってゆく。

そのとき、駅員たちをはじめ、パブの客も総出で二人のあとを追い、それに自転車に乗ったものたちも加わり、ひたすら荒っぽく歩き続けるひと組の男女のあとには、長い野次馬のかたまりがすでに形成されている。脱げた靴を届けてくれた駅長に彼女は鄭重な礼の言葉――それがモーリン・オハラの口にする唯一の台詞である――を述べるが、引きずられながら靴を履くのは至難の業であり、起き上がりざまに彼女は鉄拳を喰らわせようとして腕を大きく振りまわすのだが、それを体よくかわしたジョン・ウエインによって、思いきり尻を蹴り上げられてしまう。

斜面を転げ落ちそうになる彼女に向かって、たった5マイルほどの道のりだから――日本語の字幕では「8キロ」と訳されている――文句はいうなと彼は彼女を叱りつける。それが、彼の口にするたったひとつの台詞にほかならず、あとはひたすら無言で兄貴の家を目ざす。

決して短いものではないこうした二人の歩むほとんど無言の行程を、フォードは遥かな俯瞰撮影や、移動撮影や、固定ショットなどを組み合わせながら、賑やかで陽気なシークェンスに仕立てあげている。いうまでもあるまいが、そこにもクローズアップは一つとして挿入されておらず、もっぱらアイルランドの緑の草原や林の木蔭になった緩やかな斜面などを巧みな編集技術によって、一つの記憶に残るシークェンスに仕立てあげているのである。

結局のところ、牧場にまでたどりついたジョン・ウエインは、この土地の風習にしたがって持参金を貰えぬなら、この女をお前さんに返してやると口にしながら兄貴の足元にモーリン・オハラを放り投げる。そして軽蔑的に地面に投げ与えられた紙幣を拾いあげ、彼が彼女とともに農具のボイラーに投げ入れるとき、ようやく二人の愛は成就する。それに続くジョン・ウエインとヴィクター・マクラグレンの長い殴り合いについては触れずにおくが、ここで強調しておくべきは、二人の男女が、ほとんどものも言わずに、長い距離を自分の足で歩ききったことにつきている。「5マイル」といえばかなりの距離だが、目と鼻の先の地点までの往復がまったく無言で行われる場合が『モガンボ』に見られる。

ゴリラ狩りへと向かう船旅の途中で、一行がある村落に足を踏みいれると、いつもなら歓迎してくれるはずの村民たちの姿がひとりとして見えない。「静かすぎる」という西部劇ならではの緊迫した状況が、彼らを待ち受けていたのである。クラーク・ゲーブルはあたりに視線をはせながら銃を握りかえ、一行に無言で注意をうながす。エヴァ・ガードナーをはじめ、グレース・ケリーやその夫も、脅え気味にあたりを見まわす。するとそれまで無人だった集落に、それぞれ槍を手にした村民たちがいきなり姿を見せ、何やら呪文のようなものを唱え始める。ここでの複数の男女は、彼らをいたずらに刺激しまいと、岡の斜面にある植民官の家まで、ことさらゆっくりと無言で階段を上って行くことになるのだが、槍を持った男たちの叫び声がますます高まる。ベッドに伏せっている植民官の家は、たった二人の銃をもつ黒人兵士で護られているにすぎず、村民たちがいつ襲ってくるかわからない。

家の中での短い会話はあるが、二人の兵士に植民官を支えさせ、一行はあたり一面を埋めつくす村民たちにかこまれたまま階段をゆっくりと降り始める。もちろん、誰一人として口をきくものはいない。クラーク・ゲーブルが抱えた銃であたりを睥睨しながら、ようやく船着き場にたどりついたこの脅えきった男女にはカヌーに乗り込むことを無言で指示する。村民たちがけたたましい叫び声で襲いかかってくるとき、ゲーブルはみんながら船に乗り切ったことを確かめてから、最後にカヌーにとび乗る。

かくして、無言の階段の昇降は終わるのだが、ジョン・フォードにおける無言の歩行は、ごく短い時間の場合でさえ、ここでもサスペンス豊かな時空を作りだしている。だが、それにしても、こうしたいくつもの無言に徹した歩行なり走行なりは、いったいいかなるアクションを作品に導入することになるのか。

パレード

ジョン・フォードが「パレード」に好んでキャメラを向けていたことはすでに指摘しておいたとおりである。だが、『長い灰色の線』の最後の閲兵式などによく似てはいるものの、本質的にはそれと異なり、唐突に戦地へと向かうことになった幼い兵士たちの無言の行進が存在する。『騎兵隊』の後半部分、南部深くに潜入した北軍が南軍の鉄道拠点の破壊に成功し、帰途についてからの逸話である。だが、これは独立したシークェンスをかたちづくってはおらず、北軍では指揮官将校のジョン・ウエインと従軍医師のウィリアム・ホールデンとの対立が顕在化して、二人が森のはずれで殴り合いを始める挿話とほぼ並行して進行する。

すでに、前夜、あるいはその日の早暁に、南軍の砲兵隊長がひそかにジェファーソン幼年学校を訪れ、パジャマの上にローブをまとったままの年老いた校長のベイジル・ルイスディールに、生徒たちの出撃を依頼した光景にわたくしたちは立ちあっている。うちの学生は最年長でも16歳だといって反対する校長に向かって、わが隊では14歳の兵士すら闘っておりますという砲兵隊長の言葉に了解したと頷きはするものの、誰もいなくなると、校長は絶望したかのようにテーブルに座って頭を抱えこんだまま、動かなくなってしまう。

やがて、朝が来る。南軍の砲兵隊長は上着を脱ぎ、双眼鏡で幼年学校の方向を見やる。その「見た目」のショットというわけではないが、二百人はいるだろう幼年学校の生徒たちが、制帽、制服姿で校舎の前に整列している光景が映し出される。彼らは、とうてい近代的な兵器とは思えぬような長い剣つきの、おそらくは先込め銃だろうものを肩に担ぎ、聞こえてくるのはただ短い号令のみで、私語するものなど一人としていない。こんどは逆方向に据えられたキャメラによって、制服に制帽姿の校長が列の中央に向かって歩みさり、そこで生徒たちの方に向き直り、神のご加護をと口にするさまをフィルムにおさめる。

彼が牧師であることは、行進が始まり、その先頭に立つ校長の制服の襟からのぞいた白いカラーからして明らかであり、聖書を抱え、ステッキを持ち、先頭に立つ鼓笛隊の音楽とともに、旗を高く掲げた四列縦隊の幼い兵士たちの前をゆっくりとした歩調で進み始める。

先頭をあるくものが聖書を手にしているという点で、『太陽は光り輝く』の判事との共通点がみえるのはいうまでもない。「おたふく風邪」で行軍に参加できない二人の少年に見まもられての四列縦隊の彼らの無言の行進ぶりを、フォードはさまざまなアングルから捉えている。年老いた校長の諦念を含んだ決意のようなものがその歩調から感じとられ、その全貌をくまなく捉えようとするキャメラが、仰角の構図まで含みながら、いくつもの美しいショットを作りあげている。

途中で、一人の母親――それがアンナ・リーであることは一目でわかる――が家から飛び出し、校長にすがりつくようにして、父親も伯父も戦争で命を落としているので、あの子だけは死なせるわけにはいきませんと訴える。校長は、振り向くこともせずに命令口調で、太鼓を叩いていた一人の少年がこの義務から免れたと厳かに口にする。だが、家に連れもどされた少年は二階から家を離れ、遅れて戦闘に参加して北軍からこっぴどい仕打ちを受けることになるのだが、それについては触れずにおく。ここでは、四列縦隊で行進する少年兵たちに向けられたキャメラの的確さを指摘しておくにとどめる。

タグ・ギャラガーがその『ジョン・フォード――人とその作品』で指摘しているように、この少年兵たちの無言の行進はこの映画の「最高峰」《highpoint》（３７１頁）だといえるかと思う。実際、彼らの無言の自己犠牲的な行進がなければ、この作品は騎兵隊の指揮官と従軍医師との心理的対立という陳腐な単調さに陥るほかなかっただろう。だが、草原いっぱいに拡がって二列横隊の姿勢をとる無言の生徒たちは、前列が前に出て、跪いていっせいに射撃する。二列目がそれに続くのだが、後方には南軍の砲弾が炸裂する。それを見て、将校と軍医との殴り合いは中断されざるをえないのだが、ジョン・ウエインは、奴らに思い知らせてやると口にしながら少年たちに銃を向けようとする北軍兵士の銃を手荒くとどめ、相手が相手だからここは後退するしかなかろうと呟き、苦笑しながらラッパ手に撤退ラッパを吹かせる。

あとはただ、突撃する少年兵たちが、倒れた木の根っこの下をくぐり抜けたり、その上を飛び越したりしながら北軍を追いつめる滑稽な光景が場面に映り、彼らの姿がほとんど消えかかった頃、年老いた校長がゆっくりと画面中央に姿を見せるのだが、そのとき、この長いシークェンスは溶暗で終わりを迎える。

はたして、南軍の砲兵隊長の作戦が成功したか否かについては、何ともいいかねる。ただ、ここにも無言の行進というフォード的な主題が鮮烈に描かれていることは、誰の目にも明らかだろう。だが、それにしても、なぜ、この監督は、口をきかぬまま歩く——あるいは、走りぬける——男女の群れにキャメラを向けることにこれほど執着していたのか。その正確な理由はわからない。ただ、それぞれの作品において、その無言の歩行が素晴らしいアクセントを作品に導入していたことだけは、間違いなかろう。例えば、『海の底』（１９３１）の最後に見られる合衆国海軍の捕虜となったドイツ海軍のＵボートの乗組員たちが、無言のまま太鼓の音に合わせて行進し、画面から姿を消して行く場面など、ごく短いシーンでありながら、どこか心を打つものがあるのは、そこにいかなる台詞もないからなのだろうか。

これまで読まれたことからも明らかなように、フォードのそれぞれの作品においては、複数の男女が、ものいわずに遠からぬ距離を踏破することになる。なぜかという、その真の理由は誰にもわからない。だが、「そして人間」と題されたこの章が、いわゆる人間一般に関する抽象的な考察でないことだけは理解されたと思う。人間というものは、黙って歩く――あるいは、走るものだ――というきわめて特殊な状況を設定し、それがどれほど「不自然さ」に導かれるものであろうと、それにふさわしいキャメラ・アングルを通してそれを適確に描ききってみせるという特異な監督こそが、ジョン・フォードという映画作家なのである。

Ⅱ　雨と鏡

例外的なものの力点

南海の孤島を舞台にした『ハリケーン』に風雨が吹き荒れるのは題名からしてもごく当然のことだろうが、そこで危険きわまりないのは、すでに指摘しておいたように、むしろ途方もない突風と高波であり、人びとを一挙に押し流しかねないその怖ろしさに比べてみれば、降っている雨などものの数には入るまい。それ以前に撮られた『虎鮫島脱獄』（１９３６）のクライマックスにも暴風雨が吹き荒れているが、そこで真の意味で危機的なものは島に蔓延した黄熱病であり、雨そのものではない。

では、ハレアカロハ Haleakaloha 島といういかにもありそうな響きながらもちろん実在などしていないフランス領の太平洋の島を舞台にしたフォード晩年の一本『ドノバン珊瑚礁』の場合はどうか。そこでも、ときおりこの地方特有の驟雨が降りかかるのはいうまでもない。例えば、クリスマス・イヴの晩など、屋根の普請が行きとどいてはおらぬ教会に参列した信者たちは、男も女も、一部の例外をのぞいて、天井から降りかかる豪雨を避けようとして、室内だというのにいっせいに傘を開く。すでにそれ以前に、神父のマルセル・ダリオが礼拝堂でうらめしげに傘をさして雨を避けている姿も描かれていたのだから、登場人物たちのほとんどが室内で雨傘を開くという異様な光景は、この映画ではとりわけ驚くにはあたらない細部だといえるのかもしれない。ただ、教会でのジョン・ウエインはさすがに傘などさそうとはしていないし、その相棒で喧嘩仲間のリー・マーヴィン——彼は、アメリカ合衆国「国王」という資格でこの場に招待されているのだが——にいたっては、滝のように流れ落ちる雨水をじっと頭で受けとめ続けている。その事実からも想像しうるように、真の意味でフォード的な人物たちは、雨に濡れることなどいささかも避けようとはしないばかりか、あえてそれを全身で受けとめることを好んでいさえする存在なのだといえるかと思う。

では、『ドノバン珊瑚礁』で、室内でいっせいに開かれる雨傘という異様なオブジェの群れを目にしたわたくしたちは、ジョン・フォードのほかの作品で、戸外にたたずむ男女が、雨を避けようとして傘をさしている情景など思い浮かべることができるだろうか。おそらく、そうしたことをさらりとやってのけうるものなど、この世界にはほとんど存在していまいと断言できる。まず、フォードにおける傘といえば、むしろ日傘だからである。

すでに『アイアン・ホース』の開通式の場面で、御婦人たちのさしている数えきれないほどの日傘を誰もが記憶していることだろうから、『ドノバン珊瑚礁』のエリザベス・アーレンがいつも手離さずにいる真紅の日傘のことをすぐさま思い浮かべるだろうし、この島の総領事であるシーザー・ロメロにつきそっている東洋系の執事もまた、紅いろの日傘——ときに日本の番傘のようにもみえる——を手離すことがない。

日傘とは異なり、フォードにおける雨傘と聞いてかろうじて想起しうるのは、『大空の闘士』のおかしな航空整備士スリム・サマーヴィルと、『最後の歓呼』の老婆ジェーン・ダーウェルぐらいだろうか。あるいは、『肉体』（１９３２）のドイツ人レスラーのウォーレス・ベアリーも合衆国に行ってから大きな雨傘を握っているが、雨など一滴も降ってはいない。ここでの航空整備士がさしている雨傘がどのような運命をたどるかは後に見てみることとし、『最後の歓呼』で葬儀に参列する老婆が握っていた男ものとしか思えない長い傘に触れておくにとどめる。それは、隣の若い新聞記者のジェフリー・ハンターをからかいぎみに、その腹のあたりを二度ほど豪快に小突くための武器でしかなく、雨を避けるというそれ本来の用途などこれっぽちも考慮されてはいない。にもかかわらず、フォードの映画では、しばしば豪雨が画面を思いきり濡らしているという事実を否定するのはむつかしいのである。

実際、『ドノバン珊瑚礁』でも、雨の日の深夜近くに一人の少年――それが父親の息子であり、自分と血縁の弟でもあることを彼女はまだ知らずにいる――をエリザベス・アーレンのもとに連れてくるジョン・ウエインは、薄クリーム色のおそらくはナイロン製であろう半透明のレインコートをまとって微笑んでおり、もちろん傘など持ってはいない。そのとき、わたくしたちは、たちどころに『モガンボ』のエヴァ・ガードナーの薄緑色のこれまた半透明のレインコートと、同じ色合いの雨よけのシックな帽子とを思いださずにはいられない。

あまりにも過小評価されていたとしか思えぬこの優れた大女優が、夜の熱帯雨林の鬱蒼と生い茂る木々の枝をさけるように、傘もささぬままのいでたちで降りしきる雨をものともせずに闊歩する姿は、フォードにおけるもっとも美しい移動撮影の一つだと断言したくなるほどにみごとなものであり、怖ろしいまでに魅力的なのだ。しかも、彼女が直射日光を避けるべく開いてみせる黄色の日傘の見た目の鮮やかさもまた、忘れがたい光景だといっておく。

そう、真の意味でフォード的と呼びうる登場人物たちは、男も女も、雨に濡れることなどいささかもいとわぬばかりか、むしろそれを好んで受け入れてさえいるというごく特殊な存在たちなのだと、改めて確認しておきたい。「『不自然さ』に導かれて」の節では作中人物たちの「言葉」の不在をフォード的な存在たちの特徴として指摘しておいたが、ここでは「雨傘」の不在がそれにあたるといえる。『ドノバン珊瑚礁』における教会で開かれる無数の雨傘は、むしろ、フォードがそれを一貫して描かずにきたことを証明するという例外性によって、とりわけ人目を惹く光景なのかもしれない。

実際、「馬など」の章で触れておいた『香も高きケンタッキー』の雨上がりの湿った十字路で、いまでは警官になっているJ・ファレル・マクドナルドと元主人のヘンリー・B・ウォルソールとが偶然に出会い、それと知らずにかつての持ち馬ヴァージニアズ・フューチャーと出会いそびれるというあの忘れがたいシーンで、路面はまだしっとりと濡れているし、画面の遥か奥の十字路では数人が傘をさしているように見えなくもないが、画面の手前でいかにもそれらしく雨傘を拡げているものなど一人としていないし、警官もまた降りやんだばかりの雨で湿ったレインコートをまとっており、娘を迎えに行くはずの元主人もまた傘など持ってはおらず、たったいま降りやんだばかりの雨の気配ばかりが、あたりの空気を湿らせているのである。フォードは、たとえば、いまにも雨が降り出しそうな『男の敵』（1935）の霧のたちこめた導入部を思いだしてみるまでもなく、こうした雨の気配で画面を湿らせてみせることもきわめて巧みな映画作家である。

だが、フォードは、ときには豪雨でフィルムそのものを大量の水で覆ってしまうこともまた得意としている監督でもある。大雨が描かれている作品をとりあえずあげてみるとするなら、ひとまず『誉の名手』と『大空の闘士』と『世界は動く』、それに『荒野の決闘』を加えて計四本ということになろうかと思う。

「樹木」の章で触れておいた『誉の名手』の場合は、こんにち見ることのできるフォード最古の西部劇であり、ハリー・ケリー演じるシャイアン・ハリーが、自分を雇い入れていた牧場主――やがて、彼を裏切ることになろうが――の子分と出会う酒場の外には、しのつく雨が降り注いでいる。まず、その外景がしめされ、そこに馬で到着するハリーは、顔を傾けるとカウボーイハットから水がどっとこぼれ落ちるほどの驟雨を気にすることもなく、馬どめの横棒に手綱をからめ、内部に入ってゆくと、大げさな身振りでまとっていたレインコートを脱ぐ。

次にそこにやってくるのは保安官だが、彼もまたレインコートを丁寧に脱いでみせ、しかるべき卓に腰を下ろして遥かにハリーを監視する。それについで、開拓民や牧場主たちが次々にやってくるのだが、それぞれが長いレインコートを脱ぎながら、賭博場のある二階へとのぼって行く。ここで豪雨が降らねばならぬ物語的な必然など何ひとつとして存在していないが、その酒場を訪れる人びとが、それぞれ丈の長いレインコートを脱ぐという仕草を演じることで、まだジョンとさえ呼ばれていないジャック・フォードはロケーション撮影とセット撮影とを矛盾なく一つに結びつけているのである。すでにサイレント時代から、フォードにおいて雨を避けるには、レインコートがあればそれで充分だったと結論すべきだろう。

ロッキー山脈をはるかに望む砂漠地帯の飛行場を舞台とした『大空の闘士』の場合は、初期の航空便の緊急配達にかかわるパイロットたちの活躍を描いた作品だが、すでに題名に先だち、「雨が降ろうが、雪が降ろうが、彼らはその使命に殉じる覚悟のあるものたちだ」という説明文がそえられている。その主なる舞台装置は、途方もなく大きなガラス窓のある管制塔なのだが、パイロットである夫との仲があまりよくないアイリーンを演じているリリアン・ボンドの自宅で、横顔が美しいこの女優が窓辺で戸外に視線を送っていると、ガラス窓をつたう多量の雨滴の反映によって、その頬や額や髪型がまだらに光ったり影になったりするという素晴らしいショットが見るものを驚かせる。

実際、この作品の撮影を担当したのが、ドイツ時代のムルナウのキャメラマンだったカール・フロイントだけのことはあると、誰もが思わず目を奪われる。こんな程度の作品——実際、これはいかなる意味でも傑作ではない——にこれほど繊細なショットが挿入されているとは、あまりに贅沢すぎると思わず口にしそうになるほど、それは素晴らしい光景なのだ。

　この雨を見つめるアイリーンの横顔は、また、『静かなる男』で自分との結婚を求めにきた正装のジョン・ウエインが、兄であるヴィクター・マクラグレンの同意をえられず、戸外に出てゆくと、腹を立てて持ってきた花束を放り投げてしまうのだがいつの間にか驟雨が降り始めている。その雨をついて自宅から遠ざかる彼の姿を見とどけようとするモーリン・オハラが、雫に濡れた二階のガラス窓の奥に見える美しいショットを思いださせてくれもする。

　ところで、『大空の闘士』に降る雨は、『静かなる男』のこの場面のそれとは比べものにならないほどの豪雨である。夫が出勤してから、戸外の激しい雨を感じとっているアイリーンのもとに、二人の男が訪ねてくる。一人は恋人気取りでさっとベッドに横たわってみせたりする新任のパイロットのパット・オブライエンであり、いま一人は事務連絡にやってきた飛行場主任のラルフ・ベラミーなのだが、大雨だというのに二人は傘など持ってはおらず、いずれもレインコート姿で彼女の家の玄関先に立つ。この二人は、何かにつけて対立しあっているようだが、いざという瞬間にはたがいに助け合い、砂漠の飛行場の重要性を世に知らしめてもいるのである。

　他方、その管制塔の大きなガラス窓の向こうにも記録的な大雨が降りしきっている。だが、もちろん航空便の業務を中断することなど許されるはずもないので、誰もがずぶ濡れになって仕事に励んでいる。整備士であるはずのスリム・サマーヴィルだけが大きな傘をさし、これといった仕事は何もせずにいるのだが、彼の持つ例外的な雨傘は、砂漠地帯を吹きぬける強風に加えてプロペラの回転による風圧で、呆気なく壊されてしまう（註4）。それが、フォードにおける雨傘の受けいれるべきごく当然の宿命なのである。雨の日には、男も女も、それにふさわしいレインコートをまとっていなければならない。

実際、『ドノバン珊瑚礁』のようにクリスマスを祝おうというこの作品でも、その日の夕方に降る雨は、やがて濃密な雪に変わるのだが、プレゼントを持って訪ねてくるラルフ・ベラミーの恋人ルース役のグロリア・スチュアートも、瀟洒なレインコートと帽子姿で顔を見せ、もちろん雨傘など持ってはいない。この作品はもちろん陽ざしの輝く好天の一日で終わるのだが、思いもかけぬ豪雨といえば、『大空の闘士』の2年後に撮られた『世界は動く』でも、大きなガラス窓の向こう側にいきなり降り始めるしの突く雨が人目を惹く。

これも雨傘とはいっさい無縁の状況だが、1825年のルイジアナで始まった物語がその子孫たちの物語に受けつがれ、マデリーン・キャロル演じる資産家の令嬢の名誉のために決闘して手に傷まで負ったフランチョット・トーンが、こんどはその90年後の1914年、おりから第一次世界大戦で混乱に陥ったヨーロッパでフランスの外人部隊に志願し、すでにドイツ人と婚約したマデリーン・キャロルと久方ぶりの思いがけない再会を祝いあう瞬間に降っている雨のすさまじさもまた、見る者を驚かせずにはおかない。もちろん、あたりに傘を携えたものなど一人としておらず、雨はひたすらガラス戸の向こうを激しく濡らしているばかりだ。それは、内部の部屋にいる軍服に鉄兜姿のフランチョット・トーンとレインコートをまとったマデリーン・キャロルの久方ぶりの親密な再会を謳歌しているかのような激しさにみえる。それに加えて、彼らに視線をはせる友人の顔やその背後の壁にも戸外の雨がしっかりと反映されているのだから、この作品の演出にはほとんど興味をいだいていなかったといわれているフォードは、この突然の豪雨を演出することで、製作者側に無駄な出費を強要していただけなのかも知れない。

もちろん、豪雨は、第二次世界大戦後の作品でも、いきなりあたりをおおう。ただし、それはあくまで局部的であり、例えば、『荒野の決闘』で激しい雨が降りそそぐのはその冒頭に限定されている。だが、その降り方はこれまた尋常一様なものではない。ヘンリー・フォンダが演じているワイアット・アープが弟たち——ワード・ボンドとティム・ホルト――をともなってトゥームストーンの町に出かけていた隙に、一人で留守番をしていた末の弟が殺されてしまい、なおかつ遥かに移動させてきた牛の大群までが奪われてしまったのである。この緊急事態にあたって重要なのは、その大雨が、「死」のテーマとアープ自身による「決断」の素早さというテーマとも深くむすびついているということなのだ。

大雨の中を野営地に戻って来た男たちはいずれも長いレインコートを羽織っているが、弟の惨殺と牛の群れの消失を知ったアープは、一瞬の躊躇もみせずにその足でトゥームストーンの町に引き返し、真夜中に町長の家を訪ね、その直前に依頼されながら断っていた保安官Marshalの職を、みずから進んで引き受けることにすると宣言する。そのとき、彼が町長の家の中でもレインコートを着たままでいることは、いうまでもない。もちろん、そう宣言する彼が、かつてダッジ・シティーでその職にあったことを知らぬものなど、髯をあたりに入った床屋をはじめとして、あたりには一人もいない。

アープはその足でホテルに向かう。すると、しの突く雨をついて、クラントン一家がそれぞれに濡れた長いレインコートをまとったままの姿で入ってくる。彼らは冒頭ですでに会っているので、保安官となったばかりのワイアット・アープの最初の仕事は、「クラントンさん、今晩は」と声をかけることにつきている。弟の惨殺と牛の盗みは彼らの仕業に違いあるまいとほぼ見当をつけているが、これという証拠は持ちあわせていないので、逮捕には踏み切れない。クラントンの一行もまた、さすがに身に覚えがあるだけに、極度に緊張した表情をしている。いつもなら善人役を演じることが多いウォルター・ブレナンが、ここでは狡猾かつ残忍な老クラントンを演じているのがいかにも興味深いのだが、あたかも宿敵と出会ったかのような緊張した彼のクローズアップの背後には、まだ閉めきられていないホテルのドアーを通して、激しい雨が地面を打ちつけている。

ここで重要なのは、『誉の名手』の場合のようにコートを脱ぐことなく、仇同士が対決しあうという点である。いずれもが、長い丈の濡れたレインコートをまとったままでいるからである。実際、その事実が視覚的にも緊張感を高めている。しかも、クラントン家の長男のグラント・ウィザースがホテルの鍵をさがしながら、ふと相手の名を口にしえずにいるので、振り向きざまに、「アープ、ワイアット・アープ」とフォンダはあえて緩やかな口調で答える。そして、「今日からこの町の保安官をやらせて貰う」といいそえるので、クラントン一味の顔に極度の緊張がはしるのは、いうまでもない。フォンダは、そう言いそえてから、あたかも「レインコートの優位」を誇示するかのように、一人夜の町に姿を消す。フォードにあっては、作中人物がレインコートをまとうと、何かが起こりそうな気配が漂うのである。

そこで、『静かなる男』でジョン・ウエインが初めてレインコートをまとって姿を見せたとき、いったい何が起こっていたかを思いだしてみる。この作品の導入部で、故郷に近い鉄道の駅で列車を降りた彼が胸にかかえていたあのレインコートが初めて着られる場面を思いだしてほしい。合衆国でボクシングの選手だった彼は、ある事故から受けた心の傷をいやすべく故郷のアイルランドにもどり、大きな袋を抱えながらのレインコート姿で、亡き母親が暮らしていた家に初めて足を踏みいれようとしている。あたりは湿った空気がたちこめているが、雨は降っていそうもない。だが、そのとき、何やら人の気配を察知し、彼はいくぶんか身がまえるかにみえる。実際、室内に足を踏みいれ、抱えていた荷物をどさりと床に置くと、煖炉には炎が赤々と燃えあがっている。奥の部屋の開かれた窓辺では風にあおられた白いカーテンが、何ものかの存在を示唆しているように揺れている。煖炉に火を熾《おこ》しておいたのはいうまでもなくモーリン・オハラなのだが、見られてはまずいと思ってか、彼女は奥まった部屋で息をひそめている。

これは誰かがいるぞと察しをつけたジョン・ウエインは、いきなり床から何かを拾いあげ——石炭のかたまりだろうか——、大声を上げてそれを窓に向かって投げつける。これは、のちに「身振りの雄弁　あるいはフォードと『投げる』こと」の章でも触れることになる典型的なフォード的な素振りなのだが、窓ガラスの割れる音とともに室内には大風が吹き込み、それに驚いたモーリン・オハラが思わずふり返ると、そこにあった鏡に映し出された自分自身の姿に脅えたかのように、大声をあげて飛び出してくる。ドアーに向かって逃がれようとする彼女の右手を握ったジョン・ウエインは、女のからだを力強く引き寄せ、割れた窓から吹きこむ強風をものともせずに、抱きかかえるようにして熱烈に抱擁する。

『静かなる男』より。
ジョン・ウエインとモーリン・オハラ

　これは、この作品のポスターにもなった名高いシーンである。男はハンチングをかぶったままのレインコート姿で、女は青のブラウスに赤いスカートを身につけ、エプロンの白さがあたりの薄暗さにきわだつという衣裳上の不均衡が、いかにも興味深いシーンでもあるといえるだろう。しばらく男の両腕に抱かれていた彼女は、いったん身を引き離すと、あなたにそんなことをする資格はないと語気つよく抗弁し、放された右手を思いきり振りまわし男に殴りかかろうとする。それを左手のジャブで軽くうけとめる男は、これまでの行動からして、俺がお前さんに惚れているのは承知の上だろうがと抗弁する。

　ようやくにしてかたちのうえで相互理解に達したかにみえる二人は、別れぎわに、モーリン・オハラが扉の前で改めて相手にキスするのだが、それから湿った戸外に走り出す彼女が、浅い川を渡り、丘をかけ上がり、滑りそうになったままの姿勢で草原をかけぬけるという湿った光景のロングショットもまた素晴らしい。だが、ここで見落としてはならぬのは、ジョン・ウエインが、まとっていたレインコートも脱がぬまま、無防備な普段着姿のモーリン・オハラを抱きよせていることである。そこには、ジョン・フォードにおける傘に対する「レインコートの優位」ともいうべきものが、まぎれもなく描かれているからである。

その後、まだ結婚式さえあげてもいないというのに、二人が深い熱烈な接吻を交わす場面が存在する。馬車の馭者のバリー・フィッツジェラルドを出しぬいて二人で自転車に乗り、誰にも見張られることなく遠出をする彼らは、崩れかかった教会の墓地のようなところで、いきなりの驟雨に襲われる。モーリン・オハラは不意の雷鳴の轟きにおののきはするが、もちろん傘など持ってはいない二人が逃げ込んで雨やどりしている廃墟の外の壁ぎわで、雨にうたれたまま深い深い接吻を交わす。ジョン・ウエインは、自分のスーツを脱いで彼女の肩をおおってやってのこの抱擁によって、雨をも怖れぬフォード的な存在へとみずからを導き入れることに成功するのである。

では、女性がレインコートをまとえばどうなるか。そう問われれば、すでに触れておいた『モガンボ』のエヴァ・ガードナー以外にも、『荒鷲の翼』でモーリン・オハラがまとっていた濃紺の濡れたままのレインコートがまた素晴らしい。階段を踏み外して転倒し、全身不随に陥った夫ジョン・ウエインが応急処置を受けたばかりの病室を訪れる彼女は、まだ濡れているレインコートを脱ごうとはしない。上半身が裸のままのジョン・ウエインはベッドに俯せに横たわり、その気配から妻が来ていることを知るのだが、窓の外には激しい雨が降っている。そこで、夫は妻に、もう別れるしかなかろうと切り出す。動けない自分が彼女の足手まといになることを怖れてのことであり、自分たちはすでに幸福な時間を持ったのだから、それで満足しておくべきだろうという。その言葉を涙ながらに聞いていた彼女は、黙って廊下を歩き始め、ネッカチーフで髪をおおうと、激しい雨の中を病院から出て行こうとする。もちろん、そのとき、レインコート姿のモーリン・オハラは、傘など持ってはいない。

反映

ここで、『静かなる男』のジョン・ウエインとモーリン・オハラとの抱擁場面について、さらに一つの事実を指摘しておくべきかもしれない。それは、彼女が、あたかも生涯で初めての体験だというかのように、鏡に映し出された自分自身の姿に大げさに驚いていることだ。

実際、ジョン・フォードと呼ばれる映画作家は、鏡という小道具の使用にきわめて慎重な監督なのである。事実、モーリン・オハラを驚かせたこの鏡は、その後、二度と描かれることがない。フォードの作品に建築学的な「不自然さ」ともいうべきものがあるとするなら、それは、誰の家にも、「鏡」というものがほとんど置かれていないということなのである。「大家族もの」とも分類されるだろう『四人の息子』にも、『わが谷は緑なりき』にも「鏡」はまったくといってよいほど姿を見せていない。どうやら、言葉の不在、傘の不在に続いて、鏡の不在について語るべきときが来ているようだ。

ひと言つけ加えておくと、『荒鷲の翼』で実在の人物であるフランク・W・ウィードを演じているジョン・ウエインが入院している病室には、モーリン・オハラの訪問時には気づかなかったが、部屋のかたすみに比較的大きな鏡が置かれている。勇気づけにやってくる同僚のダン・デイリーがウクレレを弾く姿がそこに映ったりするのだが、俯せの姿勢のまま動けないジョン・ウエインの顔の下に小さな鏡をあてがい、裸足の指先を見せてやったりするのだから、ここでの鏡はむしろこの病室にとって必需品なのだろう。

西部劇の酒場＝サルーンのカウンターの奥に鏡が据えられていてもおかしくはないはずなのに、それもまたキャメラの被写体となることがある時期まではほとんどなかったことを指摘しておく。無声時代の『アイアン・ホース』の酒場では、いきなり乱闘が起こりそうな気配が立ちこめると、それまでどこにあったのかさえ記憶にない大きな鏡が、バーテンダーたちによってカウンターの裏へと巧妙に隠されていたことを思い出しておきたい。ほぼそれと同じことが、それから15年後に撮られた『駅馬車』の最後にも描かれているからだ。ジョン・ウエイン演じるリンゴー・キッドの宿敵であるプラマー兄弟の長兄のルークを演じているのはトム・タイラーだが、彼がカード賭博をしているローズバーグの酒場は、駅馬車の出発点だったトントとくらべてみるとさすがに大きな町だけあって、内部の装飾も凝っており、ピアノ弾きもいるし、働いている男女の数も遥かに多い。

ここでは、例外的にバーのカウンターの背後には鏡が据えられており、そこにはあたりを埋めつくしている男女の影が反映しているが、それは誰とも識別できないその他大勢の人影でしかない。ところが、リンゴー・キッドがこの町にやってきたぞという知らせがルークの耳に達するや否や、事態を察知したバーテンダーたちによって鏡は壁からはずされ、カウンターの陰に隠されてしまうのであり、その点では『アイアン・ホース』の場合とまったく変わりがない。二つの作品をへだてている15年の歳月にもかかわらず、フォードにおける鏡は、人目から遠ざけられてしまうものとして描かれているという共通点が観察できるのである。

ただ、『騎兵隊』――これは「南北戦争」を題材としている戦争映画だから、純粋の「西部劇」とは呼べまいが、ほぼ同時代の風俗が描かれているので、ひとまずこれをその範疇に加えておく――から始まる晩年ともいうべき時期のカラーの「西部劇」は、モノクロームで撮られた『リバティ・バランスを射った男』をも含め、『シャイアン』のダッジ・シティーのエピソードにいたるまで、「鏡」に対するフォードの禁欲性がやや薄められているように思う。そのほとんどの作品の酒場のカウンターの背後には、それぞれのやり方で「鏡」が置かれているからだ。ただ、『騎兵隊』で野戦病院と化したホテルのバーのカウンターの背後に鏡は置かれてはいない。そこでの「鏡」はまったく思いがけないかたちで登場することになるのだが、それについてはのちに触れることとする。

　そこで、『馬上の二人』を想起してみるなら、それは酒場の場面から始まり、その店前の廊下に座ったまま、『荒野の決闘』のヘンリー・フォンダばりの恰好で足をのばし、保安官のジェームズ・スチュアートが午後のビールを楽しんでいる。だが、そこをとりしきっているアネル・ヘイズは勝ち気な女で、古い友人の騎兵隊の中尉であるリチャード・ウィドマークをともない二人が内部に入って行くと、夕方の5時以前には客は入れないと声を張り上げる。

　そのバーのカウンターの奥には斜めに掛けられた「鏡」が据えられているが、そこに登場する主要人物たちの表情がはっきりと映ることはまずない。にもかかわらずここで重要な役をはたすことになる「鏡」については、後に詳しく触れることとして、ウィドマークが旧友を訪ねて来た理由は、コマンチ族の酋長と顔見知りのジェームズ・スチュアートの手助けによって、囚われている白人たちを解放させるという相談である。彼はいったん断りはするが、提示された礼金の多額さに興味を示し、同行に同意することになる。では、『リバティ・バランスを射った男』での場合はどうかといえば、そこでの複数の酒場にもそれぞれ「鏡」は備わっているが、酔ったジョン・ウエインが大暴れをする場面では、キャメラはカウンターの側に位置しているので、彼の姿が鏡に映ることはまったくない。

　では、『シャイアン』のダッジ・シティーのエピソードはどうかといえば、さすがに名高い都市だけあって、そこに描かれている酒場も大きくて立派なもので、プランタジネットなどという旧英国王朝風の名前——もとはといえば、フランス系の名前なのだが——を持った真っ赤なドレスの女性のエリザベス・アーレンが派手にとりしきっている。とはいえ、彼女はこの酒場に雇われているのではなく、蜂起したインディアンを避ける途中でたまたま立ち寄っただけという女である。

奥のテーブルでワイアット・アープ役のジェームズ・スチュアートとドク・ホリデー役のアーサー・ケネディーと、『駅馬車』から抜けだしてきたような賭博師のジョン・キャラダインとがポーカーを楽しんでいる光景——時期的にいうなら、それは『荒野の決闘』より以前の挿話ということになろうが、そんなことはどうでもよろしいというかのように、フォードはこの場面を磊落に演出している——が一度だけ鏡に映る小さな人影として描かれているが、その後、彼らの反映が鏡の表面に捉えられることはない。

アープが撃ち倒したいかがわしい男の足から銃弾を抜くという作業をカウンターの上で行うことになる——ドク・ホリデーは俺は歯科医だからそれはできないという——ので、プランタジネットはドレス姿でカウンターをあっさりとまたぎ越えてみせ、いらい、キャメラは一貫してカウンターの側に据えられたままなので、大胆に弾抜きをするジェームズ・スチュアートの人影が鏡に映る光景は皆無である。

実際、演出家としてのフォードは、女たちが化粧したり、男たちが髯をそったりするいわゆる洗面所にキャメラを向けることがほとんどないことを、改めてくりかえしておく。このことは、ここで改めて強調しておかねばなるまいと思うからである。『荒野の決闘』でヘンリー・フォンダの一行が髯をそらせるべく訪れたトゥームストーンの理髪店の場合でも、酔っ払ったインディアンの拳銃の乱射によって、店の内部のいたるところに銃弾が炸裂するにもかかわらず、散髪者の座る椅子の前に存在しているはずの大きな鏡だけは、キャメラに映っていない。床屋は、すべてが終わってから、客に小さな手鏡をかざしてみせるだけなのだ。もっとも、『若き日のリンカン』のヘンリー・フォンダは舞踏会に招かれ、ブーツにたっぷりと墨をぬりつけてから鏡の前に座り、小さな鏡をあてでうしろ髪を整えていたりするのだが、その鏡が自宅のどこにあるのかはまったくわからないのである。また、例外的に「風呂場」が描かれている『捜索者』の場合も、そこに鏡はない。では、「鏡」はいかにしてフォード作品に登場し、しかるべき物語的な役割を演じることになるのか。

『三悪人』の若いジョージ・オブライエンが三悪人どもに見こまれ、若い娘のオリーヴ・ボーデンにふさわしい婿役に選ばれ、顔を綺麗にあたっておけといわれて、幌馬車の幌にさしかけた小さな鏡を前にして髯をそる場面がないわけではない。だが、ここで指摘しておくべきは、二人がじつはかつて出会ったことのある仲であり、鏡をもたないオリーヴ・ボーデンに自分が吹いていたハーモニカをかざして、その艶のある楽器の表面を鏡代わりにして顔の汚れを綺麗に拭いてやった仲だったことである。手元に鏡がなければ、ハーモニカだってその役をはたせるものだとフォードはいっているかのようだ。

にもかかわらず、フォード的な男性たちの場合、自分の顔を反映するオブジェの前に位置どることがないではない。だが、それは、ほとんどの場合、ガラスで覆われた額でしかない。そのもっとも有名な場面は『荒野の決闘』で、医師として親しい女性チワワの命を救うこともできなかった自分自身に絶望したばかりか、はるばる東部からやってきたクレメンタインをそれにふさわしくもてなすことができないので、ホテルの自室のテーブルの前に掛けられた医師たることの証明書に映った自分を否定するかのように、ドク・ホリデー役のヴィクター・マチュアは、グラスを投げつけて額をおおっていたガラスを粉々に破壊してしまう。しかも、この作品がほとんど最後のフォード作品への出演となったJ・ファレル・マクドナルドがバーテンダーを務めるカウンターの背後には、大きな鏡などまったく置かれていない。

もっとも、自分の姿が反映している額のガラスがきまって悲劇的な結末を予言しているとは限らない。たとえば『プリースト判事』の場合、亡き妻と子供たちの肖像画の前に立つ判事のウィル・ロジャースは、その表面に反映している自分自身の姿をじっと見つめてから、庭の片隅の大きな木に覆われた妻の墓に向かって座り、彼女への追悼の言葉を述べるのである。また、『シャイアン』で内務長官を演じるエドワード・G・ロビンソンは、その執務室に飾ってある大きなガラス入りのリンカーン大統領の肖像画にみずからのほぼ全身を映し、きみならどうするとつぶやいてから、シャイアン族との平和協定に署名すべく現地におもむくぞと心を固める。

ところで、同じエドワード・G・ロビンソンが、それよりもほとんど30年前に主演した『俺は善人だ』（1935）で、鏡のようなものに映った自分自身の顔に驚いていたことを書き記しておく。これは、彼が一人二役を演じているので、「鏡」のテーマが強調されても不思議はないが、後半部分では、異なる人物を演じるエドワード・G・ロビンソンが同じ画面に合成されているほどなのだが、「鏡」そのものはほとんど描かれてはおらず、彼の自宅のドアーのかたわらには、小さな長方形の鏡がかけられているが、そこに顔が映る瞬間はない。では、ここではいったい何が描かれているのか。しがないサラリーマンの彼の顔が、たまたま凶悪な脱獄犯にそっくりであったことから、警察に拘束されて尋問を受けざるをえない。仲間の証言によってようやく人違いだと判定されて、この人物は脱獄した凶悪犯ではないという「証明書」を警察から交付されることになる。だが、そのことを知った凶悪犯は、子分を連れて彼の家に押し入り、お前は昼間にその「証明書」を持参して勤めに出ろ、そして夜にはそれを俺に渡せ。それを使って思い通りの強盗を働くからと持ちかけられ、一応会社には出勤するのだが、心穏やかに仕事をすることなどできるはずもない。

彼が職場で何やら複雑な事務用品の前に立つと、そのセルロイド製のカヴァーに自分の顔が映し出されるのだが、それは鏡ではないので縦横に歪みきった自分の顔が映し出されたりするので困惑し、途方に暮れるしかない。これなど、フォードにおける「鏡」のテーマの否定とも受けとめることが可能な細部として、きわめて興味深い事態の展開が期待されるのである。なお、彼は同僚のきわめて気っ風のよい女性であるジーン・アーサーと親しくつきあっており、彼女は気をきかせたつもりで、新聞記者たちにあたかも凶悪犯の情婦であるかのように振る舞ってみせたりするので、事態は混乱をきわめるばかりなのである。

なお、事態はサラリーマンと親分とを誤認して、子分どもが親分を射殺することで終わりを迎えるのだが、一人二役という状況にありながら、しかも後半部分には同じ画面に二人が共存するという「鏡」的な状況が何度も描かれておりながら、「鏡」のテーマそのものが誇大視されていないことは、フォードにあってはきわめて意義深いことだといえるかと思う。

では、女性と「鏡」というテーマはどうか。いうまでもなく、女たちが鏡を見るシーンが皆無だというわけではない。では、彼女たちは、いったいどのような状況で、いかにして鏡に目を注ぐのか、あるいはそこにおのれの反映を目にしようとするのか。すでに予想されることだとはいえ、鏡の前に座って女性が化粧をするといった光景は、フォードにあってはきわめて例外的である。おそらく、鏡に向かって時間をかけて化粧をするといった女性は、『四人の復讐』（１９３８）の大資産家の令嬢であるロレッタ・ヤング一人しかいまい。リチャード・グリーンとホテルで会う約束をしている彼女は、鏡の前で入念に化粧をする。だが、女性が鏡に向かいあうという状況はフォードにあってこれはあくまでも例外にほかならず、この作品につきている光景だといっても過言ではない。

もちろん、『世界は動く』の後半で、ついに結婚することになったマデリーン・キャロルとフランチョット・トーンとは華麗な寝室のダブルベッドで初夜を迎えることになるのだが、その背後には長い姿見が据えられており、瀟洒なナイトガウンをまとった彼女の魅力あふれるその立ち姿がそこに映ったりする瞬間がないではない。だが、その前で化粧をすることもなく、ダブルベッドの上にいる絹のパジャマ姿の夫にしなだれかかるように近づいてきて、あれこれ会話をかわしてから二人は熱い抱擁をかわすのみである（註５）。

そもそも、鏡そのものは、フォード的な小道具としてはきわめて稀にしか画面に映っていない。きわめて逆説的ながら、それを前にして堂々と自分の容貌を確かめるのは、男性の方が多いのである。多いといってもそれは相対的にといった程度にすぎず、フォードの作品の中では二度ほどそうした光景が見られる。そのうちの一つは、『荒野の決闘』の教会の棟上げ式の日の朝、ヘンリー・フォンダが理髪店に行く場面だ。トゥームストーンについた最初の晩に彼が口にした最初の台詞が「理髪店」だったことは誰もが記憶していようが、この日の彼は、心惹かれるクレメンタインのために、彼は自分の容貌を、理髪師のさしだす鏡で細心の注意をこめて確かめているのである。

だが、男がこれみよがしに「鏡」の上に反映する自分の容貌を仔細に眺めていたのは、これが初めてではない。『上流に向って』（1927）のブラシンガム役のアール・フォックスは、自分がハムレット役に抜擢されてロンドンの劇場の舞台にたてることに興奮し、うすよごれた下宿の鏡をおおっている埃を腕でふき取り、そこに反映しているみずからの顔を何度もくり返し眺めているのである。これは、やがてみずからの成功に酔い、知人たちに見下げた振る舞いにおよぶちゃちな利己主義者ならではの振る舞いであり、フォードにあっては例外的なケースだといってよい。

しかし、鏡が壁に据えられている装置にフォードが例外的にキャメラを向けている作品があることを指摘しておかねばなるまい。『荒鷲の翼』のモーリン・オハラは夫と離婚したわけではないが、サンフランシスコのゴールデン・ゲイト・ブリッジを望む瀟洒な家にひとりで暮らしている。娘たちは、いずれも大学に通っているから、いわば未亡人のような生活ぶりなのである。

他方、ジョン・ウエインの方は、両手にステッキを握れば何とか歩けるほどに回復し、書物を書いたり、映画作家に題材を提供したりして暮らしており、フォードその人を演じるワード・ボンド（註6）と会ったりしているのだが、彼が思いきってサンフランシスコを訪ねる場面が存在する。そのとき、ノックに気づいてドアを開けようとする彼女は、長細い鏡の前を通り過ぎ、扉の背後に夫の姿を発見する。この例外的な「鏡」の効果には、思わずはっとするものがあると指摘しておく。

そこで、比較的後期の二つの作品について触れながら、女はいかにして「鏡」を見るかについて語ることで、この節を締め括ることにしたいと思う。まず、『三悪人』の導入部で、ジョージ・オブライエンがオリーヴ・ボーデンの顔の汚れをハーモニカに映してとってやる場面がそうであるように、西部劇では、女であろうと手元に鏡が存在しないという状況がしばしば存在している。とりわけ、彼女はアイルランドからの入植者であり、帆船で合衆国にたどりついたばかりなので、そうした状況に陥っても不思議ではない。

ここでのハーモニカのように、フォードの女性たちは、しばしば鏡以外のものの表面に、みずからの容貌を映している。例えば、『俠骨カービー』の賭博師を演じるジョン・ギルバートは、悪しき賭博師を退治して豪華な前庭で愛する女性を待っているのだが、花壇の丸い水瓶の表面に映る令嬢ジーン・アーサーの表情を認めて大団円となる。あるいは、『タバコ・ロード』のジーン・ティアニーなど、弟が運転する高級車の車体の艶やかな表面に自分の顔を映してみて、みずからの美貌を確認したりしている。

では、後期の作品といってよい『騎兵隊』でコンスタンス・タワーズが演じているハンナの場合はどうか。南部の豪邸に暮らしている彼女は、いわばスパイ容疑で北軍に拉致されたかたちになっているので、召使いがつきそっているとはいえ、日用品などなにひとつ持ってはいない。はじめは反抗的で、逃亡すら試みようとするが、やがて進んで負傷者の看護をするようになるので、着ているものも汚れていく一方だし、疲労困憊の様相を呈するにいたる。

すると、ある夜、北軍兵士を演じている老優フート・ギブソン（註7）が、どこかで拾ったものだろう割れた鏡をコンスタンス・タワーズにさしだして慰めようとする。彼女は、感慨深げにその不自然なかたちの鏡を手にする。割れた鏡に反映した彼女の顔はほんの一瞬しか見えないのだが、この「鏡」のかけらを見落としていたのでは、フォードを見たことにならない。それは、フォードのサイレント時代の西部劇を何本か見てから

『騎兵隊』を見直したとき、ああ、この監督は、ここでもまた、サイレント時代と同じことをやっていると断定したからである。

もっとも、「断定」という言葉が適切かどうか、それはいまのわたくしには断言できない。『三悪人』における悪人どもの一人が、疲弊しきったオリーヴ・ボーデンを慰めようとして、小さな鏡のかけらを彼女に手渡していた場面があったように記憶していたからである。ところが、この『ジョン・フォード論』を書くにあたって『三悪人』をＤＶＤで何度見なおしてみても、そんな場面などどこにも存在していない。冒頭のハーモニカの場面を、それととり違えていたとも思えない。すると、どうやら、わたくしには、映画の細部にまつわる記憶を捏造してしまうという悪癖が備わっているとしか思えないのである。

その悪しき記憶の捏造のありかたを確かめる意味で、最後に『馬上の二人』のラストシーンについて触れておくことにする。この作品は、あたかもその始まりを模倣するかのように終わろうとしている。だが、騎兵隊に護衛されたジェームズ・スチュアートが、インディアンから奪回することに成功したメキシコ女性のエレナを演じているリンダ・クリスタルをともなって帰郷すると、そこには自分そっくりの保安官が酒場前の回廊で午後のビールを楽しんでいる。彼の助手だった男が、留守中に正式に保安官に選ばれてしまっていたのである。しかも、その若い新保安官に衣裳を提供したのはどうやら女将のベルだったようなので、旧保安官は釈然としない。

ところで、エレナは、インディアンの集落から救出されて戻ってきたグラント砦でも、将校の奥方たちから不快な問いを何度となく聞かされていたのだが、その話はすでにここにも通じており、女将のベルが彼女の嫌がりそうな言葉を涼しい顔で口にする。それを耳にした彼女は、故郷に帰ることを諦め、カリフォルニア行きの駅馬車に無言で飛び乗る。そして涙を拭こうとしてバッグを開けて小さな手鏡をかざすと、そこには助手席に乗ったジェームズ・スチュアートが銃を片手に微笑んでいる。これまで禁欲してきた「鏡」をここで使ってみせるフォードのとらえがたい心意気のようなものを感じとって、思わず涙がこぼれる。

だが、話はそこで終わらない。それを見た瞬間、わたくしは、ああ、ここでのフォードは、『駅馬車』を反復しているなと心の底で呟いたりしたからだ。その作品で騎兵隊の隊長として勤務している夫のもとを訪れようとしていたルーシー・マローリー夫人（ルイーズ・プラット）が、次の宿駅までつきそってくれる小隊の中尉（ティム・ホルト）の位置を確かめようと、バッグの中から小さな鏡をとり出してひそかにその人影を眺めようとしていた場面を確かに見たという記憶があったからである。それは、到底忘れることなどできない鮮明なショットだった。

ところが、『駅馬車』の複数の異なるＤＶＤを目を凝らして何度見直してみてもそんな光景などまったく見あたらず、ルイーズ・ブラッドが、駅馬車の窓から、護衛を終えて馬上で振り返る合衆国騎兵隊大尉のティム・ホルトに向けて白いハンカチーフをそっと振ってみせるというごく短いショットがあるばかりだった。『荒野の決闘』とは異なり、『駅馬車』には異なるヴァージョンなど存在していないはずだから、これもまた、わたくしが囚われている悪しき記憶の捏造癖以外の何ものでもなかったようだ。どうやら、それは、『アパッチ砦』のシャーリー・テンプルが、会ったばかりの合衆国騎兵隊大尉のジョン・エイガーが護衛してくれている馬上の姿を、かたわらの父親であり新任の司令官でもあるヘンリー・フォンダには覚られぬよう、駅馬車の窓から、手鏡でそっと確かめるシーンとの混同であることはほぼ間違いない。

だが、はたしてそれは、捏造された「悪しき記憶」でしかないのだろうか。わたくし自身が、無意識の領域で、それを生娘のシャーリー・テンプルよりも人妻のルイーズ・ブラットの方に遥かにふさわしい身振りだと信じてしまっていたとするなら、そうせよと使嗾《しそう》しているのがフォード自身の無意識ではないと、誰が断言しうるというのか。

Ⅲ　歌が歌われ、踊りが踊られる

《Shall We Gather at the River》に導かれて

１９７３年9月5日、カルヴァー・シティーの聖十字架墓地でのフォードの埋葬の儀式には、当然のことながら、生前に彼と親しかった多くの関係者が参列していた。そのかたすみで、やがて浩瀚なフォード論を発表することになる一人の映画評論家が、たまたま近くにいたダニー・ボゼージに向かって、埋葬の時が来たらフォードが好んでいた「まもなくかなたの」《Shall We Gather at the River》の数節を演奏してみるつもりかと訊ねてみた。すると、撮影中にはいくどとなくその曲をアコーデオンで演奏してキャストやスタッフの心をなごませていたはずのダニーは、その映画評論家の手を固く握りしめて、涙目になって、「それだけはできん」と答えたという。

そう書いているのは、ジョゼフ・マックブライドだが（註８）、実際、フォードの作品では、賛美歌ともいえるその曲がいたるところで繰り返し何度も流れている。例えば、『駅馬車』では、街を追われる酒場女のクレア・トレヴァーに腕を貸す医師のトーマス・ミッチェルが足並みをそろえて酒場へと向かう瞬間にややコミカルな調子で演奏されていたが、その曲は全部で七本ほどのフォードの作品に流れている。その中でももっとも有名なものは、おそらく『荒野の決闘』で教会の棟上げ式のダンス会場へと向かうヘンリー・フォンダとキャシー・ダウンズの足並みにあわせたメロディーとして奏でられていた場合かもしれない。だが、ここでは、あえてその曲が聞こえる作品を詳細に列挙することはせずにおき、その曲が最初に主要な作中人物によって歌われたのは『タバコ・ロード』だと指摘しておくことから始めたい。

　極度に信仰深くはあるが男好きでもあるシスター・ベッシーを演じているマージョリー・ランボーが、農家レスター家の長男坊役のウィリアム・トレイシーを拉致して町へと遁走して市役所に出向き、わたしたちは結婚したのだから、婚姻届を提出したいと告げる。ところが、まったく字も書けず、態度も曖昧な二人の様子に疑念を抱き、婚姻を認めないと事務員は宣言する。それを機に騒ぎとなり、それを聞きつけた市長役のチャールズ・ハルトンが道路を無言で横切って姿を見せ、市役所の二人がいる窓口カウンターに落ちつくなり、では《Shall We Gather at the River》を歌えと宣言したものだから、二人は喜びいさんで歌い始め、その途中で、シスター・ベッシーは事務員が記入した婚姻届にサイン――ペンに触れただけで――してしまう。他方、歌声を聞きつけた市民がオフィスにおしかけ、最後には見知らぬ者たちの合唱でその賛美歌がめでたく歌い終えられることになるという、けたたましくも狂騒的な場面がそれにあたる。

　だが、その曲は、作品の終わり近く、銀行の頭取の息子で医者のダナ・アンドリュースが、老人ホームを目ざそうとしていた主人公のチャーリー・グレープウィンとその妻エリザベス・パターソンを車に乗せたまま移動する長い無言のシーンの背景に、過度の抒情には行きつくことのない穏やかなメロディーとして《Shall We Gather at the River》が流れ、ものいわぬ夫妻の孤立したクローズアップをそれ以前には見られなかった生々しさで浮きあがらせてみせる。ときおり挿入される戸外の風景も申し分なく、すでに「声の不在」の節で触れておいた無言の行進にも匹敵すべきこの自動車の走行シーンは、まったくもって素晴らしいと感嘆せざるをえない。ハンドルを握る医師はいうまでもなく、同乗の二人もたえず外気に顔をさらしており――かりに、ステージのセットで撮られた光景であろうと――それが彼らの諦めの思いをきわだたせているからだ。おりから夕暮れで、あたりの明るさはショットごとに薄れて行く。

ここで見る者は、なぜダナ・アンドリュースが無蓋の車を運転していたのか、その理由を素直に納得する。確かに二人は自動車で運ばれてはいるが、あたかもみずからの消滅の瞬間をあらかじめ受け入れようとするかのように、無防備きわまりない。それでいて、画面の連鎖は、二人の心の乱れなど無視するかのように、無言の運動そのものへとみずからを変容させている。そこではすべてがショットに還元され、その持続と連鎖だけが画面をおおいつくしており、そのさまは、第一章の「馬など」で指摘しておいたあの「穏やかな厳密さ」、あるいは「厳密な穏やかさ」が、連鎖するショットを映画へ、映画へと誘っている。だから、見ている者は、ああ、こんなところにいきなり映画が露呈されているのかと嘆息するしかない。そして、背後に流れている《Shall We Gather at the River》のメロディーを、これしかない音響として受け入れる。

おそらく、これは、フォードの演出がもっとも冴えわたり、もっとも充実しきった瞬間の一つであるとさえ断言したい（註9）。その後、ダナ・アンドリュースの好意で、二人は思いもかけず苦いハッピーエンドを体験するのだが、それについては触れずにおく。ここで重要なのは、あくまでそこへといたる無蓋車の走行と、夫とその妻の二人の無言の表情と、夕闇に暗さを増す戸外の風景の連鎖につきているからである。

『三人の名付親』でも、《Shall We Gather at the River》は、二度歌われている。まず、三人に赤子を託して他界したミルドレッド・ナットウィックを埋葬するシーンで、ハリー・ケリー・ジュニアがそれを歌っている。また、最後には、監獄へと送還されるジョン・ウエインの列車を見送る全員が、誰いうとなくその曲を合唱することになり、ワード・ボンドがその声をテノールで響かせている。

さらには、『幌馬車』の最後にも響いていたこの賛美歌は、『捜索者』のドロシー・ジョーダン一家の埋葬のシーンでも歌われることになる。おそらくその曲は、描かれている場面にもっともふさわしいものだろう。だが、その光景はロングショットで撮られており、誰がどのように歌っているかは判別しがたい。そして、遺作となった『荒野の女たち』では、匪賊を避けて辺境の宗教施設から、フロラ・ロブソンに率いられた多くの中国人たちが逃れてきて、マーガレット・レイトンの施設に身を落ちつけたとき、新たに仲間となった中国人の少年少女の先頭に立った若いスー・リオンが、《Shall We Gather at the River》を歌いながら大きな樹木のまわりをうねるように練り歩いている。ああ、中国の辺境にもこの曲を着実に響かせているのだなと思い、見ているものはひたすらとり乱すしかなかったのだが、その歌声は、ほどなく、コレラの発生を告げるアン・バンクロフトの叩く銅鑼の音にかき消されてしまう。

いま見たことからも想像がつくように、ジョン・フォードの作品にあっては、いたるところで、あらゆる機会に、少なからぬ数の男女が、ひとりで、あるいは集団で歌を口ずさんでいる。さらにいうなら、彼ら、彼女らは、孤独に、あるいは群れをなしてダンスを踊ったりもすることになるだろう。この映画作家にあっては、人間というものが、リズミカルな足さばきを披露したり、その声があたりに響かせる妙なる旋律で何ごとかを伝えようとする動物であることは、誰の目にも明らかなフィルム的現実にほかならない。

実際、多くの研究者や批評家たちがそのことを指摘しており、「歌うこと」と「踊ること」についての言及は、いまではフォードをめぐる評論の「紋切り型」の一つとなっているとさえいえようかと思う。たとえば、キャサリン・カリナックの『西部はどのように歌われたか――ジョン・フォードの西部劇における音楽』などという書物さえ刊行されているほどなのである（註10）。

それ故、ここでは、「そして人間」の章のこれに先だつ「『不自然さ』に導かれて」や「雨と鏡」の節とはいささか異なるアプローチが要求される。つまり、列挙による希少性や意外性の確認という視点からではなく、フォードがしばしばキャメラを向ける歌と踊りの中で、唯一にして最高の歌はどれか、さらには唯一にして最高の踊りはいったいどの作品に描かれているのかが問われることになるだろう。だが、はたして、そんなことは可能なのだろうか。それがまったく不可能でもなかろうと思わせてしまうあたりに、フォードの磊落《らいらく》性が露呈されているように思う。

だが、批評家たちは、その磊落性を、さまざまな分析や説明によって遠ざけようとする。例えば、これまで何度も引用したことのあるタグ・ギャラガーの『ジョン・フォード——人とその作品』の『幌馬車』をめぐる節には、次のような文章が読める。「歌うことは、例えばジョン・フォードの作品では、結婚式や葬式のようなごく普通の集団的な儀式における重要さ以外に、しばしば、ひとりの個人にとって可能な、これ以上ないほど内密なかたちでの社会への加担の象徴である」(265頁)。そう指摘してから、ギャラガーは、『わが谷は緑なりき』、『メアリー・オブ・スコットランド』、『静かなる男』などにおけるしかるべき集団への帰属行為と歌うこととの関係を指摘しているのだが、さらに『幌馬車』をめぐって、彼はこうも語り始めている。「『幌馬車』におけるトラヴィスとサンディーとは、モルモン教徒たちのガイドになろうと決断するにあたって歌を歌うことに助けを求めているのだが、それは少なくとも、その形式性において、モルモン教徒たちへのコミットメントと、『主の御心』への盲従を示唆している。この作品を通しての音楽との関係においてなら、歌うことは神話的な冒険性をも示唆しているが、それよりも重要なものとして、二人の友情を示唆してもいることである」(同前)。

本当だろうか？　ここで「二人」と呼ばれているのは、トラヴィス役のベン・ジョンソンとサンディー役のハリー・ケリー・ジュニアなのだが、彼らの「友情」というなら、この歌を歌うより遥か以前から、誰の目にもすでに明らかだったはずではないか。そもそも、ここで「歌」と呼ばれているのは、歌手でもないふたりが、この作品の主題歌でもあり、サンズ・オブ・ザ・パイオニアーズによるレコードにもなった名高い「幌馬車の歌」の冒頭の数行ほどを、あたかも台詞のように軽く口ずさむというようにすぎない。はたしてそれを「歌」と呼べるのかさえ疑わしいほどの、メロディーのついた言葉のやりとりといった程度のものにすぎない。

『幌馬車』の音楽監督は『駅馬車』のリチャード・ヘイグマンだが、作中で歌われている四つの歌曲を作詞作曲したのは、いずれもスタン・ジョーンズである。その後の『捜索者』の場合も、マックス・スタイナーが音楽監督としてクレジットされているが、その主題歌の作詞と作曲はスタン・ジョーンズによるものだったので、『幌馬車』もほぼそれと同じケースと考えておけばよろしい。『幌馬車』の場合は、監督のフォードがスタン・ジョーンズによる主題歌の歌詞をあらかじめ聞き知っており、ここでその冒頭部分を二人の若い役者に口ずさませたのではなかろうかと思う。なお、スタン・ジョーンズ自身は役者でもあり、『幌馬車』の直後に撮られたフォードの『リオ・グランデの砦』では軍曹を、また『騎兵隊』ではグラント将軍役を演じてもいるのだが、「歌」について語ろうとするギャラガーは、それについてはまったく触れていない。

だが、ここで改めていうまでもなく、二人のごく短くて軽い歌のやり取りは、「モルモン教徒たちへのコミットメントと、『主の御心』への盲従を示唆」する以前に、なによりもまず、彼らにとっての生活がかかっているきわめて重要な「商取引」の成立を意味していたはずではないか。ふたりが丹精こめて育てあげ、遥かこの近くの町まで移動させてきた馬の群れを、モルモン教集団の指導者であるワード・ボンドが一頭50ドルなら引き取るといっていたことを思いだし、牧場を思わせる長い木製の柵に腰を下ろして西を目ざす彼らの幌馬車隊を見送っていたハリー・ケリー・ジュニアが、お気に入りのラッセル・シンプソンの娘のカスリーン・オマリーに帽子を脱いで何度も挨拶を送っている。

だが、それにしても一頭50ドルなら悪い取引ではないだろうにと彼は口にする。しかし、連中と行動をともにするのは厄介なことだぞとベン・ジョンソンが応じる。それに対して、ハリー・ケリー・ジュニアが、ごく自然なかたちで主題歌の冒頭の歌詞を口ずさむ。それに応えるようにベン・ジョンソンがその続きを口にすると、ふたりはいきなり柵から離れて飛び乗った馬を疾駆させ、ベン・ジョンソンは幌馬車隊の先頭で指揮をとっていた隊長のワード・ボンドのもとにかけつけ、馬上での固い握手によって商取引を成立させてしまう。他方、ハリー・ケリー・ジュニアは、彼らに売りさばく馬を連れに町まで全速力でもどるのである。ふと口ずさまれる歌が、この二人の馬での爽快な疾走を導きだしているのは誰の目にも明らかであり、その「運動」が商談の成立を導きだしているのはいうまでもなかろう。

とはいえ、わたくしは、ここで、『ジョン・フォード――人とその作品』の著者の誤り、というより説明の不充分さと奇妙な偏りとを指摘したいのではない。彼の分析と説明とは、画面にいま見えており、いま聞こえているものを語ろうとせず、物語の論理的な帰結の側から、いま見ている画面を逆に説明しようとしているのである。つまり、この書物の著者は、この作品の物語を最後まで知悉したうえで、「モルモン教徒たちへのコミットメントと、『主の御心』への盲従を示唆している」と書いているとしか思えない。だが、そうすることで、まさに「歌」が誘発するふたりの馬での疾走という華麗なアクション＝「運動」感覚には触れずにすましてしまうことにほかならない。

この研究者＝批評家は、「歌うこと」について、『ドノバン珊瑚礁』をめぐる節でも、さらに不可解な言動を示している。「歌うこと」は「ひとりの個人にとって可能な、これ以上ないほど内密なかたちでの社会への加担の象徴である」と書いておきながら、ジョン・ウエイン扮するドノバンが経営している酒場でのクリスマスの当日の午後に、三人の豪州兵たち――時期が時期だけに、ときに「英国兵」と呼ばれたりもする――と元合衆国海軍兵士であるジョン・ウエインとリー・マーヴィンの二対三の殴り合いが演じられることになるとき、それに先だち、豪州兵を演じているディック・フォーラン、スタンリー・クレーマー監督の『渚にて』ですっかり世界的に有名になった「ワルチング・マチルダ」《Waltzing Mathilda》をみずからグランド・ピアノの鍵盤に手をそえて歌い始めるのである。ところが、二対三では不公平だというので、ディック・フォーランがその弟を呼び寄せ、お前がアメリカ兵になれといわれた瞬間、その弟が兄に鉄拳をくらわせるので、投げとばされたディック・フォーランはピアノの下敷きとなってしまう。しかも、そこにリー・マーヴィンに投げとばされたジョン・ウエインが倒れこむので、ディック・フォーランはまったく動けなくなってしまう。ここでも、「歌」が「運動」＝アクションを誘発しているのはいうまでもなかろう。

そもそも、ディック・フォーランはアメリカ国籍の役者だし、オーストラリア訛りもなく、役の上で豪州兵にふさわしくあろうとして、オーストラリアの第二の国歌ともいうべき「ワルチング・マチルダ」を弾き語りすることで、ひとまず「ひとりの個人にとって可能な、これ以上ないほど内密なかたちでの社会への加担」を演じているといえないこともなかろう。だが、その結果は、見られる通り惨憺たるもので、歌とピアノによる彼の「社会への加担」なるものは、もっぱら爆笑の対象となるしかないのである。

たとえば、『最敬礼』の軍人一家に育った次男のポール（ウィリアム・ジェイニー）は海軍兵学校に入学し、兄である陸軍士官学校生ジョン（ジョージ・オブライエン）の恋人となるナンシー（ヘレン・チャンドラー）の家の窓辺で、彼女のピアノによって、海軍にふさわしく「錨を上げて」《Anchors Aweigh》の歌詞をならっているとき、庭の木材の柵の向こうにたむろした仲間たちがそれに和して合唱する場面など、「ひとりの個人にとって可能な、これ以上ないほど内密なかたちでの社会への加担の象徴である」という定義がまるで戯画のように証明されていることになるのだが、そこに深い意味がこめられているとはとても思えない。

もちろん、女優たちが歌う場面で素晴らしいものは、いやというほど存在している。たとえば、『モガンボ』のエヴァ・ガードナーが白いデコルテのドレスに身をつつんで、真っ白なハンカチーフを手にして「故郷の空」《Comin' Thro' The Rye》を歌うとき、不意に二人して遠ざかっていったクラーク・ゲーブルとグレース・ケリーの親しげなそぶりに不審のまなざしを向けはするものの、すぐに思い直して最後まで歌いきってみせるのは、さすがというほかはない。

また、何かといえば歌を口ずさむ黒人家政婦のハッティー・マクダニエルの存在によって『プリースト判事』という作品はほとんどミュージカルのような印象を与えさえする。さらには、雨の漏れる教会で雨傘をさしながら「きよしこの夜」《Silent Night》を歌う『ドノバン珊瑚礁』のドロシー・ラムーアの真剣な滑稽さも忘れがたい。要するに、ここでわたくしが指摘しておきたいのは、フォードにおける「歌」にはさまざまな異なるニュアンスがこめられており、ギャラガーがいうその「社会」性へのコミットメントという側面はそのひとつにすぎず、そればかりを誇張することなどとてもできはしない場面がいたるところに見いだせるということである。

ところが、奇妙なことに、タグ・ギャラガーは『ドノバン珊瑚礁』を扱った節で「ワルチング・マチルダ」について註を記し、頁の下部に「1940年代の歌うカウボーイ・スターのディック・フォーランによって歌われている」（425頁）と書きそえている。もちろん、それが間違いだというのではない。ただ、この役者はすでにジョン・フォードの『アパッチ砦』に出演してその美声を披露しているのだから、この註は無駄というより、『アパッチ砦』に描かれている「歌」の場面に対する著者の無感覚、あるいは無理解を証明しているとしかいいようがないのである。実際、この「騎兵隊」三部作の第一編にかんする節でのギャラガーは、ディック・フォーランについても、彼が歌っている曲についても、またそれがどこで、またどんな人たちを前にして歌われているかについても、ひとことも言及していない。それは、いったい何故なのだろうか。

ジュンヌヴィエーヴとキャスリーン、そして…

そこで『アパッチ砦』に話題を移すなら、ある夜、ジョージ・オブライエンが演じているコリングウッド大尉が、ジョン・ウエイン、シャーリー・テンプル、ジョン・エイガーらを自宅に招いて夕食をともにする。フォードにとってお気に入りの女優アンナ・リーが演じるコリングウッド夫人がなにくれとなく客をもてなし、コーヒーが供され、葉巻に火が点されるころ、玄関先に何やら人の気配がするのでみんなでおもてにでてみると、そこには制帽をあみだにかぶったディック・フォーランが立っており、パイプを片手に挨拶し、上半身は下着姿というラフな恰好で、いきなり歌を歌い始める。それは、「オー・ジュンヌヴィエーヴ」《Oh. Genevieve》という19世紀の後半に作られた歌だったのである。

コリングウッド家の玄関先に姿を見せる白い礼服姿のジョン・ウエインをはじめ、シャーリー・テンプルやアンナ・リーを見すえた逆方向からのショットでは、アコーディオンとギターを演奏するものたちの後ろ姿も見えているが、歌い始めるディック・フォーランはといえば、フォードにとってはほとんどクローズアップとさえいえそうな間近からのバストショットで撮られており、この監督がこの歌手であり役者でもある男の顔や表情を、ひとまず自分の作品にふさわしいものと判断していることが理解できる。

それに反して、彼は、シャーリー・テンプルと結婚したばかりのジョン・エイガーの一挙手一投足が気に入らなかったようで、彼のことをあえて「ミスター・テンプル」と呼んでいたというが、それはここでの話題とはなりがたい。問題は、この作品でのフォードが、ディック・フォーランに、夕食に招かれた客たちを楽しませると同時に、彼らへ敬意を表明するものとして、その声を響かせているという点である。とりわけ、「ジュンヌヴィエーヴ」という女性の名前を題名とする歌を歌っていることで、ご婦人たち――ジュンヌヴィエーヴという役名の女性の出演者はここにはおらぬが――にオマージュを捧げているということなのだ。このように、フォードにおける「歌」には、女性たちへの儀礼的な賛辞をともなうものも少なくないのである。

では、『アパッチ砦』でのディック・フォーランは、なぜ「オー・ジュンヌヴィエーヴ」を歌っていたのか。

それは、フォードがこの歌を好んでいたからである。無声時代の西部劇『砂に埋れて』で、ハリー・ケリーが演じているシャイアン・ハリーが、新たに友人となったデューク・リーが演じているシマロン・ビルと酒場で親しくなり、いい加減に酔いがまわったころ、「オー・ジュンヌヴィエーヴ」を大声で歌っていたことなら記憶している方もおられるだろう。

サイレント期にこの歌の場面が実際にどのように上映されていたのか——都市部では誰かが舞台の袖で歌ってみせたのか、それとも楽団が演奏したのか、等々——は知る由もないが、シャイアン・ハリーは酔っていながらも、その曲を最後まで歌いきってみせたのである。それと同じ曲が、二流西部劇で有名だった歌手兼俳優によって『アパッチ砦』で改めて歌われていることには、きわめて重要な意味がこめられている。男だけの世界と思われがちな「騎兵隊」三部作の第一編で、女性に対する儀礼的なオマージュが捧げられているからである。それが、その第三編の『リオ・グランデの砦』では、サンズ・オブ・ザ・パイオニアーズのコーラスに受けつがれているのはいうまでもない。

『リオ・グランデの砦』における彼らのコーラスは、二度描かれている。一度目は、ジョン・ウエインのテントの前で、二度目はシェリダン将軍を演じるJ・キャロル・ナイシュのテントの前でのことなのだが、ここで取り上げたいのはその一回目である。ウエストポイントの陸軍士官学校を落第し、父親が赴任している西部の騎兵隊に配属された息子を取り戻しに来た南部の名家出身のモーリン・オハラは、南北戦争中に命令によって自宅に火を放って焼いてしまった夫であるジョン・ウエインを許すことができず、すでに15年近く別居中の身であるだけに、ふたりの夕食に気まずい思いが立ちこめているのはいたしかたなかろう

食事も終わりかけてジョン・ウエインが葉巻に火をつけようとするとき、兵営の方で何やらもの音が感じとれる。何かしらと問いかける別居中の妻に対して、夫は連隊の歌い手たちだと答え、立ちあがる。そこに、騎

兵隊の制服を着こなしたサンズ・オブ・ザ・パイオニアーズの面々が隊列を組んで何やら歌いながら登場し、奥様のお許しをえて歌わせて頂きますと丁寧に挨拶するのだが、これこそ、女性に対する儀礼的なオマージュそのものといってよい姿勢である。テントのはしまで姿を見せたモーリン・オハラは、静かにうなずく。すると、彼らが歌い始めたのは、《I'll Take You Home Again, Kathleen》だったのである。それは、砦に到着したばかりの彼女が、あてがわれたテントの中で夫の荷物を確かめながら、ふと手にしたオルゴールを開いたときに流れ出した曲でもあり、ふたりにとっては思い出深いメロディーであったことがわかる。もの思いにふけるモーリン・オハラの顔が次第にぼやけてきて、それが別れて暮らす夫のテントでの夕食のシーンへと無理なくつながってゆく。

彼女の名前がキャスリーンであることを誰もが知っているのだが、その歌に耳を傾けるふたりの表情が素晴らしい。ジョン・ウエインは向かって左手にやや距離をおいて立ち、右側で真正面から彼らの歌に耳を傾ける彼女の白いブラウスの胸のあたりに月がほんのりと影を落とし、あたりには文字通りの雰囲気が立ちこめている。これこそ、文字通り、中佐婦人キャスリーンに対するオマージュ以外の何ものでもなかろう。『アパッチ砦』のディック・フォーランのように、真正面から歌手たちにキャメラを向けることなく、その中心で歌うケン・カーティス――フォードの娘の婿となるべき歌手である――をはじめ、全員をやや斜めからの横顔で捉え、ジョン・ウエインとモーリン・オハラはやや俯瞰気味に被写体となっているが、やがてキャメラはほぼ同じ高さに戻り、フォードにしてはごく希な180度の規則にふさわしいリヴァース・ショットの連鎖となっている。これは俺の選曲ではないと口にする夫に対して、別居中の妻は、そうであればよかったのにとつぶやく。キャメラワークは『アパッチ砦』の場合よりも遥かに繊細なもので、あたりにたちこめる抒情的な雰囲気も申し分ない。メロディーに魅せられたモーリン・オハラが、一瞬のことながら、斜め後ろに立っている別居中の夫の胸に頭をそえそうになり、ふと思いとどまったりもする。

『リオ・グランデの砦』のこのシーンに視線を向けつつ耳を傾けていると、これこそがフォードにあっての「唯一にして最高の歌」が歌われる瞬間だと断言したい誘惑にかられもする。実際、監督による演出も、それに応える二人の役者の絶妙な位置どりや身振りも、歌っている兵士たちの横顔やその声のアンサンブルもみごとなもので、陰翳にみちた照明も、饒舌に陥ることのない編集の有効なリズムもほぼ完璧といってよい。だが、「唯一にして最高の歌」がこれだと断言することを躊躇わせる何かが、この映画にはまつわりついている。なぜかアイルランド民謡と思われがちなこの曲はまぎれもなく合衆国で生まれたもので、ビング・クロスビーの持ち歌として有名だし、のちにはエルヴィスまでが低い口調で歌ってみせたりもしている。だが、この曲のそうした大衆性の拡がりが戸惑いの原因なのではない。では、問題は何か。

例えば、タグ・ギャラガーは、この騎兵隊三部作の第三作について、それは「最高のフォードであり最悪のフォードでもある《*Rio Grande* is Ford at his best and worst》（ギャラガー前掲書260頁）と述べており、それはきわめて正当な指摘だといえる。例えば、いま述べたシーンなどまぎれもなく「最高のフォード」と呼べる瞬間だとは思うが、のちに触れる機会もあるように、「最悪のフォード」ともいえそうな作中人物たちの過剰に心理的な身振りや表情がこの作品を曇らせていることも否定しがたく、それがこのシーンを「唯一にして最高の歌」と呼ぶことを自粛させてしまうのだ。

別居中の夫のかたわらで月影を受けとめながら、つとめて自己抑制的に慎ましく歌声に耳を傾けているモーリン・オハラがまたとなく魅力的な女性像に収まっていたことは、否定しがたい事実である。ところが、その女優その人が、作品の最後という最後で、あからさまに無邪気な身振りと表情と視線の動きを装って悦びを演じてみせたりすることになるのだから、ことは深刻だといわざるをえない。そこでは、シェリダン将軍による表彰式が行われているのだが、インディアンからの子供たちの奪回作戦を指揮したジョン・ウエイン中佐が妻のモーリン・オハラを伴って出席しているのはいうまでもない。戦闘中に胸に傷を負った彼は、右腕を布で固定しているのだが、その姿勢の優れてフォード的な意味合いについては、第四章の「ジョン・ウエイン、この脆弱なヒーロー」の節を読んでいただきたい。彼らの一人息子であるクロード・ジャーマン・ジュニアも、作戦を成功に導いた決死隊の一人として表彰されることになるのだが、ここでの問題はあくまで中佐夫人を演じるモーリン・オハラのいかにもあつかましげな人影なのだ。

表彰式が終わり、整列した兵士たちが敬礼しながら彼らの前を騎馬で行進し始めるとき、シェリダン将軍の秘かな計らいによって、旧南軍のいわば軍歌ともいうべき「ディキシー」が軍楽隊によって演奏される。そのメロディーの不意の高まりに驚き、かつ嬉しさを隠しきれずにいるモーリン・オハラは、あつかましいまでのあからさまな表情や身振りや瞳の動きでその満足感を表現し、あまつさえ、まるで少女のような無邪気さを装うかのようにはにかみながら小さな日傘をくるくると廻してみせる。だが、そこで演じられるはにかみは、この西部の辺境を舞台にしたホームドラマを締め括るにはあまりにも饒舌すぎる身振りと映り、これは「最悪のフォード」だと思わず口にせざるをえない。《I'll Take You Home Again, Kathleen》のメロディーに寡黙に耳を傾けていたこの女優の、あの慎ましさに徹した人妻のたしなみはいったいどこへ姿を消してしまったのか。

では、より困難な条件下で、これと同じ女性へのオマージュが歌われている場面があるのか。それは、確実に存在する。『コレヒドール戦記』のドナ・リード演じる従軍医師――役柄の上からすると、彼女はLieutenantだから、ジョン・ウエインと同様に中尉ということになる――をロバート・モンゴメリー演じる隊長が晩餐に招待する場面でのことである。ロバート・モンゴメリーとジョン・ウエインとは、哨戒魚雷艇（Patrol Torpedo Boat）――PT Boatと略称される（註11）――の艇長としていくたの戦果をあげてきたのだが、後者は日本軍機の機銃掃射によって右手を負傷して、マニラを撤退してコレヒドールの野戦病院に収容され、化膿の危険があるからと入院させられるのだが、そこでドナ・リードと知りあい、恋に落ちたのである。

日本軍による真珠湾攻撃直後に、フィリピンのマニラからコレヒドール、さらにはバターン半島まで後退した米軍基地を舞台にしているだけに、敗色は濃厚だし、男たちは疲れはてている。そんな一夜に、ドナ・リードを囲んだ晩餐が催されることになる。ジープで現場についた彼女はもちろん制服姿で、よくフォード自身がかぶっている野球帽のような帽子で髪をおおい、コートを肩に掛け、幅の広いスラックスをはいている。だが、迎えにでたジョン・ウエインの目の前で、どこにあったのか誰にもわからない鏡に向かって髪にブラシを当て、あえてその襟もとにネックレスまでかけるので、ほんの一瞬のその変貌ぶりが、彼をしたたかに驚かせたようだ。そして、ロバート・モンゴメリーによって長細いテーブルの正面に案内され、現地人のコックが、淑女に向かって口にする慣わしにしたがい、お食事の用意がととのいましたと鄭重な口調で挨拶してから、食事が始まる。

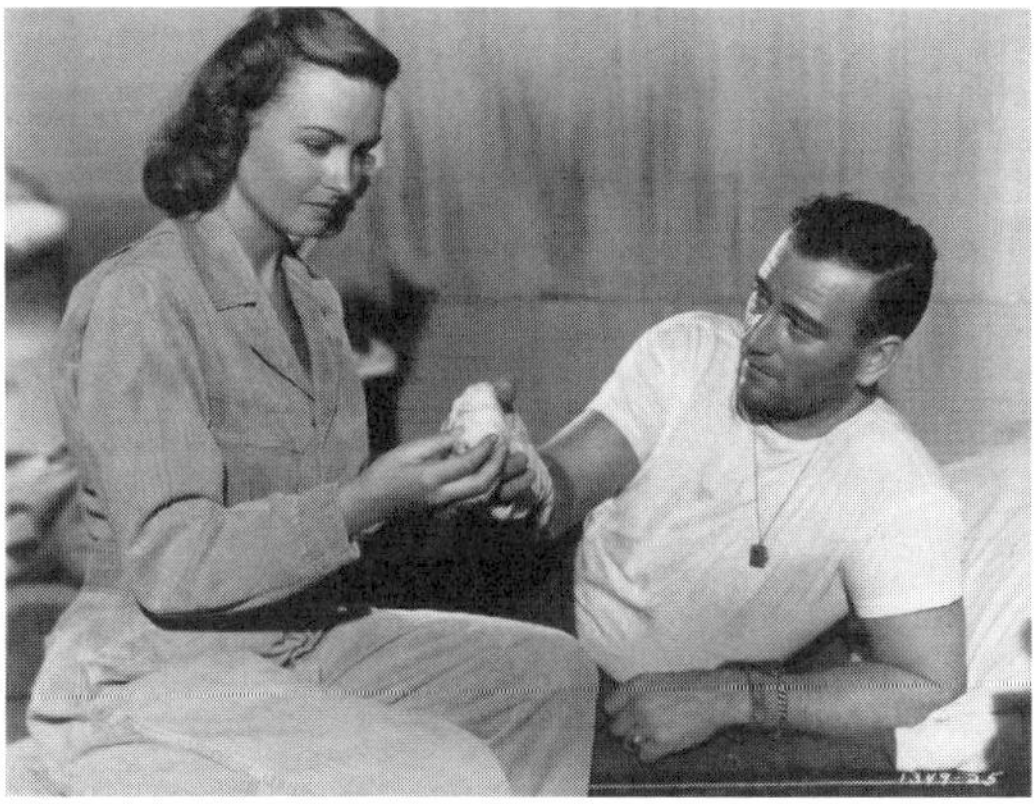
『コレヒドール戦記』より

二つの大きな蠟燭があたりに淡い光を投げかけている中、まずスープから始まり、現地人のコックが、ビスケットにジャムを運んでくる。まあ、こんな立派な晩餐を開いて下さるなんて、感激いたしますわ。これでオーケストラでもあればと彼女が口にしたところ、あなたはこれまでに味わったことのない驚きを覚えるはずだとロバート・モンゴメリーがいうなり、木の床を靴でたたく。すると、どこからともなく「ディアー・オールド・ガール」《Dear Old Girl》のコーラスが響いてくる。セオドーア・F・モーズが作曲し、リチャード・ヘンリー・バックが作詞した1903年の曲である。

それを歌っているのは三人の兵士たちだ。彼らの視線が見あげ気味であるところからして、おそらくは地下で歌っているものと思われる。その三人のうち、向かって右端にいるのは間違いなくワード・ボンドであり、中央にいる頬髯の男は、いかなるフィルモグラフィーにも書かれていないが、『第七天国』のフランク・ボゼージ監督の弟のダニー・ボゼージDanny Borzage——Danという表記もある——に間違いなかろうと思う。また、向かって左端にいるのが誰なのかは詳《つまび》らかにしえないが、フランク・マックグラスではなかろうかという見当ぐらいはつけておくことにする。いずれにしても、三人の誰一人として職業的な歌手ではないので、ハーモニーも整うことのないたんなるアマチュアの荒々しいコーラスにすぎず、『リオ・グランデの砦』のサンズ・オブ・ザ・パイオニアーズの洗練された音程とはくらべものにならないほどアマチュアめいているとさえいえる（註12）。

だが、この三人の兵士の素人なりの真摯な歌い方が、ここでは、困難な状況下におけるまたとない淑女へのオマージュとなっていることに注目したい。作品の系譜からしても、招待された主賓である女性への敬意を帯びた賛歌としては、これがフォードのフィルモグラフィーにあってはもっとも古いものだとさえいえる。このアマチュアによる即席のコーラスを、わたくしはフォードにおける「唯一にして最高」の歌声と呼びたい。それは、歌が歌われる以前と以後の優れて大胆な画面処理による。

それまで正面からキャメラが捉えていたドナ・リードは、会食者の将兵たちが気をきかせて一人、また一人と退席し、テーブルにジョン・ウエインと二人でとり残されたとき、彼女は一貫して背後からフィルムにおさまっている。食事はどうだったかと聞きに来たコックに素晴らしかったと彼女が答えると、故郷のアリゾナでならもっと立派なメニューを出せたのにといいながら、彼はテーブルの上に置かれた二つの太い蠟燭をそっと吐息で消してから、姿を消す。すると、あたりに拡がる暗さの中で、ジョン・ウエインはいまだ傷が癒えていない包帯を巻いた右手でドナ・リードを軽く抱きよせる。

何かを思いつめたかのように立ちあがった彼女はゆっくりと出口をめざす。外は月夜である。そのとき、愛のテーマである「マルキータ」《Marchéta》が改めて低く流れ始め、キャメラはふたりに近づく。彼女は、何と素晴らしい人たちなんでしょうかと涙ぐむ。そして抱擁しあう二人の背後には月影が落ちかかり、溶暗でこのシークェンスは終わりを迎える。

フォードには、男の世界と思われがちな西部劇のみならず、戦争映画においてすら、歌うことで女性へのオマージュを捧げる男たちが必ず存在していることを見おとしてはなるまい。それを、中世の騎士道精神のようなものを現代に甦らせようとするフォードならではの時代錯誤の振る舞いにすぎぬと揶揄するのはいとも簡単なことである。だが、『コレヒドール戦記』に始まり、『アパッチ砦』に受けつがれ、『リオ・グランデの砦』で完成されるこの女性へのオマージュの系譜について、フォードにおける「歌」を語ろうとする研究者たちの誰ひとりとして着目していないのは、いったい何故なのだろう。それが、不思議でならない。

では、「踊ること」について、どんなことがいえるのだろうか。批評家や研究者は何をいっているのか。たとえば、前述のタグ・ギャラガーの『ジョン・フォード――人とその作品』の索引には「ダンス」《Dances》という項目が挿入されており、題名のABC順で『ドノバン珊瑚礁』から『若き日のリンカン』まで合計十八本の作品が挙げられているが、その『コレヒドール戦記』のページをくって見てみると、「ダンス」については何も書かれてはいない。また、その「ダンス」の項目には「参照」として「グランド・マーチ」《Grand march》という項目も付加されているが、どうやらギャラガーはこちらの方を好んでいるらしく、『太陽は光り輝く』に触れた節にも「パレードと家屋」《Parade and House》（297頁）という項目を立てているし、『長い灰色の線』に触れた節にも、「パレード」《Parade》（321頁）という項目が読めるのである。

だが、ダンスには舞踏会と、そうではない二人のカップルの踊りとが存在するのはいうまでもない。舞踏会でもっとも有名なものは、『アパッチ砦』のように、足並をそろえた男女の整列から始まるいささか古風なダンスが挙げられるかもしれない。だが、注目すべきは、これが危険なものを導きだす前兆だということである。すなわち、ジョン・ウエインとペドロ・アルメンダリスとが疲れはててインディアンの集落から戻ってきたことでダンスは中断され、ヘンリー・フォンダが演じている中佐が彼らの報告を聞き、その忠告を無視したかたちで、ただちに討伐に出発すると決断するからである。それは、いってみれば、舞踏会に参加していた男たちのほとんどの死を引き寄せる物語機能を帯びていることになる。

華麗な舞踏会は、『世界は動く』の導入部の「1824年ルイジアナ編」の旧家でも演じられているが、その後にはマデリーン・キャロルが演じているウォーヴァートン夫人をめぐっての決闘騒ぎが持ちあがり、血なまぐささをたたえることになる。『コレヒドール戦記』の冒頭におけるマニラのナイトクラブで催される軍主催の舞踏会もまた、現地人の女性歌手による歌も聞かれてかなり大がかりなものだが、その途中に日本の真珠湾攻撃のニュースが届くので、ダンスが米軍の一時的な敗北の予兆となっていることを見おとしてはなるまい。

他方、『太陽は光り輝く』での舞踏会では、自宅に戻ろうとするアーリーン・ウェランが演じているルーシーの乗った馬車が悪漢に奪われて逃走中に、手綱を握っていた悪漢が老フランシス・フォードの放った銃弾であっさり絶命し、馭者を失った馬車はひたすら暴走するしかないのだが、危機一髪のところで恋人のアシュビー役のジョン・ラッセルに救われるのだから、ここにも舞踏会には危険の予兆が漂っているといえる。

では、カップルの踊りの場合はどうか。フォードが撮ったダンス・シーンでもっともスムーズで華麗なステップを踏んでいたのは、おそらく『悪に咲く花』（1930）のエドマンド・ロウだろう。彼は、心惹かれる未亡人ジョアン・シェルドン役のキャサリン・デール・オーエンの誘拐された娘を解放するために命を落とすのだが、その直前のナイトクラブで彼女と踊るダンスは、これ以上は考えられないほどの華麗さにおさまっている。『最敬礼』で弟に見せつけるために陸軍士官学校の制服を着たまま、弟が惚れているナンシーをいっときも離さぬままに踊り続ける場面のジョージ・オブライエンのステップも華麗なものだが――どうしてもイタリア系に見えないところが不自然だという点を除けば――やはり、その貫禄という点で、エドマンド・ロウに軍配を挙げねばなるまい。

『荒野の決闘』より

ただ、多くの人が見ているという点でもっとも有名なものは、おそらく、『荒野の決闘』におけるワイアット・アープ役のヘンリー・フォンダとクレメンタイン役のキャシー・ダウンズとが、トゥームストーンの町の教会の棟上げ式で披露するものだろう。早朝から床屋に行き、鏡で自分の髪のスタイルを確かめ、理髪師にオーデコロンまでふりかけられたフォンダは、ホテルの窓に顔を映して帽子のかぶり具合を手直ししてから、ホテルで東部に帰ろうとするクレメンタインと出会い、彼女に腕を貸して、街外れの教会建設の現場に向かう。

そこでは、ラッセル・シンプソンがヴァイオリンを弾きながら楽士たちを率い、あたりの住民たちがフォーク・ダンスを踊っている。クレメンタインに腕を貸して踊り場に近づくフォンダは、かたわらの彼女が手袋をはめたまま手拍子をとっているのを見逃さない。それに勇気づけられたように帽子をとり、それをどこへとも知れぬかたわらに放り投げると、彼は鄭重に彼女をダンスに誘う。すると、全員が土地の保安官であるワイアット・アープと東部の良家の娘とのふたりだけのダンスの足さばきに見とれることになる。

交互に両膝を持ちあげるようにするフォンダの足さばきはいささか古風なもので、『若き日のリンカン』の舞踏会のシーンでもそれに似た踊り方をしていたが、ここでのこの思いがけないカップルの踊りのシーンは、おそらく誰もが記憶にとどめていることだろう。だが、これをもってフォードにおける「唯一にして最高の踊り」といいたいわけではない。そこには、これから何やら陰惨なことが起こりそうだという緊張感——実際、酒場のいかがわしくはあっても真摯な歌姫であるチワワ役のリンダ・ダーネルも、彼女に慕われているドク・ホリデー役のヴィクター・マチュアも、やがて命を落とすことになるのだから——が不足しており、いかにものどかで楽天的な雰囲気だけが漂っているからだ。

実際、馬車で現場に近づいてきたアープのふたりの弟たちまでが、彼らの兄貴の気取りのない無邪気さに驚いているほどである。その点で、わたくしとしては、ある暗さをたたえた『コレヒドール戦記』のジョン・ウエインとドナ・リードとのダンスを、「唯一にして最高の踊り」の場面として挙げたいと思う。

唯一にして最高な

すでに述べたように、ここでのジョン・ウエインは右手に傷を負って、コレヒドールの野戦病院に入院している。すると、ある夜のこと、近くのカフェに踊りに行かないかと傷病兵の仲間たちから誘われる。ドナ・リードも気晴らしに出かけましょうよと声をかける。ところが、ジョン・ウエインは、そもそも俺はダンスなど習ったことはないので踊れないし、それに傷も痛むので、そんなところに行く気はまったくないとすげなく断る。額に傷を負った同室の傷病兵は行きたくてむずむずしており、大きな防空壕のような窪地を二、三人の男女の影が遠ざかるにつれて、ひとりがすっていた煙草の煙がロングショットの画面に逆光で浮きあがり、「マルキータ」の調べがかすかに高まっていく。すると、薄ぐらいカフェでは多くの男女が踊っており、額に絆創膏を貼った男とともに踊っているドナ・リードの翳りをおびた表情が暗さの中にきわだつ。そこへ、制帽をかぶったジョン・ウエインの人影が、暗さの中に浮きあがるのである。

その姿に気づいて微笑むドナ・リードの瞳の輝きと、その顔に落ちかかるまだらな照明が何とも素晴らしい。彼女は絆創膏の男とはなれ、入り口近くに立っているジョン・ウエインに近づいて行く。暗さの中で瞳を交わすふたりの身振りが、まるで「マルキータ」のメロディーに同調するかのようにすでにダンスを踊っているかのようだ。

誰かがいきなりアコーディオンで「錨を上げて」の一小節を弾いて中尉の来場を盛り上げるので、誰もが彼の名を呼んで挨拶を送る。そのとき、ふたりはすでにダンスを踊っているのだが、そのステップが暗がりの中でよく見えない。ドナ・リードが手の傷をかばうようにリードしているのだが、あとで一、二度ほどあなたの足を踏んでしまったと告白しているように、ジョン・ウエインの足さばきのほどは素人さながらで、ふたりはただ揺れているだけに見える。だが、この素人性が女性を前にすると朴訥きわまりないジョン・ウエインにふさわしく、心に浸みるものがある。

ふたりはやがておもての回廊に出て、そこに吊られていたハンモックの上に腰を下ろしての何気ない会話がはずんでいる。ところが、そこにロバート・モンゴメリーが姿を見せ、緊急に相談したいことがあるという雰囲気をただよわせて声をかけるので、ジョン・ウエインは制帽をそばのテーブルの上に残したまま、離れたところで彼と会話をかわす。

その間、キャメラは、ふたりの将校に近づくことなく、残されたドナ・リードのまわりにとどまり、闇に包まれてのその誰の目にも魅力的な表情や身振りをフィルムに繊細におさめていく。すると、おそらく作戦上の必要性からだろうが、将校たちはその場を離れることになる。

やがて彼らの対話はおわり、お休みと挨拶を残して遠ざかって行くジョン・ウエインを見送りながら、彼が演じている海軍軍人のファーストネームである「ラスティー」と呼びながら、残されていた彼の制帽を、画面には見えていない彼に向かって、彼女は鮮やかに投げ与えてみせる。「フォードと『投げる』こと」の主題を雄弁に導入するかにみえる彼女の動作が、「運動」として何とも素晴らしい。

ここまで書けば、『コレヒドール戦記』のジョン・ウエインとドナ・リードとの暗闇におおわれたダンス・シーンがいかに美しいか、誰にも理解してもらえるだろう。そこには、ジョン・ウエインによるダンスが「アマチュアであることの特権」を遺憾なく発揮しているからである。

では、馬ほどの自然さでスクリーンのフレームにおさまることのない人間と呼ばれる視覚的な対象——これを間違っても主体ととらえてはなるまい——は、フォードにあっては茂った樹木の幹に引き寄せられて純朴な愛を語り、雨を怖れずにレインコートをまとい、鏡を無視して抱擁しあったりしながら、いかなる環境に身をおき、どのような身振りを演じることになるのか。それが、残された二つの章での話題となるだろう。

第四章　「囚われる」ことの自由

『リオ・グランデの砦』より。ジョン・ウエイン、
モーリン・オハラ、クロード・ジャーマン・ジュニア

I 「主題」、あるいは「フィルム的な現実」について

追跡による追跡の廃棄

雲一つない澄みきった空の拡がりを乾いた岩肌が水平に断ちきっている画面に、一頭の馬が左手からかけあがってくる。かなりの距離からのロングショットでありながら、馬上の人影が合衆国騎兵隊の兵士であることは、まとっている制帽と制服からして誰にもすぐにわかる。手綱を引かれて一瞬動きを止める馬は、遠方を見やっていた兵士がいきなり何かを放り投げると、それが疾走のサインだというかのように走り出し、つぎのショットではもう岩石砂漠の斜面をギャロップでかけおりている。「投げる」ことの主題を分析する次章でも言及することになろうが、『リオ・グランデの砦』の息もつかせぬ追跡シーンはこのように始まっていたのである。見る者は、誰が誰を追いかけ、誰が誰から逃げているのかを意識する暇もないまま、すでに始まっている運動のさなかにかろうじてみずからを見いだすことしかできない。

ここでの追う者と追われる者とは、追跡による追跡の廃棄ともいうべき錯綜した関係を生きている。砦へと急ぐ合衆国騎兵隊の伝令を数騎のインディアンがフルスピードで追っており、斜面をかけおりたばかりの兵士は、そのインディアンを追い抜くようにして疾走する両者の間に割って入り、逃げる伝令を助けてその任務を完遂させようとするからである。だが、当初の錯綜した関係は、見るみるうちに単純な一つの運動へと収斂されてゆく。斜面をかけおりた兵士が、平地ではまるで人馬一体となったかのような自在さで速力をきわだたせ、たてつづけに軽業めいた身振りを演じてみせることになるからだ。

兵士は、まず、疾走中のインディアンの一頭の馬に斜めから体当たりをくらわせてその場に転倒させ、その

ままの勢いで画面を横切り、前を走る仲間の伝令に追いつくと速力もゆるめぬままに併走しながら、お前の拳銃を渡せと叫ぶ。かなりのスピードで移動しているキャメラが、疾走中の二人をとらえる。乾いた蹄の音の中にかまわず急げという声が響くと、いきなり固定ショットに切りかわった画面が、拳銃を手に鞍から降り、落ちつきはらった手さばきで馬を地面に寝そべらせる兵士を間近からとらえる。馬は、不意の停止を素直にうけとめ、足掻きもせずその場に身を横たえる。それを防御の楯として地面に膝をつきゆっくり拳銃をかまえる彼は、迫りくる三騎のインディアンに照準をあわせる。三つの銃声とともに、三人のインディアンがもんどりうって落馬する。それを確かめると、彼はすばやく馬を起きあがらせ、ごく自然な動きで鞍にまたがる。空を背景とした仰角気味のキャメラが馬上の勇姿を浮き上がらせたところで、この追跡シーンは終わる。すべては、ほんの数十秒ほどのできごとでしかなかったのである。

何とも小気味よいのは、一分にもみたないこのシーンをかたちづくるショットがあっさり物語を置き去りにし、その連鎖を導きだしているはずの説話論的な論理さえ意識から思い切り遠ざけてしまうことだ。実際、そこでは、純粋状態の運動がフィルムを疾走させており、その素早いリズムに置きざりにされまいと、人はただ瞳をこらすことしかできまい。現在の批判的な視点を装備した者たちの目にも、この思いがけないショットの緊密な連鎖が断ちきられるまでは、先住民を虐殺する入植者の横暴という視点さえそこに浮上することはなかろうと思う。

確かに、人は、窮地に陥った部隊が援軍を求めて砦まで伝令を走らせた場面をその直前に見ている。伝令役の兵士を演じているクロード・ジャーマン・ジュニアがインディアンの習性にも砂漠の地形にも通じていない新兵であることさえ、これまでに充分すぎるほど語られている。彼が合衆国騎兵隊中佐のジョン・ウエインの一人息子であり、彼を軍隊からつれもどそうとする母親のモーリン・オハラが中佐とは別居中の身であるという状況もすでにくり返し描かれている。その新兵が伝令として走り去る後ろ姿を見守る母親のクローズアップさえ、いま見たばかりのはずである。

正直に告白せねばなるまいが、そのショットのモーリン・オハラにせよ、息子が兵士仲間と殴り合いをした翌朝の窓辺のジョン・ウエインにせよ、この映画には心理的なクローズアップがいささか過多かとも思われ、そのつど停滞する説話論的な持続にいくぶんかの居心地の悪さを覚えたことも一度や二度ではない。だから、『リオ・グランデの砦』が、いわゆる「騎兵隊」三部作の中でもとりわけ感傷的で、見方によっては過度に抒情に働きかけるホームドラマであることは否定しがたい事実だといわねばなるまい。事実、『アパッチ砦』や『黄色いリボン』にくらべて、この作品の評価はきわめて低い。

にもかかわらず、このシーンは、追跡による追跡の廃棄ともいうべきものとして緊密なショットをつらねることで、抒情や感傷のまぎれこむ余地すらないまばゆいほどの持続でフィルムを脈打たせる。不意に演じられるたった一つの「投げる」身振りがホームドラマのセンチメンタリズムを視界から一掃し、それを契機に、まごうかたなき運動へと見る者を引きずりこむからである。

斜面をかけおりて伝令を救おうとする兵士が殺人容疑で保安官に追われる脱走兵ベン・ジョンソンであり、馬上の彼が思いきり遠くまで放り投げたものが仲間のクロード・ジャーマン・ジュニアたちから貰った煮豆の缶詰であることも、話の筋をたどればごく当然のことと納得できる。だが、彼がその空き缶を遥か彼方へと放り投げた瞬間、前後の脈絡を無視するかのように、フィルムは晴れやかに転調する。意味をたどれる物語からそれを断ちきる運動への予期せぬ転調が、あるいはホームドラマから活劇への過激な転調が、現在と呼ばれる無時間的なイメージの滑走でスクリーンを活気づけることになるからである。演出家としてのジョン・フォードは、「投げる」運動が有無をいわせずに導入するこの転調の資質によって、物語を純粋状態の運動へと変容せしめることにことのほか長けている。実際、見る者は、ここで距離なしにフィルムと触れあっているかのような甘美な痛みとともに、その転調を肯定するしかないからだ。

ほとんど純粋状態の運動と呼ぶべきものとして生きられるこの追跡シーンは、ジョン・フォードならではのフィルムの表情をいくつもかいま見させてくれる。まず、この爽快な運動感が、一人の「脱走兵」によって誘発され、決着をつけられたものだという事実に誰もが目を奪われる。フォードにあっては、自由から思い切り遠い「囚われた」存在だけが、途方もないことをやってのけるのである。実際、彼が疾走するインディアンの馬を追い抜けたのは、脱走にあたって盗んだ馬が上官である中佐自慢の俊馬だったからだし、そのとき丸腰だった彼が三人ものインディアンを倒しえたのも、伝令というにはあまりに心もとない同僚の兵士クロード・ジャーマン・ジュニアからとっさに借り受けた拳銃によってだったからでもある。

砂漠で生きぬくには必須と思われた乗り物も武器も食料も持たない一人の脱走兵がこの緊迫したシーンの主役だったことに、人は改めて驚く。いわば「囚われ」の身にある不自由な存在が、自分には所属することのない他人の馬と他人の武器と他人の食料とによって仲間を窮地から救ったことになるからだが、このいささかシニカルな状況こそ、優れてフォード的なものにほかならない。

作品から作品へとさまざまに変奏されては反復するこのシニカルな状況を、ここで「囚われる」ことの主題と名付けることにしよう。主題というのは、のちにも見られるように、無視することのできないフィルム的な現実としての反復現象にほかならない。「囚われる」ことの主題がそれ相応の役割を演じているフォードの映画がときにシニシズムとは思い切り遠い爽快さの印象を与えるのは、『リオ・グランデの砦』の追跡シーンがそうであるように、そこでは、自由を奪われた存在だけが途方もないことをやってのけるというフォードならではの特殊な状況が誇らしげに生きられているからだ。この作品のベン・ジョンソンのように、あらかじめ不自由をかかえこんだ者だけが思いきり自在な身振りを演じうるという状況こそ、真の意味でフォード的と呼べるものにほかならない。あらゆる人物がまったき自由を満喫しているとき、そこにはジョン・フォードの作品など成立しようもないからである。そのことを、これから多少とも詳しく検証してみることにする。

「囚われる」こと、「奪回する」こと

『リオ・グランデの砦』が「囚われる」ことの主題をいくえにも変奏した作品であることは、誰の目にも明らかである。まず、たまたま南北戦争の激戦地に位置していた実家に火を放たざるをえなかった夫の北軍将校ジョン・ウエインを許すことができず、長い別居生活を送っている気位の高い妻モーリン・オハラにとって、女手一つで育てあげた一人息子のクロード・ジャーマン・ジュニアが合衆国騎兵隊に入隊したことは、かつての敵方に「囚われ」の身となったことを意味する。だから、彼女がはるばる辺境の砦にまでやってきたとき、そこに「奪回」の主題がいきなり姿を見せていることに気づかねばならない。後年の『捜索者』でより大がかりに扱われ、『月の出の脱走』（1957）の第三話でアイルランドを舞台に素描され、さらには『馬上の二人』でも反復されている「奪回」の主題が、ここではすでに一人の女性によって作品に導入されていることを見落とさずにおこう。母親は、法律にしたがって書類を整え、金銭に頼ってでも軍隊から息子を奪い返そうとする。だが、夫は、自分の署名がないかぎりその書類は無効だと軍規を楯に主張する。

かくして、「囚われる」ことの主題と「奪回する」ことの主題の交錯が、この作品の物語に主要な枠組みを提供することになる。別居中の夫婦間で微妙に交錯する二つの主題は、すぐさま集団的な水準へと移行し、より大きな人種的な対立を作品に導入する。安全な場所に避難するため砦を離れたはずの子供たちが幌馬車ごとインディアンに奪われ、メキシコ国境の向こう側で「囚われ」の身となってしまうからだ。すでに見た追跡シ

ーンが挿入されているのは、その直後のことである。とはいえ、拉致された者たちを奪い返すという運動は、追跡シーンにおけるほど円滑に機能するものとはかぎらない。J・キャロル・ナイシュ演じるシェリダン将軍は、中隊長ジョン・ウエインに子供たちの「奪回」を命じたいとは思っていても、それをあからさまに口にすることはできない。それには、いくつものもっともな理由が存在する。

まず、南北戦争中の作戦で、妻の実家に火を放つことを彼に命じた過去があるので、同じ人物に新たな犠牲をしい、そのキャリアに汚点を残すことは耐えがたいことだからである。さらには、合衆国騎兵隊がメキシコ国境を越えることはあからさまな国際法違反であり、その作戦を指揮する隊長はただちに軍法会議に召喚されかねないからでもある。事態が急を要していることを意識するジョン・ウエインは、そうしたいくえもの困難を承知していながら、みずからの判断で国境を越える覚悟を決める。

このとき、『リオ・グランデの砦』のジョン・ウエインは、いかにもフォード的な「囚われ」た存在となる。命令で妻の実家を焼失させねばならなかった嘆かわしい過去を持つ彼は、今度は、国際法にも違反する指揮官の役割を進んで演じることになるからである。その困難な立場を、『黄色いリボン』の最後の攻撃場面の指揮官ジョン・ウエインとくらべて見れば、その違いが明らかだろう。

『黄色いリボン』の退役目前の将校は、部下から貰った記念の懐中時計を老眼鏡で見やりながら、午前零時になっていないからあと4時間、自分は書類上まだ指揮官なのだといい、それが正式の命令であることを文書に残した上で、インディアンの野営地の攻撃を指揮する。こうしたあくまで合法的なここでのジョン・ウエインの振る舞いに対して、『リオ・グランデの砦』のジョン・ウエインがどれほどまでに非合法的な身振りに「囚われて」いるかは、あえて説明するまでもあるまい。

そのとき彼は、文字通り不自由な存在たらざるをえないのだが、その不自由こそ、『黄色いリボン』の退役将校の几帳面な身振りと異なり、優れてフォード的な状況をかたちづくるものなのだ。『リオ・グランデの砦』のクライマックスで奇襲作戦を指揮するジョン・ウエインは、それに先立つ追跡シーンのベン・ジョンソンさながらに、ありったけの不自由をかかえこんだ者だけに許された身振りの大胆な闊達さで、「囚われ」の身にある子供たちの「奪回」に成功するからである。これが、軍事的な視点から見ての勇敢さとも、作戦上の周到さともまったく異質のものであることをここでいいそえておく。

だが、その最後の「奪回」作戦が、インディアンたちによってすでに手堅く演じられていた「奪回」作戦の反復でしかないことを見落としてはなるまい。夫の駐屯地である砦に到着したモーリン・オハラが息子のテントを訪れた夜、捕虜のインディアンを救出するサスペンス豊かな奇襲場面があるのだが、ここでも夜陰にまぎれたインディアンは、「囚われ」た者たちの「奪回」にみごとに成功しているのである。ある意味では、その再現にすぎないクライマックスの騎兵隊による救出作戦より遥かに念入りに撮られているとさえいえるこの活劇場面でも、フォードはみごとな転調を行い、「奪回」の主題の重要さを印象づけている。

このインディアンによる救出シーンがどのように演出されていたかを思いだしておくなら、まず、中隊長である夫のジョン・ウエインに隠れ、夜中の兵舎のテントに息子を訪れたモーリン・オハラが、母性的な身振りと言葉で切々と除隊を勧めるといういささか感傷的な光景が描かれていたことがすぐさま想起されよう。仲間の兵士たちが気を利かせて退散したテントのかたすみで、母子が夫であり父親である孤独な軍人について語り合う場面の光源はランプであり、モーリン・オハラの思いつめた表情が、「囚われ」た息子の「奪回」をもくろむ母親以上のなまめかしさで、薄明かりの中に浮き上がって情感を高める。

だが、辺境のホームドラマかと思われたこの場面は、不意の夜襲で一挙に活劇へと変貌する。いきなり視界をかけぬけるインディアンの人影と、不意打ちに混乱しながらも反撃態勢を整える砦の部隊と、放たれた火に脅えて逃げまどう馬の群れと、囲いの柵を馬で引き倒して仲間を救いだす騎馬のインディアンとを交互に示す編集が、すべてを中心を欠いた運動の中に投げだしているからだ。フォードがいわゆる感傷的な映画作家に分類されえないのは、ホームドラマを一瞬のうちに活劇へと変容せしめるこうした大胆な転調ぶりによってである。

実際、新兵の息子がテント外の兵士に命令されてランプを吹き消すとともに、銃弾があたりに飛び交い、いくつもの人影が落馬し、放たれた火に脅える馬たちがいななき、上官が兵士を叱咤する。人は、いま見ている画面が固定ショットなのか、移動撮影なのか、パンなのかを見きわめている余裕もないまま、スクリーンを無方向に横切るいくつもの物影に目を奪われるばかりだ。つぎつぎに仲間の馬に飛び乗って砦から遠ざかるインディアンの後ろ姿の俯瞰撮影が「奪回」の勝利を印象づけてこの修羅場は終わりを告げるのだが、それは、モーリン・オハラが気絶して卒倒するのと同時である。息子の新兵がそのかたわらにかけよったあとには、「アメリカの夜」で撮られた夜景の空が不気味に澄みわたっている。

ここに、二つの「奪回」の試みが前後して描かれていたことを見落とす者はまさかいまいと思う。いうまでもなく、一つは母親による孤独で情緒的な息子の「奪回」の試みであり、それがインディアンによる集団的な決死の「奪回」の試みによって中断される。そのとき起こる転調の意味は、二つの試みが主題としては同じものでありながら、質の異なるショットの連鎖からなっていることをあっさり忘れさせることにある。母親が息子に向けているのはもっぱら慈愛に満ちた視線と言葉なのだが、息子がとっさにランプを消すとき、視線の起源としての瞳も、言葉の起源としての唇ももはや意味を持ちえない雑多な運動だけがスクリーンを支配することになるからだ。人称性を色濃くおびた女性の容貌に向けられていたキャメラはたちどころにその人称性を放棄し、スクリーンを無方向に横切る匿名の集団的な運動を断片的に切り取ることになるだろう。

にもかかわらず、改めてくり返しておかねばなるまい。ここでの母親とインディアンとが、ともに同じ「奪回」の主題にふさわしい存在なのであり、ここでそのことを見落としてはなるまい。いずれも、敵に「囚われ」ていた貴重な存在を奪い返し、みずからの生活領域へとつれ戻すため、必死に振る舞っていたからである。インディアンに拉致された子供たちを「奪回」するクライマックスの奇襲作戦が、その主題の文字通りの反復的な変奏にほかならぬことはあえて指摘するまでもない。そこでの合衆国騎兵隊の兵士たちは、誰もがその奇襲作戦を周到に模倣し、それを成功裏にやってのけたインディアンに劣らぬ聡明さで事態に対処しなければならないからである。ここにもある種のシニシズムが顔をのぞかせているはずだが、『リオ・グランデの砦』の見せかけのセンチメンタリズムが、それを感じとる余裕を見る者に許さないだけなのかもしれない。

幽閉と自由

リオ・グランデ河を越えてメキシコ領に足を踏み入れようとする合衆国騎兵隊は、何よりもまず、それがいかに非合法的な振る舞いであろうと、とにかく拉致された子供たちの居場所を突き止めねばならない。指揮官のジョン・ウエインにその情報をもたらすのは、いうまでもなく脱走兵のベン・ジョンソンである。あたかも中隊の進路をあらかじめ予知していたかのように、渡河寸前の隊列の前に姿を見せ、浅い川の流れを蹴あげるように飛沫を上げて早足でアメリカ領に戻ってくる彼を、指揮官は即刻逮捕させる。彼はあくまで脱走兵であり、その身は拘束されねばならないからだ。とはいえ、彼のもたらす状況説明に指揮官がじっくり耳を傾けるのはいうまでもない。フォード的な存在として、指揮官ジョン・ウエインは、「囚われ」た者の自由闊達な振る舞いを信じているからである。また、自分の馬を盗んで逃げたほどだから馬を見る目は確かであり、それこそ辺境の砂漠での作戦遂行に必要不可欠な資質だとも思っているからである。

実際、馬を自分の肉体の一部のように乗りこなして斜面をかけおり、誰よりも速く平地を疾走し、大地の亀裂を軽々と飛びこえ、誰もが思わず尻込みせずにはいられない危険な任務を冷や汗一つ流さずやってのけるこの脱走兵は、この岩石砂漠のことなら、国境のこちら側であろうと向こう側であろうと、何でも知っている。どこに水があり、それを飲んだのが誰か、このインディアンの矢は何族のものか、この足跡は何人のもので、何時間ほど前にここを通過したか、等々、彼はたちどころにいってのけることができる。そんな男が、誰に命じられたわけでもないのに禁じられた境界線の向こう側までひそかに侵入し、敵の動向を的確に観察し、事態を知らせに戻ってくるのは当然だろう。自分が「囚われ」の身であるが故に自由を享受していることを、この脱走兵は一刻も忘れてはいないからである。

『リオ・グランデの砦』の脱走兵ベン・ジョンソンは、三重の意味で「囚われ」た存在である。彼は、まず、妹をつけねらう男を正当防衛で倒した男であり、その後は幸福に暮らしている彼女が結婚してカリフォルニアに落ちつくまでは、テキサスを離れ、追跡する保安官の目を眩ますために合衆国騎兵隊に志願したのである。だから、制服制帽をまとった彼は本来のあるべき姿ではない。これが、ベン・ジョンソンの受け入れている「囚われる」ことの第一段階である。「囚われ」の身であるにもかかわらず、彼は仲間の誰よりも正規の兵士らしく振る舞ってみせるし、指揮官もその類いまれな行動力を必要とせざるをえないのである。

彼が騎兵隊に入隊したことを察知した保安官が、身柄引き渡しに砦を訪れる場面がある。ベン・ジョンソンは、抵抗もせずに黙ってその監視下に入り、いったん裁判を待つことにする。そんな「ヤンキーの正義」に腹を立てた指揮官夫人のモーリン・オハラは、南部の旧家の娘にふさわしく、辣腕の弁護士をつけることをすぐさま提案する。だが、彼の無実を確信した老練な軍曹ヴィクター・マクラグレンと軍医チル・ウィルズの見て見ぬふりを装うそぶりに乗じて脱走し、指揮官ジョン・ウエインの馬を盗んで砦から遠ざかることに成功した彼は、食糧も武器もないまま、インディアンの跳梁する岩石砂漠に一人身を隠す。これが、「囚われる」ことの第二段階である。

ところが、そんな苛酷な条件にもかかわらず、彼は思い切り自由に振る舞う。「自由に」というのは、いささかも勝手気ままにという意味ではなく、合衆国騎兵隊にとって有利な行動をあらかじめ想定し、それにふさわしく自在に馬を走らせるということだ。インディアンの追跡シーンで仲間の伝令を救ったあの疾走ぶりが、まさにそれである。その迅速な運動と的確な判断を見て、この土地をくまなく知り抜いているものだけに可能な的確な振る舞いだと誰もが賛嘆せざるをえない。だが、この脱走兵は、モニュメント・ヴァレーによく似ているモアブの岩石砂漠に生をうけた者ではなく、あえて故郷を捨てざるをえなかった文字通りの「よそ者」にすぎないのである。それが「囚われる」ことの第三段階を予知していることはいうまでもない。

その点を詳しく見てみるとどうなるか。たった一人のよそ者が、この土地に生きる人びとの集団に迫る危険をもっともみごとに遠ざけてみせるというベン・ジョンソンの身振りのシニカルな有効性は、『駅馬車』いらい『シャイアン』にいたるまでフォードに特権的な舞台装置を提供したこのモニュメント・ヴァレーが、文字通りの峡谷にすぎず、雲の白さをきわだたせる仰角撮影や、距離感を印象づける俯瞰撮影の効果的な使用にもかかわらず、所詮は比較的大きな窪地にすぎないことで初めて可能になるものだ。『リオ・グランデの砦』の場合、そのロケ地はモニュメント・ヴァレーそのものではなく、それによく似たモアブ砂漠のはずなのだが、その荒涼とした地形の岩石砂漠は、辺境という言葉が想像させがちな際限のない拡がりというより、あくまで閉ざされた世界の一局面にほかならず、伸びようとする視線はいたるところで壁のような岩山にはばまれてしまう。多くのフォード的な存在の描きあげるいかにも颯爽とした運動の軌跡も、その閉ざされた環境での「囚われ」の意識が初めて可能にするつかのまの自由でしかない。それが、「囚われる」ことの第三段階なのである。

　誰もがフォードにとっての特権的な環境として思い描くモニュメント・ヴァレーや、それに類似したモアブ砂漠などの光景は、何にもまして危険の跳梁する場所である。いたるところに待ち伏せがあり、音もなく矢が放たれ、予期せぬ攻撃が始まる。実際、そこでは、『駅馬車』でのように長距離馬車が追撃され、『荒野の決闘』でのように牧童が虐殺されて牛が奪われ、『アパッチ砦』でのように部隊がそっくり殲滅させられ、『黄色いリボン』でのように補給部隊が虐殺され、『リオ・グランデの砦』でのように子供の乗った幌馬車が奪われ、『捜索者』でのように一家が虐殺され、幼い娘が拉致されるという救いのない空間である。そうした危険から身をまもるには、ベン・ジョンソンのような「囚われ」た人物の思いきった活躍が不可欠となる。だが、そのシニカルな状況を、フォードはシニカルとは感じさせない運動の爽快さによって描ききってみせる。だから、この「囚われ」た者の活躍という主題が『バファロー大隊』の黒人軍曹ウッディー・ストロードに受けつがれているのはいうまでもない。彼もまた無実の罪に問われて軍隊的な秩序から離れることを余儀なくされた「脱走兵」でありながら、夜の駅で孤立していたコンスタンス・タワーズをインディアンから救い、拘束され手錠までかけられながら戦闘にあたってめざましい活躍を示し、ふたたび脱走して以後も、待ち伏せの危険を本隊に知らせることになるからだ。

　ところで、『リオ・グランデの砦』のベン・ジョンソンや『バファロー大隊』のウッディー・ストロードには、明らかに模倣すべきモデルが存在する。『駅馬車』のジョン・ウエインこそ、まさしく「囚われ」た者だけに許された自在な振る舞いによって、仲間の危機を救う存在だったからである。

　アリゾナのトントの町からニュー・メキシコのローズバーグへとかけ抜ける駅馬車がモニュメント・ヴァレーの窪地をいくえにも迂回しながら距離を走破してゆくとき、リンゴー・キッドを演じるジョン・ウエインが、その大部分の行程を、「囚われる」ことの主題にふさわしく、手錠をはめられたままの不自由な姿勢でうけいれていたことを思い出すことにしよう。理解ある保安官のはからいがあったとはいえ、脱獄囚としてのジョン・ウエインが駅馬車に揺られつつ走破する岩石砂漠の窪地は、弟の敵を倒すべくローズバーグの街にたどりつくために通過せねばならない試練としてのあくまで不自由な空間にほかならない。そこへの「幽閉」をとりあえずうけいれることで駅馬車の乗客たちを危険から救うという彼の役割が、『リオ・グランデの砦』のベン・ジョンソンの役柄と通じ合っていることはいうまでもない。

父親と旧知の仲だった保安官のジョージ・バンクロフトにウィンチェスター銃をあずけ──「これが必要な時は来るぞ」と予言しながら──その手錠さえ素直に受け入れている『駅馬車』の脱獄囚ジョン・ウエインは、文字通りの「囚われ」た存在である。その彼が、迫りくるインディアンの気配に手錠から自由になり、渡し船を焼かれて立ち往生する馬車の渡河を成功させ、いざ襲撃が始まると、『リオ・グランデの砦』の脱走兵ベン・ジョンソンにもおとらぬ軽業めいた身振りを演じてみせるのは、フォードにおける主題論的な必然である。

彼は、まず、疾走中の駅馬車の扉をあけて無理な体勢で屋根へと飛び移り、足場の悪い荷物置き場に器用に寝そべると、前後左右にウィンチェスター銃を撃ちまくる。その光景が、一瞬、移動撮影による俯瞰ショットで挿入されていることが見る者の胸を躍らせる。乗客のトーマス・ミッチェルやジョン・キャラダインが窓から拳銃で応戦しているときに、屋根の上で銃を構えるジョン・ウエインのイメージがとりわけ際だつからである。彼は、併走していたインディアンの一人が六頭立ての馬の一頭に乗り移ると、振り向きざまにそれを撃ち落とす。駁者が負傷して思わず手綱を放すと、今度は自分が駁者台から馬へと飛び乗り、前へ前へと馬を乗りつぎながら、先頭の馬にまたがり駅馬車を誘導する。この脱獄囚の活躍がなければ、駅馬車が最後まで走り続けることなどありえなかったはずなのだ。

ジョン・フォードの作品では、とりわけその西部劇においては、脱走兵や脱獄囚のように自由を拘束された者たちが、軍隊や保安官にもまして、その闊達自在な運動によって辺境に生きる人びとの安全を保障する。その不自由な意識は、しかるべき作品では、かつての南軍士官が降等されて軍曹として合衆国騎兵隊に入隊しているというかたちで「騎兵隊」三部作に彩りをそえている。『アパッチ砦』の軍曹ペドロ・アルメンダリスがそうだったし、『黄色いリボン』ではベン・ジョンソンがその軍曹の役割をうけついでいる。彼らがジョン・ウエインからことのほか信頼をえているのは、『リオ・グランデの砦』の脱走兵ベン・ジョンソンの場合と変わらない。いずれも、本来の自分とは異なる役割を演じつつ、同僚の誰よりも有効な身振りで危険を遠ざけているからだ。

『荒野の決闘』のワイアット・アープはれっきとした保安官だったなどとはいわずにおこう。彼がダッジ・シティーでも同じ役割を演じていたという史実にもとづく設定であるか否かを問わずにおくなら、トゥームストーンの町の秩序の維持に貢献する保安官のヘンリー・フォンダは、牛の群れの輸送を職業とする牧童の一人にほかならず、保安官であることは、弟の死後、余儀なく選びとったとりあえずの身分でしかない。『荒野の決闘』のアープ兄弟の長兄は、法の番人としてのいかにも落ちつきはらった歩みぶりにもかかわらず、その無駄のない簡素な視線のはせかたや身振りの闊達さは、この閉ざされた風景の内部で一時的に受けいれている「不自由」そのものによって導きだされたものにすぎない。

では、「囚われ」た者だけに許される自由が謳歌されているかにみえるこのフォード的なシニシズムは、いったいどこからきているのか。一つには、ギ・ド・モーパッサンの『脂肪の塊』*Boule de Suif* 的な状況へのフォード自身のひそかな愛好がそこには現れているという解釈がなりたつ。19世紀後半の普仏戦争下のフランスで、たまたまブルジョワジーの男女と駅馬車に乗り合わせたルーアン出身の娼婦が、好奇と軽蔑の視線にさらされながらも、プロシャ軍に対して誰よりも「愛国的」にさからってみせるというモーパッサンの中編小説をことのほか好んでいたことは、フォード自身の発言からして間違いない。そのシニシズムが『駅馬車』の酒場女クレア・トレヴァーや『荒野の女たち』の無頼の女医アン・バンクロフトの役柄の造形に反映していることは後に詳しく指摘することになろうが（註1）、「囚われ」た者の自由な振る舞いが人びとを救うという状況そのものが、その娼婦の役柄を男性の脱走兵や脱獄囚に置きかえることで成立したと考えるのはごく自然な事態の流れである。

だが、「囚われる」ことの主題をめぐって、フォードにおけるモーパッサン的なシニシズムの系譜だけでは説明しがたい事態についても触れておかねばなるまい。ジョン・フォードほど自由を奪われた存在の描写にこだわりつづけた映画作家も想像しがたいのだが、そこには、ルーアンの娼婦を思わせる貧しい虐げられた女性にとどまらず、『メアリー・オブ・スコットランド』でキャサリン・ヘップバーンが演じたスコットランド女王メアリーのように、高貴な血筋の女性も含まれているからである。そうした視点からジョン・フォードの作品を見直してみるとどうなるか。

Ⅱ「幽閉」が誘発するもの

論告と弁護

リンカーン大統領暗殺の共犯者として絶海の孤島の牢獄に幽閉される無実の医師サミュエル・A・マッドを描いた『虎鮫島脱獄』におけるように、あるいは少女を陵辱したかどで軍法会議に召喚される黒人軍曹を描いた『バファロー大隊』のように、フォードにおける法廷では悪意にみちた類推による論告が堂々とまかり通り、事実誤認にもとづく判決が平然と下されたり、あやうく下されそうになったりする。男に捨てられた不幸な娘がその身持ちの悪さを教会で非難される『わが谷は緑なりき』におけるように、その公共空間にも偏見にみちた流言蜚語や邪推による噂話が横行している。『プリースト判事』における初老の元南軍兵士が一部町民の反感を買っていたり、『駅馬車』の酒場女クレア・トレヴァーが上品さを気どる奥様方の総意でトントの町を追われたり、容疑者ジョン・ウエインが脱獄したり、『リオ・グランデの砦』の脱走兵ベン・ジョンソンがテキサスを離れねばならなかったり、『プリースト判事』のリメイクである『太陽は光り輝く』のドロシー・ジョーダンが自分の娘に母親として接しえないのも、『バファロー大隊』のウッディー・ストロードが軍隊から脱走せざるをえなかったのも、こうした事実誤認や悪意にみちた偏見によるものである。正義なるものは、司法とも民意とも異なる領域に形成される。フォードの作品は、しばしばそういっているように見える。

事実誤認とも悪意とも偏見とも邪推とも異なる水準に位置しているはずの労働までもまた、40年代のジョン・フォードにあっては、人々の自由を奪う牢獄のイメージにつながるものとして描かれている。社会の否定的な側面にことのほか強い関心を見せていたこの時期のフォードが、資本主義的な体制そのものの批判まで目論んでいたとは思わぬが、彼が、システム不全に陥った社会の犠牲者たちを、しばしば「幽閉」された存在として描いていたことだけは間違いのない事実である。

実際、『怒りの葡萄』における一家の放浪と収容所でのキャンプ生活は文字通り「幽閉」の主題につながるし、『果てなき航路』の定期貨物船の海上労働者たちの生活も、船倉の寝室にたちこめる閉ざされたイメージによって、「幽閉」の意識をことさらきわだたせるものだった。それに貢献したグレッグ・トーランドの影を多用した画調とは対照的なアーサー・ミラーの透明感をおびたキャメラが悲劇性を軽減させているとはいえ、『タバコ・ロード』の無為の農夫たちの周辺にも「幽閉」の意識は否定しがたく漂っていたし、同じキャメラ

『逃亡者』のヘンリー・フォンダ

マンによる『わが谷は緑なりき』の炭坑夫の生活も、ストライキやその後の落盤事故の場面などで、「幽閉」のイメージが強く印象づけられることとなるだろう。炭鉱経営者の息子のもとに嫁入りした労働者の長女のモーリン・オハラは、『メアリー・オブ・スコットランド』のキャサリン・ヘップバーンとはいくぶん異なるとはいえ、その超えがたい階級差によって外界と遮断され、あたかも「幽閉」生活を余儀なくされているように見える。ことによると、こうした「幽閉」の主題は、戦後の『逃亡者』における聖職者ヘンリー・フォンダの孤立無援につながる決定的な主題なのかもしれない。

偏見や邪推が煽りたてる集団的な事実誤認を修正すること。それがフォードの好んで取りあげた題材のひとつであることはいうまでもないが、物語に応じてその試みは成功したりしなかったりもする。現在見ることのできるハリー・ケリー主演の最も古い作品である『誉の名手』で誰もが確かめえたものは、自分の顔が描かれたお尋ね者のポスターをはがすという大胆かつ滑稽な身振りだったといってよい。それは「幽閉」の主題とは異なるものの、本来なら法の裁きを受けるべき身であったはずの彼が、ひそかに惹かれているシムス家の娘モリー・マローンの家族を救うことになるのだから、その勝利は「囚われ」た存在によるものだったといってよいはずである。

さらに、1921年にユニヴァーサル社からフォックス社に移り、それまで署名していたジャック・フォードという氏名をジョン・フォードと名乗ることになってから二本目の作品『意気天に冲《ちゅう》す』（1923）にも、無実の罪に問われる男が二人も出てくる。しかも、それは、自分の兄を殺害したと勘違いしてある男に殺意まで抱いたその弟が、誰も殺してもいないのに殺人罪に問われ、しかも兄の相棒までが追われることになるという二重構造におさまっている。いずれも、良からぬことを企んでいた男の奸計によるトリックじみた殺人なのだが、それを立証しえない無実の男たちは、牢に閉じ込められるのではなく、「死への道行き」とも訳されよう《Death Trail》という追放刑に処されることとなる。原題《North of Hudson Bay》にあるハドソン湾とはカナダの地名だから、犯罪者と見なされた無実の男たちは、雪に閉ざされたその山岳地帯へと追放され、ものを食べることすら禁じられ、死ぬまで追手たちがその跡を追うことになる。しかも、追われる青年に好意を抱く女性が彼を救おうとして、カヌーで激流に巻き込まれそうにもなるのだが、そんな彼女を救うのも犯罪者と誤認されて追われる立場にあった青年なのだから、この作品の物語の構造もまた、まさに「幽閉」というフォード的な主題そのものだといってよい。

「幽閉」というものがその極限状態において描かれていることで記憶さるべき作品は、『最後の一人』（1930）にほかなるまい。実際、その後半部分で描かれる沈没した潜水艦のせせこましい内部空間に閉じこめられる兵士たちの閉塞感の描写は、ダッドリー・ニコルズの脚本とあいまって、素晴らしいものである。その前半部分は、何時間後かに出航が予定されている船艦の水兵たちが、勝手知ったる年かさのJ・ファレル・マクドナルドに導かれて上海の歓楽街に繰り出し、世界一長いバーがあるというキャバレーの途方もない奥行きのある装置の中で、媚を売る商売女たちともっぱら狂騒的な時間を過ごす。

ひと言つけ加えておくなら、これはパート・トーキーなので、水兵や女給の歌声が聞こえたり、思いきり長い足を振り上げて踊る半裸の美女のダンスの伴奏音楽など、ミュージカル・シーンの演出にフォードはかなりの時間をさいているが、とりわけ沈没した潜水艦にたどりつき、魚雷の発射口にからまっていた物体を除去する作業に当たる他艦の潜水夫が、その模様を船体を叩いて中の通信係に知らせる瞬間に、トーキーとしての音の重要さが如何なく発揮されている。いったん水夫たちが乗船し、荒れた海に乗りだすや否や、事故から――戦闘によってではなく――潜水艦は東シナ海の底深くに沈没してしまい、通信手段も途絶え、酸素も欠乏しかけているからだ。

だが、魚雷の発射口から十四人の乗組員が脱出できたとしても、その操縦には決まって一人が必要なので、必然的に誰かが艦内に残らねばならない。最後まで船とともにあらねばならぬといいはる艦長をほとんど暴力的に脱出させたのは、かつて途方もない失策行為を演じながらも別名で生きのびてきた、いわば「裏切り者」とも呼べる兵士だったのである。「幽閉」から「脱出」への手段を行使すべき存在は、そうして身分を偽る「犯罪者」に近い存在だったという構造はここでも維持されているのである。

「幽閉」の主題は、そのすべてが「裏切り者」にかかわるとは限らない。『河上の別荘』（1930）には、南部の監獄を自由に出入りする囚人のふてぶてしさが語られているが、その自在な脱獄者であるスペンサー・トレイシーとウォーレン・ハイマーの二人組は、東部のハンフリー・ボガートの家まで出かけて行き、その母親から登記書を奪おうとする悪徳公証人の事務所を襲い、それを彼女に返却するのみならず、ボガートとその恋人の仲まで取りもってから堂々と監獄に戻るのだから、「幽閉」されたものの方が遥かに自由に行動できるというフォード的な主題がみごとに描かれているといえる。また、『海の底』では、第一次世界大戦中のアメリカの対潜水艦特殊艇の船長ジョージ・オブライエンの活躍が語られているが、ドイツ軍の捕虜となった米軍水夫の咄嗟の機転で勝利が確定するのだから、ここでも「幽閉」されたものの優位が間違いなく描かれているといえる。

ところで、『虎鮫島脱獄』では、一人の医師が事実誤認を晴らされぬまま孤島に「幽閉」されるのだが、『若き日のリンカン』における未来の合衆国大統領の弁護士としての最初の仕事もまた、事実誤認にもとづく無実の罪を晴らすものだったという現実をここで思い出しておきたい。

独立記念日の行楽行事がつめかけた人々を熱狂させ、法律事務所を開いたばかりのリンカーンもそれをじっくり楽しんでいるように見える。だが、その日の夜、町の中心部からやや離れた林の中で喧嘩が起こり、暗闇の中で一人の人物が命を落とす。移動中の農家の二人の兄弟が現場にいたという状況証拠によって逮捕され、収監されるので、酒に酔った暴徒がリンチを求めて拘置所におしかけるという騒ぎまで起こる始末である。新人弁護士リンカーンは、まず巧みな弁説で、さらには腕力さえちらつかせながら暴徒をしずめ、自分の死んだ母親にどこか似ているという老婦人が息子たちを思うひたむきさにうたれて、二人の兄弟の弁護をかってでる。そして裁判が始まるのだが、現場近くにいた兄弟の母親は、二人が絞首刑に処せられないために兄と弟のどちらが真犯人なのかを証言せねばならぬと検事から迫られても、断乎としてそれを拒否する。検事の操る純粋に法的な言説は、二人の息子をともに愛する母性本能を崩しえないのである。

審理は2日におよび、その克明な法廷描写がこの作品の中心に位置することになるのだが、検事の証人喚問中に裁判長が高鼾をかいて眠り込んでしまったり、『プリースト判事』同様、老齢の酔漢フランシス・フォードがなぜか陪審員に選ばれていたりして、フォードならではのユーモラスな細部には事欠かない。その長い足を思い切りのばして椅子にすわったり、ゆっくり立ち上がって落ちつきはらった歩調であたりに視線をはせるといった、その後の作品でしばしばみられるヘンリー・フォンダ独特な身振りが、必ずしも未来の大統領に似ているわけではないこの俳優を、そのいくぶんか不自然な鼻のメークアップにもかかわらず、きわめて自然にその人物像に同化させている。現場近くにいた証人ワード・ボンドの月影のもとに犯人を見たという証言を崩した——その夜は月は出ていなかったという単純な理由で——リンカーンが真犯人をつきとめるにいたる筋の運びにこれといった新味はないが、ここで重要なのは、誰が真犯人かではなく、未来の合衆国大統領が、新人の弁護士として濡れ衣を晴らし、無実の若者二人を「囚われ」の状態から解放しているということにつきている。

実際、フォードにあっては、事実誤認はいたるところで演じられている。リンカーンのような真摯な弁護士を欠いた場合、『虎鮫島脱獄』はいうまでもなく、『周遊する蒸気船』でも不当な有罪判決が下されたり、『ハリケーン』でも白人と争ったというだけの理由で原住民の青年が投獄されてしまう。そうした1930年代の作品から、60年代の『バファロー大隊』の黒人軍曹にいたるまで、男たちが正当な理由もないのに「幽閉」される——あるいは集団から離脱せねばならない——という物語を、いったいジョン・フォードはどれほど描いてきたことだろうか。偏見によって困難な立場に追いやられる男女も、1930年代の『プリースト判事』からそのリメイクである1950年代の『太陽は光り輝く』にまで受けつがれ、その名誉を回復すべく開かれる裁判が、フォード的な「囚われる」ことの主題の一貫性をきわだたせることになる。

もっとも、フォードにおける法廷場面は、いささかも厳粛な司法空間ではない。実際、『若き日のリンカン』でも、ヘンリー・フォンダと証人との滑稽なやりとりに、場所柄もわきまえずに裁判長は大笑いする。また、『プリースト判事』の場合のように、判事が現場からあっさり姿を消してしまうこともあれば、フランシス・フォードなど、嚙み煙草を痰壺に向けて吹き飛ばしたり、あたりかまわず酔いざめのしゃっくりを響かせたりするのだから、陪審員席もきわめて行儀が悪い。

実際、『プリースト判事』では戸外から聞こえてくる「ディキシー」のメロディーに傍聴席全員が踊りだしてしまうかと思うと、『バファロー大隊』では、軍法会議でありながら、派手なボンネットをかぶり、日傘まで持った老齢の御婦人たちが精いっぱい着飾って傍聴席につめかけ、隣同士で審議事項とはおよそ無縁のお喋りを始めるので、裁判長役の将校ウィリス・バウチーもしばらくは開廷を宣言できないほどなのだ。無声期のグリフィス映画のスターだったメー・マーシュまで動員して、ここでのフォードは饒舌な老齢の御婦人方の行儀の悪さをいかにも楽しげにキャメラにおさめている。

そんな祝祭的な雰囲気につつまれた法廷で検事は決まって敗北し、無実の罪に問われた者たちは解放される。『プリースト判事』ではバートン・チャーチル、『若き日のリンカン』ではドナルド・ミーク、『バファロー大隊』ではカールトン・ヤングなど、フォードは信頼のおけるお気に入りの役者たちに検事役をゆだね、多少の誇張はあっても戯画には陥らない程度に、決まって敗北する検察の姿勢を念入りにフィルムにおさめている。フォードにおける法廷とは、真実によって正邪を見きわめる場というより、不当に「幽閉」された者たちを解放するための儀式にふさわしい特権的な空間にほかならない。

勿論、裁判での解放がかなわず、「幽閉」状態が持続する作品も存在する。『虎鮫島脱獄』の場合は、獄中に蔓延する伝染病に対する適切な処置が長く「幽閉」されていた医師を解放することになるし、『ハリケーン』の場合は、大規模な台風という自然災害と、そのさなかにおける「幽閉」された青年の活躍が多くの人たちに解放をもたらすことになるのだが、ここでも法律がそのままでは救いの言葉とはなりがたいという事実を記憶にとどめておこう。フォードにおいては、人は法の前で決して平等ではないのである。

女王の最期、大統領の誕生

ここで、熱烈なフォードの擁護者でさえ高い評価を自粛しがちな一本の作品について触れておかねばなるまい。長い「幽閉」のはてに宿命として刑死を受け入れざるをえなかった高貴な女性をヒロインとして撮られた『メアリー・オブ・スコットランド』がそれである。キャサリン・ヘップバーンが悲運のスコットランド女王メアリー・スチュアートを演じているこの作品は、いかなる解放への図式もまったく機能することがないという意味で、ほとんど例外的に「幽閉」が最後まで維持される作品だといえるかもしれない。実際、女性を主人公としたことですでに異例ともいえるこの歴史的な伝記映画をフォードの作品系列の中にどのように位置づければよいのか、誰もが戸惑う。女性の宿命的な死によって終わるという点では、遺作の『荒野の女たち』に通じる何かがあるともいえるが、そうした物語の構造的な類似がこの作品に対する理解をとりわけ深めるとも思えない。

フォードがRKOラジオ社で仕事をするのはこれが初めてではないし、むしろこの時期の代表作といってよい『男の敵』もこの会社で撮られてさえいるのだが、これにはマックスウェル・アンダーソンの同名の戯曲が原作として存在しており、デヴィッド・O・セルズニックが映画化権を獲得したものである。製作を担当したのはパンドロ・S・バーマンであり、直前のジョージ・キューカー監督の『男装』（1935）も、直後のマーク・サンドリッチ監督の『女性の反逆』（1936）も彼が製作を担当しただけに、これはあからさまなキャサリン・ヘップバーンのための企画であり、フォードは演出家としてただ雇われただけといえるかも知れない。

実際、ダン・フォードの記述によれば、あるときヘップバーンが監督の指示にちょっと文句をつけると、それなら貴女自身が撮ればよいといいすててフォードはステージを去り、残された主演女優が現実に演出した場面さえあるという（註2）。その点に関して異なる証言がいくつも残されており、例えばダン・フォードは、脚本に文句をつけたフォードに向かって、自分は重要な場面だと思うといいきったヘップバーンに、「そうか、そんなに気に入っているなら君が演出すりゃいい」といって「セットを出ていってしまった」（註3）と書いているが、キャサリン・ヘップバーンの自伝によれば、「『きみ、このシーンを演出しといてくれないか』私にそういって、フォードがセットから出ていってしまったのだ。……」（註4）というのが事態の推移だとされている。

　にもかかわらず、この聡明で気位の高い主演女優に監督のフォードその人がすっかり心惹かれてしまったという点でもまさに異例といえるこの作品をどう評価すればよいのか。それをめぐって説得的な言説を書き残した批評家はこれまで一人もいないと断言できる。ジョンの孫に当たるダン・フォードが監督と主演女優とのひそかな蜜月を初めて大っぴらに明らかにしてから新たな興味がこの作品に注がれたとはいえ、これまでのところ、批評の名に値する傾聴すべき言説が綴られたことなど、一度としてなかった（註5）。

　たしかに『メアリー・オブ・スコットランド』は扱いにくい作品であり、ヘップバーンは前記の自伝で、「なぜジョン・フォードがこの作品を撮る気になったのか、私にはさっぱりわからなかった」（註6）と書いているほどである。わたくし自身としても、ここであえてその再評価をめざすつもりはないといっておく。ただ、この作品をより丁寧に見てみたいという気持ちだけは失わずにおきたいと思う。

　確かに、16世紀中葉のスチュアート家とチューダー家との宮廷における女性の権力闘争を題材としたこの作品には、一目でフォード的と思われる意義深い細部はあまり見当たらない。この作家ならではという思いきった演出を想起させる画面などほとんど見あたらないとさえいえるこの作品は、ヒロインの死をもって終わる荘厳な悲劇であり、この監督の作品系列の中でもきわめて稀な作風におさまっているというのが一般の見方である。

「幽閉」から死へと追いやられるメアリー・スチュアートの最期をフォードが真正面から描いているのは間違

いない。だが、それにしても、18世紀末の詩人シラーを始め、多くの作家にロマン主義的な霊感を提供したこの歴史上の悲劇のヒロインに、20世紀のハリウッドで活躍するアイルランド系アメリカ人の映画作家がどのような興味をいだいたのかは、実際のところよくわからない。フォードがみずからのカトリック的な伝統をこのカトリックの女王に反映させ、アングリカンを前にしたその敗北にノスタルジーを感じていたとも考えられるが、それとて想像の域を超えるものではない。

とはいえ、「囚われる」ことの主題という視点からこの作品をながめてみると、そこには「幽閉」の至上形態ともいうべきものが姿を見せており、そのことは誰にも否定しがたいはずだ。ここには王位継承の正統性の問題があり、事実誤認や偏見とは異なるより政治的な身振りがその悲劇を導きだしているとひとまずいうことはできようが、メアリーが長いフランス滞在からスコットランドに戻り、その知らせに熱狂する群衆が宮廷の前に集まるとき、一人の僧侶が姿を見せ、彼女が女王にふさわしからぬ乱脈な生活をヨーロッパ大陸で送っていたのだと非難し始める挿話を思いだしてみよう。これは、明らかに『わが谷は緑なりき』の教会で不幸な娘が難詰される場面を先取りしており、それを演出するフォードの偏見や事実誤認への一貫した批判的な姿勢を見てとることができる。その僧侶に対抗するようにキルトをまとったスコットランド兵があらわれ、ボズウェル伯フレドリック・マーチの指揮の下にバグパイプの演奏でその言葉をかき消し、人々の間に女王の帰国を歓迎する雰囲気を高めてしまうあたりの演出の呼吸は、『プリースト判事』の法廷場面に響く「ディキシー」の効果とまったく同じであり、それだけとってみても、『メアリー・オブ・スコットランド』がすでに充分すぎるほどフォード的な作品だと理解しうるはずだ。

とはいえ、この作品における法廷場面には、他の作品とは比較にならぬほど苛酷な冷やかさがはりつめている。イングランドに難を逃れて以降はほとんどの歳月をメアリーは「幽閉」されたまま過ごしているのだが、その間、エリザベス女王への謀反の企てに加担したか否かが問われ、審議に付されることになったからである。近代的な司法制度の成立以前の宮廷内部でのことなので、そこでの被告である女王メアリーは弁護士につきそわれることもないまま、まったくもって孤立無援である。『男の敵』でジポーの裏切りを告発するアイルランド革命戦線の秘密集会のように、あらゆる逃げ道はあらかじめ断たれている。部屋の天井ほどの高さに位置する高官たちの前に引き出されたメアリーは、スコットランド女王としての宮廷的な言説をつつしみ、『若き日のリンカン』の新人弁護士が息子を持つ母親を擁護するのに似た口調で愛する者たちへの感情の高まりを説いてみるのだが、勿論、それが聞き入れられるわけもない。

『メアリー・オブ・スコットランド』の終幕近く、覚悟して死を待つメアリーの前に従姉のエリザベス一世が姿を見せ、長い燭台の炎に照らされて真正面から対決するきわめて興味深い場面がある。王位に執着するあまり愛を経験しえなかった不毛な従姉とは異なり、多くの異性と愛を交わしえた女としての誇りがメアリーの青白い容貌を異様に輝かせており、ある時期の小津安二郎のようにあからさまに視線の交わりを無視した切り返しショットの連鎖が、不気味な静けさをあたりに行きわたらせている。このシーンは、技法的にも無視しえない充実した瞬間をかたちづくっており、ジョン・フォードは二人の女王の向かい合う場面を念入りにキャメラにおさめている。しかもそこでのショットの連鎖が、アイライン・マッチングというハリウッド的な編集の規範を徹底して無視していることを、人は真摯にうけとめねばならない（註7）。

一見したところ、この場面は「180度の規則」にふさわしく撮られているように見える。向かいあって立っている二人の横顔を、ひとまず画面左手のフローレンス・エルドリッジが演じているエリザベスは左側から、画面右手のキャサリン・ヘップバーンによるメアリーは右側から、それぞれ画面におさめているからである。だが、エリザベスが椅子に座り、キャメラがその顔に近づくと、あとは処刑を待つのみの従妹を見あげる余裕

『メアリー・オブ・スコットランド』より。
フローレンス・エルドリッジと
キャサリン・ヘップバーン

をもった彼女の表情は左手から、また従姉を無言で見おろすかたちとなる諦念を秘めたメアリーもまたその左手から、しかも蠟燭の灯りをほとんど無視したかのような淡い光線のもとで浮きあがらせる。そのショットは正確に二度くり返されるのだが、二度目のショットでは、相手を見ているとはとても思えないアングルから、キャサリン・ヘップバーンの左目にあふれるほんの一粒の涙をきらりと光らせて見せるという素晴らしいキャメラワークが発揮されており、見るものは思わず溜息を漏らすしかない。その一瞬の瞳の輝きをキャメラに収めるために、フォードは、二人の視線を結ぶラインとはあえて無縁の位置にキャメラを置いていたのだろうか。

　いうまでもあるまいが、向かいあう二人の人間に対して、フォードが「180度の規則」――「アクション軸」と呼ばれたりする――を無視した位置にキャメラを置くのは、これが初めてではない。わたくし自身の近著『ショットとは何か』（講談社、2022）でも詳しく論じておいたことだが、それはきわめて微妙かつ決定的とも思える問題なので、ここで改めて論じておくことにする。ジョン・フォードは、交わらぬ視線を描くことに関して、いたって意識的な監督なのである。いま見たばかりの『メアリー・オブ・スコットランド』の場合、二人は対立関係にあり、妥協の余地がない。そうした場合、彼は交わらぬ視線をあえて強調しているのかもしれない。

　だが、『駅馬車』で酒場女のクレア・トレヴァーが、インディアンの襲撃が間近いある宿駅で、トーマス・ミッチェル演じる酩酊医師の活躍によって、いきなり産気づいた騎兵隊将校夫人ルイーズ・プラットが生みおとしたばかりの嬰児を駅馬車の乗客たちに示そうと、その赤ん坊を抱いて男たちに囲まれるショットがある。そこでのクレア・トレヴァーの晴れがましい姿に強く惹かれたジョン・ウエインの顔を右側から見たショットが、まずクローズアップで示される。すると、彼女は、あたかも彼が彼女の向かって右側に位置しているかのような誇らしげな視線を右手に向けているのだから、ここでも視線は交わっていない。にもかかわらず、見ているものは、ここで二人の視線が親しく交わっているかのように深く理解するのである。その瞬間、フォードが「180度の規則」を小気味よく無視していることはいうまでもない。

その傾向は、彼の1930年代の作品でしばしば観察される。例えば、『戦争と母性』の導入部近くで、フォードは、息子のノーマン・フォスターとヘンリエッタ・クロスマンが演じる母親が言い争う場面を演出することになるのだが、そのとき隣りあった寝室へ入ろうとする息子の母親は、息子が愛している女性が気に入らず、口論となる。そこでの母子はともに胸もとにランプを抱えているのだが、それがあたりに投げかける光線に照らされているはずの二人の顔は、それにふさわしい影をいっさいおびていない。また、母親が左側の横顔を見せると、次のショットでは息子もまた左側から撮られており、その視線が交わることはないのである。つまり、ここでのフォードは、「180度の規則」など無視し、対立をあえて強調しているのかもしれない。

なお、『戦争と母性』の母子が向かいあって夕食をとる場面でも、フォードはあたかも小津安二郎と謀《しめ》しあわせたかのように、その顔を真正面から撮っている。また、息子が池のほとりで愛人に会おうとするときにも、二人の顔は真正面から撮られている。そこでは、息子が水面に石を投げ、揺れる波紋がおさまるとそこに親しい女性の顔がさかさまに浮きあがるという素晴らしい光景が見られるのだが、それについては第五章の「身振りの雄弁　あるいはフォードと『投げる』こと」で改めて論じることとして、ここでは『戦争と母性』の周辺で撮られた作品について触れるにとどめておく。

まず、その直前に撮られた『肉体』について見てみると、そのラスト・シーンでは、正面から見つめあう男女が描かれている。ドイツから合衆国に渡った粗暴だが純朴なプロレスラーのウォーレス・ベアリーが、組織の罠にはまって投獄されてしまい、その素朴な真心に改めて触れた思いのカレン・モーレーが、留置場に彼を訪ねる場面である。この面会シーンは、いうまでもなくたがいに鉄格子を通して撮られているのだが、二人の視線は微妙にずれている。いずれも、同じ方向からキャメラに収められているからであり、それがかえって二人の愛情をきわだたせているかのようだ。

では、『男の敵』の名高いラストシーンについてはどうか。仲間を裏切ったかどで銃弾をうけ、瀕死のヴィクター・マクラグレンが演じているジポーは、足をひきずりながらかろうじて教会にたどりつく。そこでは、自分のせいで命を落としたかつての仲間の母親が、最前列で神に祈りを捧げている。最後の力をふり絞ってジポーは母親の前に跪《ひざまず》き、その手に接吻しながら許しを請う。そのとき、二人は見つめあうかのような姿勢にあったことが、それに続く祭壇側からの俯瞰ショットによって窺われるのだが、それぞれのクローズアップでの表情は、とても見つめあっているとは思えない視線の動きを見せている。それでいて、この二つのクローズアップは有無を言わせず見ているものの心をとらえる。ここでは、もはや視線の一致の「規則」などまったく機能しておらず、それこそがフォードの目ざすところなのだと思わずにはいられない。実際、「180度の規則」に従って撮られたショットは、その機械的な編集によって、ショットそのものの存在感を著しく低下させ、「見つめあう」という「状況」の表象だけに奉仕する。ところが、フォードによるその規則の大胆な無視は、『メアリー・オブ・スコットランド』のキャサリン・ヘップバーンの翳りを帯びた横顔のように、ショットそのもののまぎれもない存在感――その「穏やかな厳密さ」、あるいはその「厳密な穏やかさ」――をきわだたせているのである。

処刑のときが訪れ、断頭台へと木の階段をゆっくりと上ってゆくキャサリン・ヘップバーンの思いつめた表情をいったん影の中に沈めてみせるフォードは、不意の稲妻を画面に横切らせ、改めてその蒼白い皮膚を照らし出し、人物の真正面にクレーン移動のキャメラを据えた演出の効果は申し分なく発揮されている。勿論、処刑にのぞむ女王の頭上に雷鳴を轟かせるフォードの演出を、あまりにも大袈裟で演劇的にすぎると笑ってみせる反応もあろうかと思う。だが、この雷鳴は、16世紀イングランドの宮廷を離れ、見る者を19世紀の合衆国の小さな地方法廷へと真一文字につれもどす。

実際、稲妻で終わるフォードの映画といえば、人はすぐさま『若き日のリンカン』を思い出さずにはいられない。メアリー・スチュアートとエイブラハム・リンカーンとは、フォードにあっては、宿命としての稲妻によって結ばれている性差を超えたほとんど同一の存在なのだ。「幽閉」された者を解放しおえたばかりの未来の合衆国大統領を祝福するかのように雷鳴がとどろき、その頭上に稲光がまばゆく走り抜けるのだが、その同じ稲光が、「幽閉」から死への歩みをたどろうとしているスコットランドの女王の最期の表情をまばゆく画面に浮かび上がらせているのだから、そこに意義深い符合を認めるのはごく当然のことといわねばなるまい。

稲妻は、こうして、未来の大統領への祝辞となり、英国の女王となりそびれたスコットランド女王を哀惜する弔辞となる。いまや、『メアリー・オブ・スコットランド』がいささかも反フォード的な例外性におさまる作品ではなく、まぎれもないジョン・フォードにふさわしい作品だということは明らかである。

医師たちの受難

諸侯の反乱で玉座から遠ざけられた女王が、祖国を追われてたどりついた亡命先のイングランドでは裁判で死刑を宣告されてしまう『メアリー・オブ・スコットランド』のように、町民たちを思っての医学的な処置が一部の家族の反感を煽り、あらぬ噂があれこれ飛び交ったあげく、町民集会で町を追われることになる町医者を描いた映画をフォードは撮っている。『メアリー・オブ・スコットランド』の3年前にフォックス社が製作した『ドクター・ブル』(1933)がそれである。しばしば見落とされがちなこの二つの作品の説話論的な類似に、まず注目したい。『ドクター・ブル』の監督を受け入れたジョン・フォードは、そのときまだ『男の敵』でオスカーを獲得してはおらず、主演のウィル・ロジャースのコメディアンとしての国民的な人気はオスカー女優キャサリン・ヘップバーンに劣らず高かったので、フォードはフォックス社の契約監督としてこの作品を演出したにすぎないといえるかもしれない。監督と主演者の力関係からしても、この二本の共通点がすぐさま見えてくるはずである。

にもかかわらず、「スモールタウン」三部作の第一作にあたる『ドクター・ブル』は、トーキー初期のフォードの傑作だというにとどまらず、『男の敵』によせられた同時代的な共感から遠く離れた今日の映画史的な視点からしても、ジョン・フォードを代表するもっとも優れた作品の一つだといっても過言でない。では、『ドクター・ブル』が『メアリー・オブ・スコットランド』より優れたフォードの作品だといえるのは、いかなる点においてか。これは歴史的な悲劇ではないし、ましてや活劇でもなく、不意に運動が物語を凌駕するといった転調もみられはしないが、むしろ遅滞なく推移するごく簡素な演出が、偏見という目に見えない素材の形象化にみごとに成功しているからだ。

一見したところ、到着した列車から誰も降りてはこないこの小さな田舎町で、患者の家から家へと律儀に診察してまわるドクター・ブルは、「囚われる」ことの主題とは無縁の気ままな生活を送っているかにみえる。彼をとりまくものごとは小さな田舎町そのもののようにのんびりとして屈託がなく、ちょっとした小波乱ですら彼の生活を深刻に揺さぶりそうにもみえない。息子を失った未亡人の伯母と同居しているこの中年の独身者は、いつも彼女から息子の名前で呼ばれ、そのつど自分は貴女の息子ではない、甥のジョージだと苦笑しながら抗弁するのだが、それでも最後には親子さながらに手をとりあって教会にでかけてゆく。

途中で患者につかまり一足遅れて教会に入ってくるウィル・ロジャースが、すでに始まっている賛美歌に和して、最後の章節を高らかに歌いあげるあたりの町民へのとけ込み方を見ると、この独身医師はウィル・ロジャースその人のように誰からも愛されているのだろうと思わずにはいられない。ところが何かにつけて口うるさい伯母は、甥の医師という職業をこれっぽっちも誇りにしてはおらず、むしろその営業を妨害するかのように、ひっきりなしにかかってくる往診依頼の電話を避けるべくあらかじめ受話器をはずしておいたり、堂々と居留守をきめこんだりする。フォードにあっては、登場人物が老齢であればあるほど傍若無人に振る舞うのである。

フォードは、こうした地方生活の見せかけの平穏さの背後に、「囚われる」ことの主題につながる細部を意義深く配置してまわる。まず、暇をもてあます御婦人たちが、とるにたらぬ噂話や偏見からくる排除の力学をあたりに行きわたらせ、事実誤認とまではいえぬにしても、故のない中傷で医師を包囲し始める。ドクター・ブルは、さる未亡人の家に入り浸りで、夜ごとによからぬ振る舞いにおよび、往診にも行こうとしないと町民たちはいうのである。ところが、イタリア移民が住んでいたりする貧しい階層の家々では、出産をひかえた家族と臨終を迎えた家族とがほぼ同じ時刻に往診を依頼したりするので、医師は眠る暇さえないほどの忙しさなのだ。ときには牛の世話までせねばならず、献身的な割には感謝されることの少ない独身者の医師は、親しい未亡人の家に夕食に招かれ、彼女のリンゴ酒で疲れを癒すのを唯一の楽しみにしている。

未亡人は、長椅子に横たわる疲労しきった医師のかたわらで『不思議の国のアリス』などを朗読し、ともに笑いながら快い時間をすごす。これは、男女間の揺るぎなくも対等なパートナーシップの成立を描こうとしなかったフォードにとっては、ごく例外的なことかもしれない。そうした医師の日常の点描と並行するかたちで、この町の階級的な構成をフォードは徐々に明らかにしてゆく。富裕な階層に属する家庭では、充実した研究施設を持ち、瀟洒なスポーツカーで往診する男を主治医としているようで、ドクター・ブルが診察してまわるのはどうやら貧しい人々ばかりらしい。

ところが、人づきあいもよければ世話好きでもある医師は、上流階級の子弟にも慕われ、その心の悩み解決の手助けをしたりする。実際、両親から結婚に反対され絶望し、酔って事故を起こした金持ちの娘の捻挫を治療したドクター・ブルは、涼しい顔で父親になりすまし、電話でその恋人に結婚の許可さえあたえてしまうほどなのだ。相手が名高いアメリカン・フットボールの選手であっただけに、ニュースはたちまち新聞で町中に知れわたる。医師の振る舞いを許すことのできない娘の父親は――おしゃべりな御婦人の一人が、ドクター・ブルの医院にかつぎ込まれる娘の姿を見て、その足で報告に走ったからである――、医師の追い落としを企てる。その父親を演じているのは『プリースト判事』の検事役バートン・チャーチルだから、この種の役柄としては申し分のない俳優をフォードが選んだことになる。

この静かな町に、不意に疫病が蔓延する。どうやらそれは、娘の父親の工場の廃水処理の不備によるものらしいのだが、ドクター・ブルはすぐさま学校の児童全員に予防接種を実施しようと提案する。だが、それをめぐって保護者の間に対立が起こり、あたかも病気の流行そのものがドクター・ブルの責任であるかのように、彼を弾劾する町民集会が持たれることになりさえする。その集会が、優れてフォード的な法廷場面にふさわしく、事実誤認にもとづく非難中傷に終始することはいうまでもない。実際、『メアリー・オブ・スコットランド』の女王が祖国を追われたように、この医師もまた20年の余も尽くしてきた町から排除されることになるだろう。それが、これまでに見た「囚われる」ことの主題につらなるものであることはいうまでもない。

独身の医師は、未亡人と結婚の意志をかため、誰も降りてはこない列車に手をたずさえて乗り込む。それと入れ違いに車掌が運んできた新聞の紙面は、疫病の処理にあたってのドクター・ブルの偉業を讃えている。ここにもフォード的なシニシズムが顔をのぞかせているが、『ドクター・ブル』の最後はいささかも悲劇的ではない。いずれにせよ、町を去るウィル・ロジャースの頭上に雷鳴などとどろかず、宿命の悲劇とは異なるシニカルな楽天性が漂っているが、ことによると、これはフォードにおける医師としては例外的なことなのかもしれない。

事実、フォードの医師たちは、総じて悲劇的である。疫病の蔓延という点では、『人類の戦士』（1931）がすでにその題材をあつかっているが、そこでの理想主義的な医師は妻を失わざるをえなかったし、疫病に立ち向かう医師という題材を受けついでいる『虎鮫島脱獄』では、事実誤認による「幽閉」にもかかわらず、医師はあくまで毅然とした態度で事態に処し、それが特赦にも通じることになっていたではないか。また、『荒野の決闘』のドク・ホリデーは、医師でありながら傷ついた親しい酒場女チワワの命を救うことができず、みずからも決闘で命を落とす。また、テレビ作品「幌馬車隊」シリーズの一話である『コルター・クレイヴン物語』（1960）でカールトン・ヤングが演じている医師はといえば、アルコール中毒で患者を快癒させることができないという「囚われた」存在である。その点では『荒野の決闘』のヴィクター・マチュアのドク・ホリデーに似ていないでもないが、彼には南北戦争中の戦闘であまりにも多数にのぼる負傷兵が出てしまい、彼らを救いえなかったという忘れがたい過去があることが明らかにされる。

ドク・ホリデーとコルター・クレイヴンとの違いは、アンナ・リー演じるその妻が夫たる医師にたえずつきそい、何とか彼を立ちなおらせようとかいがいしくかたわらに控えていることだ。実際、幌馬車隊長のワード・ボンドに懇願されてこの医師は手術に成功するのだが、彼が初めて登場する瞬間には、この上映時間が1

時間にもみたないテレビ映画でも不幸な医師が描かれているというフォード的な題材処理の一貫性に、改めて驚かされもしたものだ。かろうじてそうした悲劇性を避けえている医師は『騎兵隊』のウィリアム・ホールデングらいだが、ジョン・ウエインの憎悪の的となることまでは彼も避けきれない。

では、『駅馬車』のトーマス・ミッチェルの場合はどうか。ここでの医師は脇役だし、泥酔のあまりさして役に立ちそうもないかに見えながら、いざという瞬間には冷静に事態を処理してみせる彼が、ここでことさら悲劇的な役割を演じているわけでもない。だが、その飲酒癖の原因をあれこれ想像すれば、彼の人物像をなにがしかの「幽閉」に結びつけうるのかも知れないとは思う。

救出とその対価

とはいえ、同じトーマス・ミッチェルその人が、「幽閉」された仲間の「奪回」に成功しながらも傷つき、みずから「囚われ」の身となったあげくに宿命的な死を迎えるという悲劇的な姿を、人は『果てなき航路』の最後に見いだす。輸送船を舞台にしたこの作品そのものが「幽閉」の雰囲気を濃密にたたえていたことにはすでに触れておいたが、海を背景としながらも「閉所恐怖症」的な物語になっていることは演出的な意図なのかというピーター・ボグダノヴィッチの問いに対して、「船上の生活というものはそもそもが『閉所恐怖症』的なものだ」とフォードは自信ありげに答えている（註8）。彼は、その状況を充分すぎるほど意識しながら、『果てなき航路』の最後に贋の解放とも呼ぶべきものを設定している。

長い航海を終えてイギリスへと帰港したグレンケーアン号の海上労働者たちは、口々に二度とこの船には乗らないと宣言しながら下船しはしたものの、誰いうとなく港近くの曖昧宿に向かい、娼婦たちを総動員して派手な祝杯をあげる。その中心人物がトーマス・ミッチェルの演じるアイルランド人アロイシャス・ドリスコールであることはいうまでもない。だが、彼らのほとんどは、陸地に自分の住む場所などありはしないと諦めているかのように、稼いだ金の大半をそこで使いはたしてしまう。ただ一人、若いスウェーデン人の青年だけは、希望のない船上労働を切り上げ、無事に故郷に戻ってほしいと仲間たちの誰もが考えている。

その青年労働者を演じているのが、ジョン・ウエインである。彼は、リパブリック社でのB級西部劇を1週間ほどで仕上げた直後にこの作品の撮影にかけつけたのだというが、『果てなき航路』の彼の役柄は、西部劇『駅馬車』のそれとは対照的である。航海生活のことをほとんど何も知らないこの海上労働者が仲間たちを救うことはなく、かえって全員がこぞって若い彼へのこまごまとした配慮を示したり、ことあるごとに保護にあたるいかにも頼りなげな存在だからである。自分たちのように生活に汚れることなく、清純なままでいてほしいとみんなが願っているという意味で、彼はこの作品で、『リオ・グランデの砦』における新兵クロード・ジャーマン・ジュニアのような存在であり、さらにいうなら、『わが谷は緑なりき』の子役ロディー・マクドウォールのような役割を演じているとさえいえるかもしれない。また、ある意味では、男たちの誰もがその純潔を守らずにはいられない若い娘のような存在だといってもそこにさしたる誇張はない。実際、冒頭と終幕に姿を見せる娼婦たちをのぞくとほとんど女性なしに進行するこの映画の中で、若々しいジョン・ウエインにキャメラを向けるフォードは、まるでなまめかしい女性のような被写体として彼をフィルムにおさめている。

曖昧宿でも部屋にあがらず一人バーに残って酒をのんでいたそのうぶな青年は、輸送船と結託して労働力を周旋しているいかがわしい男のさしがねで眠り薬をのまされ意識を失い、出航間際のアミンドラ号という「地獄船」にかつぎこまれてしまう。その点については、第五章でくわしく分析することになるだろうが、酔っていながらもそのことに気づいた仲間たちが、たちまち救出に向かうのはいうまでもない。トーマス・ミッチェル、バリー・フィッツジェラルド、ジョン・クォーレン、ジャック・ペニックという名だたるフォード四人組は、酩酊していようがいまいが修羅場には滅法強い男たちであり、「囚われ」たジョン・ウエインを「奪回」すべく、いくぶんか頼りなげな足取りで埠頭をめざす。その黒い人影の群れを、グレッグ・トーランドの影を多用した卓抜なキャメラが夜霧にきわだたせ、「幽閉」と「奪回」という説話論的な挿話を、その後の西部劇とはおよそ異なる装置の中に位置づけている。

『果てなき航路』のトーマス・ミッチェル

指揮官さながら誰よりも先に甲板にかけあがるトーマス・ミッチェルの鉄拳の一撃で、船員たちとの乱闘が始まる。男たちが転倒し、ドラム缶が転がり、懐中電灯の灯りが無方向に揺れ、匿名化されたいくつもの黒い人影が暗い画面を横切る中、さがしあてたジョン・ウエインをランプの炎が不意に浮き上がらせるとき、意識を失って寝そべるその横顔は、文字通り女性のようななまめかしさで照明をうけとめている。足元もおぼつかない彼を数人がかかえて陸地に連れ戻したとき、甲板に残ったトーマス・ミッチェルめがけて船員が警棒を投げる。その鈍い衝撃を胸で受けとめた彼は、その場に昏倒する。そのできごとは、のちに第五章で詳しく見てみることになろうが、フォード的な「投げる」ことの主題が描き出すもっとも血なまぐさい瞬間だといえるかもしれない。

だが、「奪回」に成功した地上の黒い人影は、夜霧の中で演じられたその船上の惨劇に誰一人気づいていない。ややあってから現場にとって返したジョン・クォーレンの目の前を、アミンドラという白い船名を記した船体の右舷がゆるやかに通り過ぎ、闇に没する。ジョン・ウエインの救出に成功した船上労働者たちは、その対価として、意識を失ったトーマス・ミッチェルを輸送船に譲りわたしてしまったのである。「幽閉」された存在を奪い返すことには、決まって犠牲者がともなうのだが、ここでは、意識不明のジョン・ウエインにかわってトーマス・ミッチェルが意識不明に陥るというほとんど図式的というほかはない等価交換が行われている。かくして、「囚われる」ことの主題は、その一貫性において勝利する。贋の解放といっておいたのは、このシニカルな等価交換による「幽閉」の常態化を意味してのことである。

それから数日後、グレンケーアン号の出航の時間が迫っている。甲板では、船を下りようとしなかったシニカルな老齢の労働者アーサー・シールズが、一人新聞を読んでいる。埠頭にはいくつもの紙切れが風に舞っており、その殺風景な舞台装置の中に、二度とこの船には乗らないと口にしていたはずの労働者たちが、一人、また一人と無言で戻ってくる。その孤独な人影には、「奪回」のためにうなずきあって共闘した彼らのエネルギーはもはや認められない。二人の警官に付き添われているほどだから、バリー・フィッツジェラルドの場合は酩酊しきっているのかもしれない。いまや、誰もが、改めて「囚われ」の身となることを受け入れるしかないのである。

この場面で新聞に目を通しているアーサー・シールズがふと読む目をそらせ、意図的にか無意識的であるかは判別しがたいやり方で紙片を手放す身振りについては、第五章で詳しく論じることとする。ただ、ここで指摘しておくべきは、ジョン・ウエインの救出に成功した仲間たちは、その対価としてトーマス・ミッチェルの生命が奪われたことをまだ知らずにおり、トーマス・ミッチェルの死をいま知ったばかりのアーサー・シールズはといえば、ジョン・ウエインを救出したことの代償としてトーマス・ミッチェルが命をうしなったことを知らずにおり、さらには彼の犠牲によって故郷に戻れたはずのジョン・ウエインもまた、そうした肝心の事態を知らずにいる。こうした無知の三重化によって、「囚われる」ことがこれほど救いのないシニカルなイメージにおさまったフォードの作品はおそらくほかにはあるまいと見る者に漠然とながら意識させるという点が重要なのである。

実際、「幽閉」された者たちの「奪回」は、フォードにあっては苛酷きわまりない試練にほかならず、そこには必ず相応の対価が要請されるので、安易な人道主義が顔をのぞかせたりする余裕などないからである。そして、後にエルヴィス・プレスリーまで口ずさむことになる誰もが知っているポピュラーな《Harbor Lights》のけだるいメロディーが、鎮魂の調べのように響く。不意に雲が太陽をさえぎったのだろうか、手すりに身を寄せるアーサー・シールズを遠景に配した画面はにわかに影につつまれ、その暗さにエンドマークが浮き上がると、同じメロディーがクレジットを締めくくる。

ここでの音楽は、その後のフォードがよくやる同語反復的なポピュラーな名曲の使用とは明らかに異なっている。これはアイルランド民謡でもなければアメリカ合衆国のそれですらなく、この作品が撮られるほんの数年前に流行したばかりのいわば新曲だからである。アイルランド系のジミー・ケネディー作詞、ヒュー・ウィリアムズ作曲による《Harbor Lights》は、一九三七年の発表いらい全世界で愛好されたイギリスのパブ・ミュージック風のメロディーであり、その点でなら、イギリスの港を舞台としたこの場面にふさわしいものかも知れない。

だが、この音楽を作曲したヒュー・ウィリアムズは、ウイーン系の亡命ユダヤ人ウィルヘルム・グロッシュがアメリカ合衆国で生きるために受け入れた仮の名前にほかならない。20年代の後半からヒトラーの登場まで、ベルリンで前衛芸術家の一人として活躍したこの作曲家＝ピアニストは、『果てなき航路』が撮られたときには、亡命先のニューヨークですでに客死していたのである。いわば「囚われ」の身にある作曲家の甘いメロディーで『果てなき航路』を何気なくしめくくってみせるジョン・フォードは、ジャン＝マリー・ストローブとは異なる意味で、真の意味でブレヒト的な映画作家といえるかも知れない。

Ⅲ　怪我、あるいは敗北の回避

概念と主題

なぜか「敗北」や「失敗」の主題にこだわるピーター・ボグダノヴィッチは、「『敗北』や『失敗』の悲劇であると同時に、そこに内在している『特殊な栄光』」を描くことをフォードがとりわけ好んでいたという事実を何とか立証したがっているようだ。これは「もっともしばしばくり返しあらわれる主題だ」と書くのちに映画作家ともなるこの若い批評家は、その論考「詩人にして喜劇役者」の中で、第二次世界大戦直後に撮られた『コレヒドール戦記』が、合衆国にとっての悲惨きわまりない敗北であるフィリピン戦線に舞台を設定していることがそれを証明していると主張する。そして、その論考とともに『ジョン・フォード論』を構成する長いインタビューの中で、その確信をフォード自身に何度か問いただすことになる。

「『コレヒドール戦記』は勇気ある〝最後の抵抗《ラスト・スタンド》〟を描いています。この〝敗北の中の栄光〟、もしくは〝気高い敗退〟とでも言うべきテーマは他のフォード作品を通じて度々見受けられますね」というボグダノヴィッチの問いに対するフォードの答えは、「そうかね、偶然だと思うが」というごくそっけないものだ。「そう解釈してくれるのはたいへん嬉しいがね」とことわりはするが、「それらの作品のストーリーを書いたのは私じゃない」のだし、意識してそうしたつもりはないと彼は断言する。「しかしそれを選んだのは、あなたです」と追いうちをかける質問者に、老齢の監督は、「私が立ち合った戦闘はいつも勝利を得た」と豪放にいいはなつ。

第二次世界大戦中のみずからの軍隊経験からして、「〝敗北の中の栄光〟、もしくは〝気高い敗退〟」などというものに立ち会ったためしなど一度としてないというのである。もっとも、若い批評家を慰めようとするかのように、「下意識の領域でそうしたこと――『〝敗北の中の栄光〟、もしくは〝気高い敗退〟』にこだわること――はあるかもしれないが……」と監督はいいそえている（註9）。

『荒鷲の翼』や『最後の歓呼』についても同じ質問をくり返すボグダノヴィッチに対して、「何といったっけ、『敗北の中の栄光』かね？ よろしい。そうしておこう」と相手の言葉をフォードもいったんは容認しているかにみえる。だが、『最後の歓呼』について、「これはよくできた性格分析で、この映画はとても好きだ」という彼の答えは、問いの文脈そのものをはぐらかしているかのようだ。しかし、ここでのフォードの態度は一貫して正しいといわねばならない。「敗北の中の栄光」という言葉は、フォードが撮影の一部を受け持ったといわれているジョン・ウエイン監督の『アラモ』（1960）のような名誉ある敗北の物語にこそふさわしいもので、決してフォード的なものではないからである。

フォードとボグダノヴィッチとの行き違ったやりとりを受けつぐかたちで『ジョン・フォード論』を書き始めるジャン＝ルー・ブールジェは、その第一章を「敗者たちの栄光」と名付け、ボグダノヴィッチ同様、『最後の歓呼』、『コレヒドール戦記』、『荒鷲の翼』の三作の考察にあてている（註10）。ただ、そこでの著者の立論は、ボグダノヴィッチほど単純ではない。こうした作品に「敗者たち」への深い共感がこめられているのは間違いないにせよ、いかなる意味においてもフォードは「敗者のロマンチシズム」には行きつかないし、ましてやみだりに勝利を謳歌することなどあろうはずもなく、ヒロイズムほどその世界から遠いものはないとブールジェは書く。何かを理想化する作業もなければ善悪の二元論もなく、ときとして矛盾や曖昧さが作品をわかりにくくさえしているというのが彼の論点である。

『果てなき航路』における「囚われる」ことの主題の一貫性に立ち会ったばかりの者としては、フォードの作品に「もっともしばしばくり返しあらわれる主題」が「敗北」であり「失敗」であるというピーター・ボグダノヴィッチの立論を読むことには、いくぶん居心地の悪い思いがつきまとう。ジャン゠ルー・ブールジェによるその批判的な解読もまた、説得的なものとして受け入れることは難しい。例えば、『果てなき航路』の最後に描かれている「幽閉」者を「奪回」する試みは、すでに述べたように、「敗北」とも「失敗」とも異なるより複雑な水準に位置しているからである。

実際、救出は、それに見合った対価なしにはありえないというフォード的な状況は、「勝利」と「敗北」、もしくは「成功」と「失敗」という対立概念そのものを崩しかねないものである。ジャン゠ルー・ブールジェも指摘しているように、『最後の歓呼』と『コレヒドール戦記』に敗者への深い共感が描かれているのは確かだとしても、ピーター・ボグダノヴィッチがいうように、それが「もっともしばしばくり返しあらわれる主題」だとはとてもいえない。だからといって、ブールジェのように、主題ごとに作品を分類するという姿勢がフォードの理解にとって意義深いかといえば、これにも疑問を覚えざるをえない。いうまでもなく、作品は、題材の類似によって分類されるために撮られたりするものではないからである。

おそらく、ここで、「主題」という語彙について改めて触れておく必要があるかもしれない。ボグダノヴィッチがその一語にこめようとしているのは、見る者が作品に読みとる作者の意図の複数の中心の一つといったものにほかならず、例えば「囚われる」ことのように、観客の解釈以前に画面に露呈されている「フィルム的な現実」の意義深い連鎖や配置をいうのではない。実際、『コレヒドール戦記』や『最後の歓呼』に見られるのは、「敗北における栄光」というより、たんに有効に機能せずに終わった軍事戦略と選挙運動にほかならない。そのことで兵士たちは「消耗品」——「彼らは消耗品だった」(*They Were Expendable*)というのが『コレヒドール戦記』の原題である——として戦い続けねばならないし、市長もその座を追われ、急逝することになるのだが、映画作家があえてそれを描いたのは、「気高い失敗」や「敗北における栄光」という概念の擁護をその題材にみていたからだ、というのがボグダノヴィッチの主張である。

だが、その種の主張は、あくまで論者の側のやや安易な道徳的価値判断にすぎない。その背後には、たんなる「失敗」や「敗北」は映画の主題とさるべきではなく、それを人生にとって意味あるものとすべき視点の導入が必要だとするごく退屈な観念論が横たわっている。そこから、「気高い」だの「栄光」だのといった既成の肯定的な語彙が導きだされることになるのだが、ことによると、ハリウッドとは、その種の道徳的価値判断の共有を糧に生きのびてきた文化産業だったのかも知れない。

実際、ジョン・フォードという監督は、作品ごとにその種の道徳的な価値判断の対象となり、あるときは好戦的な軍国主義者として批判され、またあるときはリベラルな人道主義者とみなされ肯定されてもきたのである。そうした二元論にうんざりしたボグダノヴィッチが「敗北における栄光」という概念でフォードを救おうとしたのはわからぬでもない。だが、フォードは、そうした観念論による擁護をいささかも必要としていないきわめて現実的な映画作家なのである。現実的というのは、例えば戦争という「概念」そのものではなく、そのまぎれもない細部の光景を作品の「フィルム的な現実」としてたえず描き続けてきた、ということにほかならぬ。

その種の道徳的な価値判断によって初めて思考の場に浮上する概念を指摘され、「偶然の一致だと思うが」とうそぶくとき、監督ジョン・フォードは決定的に正しい。わたくしもまた、その種の概念を「主題」と呼ぶことはさしひかえたいと思う。ここで「囚われる」ことの主題としてその痕跡をたどってきたのは、第五章で扱う「投げる」ことの主題がそうであるように、画面で具体的に演じられている存在や事物のまぎれもなく目に見える文字通りの運動にほかならず、そこにはいかなる道徳的な価値もこびりついてはいなかったはずだ。

では、そうした「主題」論的な見地から、ボグダノヴィッチやジャン゠ルー・ブールジェが話題にしていた三本の作品を見てみるとどうなるか。すぐさま人目を惹くのは、いずれの作品においても、身体的な障害が主要な人物を深く傷つけているという共通点である。これは、「敗北の中の栄光」といった不可視の概念ではなく、目に見える事故として画面に生起し、生ある存在からその動きを瞬時に奪ってしまっている。

実際、『コレヒドール戦記』のジョン・ウエインは、日本軍戦闘機の機銃掃射で右手を負傷し、入院までして治療を受けねばならない。『荒鷲の翼』のジョン・ウエインの場合はさらに深刻で、足を踏み外して階段から転げ落ち、一時的にせよ全身不随に陥る。『最後の歓呼』のスペンサー・トレイシーもまた、階段の途中で発作に襲われ、その場に昏倒するしかない。重要なのは、それぞれの運動する主体から主体の運動が奪われることなのであり、その肉体的な不自由が「囚われる」ことの主題につながるのはいうまでもない。

いずれの場合も、彼らはしばらくベッドに横たわらねばならず、そのことが物語に大きな変化をもたらしていることに注目しよう。『最後の歓呼』の場合、市長選挙に落選したスペンサー・トレイシーは、病状を気づかって家の前にかけつけた市民たちの「歓呼」を耳にしながら他界する。『荒鷲の翼』のジョン・ウエインは、自力で動くこともかなわず、海軍と家族に対するかかわり方を根本的に変えねばならない。『コレヒドール戦記』のジョン・ウエインは、負傷したことで女性軍医のドナ・リードと知り合いになるという、新たな状況を引き寄せているのである。

こうした事故がそれぞれの作品で演じている役割をここで詳細に分析することはせずにおく。ただ、『コレヒドール戦記』におけるジョン・ウエインの負傷した右腕については、ぜひとも触れておかねばなるまい。というのも、彼の動きを奪われた不自由な右手はその後の映画でも何度かくり返され、「囚われる」ことの主題との関係で無視しがたい役割をはたすことになるからだ。

ジョン・ウエイン、この脆弱なヒーロー

ジョン・フォードにおけるジョン・ウエインほど、傷つきやすく脆弱なヒーローもまたとあるまい（註11）。『駅馬車』の彼はともかくとして、『果てなき航路』の若い海上労働者は眠り薬を飲まされて昏倒するしかなかったし、『コレヒドール戦記』の魚雷艇の操縦者は交戦中に機銃掃射で利き腕にしたたかな傷を負うことになったし、『黄色いリボン』の退役間際の大尉は老眼鏡をかけねば贈られた懐中時計の針も読めないといった始末である。『リオ・グランデの砦』の指揮官も、作戦遂行中にインディアンの矢を胸に受けとめて落馬するし、『静かなる男』では未来の義兄の一撃をくらってその場に転倒するしかない。『捜索者』でも、肝心な瞬間にインディアンの矢に胸を貫かれてピストルを発射しそびれるし——結果的には、それで姪を殺さずにすんだのだが——、『荒鷲の翼』では事故で全身不随に陥り、一時は松葉杖での歩行を余儀なくされる。『騎兵隊』でのジョン・ウエインは太股に被弾し、憎悪する軍医の治療を受けねば指揮をとることさえかなわぬ身となるのだし、『リバティ・バランスを射った男』では、友人たちの誰よりもさきに他界しなければならなかったほどである。しばしばそう勘違いされているように、ジョン・ウエインは「不死身のヒーロー」などではいささかもない。少なくとも、ジョン・フォードの作品での彼は、怖ろしく傷つきやすい脆弱な存在なのである。

実際、ジョン・フォードほどジョン・ウエインに身体的な不自由を背負わせてみせた映画作家はほかに想像しがたい。なるほどハワード・ホークスは、その晩年にいたってジョン・ウエインに傷を負わせることにある種の楽しみを覚えているかに見える。事実、『エル・ドラド』（1966）での彼は脊髄の神経を傷つけられているし、『リオ・ロボ』（1970）では松葉杖をつかねば歩行できないほどである。だが、フォードにあって

の彼は、すでに壮年期から満身創痍だといってもそこにいかなる誇張も含まれてはいない。彼はいたるところで傷を負って武器も持てなくなるし、歩くことにさえ他人の助けを必要とせねばならず、この役者から、一時的にせよ、身振りの自由がほとんど完璧に奪われるという状況がしばしば描かれているのである。

ジョン・ウエインを傷つけることになるこのたびかさなる事故は、いったい何を意味しているのか。「脚本を書いたのは私ではない」とうそぶくフォード自身にその理由を尋ねてみても、「偶然の一致だと思うが」とつぶやくに違いなかろうが、「偶然の一致」と思われる細部の作品の枠を超えた意義深いくり返しに方向を与え、それらに意味を付与することになるものこそ、作品に描かれた反復的な運動ともいうべき「主題」論的な体系にほかならない。ときには作者の意識的な操作を超え、具体的なイメージとして、ここでの用語によるなら「フィルム的な現実」として反復されるこれら細部の響応は、作者の意図以上に作品について多くのことを示唆している。重要なのは、その点にほかならぬ。そこで、「囚われる」ことの主題という視点からの検討を加えるために、『コレヒドール戦記』におけるジョン・ウエインの右手の負傷をさらに詳しく検討してみることにしよう。

『荒鷲の翼』がフォードにとっての旧知の人物フランク・W・ウィードの生涯に想をえているように、『コレヒドール戦記』もまた、ノルマンディー上陸作戦中にフォードが行動をともにしたジョン・ブリックリーの太平洋での活躍を描いている。この作品については「起こった事実を、正しくその通りに描こうという気持ちだった」（註12）とフォードはいうのだが、その「起こった事実」とは、彼自身もその証人たりえたはずのブリックリーによる哨戒雷艇の卓抜な操縦技術にほかならない。『リオ・グランデの砦』のベン・ジョンソンが人馬一体となったかのような軽快さで大地をかけぬけたように、『コレヒドール戦記』の魚雷艇の艇長もまた、機械を人体の一部のように自在に操作する術を心得ている。この軍人を演じているのはロバート・モンゴメリーであり、その同僚のラスティー・ライアンをジョン・ウエインが脇で支えるかたちになっている。
「起こった事実」だけが描かれているということの作品の画面を見るかぎり、魚雷艇の艇長の役目は、その高速の機動性を最大限に発揮させながら前後左右に旋回しつつ敵弾を回避し、決定的な瞬間を見きわめて敵艦に向けて魚雷発射の命令を下すことにある。そのため、操縦席に立つ艇長にとって、小さな鉄製の丸い操縦ハンドルを迅速かつ有効に回しつづけることが主な仕事となるのだが、『コレヒドール戦記』には、着弾による水しぶきや空中に炸裂する砲弾をくぐり抜けて夜間の海を疾走する魚雷艇のイメージが何度も挿入されている。そのつど、めまぐるしい水上の滑走感や、水中の魚雷の不気味な走行ぶりが見る者を惹きつけるのだが、苛烈な戦闘場面のさなかに、ハンドルを握るジョン・ウエインが被弾のショックでのけぞって右手をおさえて操縦席から身を引き離し、その間、ハンドルがむなしく回転しつづける緊迫したショットが挿入される。フォードは、ジョン・ウエインが負傷する瞬間を、短いながらぬかりなくフィルムにおさめているのである。

海戦をおえて魚雷艇が基地にたどりついたとき、応急処置の布切れが彼の右手にまかれているのはいうまでもない。その段階で、彼はすでに身体的な不自由を受け入れているのだが、それはやがて医務兵による真っ白な包帯に置き換えられる。だが、その負傷を司令部には報告しないよう、彼は中尉という上官の立場を利用して圧力をかけたようだ。その結果、患部が化膿し、高熱があるのを隠してまで彼は任務を続行しようとするが、出航の直前にロバート・モンゴメリーに見とがめられ、彼が代わって任務を遂行することになる。

手の傷が思いのほか悪化した中尉は、余儀なく病院行きを受け入れる。地下壕を思わせる暗い医務室で治療にあたるのは、美貌の女医ドナ・リードである。だが、彼女が自分と同じ中尉という階級であったことからジョン・ウエインは無闇な口答えができなくなり、医師に指示されるまま体温計を口に含み、ズボンを脱がされまでして、白い包帯でおおわれた右手をさらに黒い三角巾で胸につるさざるをえなくなる。

このとき、『コレヒドール戦記』は、ジョン・ブリックリーの伝記映画からゆるやかに遠ざかり、傷つきやすい肉体の持ち主ジョン・ウエインに視点を限定したフォード的な作品へと変貌する。医務室は戸外の光線さえとどかない密閉空間として設計されており、その低い丸天井の廊下を往来する人物たちはおおむね逆光でとらえられ、思い切り影が誇張されているので、その視覚的な効果が「囚われ」の意識をきわだたせるからである。

日本軍機の来襲とともに灯火管制がしかれ、医務室の電球も点滅しがちとなる中、運ばれてくる負傷兵の体を覆っている布を持ち上げて治療の補助をする場面でのドナ・リードの無言のクローズアップが素晴らしい。この作品の彼女は、ほとんど窓のない病棟や夜の暗さの中に登場し、その横顔に落ちかかるそのつど変化する人工的な照明が、まるでフィルム・ノワールのヒロインのようにその表情を翳った視界に浮き上がらせている。彼女は、男たちとは異なる領域で職業意識を貫徹する女性医師として、これまでに見た「医師の受難」という文脈にもおさまりがつかぬ対等なパートナーシップをもって、傷ついた男たちと向かいあっている。ジョン・ウエインの傷ついた右手が、女医ドナ・リードの手でしっかりと固定され、白い包帯を先端にのぞかせた大きな黒い三角巾で肩から胸もとに垂らされることになるのはいうまでもない。

かくして、しばらく魚雷艇の操縦もかなわなくなった中尉は女医と親しくなり、やがて薄暗い光の中でのパーティーで、肩から右手を胸元に吊したままの姿勢で馴れないダンスを踊ることになるだろう。暗がりの中で二人が身を寄せて語り合うシーンでは、微塵も感傷性をおびることのない硬質の抒情が画面を引きしめている。そこに、ある任務をおびたロバート・モンゴメリーが姿を見せ、ジョン・ウエインと短い打ち合わせをしてから、彼をともないその場から遠ざかる。去ってゆくその後ろ姿に向けて、ドナ・リードはラスティーとそのファーストネームを呼びながら、置き忘れていた彼の軍帽を勢いよく放り投げる。「投げる」ことの主題の思いがけぬ登場とともにフェイドアウトでこのシークェンスは終わるのだが、それがどれほどジョン・フォードにふさわしい署名であるかは、あえていうまでもない。

「禁止」の力学と女性

交戦中に決まって傷つき、身体的な不自由をかかえこむことになるジョン・ウエイン。それは、負傷してもなお闘うという勇敢さをきわだたせるための口実ではいささかもない。事実、右手を胸元に固定された彼は、素直に魚雷艇の操縦を放棄し、病院での治療に専念することになるだろう。無理を承知で危険に立ち向かうことは、ジョン・フォードにあってはいささかも勇気の証明とはならないからである。『コレヒドール戦記』のジョン・ウエインがそうであるように、フォードの男たちは、事故で一時的にせよ身体的な能力が低下した場合、他人からの有効な援助を素直に受けいれるし、また、そうしないかぎり生還さえおぼつかないことをよく知っている。

この戦争映画の負傷者ジョン・ウエインは、包帯で固定した手を三角巾で胸元につり下げるイメージとして反復され、『リオ・グランデの砦』と『捜索者』の負傷者ジョン・ウエインへと受けつがれ――『三人の名付親』のハリー・ケリー・ジュニアや、『リバティ・バランスを射った男』のジェームズ・スチュアートの左手の三角巾については、ひとまず語らずにおこう――「囚われる」ことの主題の意味を改めて考えさせずにはおかない。

実際、6年の歳月をへだてて撮られたこの二本の西部劇の肝心な場面で、彼は二度もインディアンの放った矢で胸を傷つけられ、その場で行動の自由を奪われている。いずれも、「囚われ」た者の「奪回」の過程でのことだが、『リオ・グランデの砦』の場合は幌馬車ごと奪われた子供たちの「奪回」であり、『捜索者』の場合は、家を焼き払われ、両親を虐殺された上に拉致された姪の「奪回」だったことをここで思いだしておこう。

これまでの分析からするなら、こうした負傷を、救出とその対価という文脈で理解することも不可能ではない。実際、『リオ・グランデの砦』の子供たちは騎兵隊によって救い出され、『捜索者』のインディアンとして育てられた姪もまた、最終的には伯父の腕に抱かれての帰郷をはたすからである。だが、ここで指摘しておかねばならないのは、いずれの作品においても、ジョン・ウエインのこうむる傷が予想以上に深刻なものだということであり、そこには、不可視の「禁止」の力学ともいうべきものが作用しており、彼から運動の自由を奪っているのだと理解せざるをえないのである。

実際、子供たちを奪ったインディアンの集結する部落に攻撃を仕掛ける『リオ・グランデの砦』の指揮官は、ピストルを握って攻撃を指揮している隙にいきなりインディアンの矢で胸を射抜かれもんどり打って落馬し、その場に転倒して動けなくなる。彼は新兵である息子に矢を抜かせ、その手を借りてかろうじて馬にはまたがったものの、砦への帰還には、馬に引かれた手作りの担架に横たわらねばならない。そのとき駆けよったモーリン・オハラに手をそえられて並木道を引かれてゆく彼の姿ほど、フォードにおけるジョン・ウエインにふさわしいものもまたとあるまい。あるいは、右手を黒い布で肩から吊ったまま最後の閲兵式に臨む彼の立ち姿こそ、優れてフォード的な「禁止」の力学の勝利そのものだというべきかも知れぬ。

『捜索者』の場合は、ジョン・ウエインの胸を貫く矢はインディアン襲撃の予告にほかならず、甥――とはいえ、彼とは血のつながりはないのだが――のジェフリー・ハンターに手をそえられて馬で岩山に逃げ込むものの、傷ついた左の胸に手をあてがったままかろうじて右手で拳銃を握り、すさんだ表情で防戦する――受けた傷で、ライフルは握れないので――彼の姿勢はいかにも痛々しい。ここでも、目に見えない「禁止」の力学が彼から運動の自由を奪っていることは明らかである。危機を脱してからの彼の裸の胸には大きな包帯がまかれ、左腕も布切れでしっかりと固定されるほどで、死を覚悟した彼は遺言さえ書くことになるのだが、彼は、その場で姪の救出を放棄し、「捜索」の旅を中断せざるをえない。

フォードの西部劇におけるジョン・ウエイン——というよりフォードのほとんどの作品にあってはといい直すべきかも知れない——は、何故これほど重傷ばかり負い、腕を三角巾で胸元に吊さねばならないのか。しかも、片腕を胸に固定させたイメージの反復がきわだたせているように、どうして彼の片手の動きばかりが禁じられるのか。いざという瞬間に不意に機能し始めるこうした「禁止」の力学は、いったい何を示唆しているか。

　それを検討する前提として、彼の作品における脚本と演出との関係について触れておく必要があろうかと思う。たしかにフォードのいう通り「脚本を書いたのは私じゃない」のだが、負傷したジョン・ウエインの腕を三角巾で胸元に固定することは、第五章で見てみることになる「投げる」ことの主題の大半がそうであったように、脚本ではなく、被写体の視覚化にかかわる演出の問題だからである。その姿は、作品を超えて、「フィルム的な現実」として反復される。実際、黒い三角巾で腕を胸の前に固定させたジョン・ウエインはそれだけで絵になり、画面のインパクトを増すのだが、問題はそうした視覚的な効果にかぎられているわけではあるまい。

　戦争映画『コレヒドール戦記』の場合、ジョン・ウエインの右手の傷は、戦場での応急処置、帰還後の荒療治、病院での本格的な治療、快方へと向かう治癒の過程といった異なる段階で、それぞれ包帯の巻き方や、胸に吊す布切れの様子が変化しているのだが、見落としてならないのは、そこに女医ドナ・リードの意図が介在しているということだ。少なくとも、彼女を前にしているかぎり、この映画のジョン・ウエインの右手はたえず包帯におおわれているのである。蠟燭の炎だけを光源として将校たちが彼女を囲む晩餐の席でも、彼は包帯をまかれたままの右手を彼女の肩にそえるのだし、秘密の任務をおびて出発しなければならない旨を彼女に知らせる電話の受話器を、彼は左手で握らねばならぬほどだ。この場合、負傷は、明らかに異性との関係を深める説話論的な機能を帯びているといわざるをえない。

そこに作用している「禁止」の力学は、かりに一時的にせよ――『荒鷲の翼』の場合は、それはほとんど決定的となるのだが――、魚雷艇を操縦すること、馬にまたがること、銃器を操ること、あるいは異性を胸にだきかかえることなど、男性にふさわしいと思われる機能のいちじるしい低下を余儀なくさせる。

事実、『リオ・グランデの砦』のジョン・ウエインは、指揮官でありながら、任務の遂行後に隊列の先頭で馬にまたがって帰還する勇姿を見せることもかなわず、砦の並木路にそって心配げに待つモーリン・オハラの前に、馬の引く担架に揺られてほとんど意識もないまま戻ってくる。胸に包帯を巻かれ、腕を三角巾でつるされた彼は、起きあがる力もなく、妻に息子の活躍をかろうじて知らせるだけで、手をそえられても微笑むことすらできない。それ以後、彼はその腕を首に吊して姿を見せるのだが、そのかたわらには、モーリン・オハラが必ず立ち会っているのだから、胸の傷と異性との関係はここでも否定しがたいものとなっている。『捜索者』における「禁止」の力学の機能は、それとはやや異なっている。胸を射抜かれてライフルさえ握れなくなったジョン・ウエインのかたわらには、甥のジェフリー・ハンターしかおらず、『コレヒドール戦記』や『リオ・グランデの砦』におけるように介抱する女性は一人も姿を見せていないからだ。しかし、ジョン・ウエインの負傷を誘発する起源として、女性が存在していることは見落とさずにおきたい。誰もが記憶しているように、矢は、コマンチ族の衣裳で水辺に姿を見せた姪のナタリー・ウッドをかばうジェフリー・ハンターに、どけと叫んでピストルを構えるジョン・ウエインの胸を貫くのであり、それをめぐっては「投げる」ことの主題をめぐって、改めて第五章でくわしく分析されることになるだろう。

では、ジョン・ウエインは、どうしてピストルを握ったのかとここで問わねばなるまい。姪の「奪回」をめ

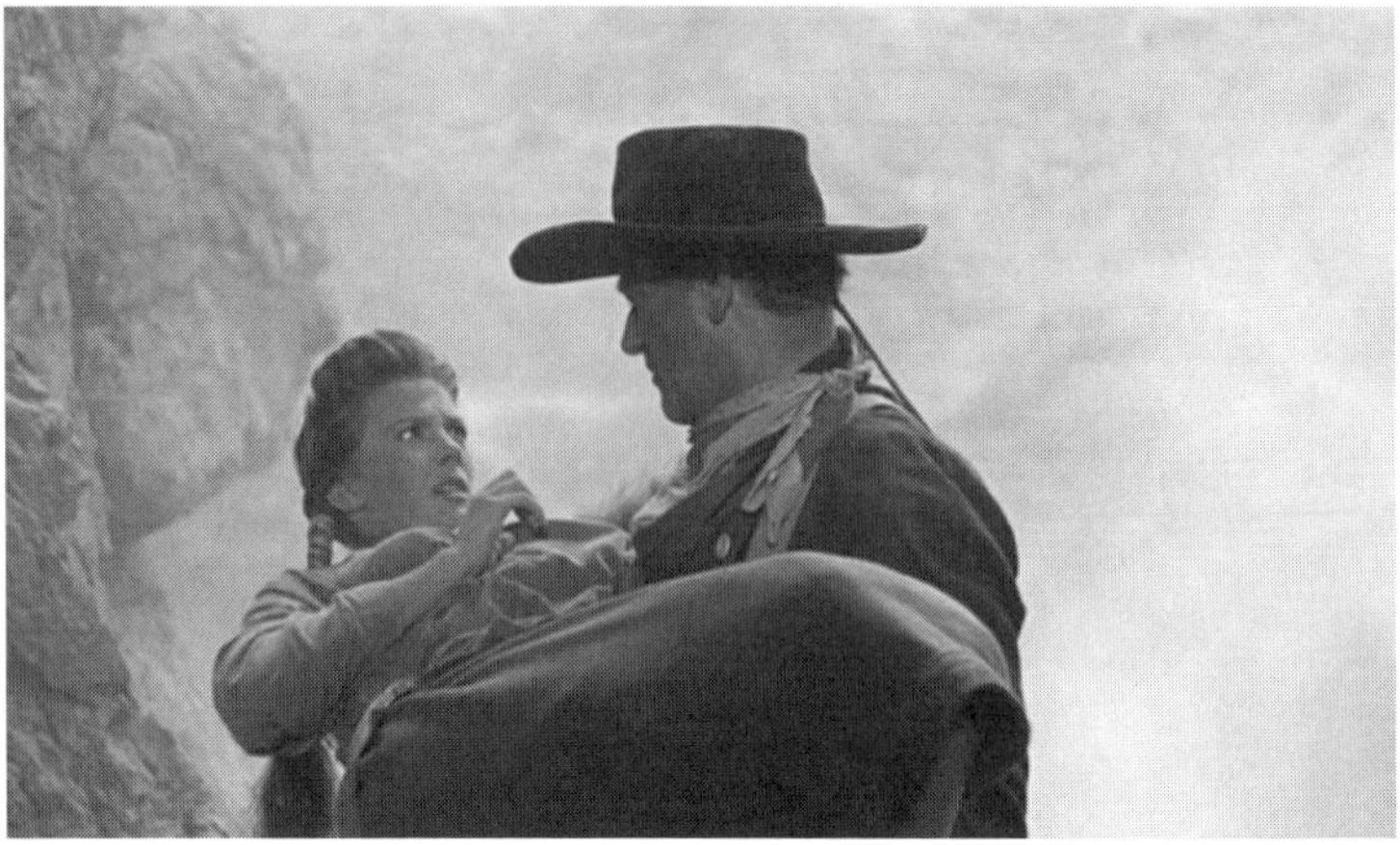

『捜索者』より。ナタリー・ウッドとジョン・ウエイン

ざしていたはずの旅が、ほとんどその「抹殺」を目的とした旅へと変質してしまっているかにみえるのはいったい何故なのか。それは、救出すべきナタリー・ウッドがまぎれもなくコマンチの女として振る舞っているのを見てしまったからだろうか。それとも、彼女が、すでに他人に所属する女性となってしまっていたからか。あるいは、酋長のテントで、自分の母親の頭から剝ぎとられた髪の毛を彼女が平然と彼に見せたからなのか。さもなくば、みずからの中に生きている彼女の母親に対する執着を無理にも断ちきろうとする、ほとんど自己処罰的な振る舞いからなのか。長い歳月におよぶ救出の試みそのものを、その根底から否定するシニシズムがそこにこめられているのか、等々、問いはいくつも形成される。いずれにせよ、それが、誰かの生命を奪うためというより、ほとんど自殺に近い自己処罰的な衝動につき動かされているようにみえることだけは確かである。

　だが、インディアンの放った矢は、こうした理由の詮索をその場に放置したまま、一挙に追跡の運動を始動せしめる。二人は姪のデイビーをその場に放置したまま岩山に逃げ込み、酋長に指揮されたインディアンの一群を何とか撃退する。その後、ここでのジョン・ウエインの凶暴な振る舞いの意味を説明しうるいかなる挿話も物語の中に見いだすことはできず、人は、ただ、インディアンの襲撃を誘発した拳銃の発射の中断に立ち会うのみである。

勿論、フィルム体験の現在を離れたところで、この振る舞いの意味をあれこれ考えてみることならいくらもできる。だが、ショットの連鎖が見る者に語りかけているものの水準にとどまってこの場面を要約してみるなら、それは、ジョン・ウエインが拳銃を握った瞬間に、インディアンの矢がその発砲を妨げたという事実につきている。「禁止」の力学は、その一瞬に、より正確にいうならその一瞬にのみ作用している。それは、いったい何を意味しているか。

拳銃を撃ってはならぬ、あるいは「抱きあげる」こと

あえて字義通りの「フィルム的な現実」の解読に徹してみるなら、『捜索者』のこの場面でのショットの連鎖は、音もなく宙を横切る一本の矢が、拳銃を握ってはならぬという瞬間的な「禁止」の力学をあたりに作用させ、それにさからいかねぬジョン・ウエインから、「懲罰」として身体の自由な運動を奪っているというごく簡素な文脈にゆきつく。その存在を察知しえなかったインディアンが、敵としての白人を不意打ちするとも要約しうるこの画面は、同時に、拳銃を握ってはならぬ、ましてやそれを発砲してはならないとも語りかけているかにみえる。では、この字義通りの意味に還元された視覚的な記号のかたちづくる文脈の中で、ジョン・ウエインは、どのように振る舞えばよいのか。

まず、この字義通りの記号がおさまる文脈が、拳銃を握ってはならぬという「禁止」として、すでに『リオ・グランデの砦』に姿を見せていたことを想起しておかねばなるまい。実際、作品の終わり近くで、拳銃を握って作戦を指揮していたその瞬間、物陰に隠れたインディアンの放った矢が馬上の指揮官ジョン・ウエインの胸を貫く。「救出」のための掃討作戦の指揮をとっていた彼が拳銃を握っていたことを思いだすなら、二つの作品でのジョン・ウエインがほぼ同じ振る舞いを演じていたことは誰の目にも明らかとなる。

インディアンにさらわれ、教会に閉じこめられていた子供たちの救出がほぼ成功したとき、さらに突撃の命令を下して隊列の先頭に立つ彼の右手は、『捜索者』の問題の場面と同様、ピストルを高くかかげていたのである。その指揮官が胸を矢で負傷するのだから、二本の西部劇におけるジョン・ウエインは、ほぼ同じ状況に置かれていたといってよい。拳銃を握ってはならず、ましてやそれを無闇に発砲してもいけないという「禁止」がそこに作用しているのは否定しがたい「フィルム的な現実」だからである。しかも、ほとんどのインディアンが銃で応戦している『リオ・グランデの砦』と『捜索者』において、ジョン・ウエインを傷つける武器が、いずれも音もなく放たれる弓矢だったという点も共通している。

だが、こうした字義通りの意味に還元された記号の配置を、拳銃による殺戮の「禁止」という一般論として理解してはなるまい。また、弓矢という神話的な武器が拳銃を制するというかたちでの、未開と文明の対立における未開の勝利という点だけに注目してもなるまい。ここに作用している「禁止」の力学はあくまでジョン・ウエインの行動を規制するものであり、しかも、そこで弓矢によって規制されているのは、片手で握ることのできる拳銃の発砲にかぎられているのである。

ここで、ジョン・フォードの西部劇におけるジョン・ウエインが、ごく稀にしか拳銃を握らない存在だという事実を思いだしておく必要がある。事実、リパブリック社のB級西部劇では気ままに拳銃をふりまわしていたこの西部劇スターも、ジョン・フォードの作品に初めて主演者として迎えられた『駅馬車』では、一度も拳銃を握ることがなかった。インディアンの襲撃が火急の危機として迫ってくるまで、彼は手錠で両手の自由を奪われたままそれを胸元にかかえ込んでいたのであり、その後ももっぱらウィンチェスター銃だけを手にして防戦しており、拳銃は一度も発射していない。

見落としてならないのは、『荒野の決闘』でヘンリー・フォンダを巧みな拳銃使いとして描いているフォードが、その後の西部劇でジョン・ウエインに拳銃を握る機会をほとんど与えていないという事実である。「騎兵隊」三部作でも事態に変化はなく、『リオ・グランデの砦』の最後の人質救出の場面と、『捜索者』の岩山での防戦シーンと、インディアン部落の襲撃シーンでのみ、フォードは例外的に彼に拳銃を手にさせているのである。拳銃を握ることもある『三人の名付親』のジョン・ウエインもまた、生まれたばかりの嬰児を胸にかかえたまま徒歩で砂漠を横断しなければならなかったのだが、ここでは、片手で拳銃を握るのではなく、両手で赤子を抱えるという仕草が彼を渇きから救ったのだという点が重視されなければならない。『駅馬車』では手錠が彼の両手を胸元にかかえ込ませていたように、『三人の名付親』でも、フォードは赤ん坊を抱かせることで、ジョン・ウエインから両手の自由を奪っている。この両腕の位置の共通性は、フォードにおいては、この役者に何か両手でかかえ込ませることの方が、片手で拳銃を握らせることより遥かに安全につながり、救いのありかを示唆しているのだといえるのかもしれない。確かに『リバティ・バランスを射った男』のジョン・ウエインは弁護士のジェームズ・スチュアートにピストルの撃ち方を教えはするが、この作品でも彼が拳銃で敵と対決する場面はなく、かりに拳銃を握ったにしても、それは銃把で相手を殴り倒すためでしかない。

そうした視点からすると、ジョン・ウエインが拳銃を構え、何度もそれを発砲している『捜索者』という作品のジョン・フォードの西部劇における例外性がきわだってくるはずだ。実際、この作品では、生き残るための防御ではなく、ほとんど理由のない凶暴な身振りを誇示するものとして彼は拳銃を握る。それは、例えばすでに埋葬されたインディアンの死骸に向けて発砲され、まわりの者たちを唖然とさせる。だが、それを、ジョン・ウエインの演じるイーサン・エドワーズという人物を他から引き離す人種差別的な振る舞いとることはさしひかえねばなるまい。この作品の登場人物は誰もが多少ともインディアンを怖れており、死者の冒瀆をいさめるキリスト教的な精神にもかかわらず、意識されざる人種差別は広く共有されているはずだからである。だが、ジョン・ウエインの憎しみは人種差別には到底おさまりがつかぬほど孤独な凶暴さをおび、だからこそ、『捜索者』のインディアンの村の襲撃シーンでは、凶暴そのものの突撃場面がきわだち、そのことがかえって人々の意識されざる人種差別をきわだたせることになるのである。

この映画でジョン・ウエインの凶暴さを共有している唯一の人物は、ベルリン生まれのドイツ系俳優ヘンリー・ブランドンが演じているコマンチ族の酋長スカーである。二人は、奪われたジョン・ウエインの姪をはさんで、奇妙な鏡像関係にあるとさえいえるだろう。実際、ジョン・ウエインはコマンチ族の習慣を模倣するかのように、酋長の遺体の頭から髪の毛をはぐことになる。こうして、弟の妻マーサを惨殺し、その髪の毛をはいだ男と彼は同等の立場に立つことになる。

だが、ジョン・ウエインがコマンチの酋長と共有していないものがたった一つだけある。それは、彼が拳銃を握ってはならず、それを発砲してもいけないという「禁止」の力学に身をさらしているということだ。その点で、彼は、フォード的な存在だけに許された身振りの記憶に耳を傾けることのできる人物なのだといえる。家につれ戻すべく捜索の長旅にでていた彼が姪に拳銃を向けたのは、その孤独な凶暴さが身振りの記憶をよみがえらせることを知っていたからにほかならない。すでに見たように、その孤独な男の右手が拳銃を握るとき、一本の矢がその胸に命中して「禁止」の力学を作用させる。拳銃を握ってはならない、ましてやそれを発砲してはならない。にもかかわらずジョン・ウエインが拳銃を握って発砲しそうになれば、主題論的な体系が「懲罰」を通して「勧誘」の力学を働かせることになるだろう。

では、その「勧誘」の力学とは何か。それを論じるには、主題論的な力学の作用を受けとめ、字義通りの意味に還元された「フィルム的な現実」のかたちづくるこの文脈を、さらに簡潔な要素に分解してみなければならない。すると、それは、拳銃を握る場合がそうであるように、片手だけを使ってはならないという「禁止」にゆきつく。「懲罰」として傷を負い、そのつど片腕を三角巾で胸元にかかえこまねばならなかったとき、その不自由な姿勢には、ある「勧誘」が隠されていることが明らかになるはずだ。それけ、片腕のみならず、両手を胸元にかかえ込めという「勧誘」にほかならない。

その思いもかけぬ「勧誘」は、「囚われる」身として不自由な姿勢と思われたものが、より大きなフォード的な自由のありかを示唆することになるものだ。拳銃を握って片腕を振り上げるのではなく、何も持たずに両手を胸元にかかえこむこと。ちょうど『駅馬車』のリンゴー・キッドが、そのローズバーグへの行程のほとんどを、手錠をはめられた両腕をかかえこむようにして馬車に揺られていたように、両手を胸元にかかえこむこと。すると、そこには、『コレヒドール戦記』のドナ・リードが微笑みかけ、『三人の名付親』の嬰児が眠っていたように、『捜索者』の失われていたはずの姪もまた、彼の両手の中に身を横たえることになるだろうというのが「禁止」のさきに隠されていた「勧誘」の意味にほかならない。

そのとき、『捜索者』における長い捜索の旅は、「懲罰」を代償として「勧誘」に出会うにいたる試練にほかならないことが明らかになる。作品の冒頭、長い不在の後に弟の家に帰り着いたジョン・ウエインの両手は、かつて愛していたのだろうその妻マーサの額に軽く接吻するとき、その腰にそっとそえられていたにすぎない。また、ドロシー・ジョーダンが演じているマーサの両手はといえば、彼の脱ぎ捨てた衣服を人目を避けるようにそっと胸元にかかえこむことしかできなかった。だから、抱擁は、この男女においては、間接的に素描されることしかなかったのである。この帰還直後の場面で描かれている両手の雄弁な動作はといえば、姪のデイビーを高々と抱き上げるジョン・ウエインのそれのみである。片手で拳銃を握ることを「禁止」する力学は、そのとき素描された抱擁を再現せよと「勧誘」しているのである。

『捜索者』の最後で、事態はその「勧誘」通りに進行する。ジョン・ウエインは、そのとき自分にふさわしい身振りが何であるかを不意に思い出す。拳銃を握る凶暴な片手のイーサンから、腕で何かをかかえ込む両手のイーサンへの変化が生きられるのである。実際、ジャン＝リュック・ゴダールがその『映画史』に何度も引用したインディアンの部落に攻め込むジョン・ウエインのピストルを握った馬上の凶暴な身振りを捉えた横移動から、コマンチの酋長の髪を剝ぐ場面に続いて、ナタリー・ウッドを追いかける彼の手にはまだ拳銃が握られている。それを止めようとするジェフリー・ハンターを、彼は銃把で振り払いさえするだろう。

ここまでのジョン・ウエインは、「片手の」イーサンとして、もっぱら凶暴な孤独さに徹している。だが、洞窟の前で逃げ切れずに倒れた姪を前にして、彼はいきなり「両腕の」イーサンへの変貌を嘘のように実現してみせる。拳銃を握る片腕ではなく、一人の女性を両腕でかかえこむのだという不意の「勧誘」に耳を傾け、作品の冒頭で幼いデイビーを両手でかかえあげたように、衣裳から髪型まですっかりコマンチの娘となりきっていたはずのデイビーを両手で高く抱き上げるのである。すると、失われていたはずの姪デイビーは、ごく自然にその左右の腕の中に身を横たえるだろう。それは、冒頭で間接的に素描されたまま終わったマーサとの抱擁に導かれる身振りの記憶にほかならない。

そのとき明らかになるのは、ここで「救出」されたのがナタリー・ウッドではなく、ジョン・ウエインが演じているイーサンその人だということだ。両腕で異性を抱えこむとき、彼は、初めて、孤独な凶暴さから自由になるからだ。ゴダールをも涙ぐませたという『捜索者』のこの場面がもたらす感動は、だから、いささかも感情的なものではない。両腕の身振りの記憶がよみがえり、「救出」と「奪回」とは異なる文脈で、抱え込むことのフォード的な主題が勝利しているのである。三角巾で胸元に固定された片腕は、「囚われる」ことの約束する「自由」として、その勝利の記憶へと存在を導くための試練にほかならなかったことが明らかになる。

もちろん、救われたかにみえるジョン・ウエイン＝イーサンは、ひとり孤独となって物語の外部にとり残されはする。だが、ここでも、ジョン・フォード的な身振りは、物語そのものより遥かに雄弁なのである。

第五章

身振りの雄弁　あるいは
フォードと「投げる」こと

『男の敵』のヴィクター・マクラグレン

I　蒸気機関車に導かれて

上院議員と郵便バッグ

ほとんど無色といってよい薄いグレーの地に黒く縁どりされた白文字で浮きあがるクレジットが終わって暗転したスクリーンが明るさをとり戻すと、人影のない駅舎が逆光ぎみに画面に浮かび上がり、晴れた日の風景のかなたから、何輌もの客車をしたがえた蒸気機関車が勢いよくプラットフォームに滑りこんでくる（註1）。『ドクター・ブル』のこの簡素な導入部は、接近してくる列車に向けられたやや斜めのアングルにおいて、また鉄道という映画にとっては神話的というほかはない題材からしても、ごく自然にリュミエール兄弟の『ラ・シオタ駅への列車の到着』（1895）を想起させずにはおかない。実際、ここでは、画面の奥から手前への被写体たる列車の前進移動と、運動から停止へのゆるやかな推移が、まぎれもない始まりの鼓動をフィルムに刻みつけている。

トーキー初期にフォックス社の契約監督となったジョン・フォードが撮った『ドクター・ブル』における列車の到着は、サイレント映画として誕生したばかりのリュミエール兄弟の作品とは異なり、トーキーであるだけに、徐々に大きさをます汽笛の響きやせわしない鐘の音が臨場感を高め、始まりの印象をいっそうきわだたせている。「到着すること」――あるいは、題材に応じて「帰還すること」といってもよいが――は、後年の『捜索者』の導入部を想起するまでもなく、フォードにあっては決まって物語の冒頭に位置している。向こうから誰かがやってくることで、映画が始まるのである。

『ジョン・フォード――人と作品』の著者タグ・ギャラガーの指摘をまつまでもなく、駅馬車だの蒸気船だの、公共の交通機関の到着によって始まるフォードの作品は数知れず存在する。また、一人で馬に跨がる誰ともしれぬ男が、遥かに接近してくる場合もないではない（註2）。そこで、列車の到着にかぎってみると、人はすぐさま『リバティ・バランスを射った男』の冒頭に描かれた田舎町の駅を思い起こさずにはいられない。そこでも、斜めのアングルでとらえられた構図の中を、晴れた日の陽光を逆光気味に受けとめながら接近する蒸気機関車が、人気のないプラットフォームでその速度をゆるめていたはずである。だとするなら、黄昏の翳りをおびたフォード晩年の西部劇は、まだ39歳だった彼がウィル・ロジャース（註3）を主演に迎えて撮った「スモールタウン」三部作の第一作と同じ説話論的な構造におさまっているといえるのだろうか。

『ドクター・ブル』より

　確かに、『リバティ・バランスを射った男』は、列車の到着とその出発を軸としたきわめて古典的な構成におさまっている作品である。事実、その物語は、西部の小さな駅のプラットフォームに上院議員夫妻が降り立つ場面で始まり、彼らを首都ワシントンへとつれ戻す列車が草原を遠ざかるイメージで終わっている。上院議員ジェームズ・スチュアートとその妻ヴェラ・マイルズの髪の毛を彩るいくぶんか誇張されたかにみえる白さは、この訪問が、老齢の彼らにとって久方ぶりのものであることを告げており、鉄道の路線がその遥かかなたに首都を想定しているという意味で、この周縁的な名もない土地が迎えたごく例外的な一日に物語が設定されていることは一目でわかる。

　町の住人にとって、白髪の老夫妻はあくまで特権的な存在にほかならず、かつての友人ジョン・ウエインの死の知らせを聞いて列車に乗ってかけつけた彼らがこのプラットフォームに降り立つ瞬間は、日常とはおよそ異なる例外的なできごとをかたちづくっている。一つの死が、その特権性と例外性とをきわだたせていることはいうまでもない。

　地方新聞の記者たちに囲まれた首都の政治家が亡くなった友人との複雑な関係を語り始めるとき、映画はフラッシュバックで過去へと遡行し、誰が「リバティ・バランスを射った男」なのかをめぐる「秘密」が明らかにされるのだから、この作品における列車の到着は、説話論的な機能をも色濃くおびた挿話だといわねばならない。物語の語り手を、鉄道列車が遥か遠方から運んできたからである。

　だが、『ドクター・ブル』の場合、事情はまるで異なっている。車掌がプラットフォームでいくら駅名を叫んでも、列車から乗客など一人として降りてはこないからだ。これといった事件も起きそうにないこの小さな町に列車が何を運んできたのかといえば、それはたった一つの郵便バッグにすぎない。実際、まだ停まりきってはいない貨車から不意に大きな黒いバッグが放りだされ、それが一瞬視界をよぎってプラットフォームに落ちる瞬間を、キャメラはごく間近からとらえる。何の変哲もないこのオブジェのぶっきらぼうな空間移動にフォードがことのほか大きな意味をこめているのは、列車そのもののイメージを一瞬視界から遠ざけるという、ごく排他的なクローズアップの使用によっても明らかである。『リバティ・バランスを射った男』とは異なり、特権的な話者など存在していそうもない『ドクター・ブル』の物語を始動せしめているのは、だから、列車の到着そのものではなく、投げだされた大きな黒い郵便バッグが地面に触れる瞬間のどさりという衝撃にほかならない。

　誰が投げたのかも明らかではないバッグを手慣れた身振りで拾いあげるのは、郵便局の女性職員である。車掌とひとことふたこと言葉をかわしてから、彼女はバッグを手に駅舎の向かいにある郵便局へと戻り、配達すべき手紙を選別しながら、電話交換をしている同性の仲間とおしゃべりを始める。この町の主要な人物が話題とされている饒舌な若い娘たちの会話を通して、主人公である独身の中年医師ドクター・ブルという人物がごく自然に紹介されるのだが、そこへといたる画面の連鎖は、この作品の列車の到着が、『リバティ・バランスを射った男』における特別な人物の訪問とはおよそ異なっており、郵便バッグの受け取りというごく些細な日常をきわだたせる契機にすぎないことを雄弁に告げている。

特権的な存在の例外的な訪問を契機として語られる『リバティ・バランスを射った男』の物語と、決まった時刻に反復される習慣化された身振りを介して語られる『ドクター・ブル』とが、ともに鉄道の駅という舞台装置を導入部としながら、説話論的にはなはだしく異なる構造におさまっているという事実は、ほぼ明らかになり始めている。一方は、すでに起こってしまったことの個人的な回想からなりたち、他方は、これから起こるはずの日常的なできごとにキャメラが向けられようとしているのだから、鉄道のイメージを配した冒頭の類似は、あくまで見せかけのものにすぎない。それは、同じであるかにみえて、じつはまったく同じではないのである。

では、同じであるかにみえて同じではないという類似したイメージを、人はどのように処理すればよいのか。ここで、映画は、可視的なショットの連鎖と不可視の物語の構造という厄介な問題を見る者に提起する。列車をまぎれもない列車として表象する冒頭のイメージは、この二つの作品の物語において、明らかに異なる機能を演じているからである。『リバティ・バランスを射った男』では物語を始動せしめていた列車の到着が、『ドクター・ブル』ではその機能をいささかも演じてはおらず、それに代わるものとしての放り投げられた郵便バッグが導入されている。だが、その差異を見きわめる主体が認識するには、可視的なイメージのみならず、物語の不可視の構造をとらえようとする視点が不可欠となる。見せかけの類似に惑わされぬためには、それぞれのイメージがそれぞれの異なる機能によって明らかにする不可視の説話論的な構造を受けとめる感性が必須のものとなるからだ。だが、同時に、スクリーンに推移する可視的なショットの連鎖をくまなく視界におさめぬかぎり、そのイメージが作品に応じて演じる構造的な機能の差異を識別することもまた不可能だからでもある。

映画の画面に視線を向けようとする主体は、ことごとく、この可視性と不可視性の矛盾した相互依存にそのつど直面する。その錯綜した糸のもつれを執拗にたどろうとする作業をいとわぬ存在にのみ、映画はそのつきぬ魅力を開示することになるだろう。ここでいう魅力とは、開示される意味作用の思いもよらぬ豊かな拡がりというほどの意味なのだが、二つの作品がそれぞれ列車の到着で始まると理解する者は、必然的に意味作用の豊かさに背を向け、投げだされる大きな黒い郵便バッグのクローズアップを平然と無視することになるだろう。そのとき、見る主体は、『ドクター・ブル』が不意に開示してみせる視覚性がはらんでいる映画ならではの魅力を存分に受けとめることを、無意識のうちに自粛しているとしかいえないのである。

演出家としてのジョン・フォードは、まさかそれを見落とした者などいまいというかのように、この映画の終わりに、投げだされる郵便バッグのイメージをこれみよがしに反復させてみせる。導入部とまったく同じ構図でとらえられた駅のプラットフォームに列車が滑り込み、今度は大きな白い郵便バッグがプラットフォームに投げだされるからである。それを拾うのが女性の郵便局員であり、彼女が車掌と短く言葉をかわすという点は導入部とほぼ同様である。しかし、二人は新聞で、伝染病の治療にあたっていたドクター・ブルが医学的な新発見をしたことを知らされるのだが、町の実力者といさかいを起こしたりしていた当の医師は、不意の評判の高まりなどおかまいなしに、親しい女性と手をたずさえて列車に乗り込む。物語は彼らを乗せて遠ざかる列車のイメージで終わるのだから、それ以前にプラットフォームに投げだされていた郵便バッグのイメージが、反復によって物語の終わりをも導きだしていることは誰の目にも明らかである。

『ドクター・ブル』は、あくまで投げだされた郵便バッグで始まり、投げだされた郵便バッグで終わる作品として見られねばならない。だが、その事実の指摘は、しばしば見落とされがちな郵便バッグのイメージだけに視線を誘うものではない。これからここで行われようとしているのは、ときに驚くほど貧しく退屈な図式に還元されがちなジョン・フォードの作品の周到きわまりないショットの連鎖に改めて視線を送り、そこにまどろんでいるもろもろの細部を目覚めさせ、それを豊かな意味として開花させるための試みにほかならない。郵便バッグのイメージへの言及は、そのささやかな契機にすぎない。

ラム酒、船体の木材、コイン、その他……

いうまでもなく、『ドクター・ブル』の説話論的な構造を規定している郵便バッグそのものに、なにがしかの象徴的な意味がこめられているわけではない。バッグはいつでもとりかえのきくオブジェの一つでしかなく、ここで重要なのは、あくまでも「投げる」という運動、あるいは投げだされたものが地面に触れる瞬間の鈍い衝撃音にほかならない。

それに類する何ものかが投げだされ、しかもその衝撃音がどこか似ているという点でなら、そうした画面を『黄色いリボン』の冒頭で確かに目にしたことがあるはずだと誰もが思いおこす。それはこの作品の主要な物語が語り始められようとする以前のショットなのだが、どことも知れぬ田舎町に走り込んでくる駅馬車の助手席にすわっている者が、宿駅の回廊に重そうなものをどさりと二つも放り投げる。それは、『ドクター・ブル』を思い起こさせる郵便袋と、どうやら近隣の都市で印刷されたものと思われる厚い新聞の束であるらしい。

カスター将軍が先住民との闘いで戦死した１８７６年のことだけに、ここでの郵便バッグは、南北戦争への記憶がいまだ生々しいとはいえ、あくまでも20世紀が舞台となる『ドクター・ブル』のそれとは比較にならぬほど粗末な布の包みにすぎないのだが、それとともに厚い新聞の束も投げだされるのを付っていたかのように、二人の男が急いで建物の内部へとそれらを運び入れようとする。こうして見ると、投げだされたその二つの包みが回廊に触れた瞬間の衝撃音とともに『黄色いリボン』の物語が語り始められているのは、誰が見ても明らかである。

とはいえ、おそらく新聞が告げているのだろうカスター死亡のニュースが西部に拡がって行き、その時期に辺境の砦での退役間近な老大尉の最後の討伐がこれから語られようとしているのだから、ここで投げだされる新聞の束には、それが間接的に物語を推進せしめる説話論的な役割がこめられていることで、『ドクター・ブル』の郵便バッグの場合とは異なる機能を帯びているといえるかもしれない。だが、ここでも「投げる」ことが物語を活気づけていることは間違いのない事実だといわざるをえない。

いうまでもなく、フォードにおいて「投げる」ことをきっかけとして説話論的な持続がその意味作用の磁場に変化をもたらすという点でなら、「投げる」べき対象は、郵便バッグや新聞の束に限られているわけではない。これから見てみるように、それが「投げる」にふさわしいものだということを気づかせてくれるという意味で、ジョン・フォードにあっては、ラム酒も木材も石ころもコインも、また場合によっては、保安官事務所の牢屋の鍵までが、郵便バッグに劣らぬ豊かな説話論的な機能を演じることになるだろう。実際、フォードの作品においては、ほんの些細なことをきっかけにして誰かが何かを「投げる」ことの主体となれば、その階級、性別、年齢、肌の色、等々にかかわりなく、その動作が物語を新たな状況へと変質させるのである。

そのような役割をおびた動作としての「投げる」ことを、「主題」と呼ぶことにしよう。あらゆる作品に物語の違いを超えて反復されるこのフィルム的な現実をひとまずそう呼ぶことで、その思わぬくり返しがフィルムに波及させる意味作用の磁場を確かめておく必要があるからである。そのとき、「投げる」ことの主題は、「投げる」主体とは無関係に、また作品のジャンルともいっさい無縁に、意義深い瞬間に反復されることで、説話論的な持続を始動せしめたり、加速させたり、さらには停止させたりする作用が明らかにされるだろう。

『ドクター・ブル』は、文字通り「投げる」ことの主題の介入が物語を始動せしめ、また停止させもする作品だったのである。では、物語を加速させる「投げる」ことの主題はどんな作品に見られるのか。フォードが当代の人気者ウィル・ロジャースを主演者として撮った「スモールタウン」三部作の最後の作品『周遊する蒸気船』が、その典型的な例だといえる。これは、一般に、グリフィス的な「最後の瞬間の救出（The Last Minute Rescue）」の構造におさまる作品だといわれており、それに大きな間違いはない。だが、その「救出」の過程で、「投げる」ことの主題が、いかに重要な役割を演じているかを、これから見てみることにしよう。

ある青年が正当防衛で人を殺《あや》めて逮捕され、殺人の嫌疑を晴らしえず、絞首刑を宣告される。彼の無実を確信しているその婚約者は、青年の伯父にあたる船長に助けを求める。伯父は、一応は犯罪者ということになる甥の若者をあえて夜中に保安官事務所に連れて行くのだが、今夜は遅いからという理由で出てこようともしない保安官を演じるユージン・ポーレットは、おそらくはその寝室が位置しているのだろう建物の二階の窓からごくぶっきらぼうに鍵を投げ落とし、勝手に入って牢屋の鍵をかけておけと口にするなり、すぐさま窓から姿を消してしまう。おそらくは甥を鉄格子の中に閉じ込めてから、伯父が窓に向けて鍵を投げ返すのはいうまでもない。

そこに、「投げる」ことが素描されているのは誰の目にも明らかだろうが、ウィル・ロジャースが演じている伯父は、船長とはいえ、「ポカホンタス」という名のあやしげな健康飲料を売り歩く香具師のような中年男である。囚われた男の婚約者である娘と伯父とは、蒸気船で河を遡行しながら、青年の無実を証言しうる男を探しにでかける。自分がなにがしかの理由で他人から探し求められていることなどまったく知らずにいるその男もまた、あたりを説教して歩く風貌魁偉ないかがわしい宗教家まがいの男である。それを演じているのはバートン・チャーチルだが、船であたりをさぐりまわる伯父とその甥の恋人とは、首尾良くその男の行方をつきとめる。好運にも、説教中の川岸から投げ縄で彼を船上に拉致することに成功しはしたものの、彼を乗せた蒸気船で裁判所のある遠くの町まで戻らねばならない。ところが、不運なことに、年に一度の大規模な蒸気船レースのためにミシシッピー河は封鎖され、死刑執行の予定された時刻までに町にはとうていたどりつけそうにない。そこで、彼らは余儀なくレースに参加せざるをえなくなるのだが、快調に走り始めはしたものの、燃料不足からボイラーの火もおとろえ、船の進行速度は一向に速まらない。

そのとき、伯父である船長は、乗務員たちに向かって、優れてジョン・フォード的というほかはない指令を下す。燃えるものなら何でもよいから、手当たり次第にボイラーに投げ込め、というのがその指令である。「何でもよいから、手当たり次第に」というのは、蒸気船の船体そのものさえ解体して燃料にすることもいとわぬという意味にほかならない。「投げる」ことの主題が物語をいきなり加速せしめるのはその瞬間であり、乗務員たちの常軌を逸した集団的な活躍がまさに始まろうとしているのである。

もっとも、乗務員といっても、船長とその甥の婚約者をのぞけば、蒸気船に乗っているのは大酒のみの老人と、言語不明瞭な黒人と、証人となるべきいかがわしい宗教家ぐらいでしかない。フランシス・フォード（註4）、ステッピン・フェチット、バートン・チャーチルという30年代の典型的なフォード一家の面々が演じているそれぞれの乗船者が、あたりの机や椅子はいうまでもなく、船のデッキや壁の木材まで力まかせに剝がしてボイラーに投げ込むさまは、何とも壮観というほかはない。船には蠟人形まで積まれているのだが、酔っぱらったフランシス・フォード——ジョンの兄貴で、いうまでもなく無声時代の大スターである——が、蠟人形と勘違いして黒人のステッピン・フェチットをかかえてボイラーに投げ入れそうになるといったギャグまで用意されていて、このあたりの狂騒的なリズムは、みずからの一部を燃やして進む蒸気船という奇抜なアイディアとあいまって、マルクス兄弟の映画を思わせずにはおかぬほどだ（註5）。

それでも、いつか燃料はつきてしまう。ところが、ふとした偶然から、フランシス・フォードがラッパ飲みしていた「ポカホンタス」なる飲料がただのラム酒にほかならぬことが明らかとなり、船にどっさりと積まれていたそのボトルを、全員がリレー式にボイラーに投げ込み始める。そのとき、誰もがまさしく平等に「投げる」主体として主題体系を支えることになるのだが、ラム酒のボトルが投げこまれるたびに、そのつどボイラーから大きな焔がめらめらと燃え立ち、それに応じて煙突から真っ黒な煙がもくもくと吐き出され、蒸気船が見る見る加速するさまを見ていると、何やら奇蹟のようなものが起きているかのように、誰もが茫然自失するしかない。ほぼ解体された船体の骨組みを通して、その向こうにのどかな川岸や、競争相手のほかの蒸気船が見えたりする光景は、まるで夢の中のできごとであるかのような非現実感をおびているからである。

『周遊する蒸気船』より

　もちろん、フォードは、より現実感の強い軍艦のボイラー室の場面をかなり早い時期から撮っている。『三悪人』の直後に公開された『青鷺』（1926）の冒頭に描かれている戦艦の地下室の光景がそれである。世間では対立しあっていたギャングのボスの二人が、そこでは、燃料をボイラーに投げこむたびにめらめらと炎が大きく燃えあがって噴き出すという迫力ある光景を背景として、除隊後も恋敵として同じ女性を争いあうという設定なのだが、ここでは、ほとんどドキュメンタリー映画のようなボイラーの炎を、フォードが嬉々としてキャメラに収めているので、何でも手当たり次第にボイラーに投げこむという『周遊する蒸気船』は、あたかもそのパロディーのようにさえ見えてしまう。

いずれにせよ、ここでの無実の青年は絞首刑をまぬがれるのだが、ラム酒のボトルを投げ込むたびにボイラーから焔が立ちのぼり、煙突から黒煙が吐きだされるという途方もない出鱈目さと境を接したこの途方もない楽天性は、おそらく映画史でもっとも生気あふれる瞬間をかたちづくっており、その無償の躍動感は、グリフィス的な「最後の瞬間の救出」の構造を遥かに凌駕している。「投げる」ことの主題がただ晴れやかに勝利している『周遊する蒸気船』を見ると、誰もがこの主題をめぐって改めて思考をめぐらせずにはいられなくなる。

そのとき、まず問題となるのは「投げる」主体であり、「投げる」目的や、「投げる」対象はどうやら二義的な役割しかはたしていそうにないということにほかならない。なるほど、物語のうえで、『周遊する蒸気船』に乗り組む男女が、無実の青年を絞首刑から救うべく「投げる」行為に没頭していたのは確かである。だが、息をつめて作品のショットの連鎖を見守っている者の印象として、彼らの集団的な振る舞いは、その目的を遥かに超えた無償の運動の域に達しているとしか思えない。その点、『青鷺』のボイラー室での兵士たちの行動は、あくまで戦艦の勝利という功利的な行動から遠ざかろうとはしていないといわざるをえない。実際、グリフィス的な「最後の瞬間の救出」の構造は、ここでは、「投げる」主題の勝利を祝福するための口実でしかないかのようだ。

『ドクター・ブル』の場合、すでに見たように、「投げる」主体は明示されていなかったし、郵便バッグそのものにも深い意味はそなわってはおらず、そこでは、「投げる」ことだけが強調されていたといってよい。それに対して『周遊する蒸気船』の場合は、椅子や机からラム酒の瓶にいたるまで、投げられるものは意表をついた多様性におさまっており、また、それを「投げる」主体も複数で誰とも特定しがたく、彼らの身振りは個人の意志を超えた無私の集団性におさまっている。では、「投げる」主体の匿名の集団性がフォード的特性というべきなのだろうか。

確かに、「投げる」ことが集団的な主体におさまることは、『周遊する蒸気船』を始めとしていくつかの作品で観察できるが、その磁力は必ずしも多くの作品にまで拡がり出すことはなく、むしろ例外的である。そのごく少ないケースを列挙するなら、例えば、一家が炭坑夫として働く『わが谷は緑なりき』では、煤にまみれたままの父親からその息子たちまでが、ことごとく門の脇で待つ母親のエプロンにその日の稼ぎを黙って投げ入れる。大きく拡げられた白いエプロンにコインが投げ込まれる瞬間のクローズアップは、どこかプラットフォームに投げだされる郵便バッグに向けられたキャメラを思い起こさせもするが、ここでは、それは家族の一体感を享受しあうための厳粛な儀式のようにも見える。

だが、家族という集団的な振る舞いをフォード独特の感動的な光景と見ることがどれほど間違っているかを、ほぼ同じ時期に撮られた『タバコ・ロード』がはっきりと示している。ここでも、貧しい農民一家は、母親から娘、息子を含め、その全員が「投げる」主体の集団性におさまるさまは壮観というほかはないのだが、それは、ごく親しい知人から食糧を奪うためでしかないのである。実際、作品の冒頭から、学校に行こうともしない一家の寡黙な少年は、手にした野球ボールを古びた木製の家の壁に向かってひたすら投げつけており、苛立たしげにくり返されるその衝突音が、耕作を忘れてしまった「貧しい白いゴミため」どもの救いのない生活ぶりをきわだたせているのだが、わずかな蕪を袋に入れて持ち歩く次女の夫が庭先に姿を見せるや否や、農民たちはたちどころに目の色を変え、家族全員による巧みな連携作業でそれを奪いにかかる。

まず、ジーン・ティアニーの演じている長女が、あられもなく地面に横たわり、裸足の太股を誇示しながら義理の弟を誘惑し、思わずわれを忘れたワード・ボンドが白昼の愛撫に没頭しようとしている隙に、家族の構成員たちはそれぞれがジャガイモほどの石くれを握って音もなく男に忍び寄り、少年がボールを投げつけるのを契機に、いっせいにそれを投げつけて男を卒倒させ、蕪の入った袋を奪ってしまうのである。そのさまは、とうてい爽快さという言葉にはおさまらぬほど不条理な笑いを惹起させずにはおくまい。ここにも、家族の一体感を享受するための儀式が全員によって演じられているが、それは、『わが谷は緑なりき』の男たちが稼いだコインを母親のエプロン目がけて「投げる」という振る舞いがまとう厳粛な儀式性とは無縁の、家族全員が必死であることがあまりにも場違いな滑稽感を漂わせている場面だというほかはない。厳粛さと滑稽さが同じ身振りで導きだされているこうした例からも明らかなように、決して豊かとはいえない家族の生活の一景でありながら、「投げる」ことの主題が画面に浸透させる雰囲気は、作品によってまったく異なっていることを確認しておきたい。

『黄色いリボン』では、家族にかわって騎兵隊の兵士たちが同じ身振りを集団的に演じているが、そこでの効果も同じものではない。その日に軍隊を退役する初老の大尉ジョン・ウエインは、数日後に除隊することになっている年かさの軍曹ヴィクター・マクラグレンを危険な任務につけさせまいとして、自分が砦を去って以後にも、しばらく彼を営倉に入れておくのが最良の策であるとの結論に達する。そこで、大尉はわざわざ自分の私服を軍曹にまとわせ、勤務時間中に酒保へと向かわせるのだが、そこで酔って大暴れする軍曹を執務違反で逮捕しに来る兵士たちを、彼はことごとく酒保の扉から戸外に投げ飛ばしてみせる。フォードの男たちは、『男の敵』のマクラグレン自身がそうであったように、ときと場合によっては、人間どもをも軽々と「投げる」腕力の持ち主なのだ。

この兵士たちが集団的な「投げる」主体へと変貌するのは、ヴィクター・マクラグレンが、逮捕しにやってきた同僚に、除隊する大尉をしのんで乾杯を提案する瞬間である。彼らは、執務中であることなど忘れたかのように素直に乾杯の提案に応じ、飲み干したグラスを酒保のバーのガラス窓に向けていっせいに投げつける。バーテンダーのフランシス・フォードにいたっては、商品であるはずのウイスキーのボトルまで嬉々として放り投げて壊してみせる始末だ。しかも、それではものたりないというかのように、ヴィクター・マクラグレンは小柄な兵士をかかえあげ、オブジェさながらに壁に投げつけ、この狂騒的な場面を外とまずしめくくるのである。

『タバコ・ロード』の集団的な「投げる」主体が、家族による連携作業に徹しながら、家庭の倫理にはおよそふさわしからぬ窃盗という悪しき振る舞いにおよんでいたように、ここでの兵士たちもまた、服務規程にそむいた軍曹を逮捕するという軍隊的な秩序には忠実でありながら、思い思いにグラスを投げる瞬間には、その共同体を律する秩序から大きく逸脱し、そのことを誰一人として恥じる風情も見せない。「投げる」ことの主題は、ここではほとんど無政府主義的といってよい別れの儀式に行きついているからである。それは、この唐突なアンチ・コンフォルミスムともいうべき姿勢が、何らかの「変化」を招き寄せる機能を演じているからかもしれない。

変化への動体視力

いうまでもなく、フォードにあっての「投げる」ことは、家庭や軍隊のように、しかるべく制限された共同体の内部でのほとんど無政府主義的な儀式を構成するものとはかぎらない。すでに触れたように、集団的な「投げる」主体が姿を見せることはむしろ例外的である。多くの場合、個人がその振る舞いを孤独に演じることになるのだが、その瞬間に、個人的な「投げる」主体は、しばしば作品に未知の情動を導き入れる。

例えば、『駅馬車』におけるジョン・ウエインの登場ぶりがどんなものであったかを思いだしてみる。彼が演じているのはリンゴー・キッドという無法者であり、留置場から脱獄したばかりの彼は、父と弟の敵討ちのためにローズバーグへと向かおうとしている。そうした事態を察知した旧知の保安官のジョージ・バンクロフトは、彼の復讐を何とかおしとどめようと駅馬車の馭者台の助手席で二十口径のライフル銃を構えることになる。そのキッドが保安官の予想どおりに銃声とともに走行中の駅馬車を止めようとする瞬間、それはスクリーン・プロセスであることが見え見えのジョン・ウエインのバストショットなのだが、キャメラはキッドの顔へと近づき、ほとんどクローズアップに近いショットとなる。だが、ここでは、銃声とともに彼が姿を見せるわけではないことに注目したい。

まず、構図の右側に生い茂った木々が影をくっきりと落としている画面に駅馬車が向こうから近づいてきた瞬間に銃声が響くのだが、次のショットは、いままさに浅い河を渡っている護衛の騎兵隊員たちと、彼らの乗っている馬のいくつもの蹄がたてる飛沫が乾いた音をたてている光景であり、その渡河画面に続いて、発射したばかりのウィンチェスター銃を右手で振りまわすリンゴー・キッドが姿を見せるのである。ほんの数秒のショットとはいえ、この渡河中の騎兵隊のイメージを介在させた直後の彼の登場ぶりは、それが撮影所で撮られたスクリーン・プロセスによる画面であろうとなかろうと、思いもかけぬ透明感で作品を活気づけているのを見逃さずにおきたい（註６）。

これまた明らかに撮影所で撮られた画面で馭者と二十口径の銃をかまえる保安官と向かいあう彼は、馬が動けなくなったのでローズバーグまで乗せて行ってくれと口にしながら戸外のロングショットに切りかわった瞬間、保安官は銃を預からせてもらうときっぱりいい放つ。いうまでもなく、必要な時が必ず来る危険な旅だと言い放ってキッドはそれに抵抗しようとするのだが、遥か後方に護衛の騎兵隊の群れが見えたとたん、彼は事態を察して握っていたウィンチェスター銃を保安官に投げ与えて――撮影所で撮られたスクリーン・プロセスのバストショットで銃を抱え、自然光を浴びながらの戸外撮影によるロングショットで投げ終わるというみごとなショットの連鎖！――抱えていた大きな荷物を駅馬車の屋根の荷台に器用に放り上げる。

それは、『黄色いリボン』では駅馬車の馭者台から新聞の束や郵便バッグを投げ下ろされたのだから、こんどは逆に駅馬車の荷台に持ち物を投げ上げるという運動があってもいいではないかというジョン・フォードならではの主題論的な体系が描き出す、いかにも小気味のよい運動の弁証法だといえるのかもしれない。もちろん、『黄色いリボン』は『駅馬車』の10年後に撮られた作品だが、そうした年代記的な秩序はこの際どうでもよろしい。以後、手錠をも受け入れたジョン・ウエインは、駅馬車の扉を背にして、向かいあった席に座っている左右の男女に向けて人なつっこい視線を送りながら、殺された家族の敵討ちにローズバーグへの行路をたどることになるだろう。弟の死の瞬間を彼が口にするときにクレア・トレヴァーの無言のクローズアップが挿入される編集の妙味は、フォードのことだから当然でありながら、さすがと思わざるをえない。以後、ジョン・ウエインはさまざまなかたちで「投げる」行為を演じることになろうが、それについてはそのつど触れることにする。

あるいは、『駅馬車』を離れ『アパッチ砦』について語るべき時が来ているのかも知れない。そこでの騎兵隊大尉ジョン・ウエインが、戦いを避けるべくインディアンの酋長を説得にゆく任務の途中で、深い谷を見下ろす岩山の頂きで馬から下りた瞬間を想起してみるとどうなるか。実際、彼に同行した元南軍将校で合衆国騎兵隊では軍曹の地位に降格されたペドロ・アルメンダリスにウイスキーをすすめてから、そのボトルを思い切り振りかぶって威勢よく谷底へと「投げる」身振りの意表をついた晴れがましさはどうだろう。ここで空のボトルが投げられることなど予期しえたものは一人としていなかったはずだから、これは文字通り深い驚きの瞬間をかたちづくっている。空は晴れあがり、あたりの空気はあくまで澄み切っている。そうした乾いた舞台を背景として、なだらかな弧を描いて乾いた空間を横切り、日蔭になった深みへと吸い込まれてゆく酒瓶の唐突な運動は、思わず息をのまずにはいられないほどの爽快な印象をスクリーンのすみずみにまでゆきわたらせる。

あたりには人影のない大峡谷を見おろす岩場でのこととはいえ、執務中の飲酒は軍紀に反する行為であり、ここにもある種のフォード的なアンチ・コンフォルミスムが姿をみせているというべきかもしれない。また、司令官として着任したばかりの中佐であるヘンリー・フォンダが、辺境の原住民のことなど何一つとして知ろうとしない頑固で狭量な職業軍人であることに危機感をいだいている二人が、彼から特殊な任務を命じられて危険な土地へと足を踏み入れるしかないみずからの境遇を、酒で慰めあっているという心理的な解釈も成り立たぬではない。また、投げられたボトルが谷底に達したところでこのシークェンスが終わるのだから、「投げる」ことの主題に説話論的な機能がそなわっていると理解することもあながち不自然とはいえまい。にもかかわらず、人は、この瞬間、「投げる」身振りが純粋状態の運動としてスクリーンに露呈されていることに思わず息をのみ、意味の論理を超え、稀有の身振りを不意に顕在化させるものこそが映画に独特な瞬間を見るものにつきつけ、これを魅了するとも驚愕するともいいがたい未知の体験へと導くものこそが映画にほかならぬと、自分自身にいいきかせるしかない。

しかし、ここでの思いきり開かれた空間での純粋な運動が見せている不気味とさえいえる爽快さは、ことによると、作品の終幕近くのより緊迫した瞬間にジョン・ウエインが演じてみせる陰惨きわまりない「投げる」仕草を、遥かに予告していたのかも知れない。それは、司令官のヘンリー・フォンダが、蜂起したインディアンを殲滅すべく全軍に突撃命令を下す場面にほかならない。そこに露呈されているのは、「それは自殺行為だ！」と声を高めるジョン・ウエインの大尉が、走ろうとした馬の手綱をいきなり引いて司令官の前に立ちはだかり、制服の一部というべき軍手袋を馬上から地面に思いきり激しく投げ捨て、あからさまに命令に反抗するという一瞬の振る舞いがあたりに行きわたらせる救いのない光景にほかならない。

あえて落ち着き払った風情を装う司令官ヘンリー・フォンダは、決闘か軍法会議かは後で決めてやるから貴官は突撃する連隊を離れ、後方の部隊に合流しておれと冷たくいいはなつ。かくして、大尉は、愚かな隊長の無謀な作戦によって全滅する自分自身の兵士たちを望遠鏡で遥かに見まもるしかないのだが、司令官の命令に手袋を投げてまで必死に反抗するという振る舞いのあくまで孤立した陰惨さなど、これまでハリウッド映画で目にしたことがなかったので、そのいたたまれなさに、見る者は思わず目をそむけずにはいられないほどだったのである。

ここで、ジョン・ウエインが谷底に向けて何かを投げるという先述の振る舞いに改めて着目するなら、『アパッチ砦』の直後に撮られた『三人の名付親』の岩山での彼の振る舞いを誰もが想起するしかあるまい。この西部劇は、１９４７年に他界した無声時代の西部劇スターであるハリー・ケリーに捧げられており、ほとんど演技経験のなかったハリー・ケリー・ジュニアを主役に迎えたことで記憶さるべき作品である。すでにハワード・ホークスの『赤い河』（１９４８）に出演していたとはいえ、ここではあえて《Introducing Harry Carey Jr.》という一行がジェネリックに大きく謳われているのである。

ジョン・ウエインが演じるロバート・ハイタワーは、ハリー・ケリー・ジュニア演じるウィリアムと、ペドロ・アルメンダリスが演じるメキシコ人のペドロとともに小さな町で銀行強盗をはたらいて逃亡し、デス・ヴァレーでロケされた砂漠での保安官の無蓋の馬車による追跡をかろうじて逃れきり、白い地肌が露呈された山岳地帯に達していったん馬を止める。一番若いウィリアムは腕を撃たれて馬を失っていたので、ジョン・ウエインの馬の後ろにしがみつくようにかろうじて跨がっている。ペドロは喉の渇きをうったえるが、飲料水を入れておいた革製の角張った水袋が保安官に撃ち抜かれ、中身がからであることを発見したジョン・ウエインは、それを思いきり谷底に向けて投げ捨ててから、水筒の水を傷ついた若者に飲ませてやるのである。

ここでの峡谷は『アパッチ砦』と異なり、カラーで撮られているので陽ざしを受けた風景の白黒の陰翳がき

『三人の名付親』のジョン・ウエイン

わだつことはなく、またその地形もそれほど深くて険しいものではないが、それでも空になった革の水袋をあえて真っ平らにして谷底目がけて思いきり投げ捨てるジョン・ウエインの動作は、独立したショットとして背後からごく峻厳な瞬間として撮られている。そのとき彼らに残されているのはごく小さな一つの水筒でしかなく、それが三人の渇きを癒すことなどとてもできはしまいと意識しているのはジョン・ウエイン一人なのだから、ここでの「投げる」ことが、彼にとってのほとんど絶望的な振る舞いであることは、誰の目にも明らかだというほかはない。

かくして三人は、無声時代のハリー・ケリー主役のフォードの西部劇『砂に埋れて』のように、砂漠に吹きつのる強い砂嵐にたえながら、サボテンの幹を絞ってわずかな液体を水筒にたらしこみながら歩くしかない。その過程で、三人は砂丘にうち捨てられた幌馬車を発見するのだが、その中には、赤ん坊を出産間際の中年女性が息絶え絶えに横たわっている。瀕死の女は、三人に赤子を託し、それぞれのファーストネイムを三つ並べて赤子の名前としてくれと懇願してから息絶える。

灼熱の砂漠地帯で、思いもかけず「三人の名付親」が誕生するのはそのときであり、ロバート・ウィリアム・ペドロ・ハイタワーというのが、三人から聞き出した母親が口にするその嬰児の名前にほかならない。二人の銀行強盗は、新たな生命の誕生という思いがけない事態に遭遇し、何としてでも赤子を町に届けようとしてかわるがわるに抱きながら砂漠を歩いてゆくことになるのだが、若者とメキシコ人はそれぞれ悲惨な死に方をするしかなく、ただ一人ジョン・ウエインだけが生き残る。

ところが、ここでも、疲労しきった彼はほとんど絶望からものを「投げる」ことになるだろう。赤子を抱えながら岩陰に倒れこみ、ふと目にした新約聖書の開かれたページをたどりながら、彼は「子供が驢馬とともに町を目ざす」という一行を発見し、何をいってやがるんだと苛立たしげに立ち上がり、左手で聖書そのものを岩の窪み目がけて思いきり投げ捨てる。すると、あたりにはにわかに微風が流れこみ、それに導かれるかのようにに赤ん坊を抱えて歩き出す彼は、あれこれ苦労しながらも、やがて遥かな岩の切れ目に二頭の驢馬を発見する。彼が、その上に子供を乗せて歩き始めるのは、いうまでもない。たどりついた町――奇しくも、それはニュー・イェルサレムという町なのだ――のサルーンで哺乳瓶から赤子にミルクを与えてもらい、久方ぶりで冷えきったビールを賞味することになるだろう。

そのとき、フォードでものを「投げる」のはジョン・ウエインに限られてはいないと主張するかのように、ワード・ボンド演じる保安官がいきなりサルーンの入り口の扉のかたわらに立ち、持っていたライフル銃をやはり左手で勢いよくかたわらの小さなテーブルに投げ捨てる。その突然のもの音に、カウンターで赤子に見とれていた客たちがふり返ると、保安官は、銀行強盗の生き残りに向かって、拳銃で勝負せよと言い放つ。その声を前にしたたったひとりの名付け親の生き残りであるジョン・ウエインは、酔いと疲労からその場に崩れ落ちるしかない。かくして『三人の名付親』は、ものを投げる衝撃音とともに平穏さを取りもどすことになるのである。

いうまでもなかろうが、ワード・ボンドがジョン・ウエインに向かってものを「投げる」のは、これが最初で最後のことではない。彼は、のちの『捜索者』では、テキサス警備隊の隊長でありかつ司祭でもある役を演じることになるのだが、作品を通してかぶっているのはカウボーイ・ハットとは異なる山高帽である。そこで、ジョン・ウエインがものを「投げる」ことで始まり、ワード・ボンドもまたものを「投げる」ことで終わる典型的なシークェンスを見ておくことにする。家族を惨殺され、姪たちも拉致されたジョン・ウエインが、警備隊の一員としてその奪回に向かう過程で、左右を同じ歩調で進む数十騎のインディアンに挟まれるようにして渡河を目ざす緊迫した状況が描かれているのだが、それが始まるきっかけが、ジョン・ウエイン＝イーサンがものを「投げる」振る舞いであったことは誰もが記憶していよう。

どうやら斥候に出ていたらしいジョン・ウエインが一行のもとに帰ってくると、トスされた水筒から水を荒々しく飲み、隊長の作戦に不満めいた言葉を口にしながら、インディアンは川のそばにいると報告し、右手で弄んでいた水筒を画面の手前にいる司祭＝警備隊長に向かって奥から思いきり投げ返す。この投擲の衝撃が契機となったかのように、やや停滞していた物語は活気を取り戻す。その夜、川か沼かの識別もしがたい浅い水面を渡ってインディアンの野営地を探り当てる一行は、彼らの笛のような声による合図から、自分たちが包囲されていることを意識せざるをえない。

翌朝、赤茶けた岩石砂漠を進むテキサス警備隊の一行は、左右のかなりの距離から機を窺っているインディアンを見やりながら無言で進み、隊長の司祭がその埃だらけの山高帽をネッカチーフで括り付ける身振りの後の声を合図として川へと疾走し始める。その川は、フォードの作品のほとんどがそうであるようにきわめて浅く、馬の蹄が水しぶきを上げながらかろうじて対岸に達した警備隊員たちは、それぞれの体勢で追ってくる水中のインディアンを迎え撃つ。彼らのほとんどは、銃声の鳴り響く中、被弾して馬ごと川へと斃れ落ちる。

ここでもワード・ボンドは山高帽をかぶったまま銃撃戦を指揮し、狙った敵が被弾してもんどり打って川に落ちると、ハーレルヤと大声でわめき、さらに標的に照準をあわせているが、あるとき弾が尽きてしまったことに気づく。すると、かたわらでライフル銃を乱射していたジョン・ウエインがただちに事態を察し、安全装置は開かれているぞと注意しながら、手際よく腰の拳銃を投げてよこす。それを軽々と受けとると、ワード・ボンドはかぶっていた山高帽を脱ぐなり、あたかも水筒のお返しだというかのように、ジョン・ウエインに向けてみずからの山高帽を勢いよく放り投げる。それが空間を滑るように弧を描くさまが、この川岸での銃撃戦に素晴らしいアクセントを添えている。

だが、この場面でワード・ボンドがものを「投げる」のは、帽子につきているわけではない。遥かな向こう岸で負傷者が流されるのを救おうとするインディアンたちに向けて発砲しようとするジョン・ウエインの銃をおしとどめようとしながら、なおも発砲し続ける彼の振る舞いに堪忍袋の緒が切れたといわんばかりに、彼は借りていた拳銃を派手に地面に叩きつけ、収まることのない怒りを表明せずにはいられないのである。かくしてこの川岸での銃撃戦は、ジョン・ウエインがものを「投げる」ことで始まり、ワード・ボンドがものを「投げる」ことで終わりとなるという、典型的なフォード的なシークェンスとして記憶されることになる。

いうまでもなかろうが、フォードの作品でものを「投げる」のは、ジョン・ウエインやワード・ボンドに限られているわけではない。『アパッチ砦』とは異なり、モニュメント・ヴァレーとよく似た背景で撮られた『リオ・グランデの砦』では、脱走兵を演じるベン・ジョンソンが切り立った岩山の急斜面をギャロップでかけおりようとする寸前、あたかも何ごとかを決意したかのように、馬上から振り向きざまにいきなりものを「投げる」。その仰角のショットが何とも素晴らしい。

それに続いて、人は、純粋状態の運動がスクリーンを不意に活気づけるさまに驚くしかない。すでに触れておいたように、物語の上で、それが直前に仲間の兵士からこっそりとわけて貰った豆の缶詰の空き缶であることを理解するのは、さして困難ではない。だが、ここで「投げる」ことの主題が始動せしめるインディアンの緊迫した追跡シーンが、巧みな馬さばきのベン・ジョンソンの機転で仲間の兵士クロード・ジャーマン・ジュニアの救出に成功して終わる瞬間、馬上の脱走兵の手で晴れた空に向けて投げられたオブジェが食べおえたばかりの豆の缶詰であることを意識する余裕など、まずは一人もないといってよかろう。人は、「投げる」ことが画面に行きわたらせる純粋状態の運動の思いもかけぬ露呈に、ただただ驚くばかりである。その間、騎馬で疾走中のベン・ジョンソンは、仲間の兵士に拳銃を貸せと伝え——脱走兵である彼は、武器を持っていない——それを聞いた馬上のクロード・ジャーマン・ジュニアが武器を「投げる」と、それを巧みに受けとめてから、方向を変えて、追走するインディアンを迎え撃ってそのことごとくを射殺することになるのだから、ここでの緊迫したシークェンスは、「投げる」ことで始まり、「投げる」ことで終わっているのだといえる。「投げる」ことは、ここでも一瞬の運動としてスクリーンをまばゆく横切ってから、インディアンによる息詰まる追跡シーンを画面に導き入れるのだが、虚をつかれたままそれを目にする者は、ものを「投げる」ことは誰にも平等に許された権利だなどと間違ってもいってはなるまいとつぶやくしかない。それは、いかに日常的な身振りであろうと、優れてフォード的な存在だけに許された目を見張るしかない曲芸であるかのように思うことしかできない。そして、ここで問われているのは、あくまで瞬間的な運動を見落とさずにおく動体視力にほかならないと、誰もが改めてつぶやかざるをえないのである。

実際、ジョン・フォードにあっては、日常生活とは比較にならぬ頻度で、意義深い瞬間にものを「投げる」という運動が演じられており、それにキャメラを向けることは彼だけに許された特権だとしか思えなくなってしまう。フォードの演出は、おそらくシナリオには書かれているはずもなかろう缶詰の空き缶を画面に導入し、その何の変哲もない小道具を開かれた空間に向けて思いきり放り投げる一瞬をキャメラにおさめることで、20世紀の人類――21世紀にはなお――が失いつつある動体視力の回復を目ざそうとしているかにみえる。

フォードにおける「投げる」ことの主題は、こうして、驚きの網状組織ともいうべきものをフィルムのすみずみにまで行きわたらせてゆく。例えば、『西部開拓史』の第三話の「南北戦争」編で、たった一杯のバケツの水が不意に視界をおおうとき、それがほんの一瞬のこととはいえ、いきなり透明な照明をうけとめて画面がそのすみずみにまで澄みわたるかのような印象を持ち、人はただ驚くしかない（註7）。粗末な板の回廊をめぐらせた典型的な農家の庭に大きな木の茂みが影を落としているグリフィス的というしかない風景を、キャメラはやや離れたところから構図におさめる。すると、戸口から姿を見せた若い男が、いきなり庭一面にバケツの水を撒く。それを見て、「投げる」ことのフォード的な主題体系が液体をも排していないことに改めて驚きつつ、人は、何かが――戦争が、家族が、そしてこのエピソードそのものが――終わろうとしていることを鈍い痛みとともに予感せざるをえない。

バケツで水を撒くこと。それはのちに見てみるように、その多くがフォード的な女性にふさわしい身振りとして描かれることとなるのだが、ここでは、兵士として悲惨な内戦を体験してきた若者ジョージ・ペパードが何年ぶりかで故郷にかえりつき、庭の片隅に立てられた墓標から両親の死を知ることになり、そのことに深く胸を痛めて家までの草におおわれた道のりをたどろうとするとき、あたかも兄の帰郷を祝福するかのように、何も知らない幼い弟がバケツ一杯の水を前庭に撒くのである。そのとき、視界を横切る水の飛沫は、『アパッチ砦』のウイスキー・ボトルや『リオ・グランデの砦』の空き缶のように、その一瞬の運動によって、目には見えない変化を画面にもたらす。構図はまったく同じでありながら、視界は不意に鮮やかに引きしまり、見るものは、それまでとはまったく異なるフィルム的な持続と、異なる視覚的な環境の中に自分を見いだすからである。

映画を見るとは、この一瞬の変化をとらえる動体視力の体験にほかならず、ジョン・フォードは、「投げる」ことの主題体系を作品の細部にまで行きわたらせることで、その驚きの体験へと何度もくり返して見る者を誘う。フォード的な「投げる」ことの主題とは、そのつど変化するまごうかたなき誘惑の記号にほかならない。

Ⅱ 「アクション」の真の意味について

知られざる／知られすぎた作家

ジャン・ルノワールや小津安二郎などとともに、ジョン・フォードは、「あまりにも知られすぎた」映画作家であり、同時に「あまりにも知られていない」映画作家でもある。しばしばルノワールがフランス的、小津が日本的と呼ばれるのと同じ粗雑さでフォードもまたアメリカ的と呼ばれることが多いが、その「アメリカ性」に「アイルランド系カトリック性」を加えてみても、彼の作品をよく知ることにはまったく貢献することにはなるまい。われわれがフォードの作品をはじめ、あまたのアメリカ映画をひたすら見つづけているのは、その優れた作品のほとんどが、どれひとつとして合衆国には真の意味で似ていないからである。実際、フォードを見て、合衆国では、誰もがよくものを「投げる」と結論する者など一人としていないはずである。アメリカ映画がアメリカの同義語になったとき、それは、アメリカ映画がアメリカ合衆国とともに視界から消滅する瞬間にほかなるまい。

確かに、フォードは優れてアメリカ的なジャンルと見なされる西部劇の作家として名高く、『駅馬車』は『荒野の決闘』とともに、映画史で最も有名な西部劇だといえる。ただ、ここで指摘しておくべきは、彼が

『男の敵』、『怒りの葡萄』、『わが谷は緑なりき』、『静かなる男』などの作品で四度ものアカデミー監督賞に輝いていながら、そこには一本の西部劇も含まれていないという事実にほかならない。しかも、ジャック・フォードの名前で1910年代の後半に撮られたユニヴァーサル時代の無声西部劇はほとんど失われており、ごく限られた作品しか見ることができない。しかも、そうした稀有の作品が、合衆国のフィルム・アーカイブに保存されていたのではなく、ヨーロッパの小さな国々や、ニュージーランドといったむしろ辺境の土地で発見されたプリントでしかない。

また、1920年代に入って、彼がユニヴァーサル社からフォックス社へと移籍してからの作品も、二本の比較的名高い西部劇『アイアン・ホース』と『三悪人』をのぞくと、『電光』（1925）や『香も高きケンタッキー』のような優れた作品さえ、批評家たちからほとんど無視されがちだったのである。さらに、しばらく西部劇を撮らなくなった1930年代に入ってからも、数本の有名な作品のほかは、すでに触れておいたウィル・ロジャース主演の「スモールタウン」三部作も、『餓饑娘』や『戦争と母性』や『サブマリン爆撃隊』（1938）などのきわめて興味深い作品と同様、合衆国においてすらあまり広く知られるにはいたっていない。それは、いったいなぜか。

第二次世界大戦後は、事態はさらに複雑なものとなる。1960年代に来日したヘンリー・フォンダが記者会見で《Ford *was* a great director》と述べたように、マンキーウィッツやビリー・ワイルダーやフレッド・ジンネマン等々が「公式」の映画作家とみなされていた当時の合衆国において、フォードはほとんど過去の人であるかに見なされていたといってよい。フォンダにとっては、病気を理由に『ミスタア・ロバーツ』（1955）を完成しえなかったフォードなどより、『十二人の怒れる男』（1957）や『女優志願』（1958）のシドニー・ルメットと仕事をするほうが遥かに有意義なことだと思われたのだろう。

確かに、戦後のフォードは、敗戦直後の小津がそうであったように、それにふさわしい評価を受けることの難しい映画作家ではあった。だが、フォードを過去形で語ったフォンダの発言は、それまで抽象的なものでしかなかった「呪う」という単語の具体的な使用法を、一人の日本の高校生に間違いなく教えてくれたのである。事実、その高校生は、成長してもなお、無礼で傲慢なアメリカ人俳優ヘンリー・フォンダを、フォードの名誉のために「呪い」続けることになる。

もっとも、フォンダの見解は、フォードの熱烈な擁護者を自任するリンゼイ・アンダーソンの評価とも正確に一致している。映画評論家出身のこのイギリスの映画作家は、『太陽は光り輝く』をもってフォードのキャリアはほとんど終わったとみなし、それ以後の『捜索者』や『馬上の二人』や『荒野の女たち』などをまったく評価していない。だが、フォードが真の意味で自分自身の言葉を語り始めたというべき晩年の作品を無視する『ジョン・フォードを読む』の著者アンダーソンは、何という狭量な精神の持ち主であることだろう。また、何という貧しい自己正当化に自足しきっているのだろうか。

こうした事態と並行して、「カイエ・デュ・シネマ」誌を中心にくりひろげられた否定的なフォード評価の流れについても触れておかねばならない。これは「序章」でも指摘しておいたことだが、１９５０年代のフランスには、映画作者でもあり映画理論家でもあったロジェ・レーナルトに始まり、理論家であり批評家でもあったアンドレ・バザンを経由し、批評家時代のフランソワ・トリュフォーにまで受け継がれた「フォード・フォビア」ともいうべきものの系譜が間違いなく存在していたのであり、フランスの批評界がその悪しき影響から脱するには、かなりの時間を待たねばならなかったのである。

実際、ジャン＝マリー・ストローブとダニエル・ユイレがフォードを「発見」するのも、また、たまたまテレビで放映されていた『静かなる男』を見たフランソワ・トリュフォーが初めてフォードの偉大さに目ざめるのも、１９７０年代に入ってからのことにすぎない。ゴダールの『映画史』（１９９８完成）や『フォーエヴァー・モーツアルト』（１９９６）などは、こうしたフランスの「フォード・フォビア」の悪しき伝統を半世紀後に清算しようとする真摯な自己批判の試みだとさえいえるだろう。

こうした一連の事実が明らかにしているように、ジョン・フォードが映画史で占めるべき位置は、世界的にいまなお曖昧きわまりないといわねばなるまい。現在でも、絶賛する者たちはひたすら絶賛しているが、そのほとんどは、フォードには冷淡な対応で十分だと信じている者たちの胸に響く言葉を口にしてはいない。というより、フォードの作品がその演出にふさわしく見られたことなど、ほとんどなかったのである。ジョン・フォードが「あまりにも知られすぎ」、同時に「あまりにも知られていない」映画作家だというのは、そうした意味においてである。

実際、フォードの作品をめぐる分析的な言説で、ほとんどの批評家たちは、誰の目にも明らかなはずの「投げる」という彼独特の運動の重要さを徹底的に無視している。つまり、人為的に起きるオブジェの不意の空間的な移動という視点から彼の作品を論じたものは、世の東西をとわず皆無だといってよい。これは、かなり奇妙なことだというべきである。これまで見たように、多くのフォード的な人物はいたるところで「投げる」仕草を実践していながら、あたかもそんな動作などフィルムには写っておらず、かりにそれが画面に見えたとしても、ほとんど意味を持たない無駄な装飾でしかないというかのように、フォードは論じられていたからである。

その点で興味深いのは、『ドクター・ブル』の冒頭で投げだされる郵便バッグに言及している数少ない論者が、映画作家のジャン＝マリー・ストローブだという事実だろう。彼は、ある対談の中でこういっている。

「重要なのは、フォードには文体がないということだ。実際、『三悪人』とウィル・ロジャース主演の作品とどんな共通点があるというのか。とりわけ、われわれが大好きで、イタリアのネオレアリズモのすべてを視界から一掃してしまう『ドクター・ブル』と、どんな共通点があるというのか。この地方の小さな町のできごとと呼ぶにはあまりに地味な作品の中での位置取りを見ると、到着する列車、プラットフォームの郵便バッグ、それを郵便局に運ぶ若い娘がいるのだが、1時間後になって、どうしてそうなのかが初めてわかるのである。演出そのものがことごとくドキュメンタリー的なのだ」（註8）

この数行の言葉を読むと、映画作家ストローブが、ジョン・フォードの作品の物語や、作中人物の性格や、その背後にあるといわれるイデオロギーなどではなく、画面にまぎれもない変化を導入する視覚的な運動、すなわち「モーション・ピクチャー」と呼ばれるにふさわしい映画の「アクション」そのものにどれほど敏感であるかがよくわかる。フォードの演出は、心理的な脈絡にそった物語の説明ではなく、物語にどう貢献するのかもすぐには明らかでないごく些細な身振りの思いがけない組織化にかかわるものなのだ。ストローブのいう「ドキュメンタリー的」という概念は、まさに、スモールタウンの駅頭で演じられる習慣化され、ほとんど中性的ともいってよい動作によって儀式化をこうむった身振りの連鎖にふさわしい概念にほかならない。『アンナ・マグダレーナ・バッハの日記』や『アメリカ』（1984）の作者にふさわしく、ストローブは、列車からプラットフォームに投げだされる郵便バッグの運動をまぎれもなく目にしている。フォード的な「投げる」ことの主題は、いささかも視線を逃れることのないあくまで可視的な運動として画面を活気づけているのだが、それをまぎれもない変化として受けとめるストローブの動体視力を、アンドレ・バザンを始め、フランスの批評家たちのほとんどは欠いていたというしかない。というより、フォードをフォードにふさわしく評価しそびれた多くの批評家たちは、そのとき、まだ、『ドクター・ブル』という好ましい作品をまだ見ていなかったに違いない。

フォードが「あまりにも知られすぎ」、同時に「あまりにも知られていない」映画作家だというのは、一時代前の批評家たちが、そうしたみずからの無知にもかかわらず、自分たちが知っているごく限られた数の作品だけを見て、あるいはあえて見ることもせずに堂々と理論を展開しているという歴史的な現実とも無縁ではないはずだ（註9）。

文体と主題

ここで、ストローブが口にした「文体」の概念について一瞥しておかねばなるまい。「フォードには文体がない」と彼はいうのだが、確かに、ウィル・ロジャース主演の「スモールタウン」三部作をかたちづくる『ドクター・ブル』と『周遊する蒸気船』の間にすら、文体的な統一を認めることはかなりむつかしい。すでに見たように、一方は日常的な身振りの連鎖にキャメラが向けられていたし、他方は「最後の瞬間の救出」というきわめてドラマチックなクライマックスに向けて、集団の狂騒的な振る舞いが画面の中心に位置しているからである。

だが、フォックス社で撮った「スモールタウン」三部作とほぼ同時期に彼がＲＫＯ社で撮った『肉弾鬼中隊』や『男の敵』などとくらべてみると、その違いはさらに否定しがたいものとなる。１９２０年代末期の無声映画時代からフォックス社の契約監督だったフォードが撮った「スモールタウン」三部作には、作家的な野心などいささかもこめられてはおらず、ウィル・ロジャースの気取りのない人物像を周囲とほどよく調和させるために、彼はもっぱら演出家に徹しているといってよいのかもしれない。それに対して、ＲＫＯ社で撮った二作のフォードには、いわゆる「芸術家」としての野心と、社会的な題材にこめられた政治的な野心とが濃厚に影を落としているかにみえる。

監督部門のオスカーを初めて受賞した『男の敵』は、しばしばフォードの代表作と見なされており、社会的な題材にふさわしい美学的な配慮がすみずみにまでゆきわたった作品として、サミュエル・フラーからマノエル・デ・オリヴェイラにいたるまで、これから映画に進もうとしていた当時の若者たちに否定しがたい国際的な影響を与えた作品であることは、歴史的な現実として否定しがたい。また、視覚的にも記憶に残る画面にみちた作品だという意味で、これはフォードの「知られすぎた」一面を代表するものだといえるかもしれない。他方、「あまりにも知られていない」作品といってよい『周遊する蒸気船』や『ドクター・ブル』は、ここでは取りあげない「スモールタウン」三部作の残りの一本『プリースト判事』をも含め、ラジオや舞台の人気者だったウィル・ロジャースを主演に迎え、彼のパーソナリティーを好んだ同時代のアメリカ人によってその場で消費されることだけを目指した文字通りの商業映画にすぎないといえるだろう。それらは、戦前の日本はいうまでもなく、ヨーロッパにもほとんど輸出されておらず、戦後のある時期まで、国際的にほとんど「存在」していないといってよい作品だった。

実際、『ドクター・ブル』の独身の中年医師が患者たちの家から家へと往診して歩く小さな町には、これといって人目を惹く独特な照明など落ちかかってはおらず、ステージに再現された『男の敵』のダブリンの町を徘徊するプロレタリアートのジポー（ヴィクター・マクラグレン）をつつみこむドイツ表現主義のなごりともいうべき影が誇張された夜の光景とは対照的である。また、中近東の砂漠地帯で見えない敵――すでに、イスラム系である！――に包囲されたイギリス軍中隊のほとんど抽象的な身振りにキャメラを向けた『肉弾鬼中隊』の救いのない乾いた画質と、燃料もないままミシシッピー河を船で遡行する狂騒的な小集団を描いた『周遊する蒸気船』の楽天的な抒情との間にいったいいかなる文体的な共通項があるのかと聞かれれば、思わず答えにつまってしまうというほかはない。フォードのフィルモグラフィーに通じていない人が見れば、まったく外見の異なるこれらの作品が、同じ一人の映画作家の手になるものと理解することなど、ほとんど不可能だとさえいえると思う。

にもかかわらず、わたくしたちは、『ドクター・ブル』と『男の敵』とがともにジョン・フォードの作品だと自信をもって断言することができる。それは、この二作が、否定しがたい主題論的な類似におさまっているからだ。その類似は、見せかけのものではなく、ほとんど構造的と呼べるかもしれぬ類似にほかならない。前者がプラットフォームに投げだされる郵便バッグで始まっていたように、後者もまた「投げる」ことの主題を冒頭から作品の導入部においているからである。それは、どういうことか。

『男の敵』の導入部でダブリンの深い霧の中から街頭に姿をみせる大男のヴィクター・マクラグレンは、まさにいま煙草に火をつけ終わったところである。親しい女性がやや離れた場所でいかがわしい紳士の誘惑にあっているのを目にした彼は、くわえていた煙草を右手に持ち、それを肩ごしにぽいと背後に捨てると、あたかもそれが自分自身に対する合図ででもあるかのように二人の前に進み出て、色好みの小柄な紳士を軽々と持ち上げ、かたわらの地面に放り投げてしまう。

ジポーとその女友達は、夕食代にも事欠くほど貧しい生活を送っているので、ここでの彼女は余儀なく客を引かざるをえない立場に追い込まれていたと解釈するのが自然であり、そうだとするなら、ジポーの振る舞いがはたして事態にふさわしいものであるか否かが問われねばなるまいが、ここではそれに詳しくは触れずにおく。見落としてならないのは、作品に登場したばかりのダブリンの大柄なプロレタリアートが、立て続けに二つのものを投げていることだ。彼は、まず、右の肩ごしに吸いさしの煙草を投げ、それからいかがわしい紳士を軽々と持ちあげてから、改めて地面に放り投げてもいるのであり、この仕草は、たちどころに、「投げる」ことの主題体系にそって、他の作品の見すごされがちな細部の意味をも、目覚めさせずにはおくまい。

火を点すこと、マッチを捨てそびれること

映画における喫煙は、ある時期までの人類にひろくゆきわたっていた嗜好を反映したものではいささかもない。とりわけモノクロームが主流であった時代に、多くの才能ある映画作家が紫煙のたゆたいを美学的に活用したことなら誰もが知っているだろう。ドイツ時代のフリッツ・ラングにとって、それは、閉ざされた空間の雰囲気を決定する必須の要素だったといえる。だが、ジョン・フォードの場合はやや事情が異なり、その登場人物の多くは、投げ捨てる身振りを演じるために、何気ないそぶりで煙草や葉巻を口にくわえるのである。投げ捨てられるのは、あるときにはマッチであり、あるときには煙草であり、背景に応じてそれが葉巻となったりもするように、フォードにおける喫煙は、「投げる」という運動を導きだすために不可欠な身振りにほかならない。

例えば、『西部開拓史』の「南北戦争」編の挿話で、南軍との激しい戦闘の後に、シャーマン将軍（ジョン・ウエイン）とグラント将軍（ヘンリー・モーガン）とが野営地の林の中で戦いの意義について深刻に語り合うシーンがあるが、ここでの二人が葉巻をくわえていることを、史実に忠実な演出だなどと思ったりしてはならない。それは、いうまでもなく、激情にかられたジョン・ウエインがいきなり立ち上がり、派手な身振りで葉巻を地面に投げ捨てるための布石にほかならないからである。

こうした身振りの効果的な活用は、１９１０年代のユニヴァーサル社でハリー・ケリー主演の「シャイアン・ハリー」シリーズの二巻もの無声西部劇を撮っていた時代から一貫したジョン・フォード独特の姿勢であ

る。当時の西部劇でプリントが残されている作品は数少ないが、ごく最近修復された『鄙より都会へ』を見ただけで、何かを決意したり、何かに腹を立てて不意に行動を起こしたりするときのハリー・ケリーがいきなり煙草を捨てる仕草が、その後の作品にも着実に受けつがれていることがわかるはずだ。いうまでもあるまいが、サイレント期のフォード的なヒーローが投げるものは煙草に限られているわけではない。『鄙より都会へ』の2年後に撮られた『最後の無法者』（1919）では、新時代の生活様式に驚きまくっている元無法者のエドガー・ジョーンズが、いかがわしい男からつかまされた酒瓶を大きく空に放り投げ、それを拳銃で撃ったり、入り浸りのサルーンのバーで態度の悪い女給に腹を立て、みずからの古びたカウボーイ・ハットを投げつけたりしている。フォードの「投げる」ことの主題は、まだ音を持っていなかった「モーション・ピクチャー」にふさわしい「アクション」として演出に取り入れられ、トーキーになって以後も作品ごとに変奏され、晩年の『シャイアン』のエドワード・G・ロビンソンが葉巻を投げ捨ててリンカーンの肖像画と向かい合い、困難な決断をするときのように、作品の細部を意義深い豊かさで彩ることになるだろう。

例えば、アメリカでのボクサー生活を切り上げて故郷のアイルランドに戻った『静かなる男』のジョン・ウエインは、ひなびた鉄道の駅から村までののどかな田園地帯を走る馬車の馭者との会話から、母親がアメリカで死んだこと、そして母が住んでいた家を買い戻すつもりであることを見る者に知らしめている。それから、馬車に乗った元ボクサーは、ワード・ボンドが演じている神父と道ばたで出会うのだが、彼は亡くなった母上のミサをあげるから翌朝の早朝に教会に来るように促す。それからバリー・フィッツジェラルドの馭者と話し込む神父から離れ、アメリカ帰りの若者は森のはずれの大きな木の幹の下に立ちどまり、あたかもフォード的な「主題」にふさわしくあろうとするかのように、肩をすくめて靴の裏でともしたマッチを口もとに近づけ、煙草に火をつける。そして、吸いこんだ紫煙を吐き出しながらマッチの火を消そうと右手を肩口に振りあげようとして顔をもたげた瞬間、彼は、木立を通して、杖をかざして羊の群れを追う一人の娘に目を奪われる。いうまでもなく、モーリン・オハラである。

これはすでに第二章の樹木をめぐる項目でも触れておいたことだが、青いブラウスのような作業着と真紅のスカートを身にまとった彼女は、見知らぬ男に見られたことを意識してややはにかむように瞳を伏せ、家畜の群れとともにその視界から遠ざかる。そのとき、すでに二人の愛が成就しつつあるかのように主題の旋律が高まり、マッチを投げ捨てる身振りを中断したままの男は、娘が姿を消してしまってからようやくにしてわれにかえる。馬車に戻ったジョン・ウエインは、かたわらの馭者に向かっていまのは夢ではなかろうかとつぶやきながら、初めて思いきり煙草をふかすのである。

ここで、煙草を口にそえて靴底でマッチを擦ることが、たんに喫煙の準備を意味しているのでないことは、誰もが容易に理解するだろう。フォード的な主題体系にあって、それは「投げる」ことをすでに含意しており、その動作は、説話論的にいうなら、物語に貴重な異性の登場をうながすというエロチックな機能さえ演じるものなのだ。しかも、そこでは、ふと動作を中断することさえが、「投げる」ことの主題の変奏にほかならぬことをはっきりと見きわめておきたい。

愛しているわけではない炭鉱経営者の息子との結婚をひかえたモーリン・オハラが、ひそかに心惹かれている牧師のウォルター・ピジョンの部屋を夜中に訪ねる『わが谷は緑なりき』の場面を思い出してみよう。自室に戻った牧師は、いつものようにマッチを擦り、ランプの芯に火を点そうとする。そのとき、点火されたランプの明るさが、奥の壁ぎわの椅子に座っていたモーリン・オハラの姿を不意に闇から浮かび上がらせる。思いつめたようなその冷ややかさが、『静かなる男』の彼女の恥じらい気味の表情との違いをきわだたせているので、見る者は思わず息をのむ。ウォルター・ピジョンは、振り向きざまに女の姿を認め、右手に持っていたマッチを、振り向いて前方の煖炉に投げ入れようとしてその仕草を中断する。その身振りは、『男の敵』のヴィクター・マクラグレンが煙草を捨てようとした仕草と、まぎれもなく同じ軌跡を描くものだし、また、その動作を不意に中断するという点でなら、『静かなる男』のジョン・ウエインの仕草ともかさなりあっているともいえる。

そのとき、人は、フォードにあって暗闇で火を点すことが、親しい異性を招き寄せる儀式であると同時に、貴重な異性との別れのそれでもあることを理解する。ここでは、何にもまして、マッチを擦るという身振りが雄弁にすべてを語っているのである。

そのことを想起させる光景は、『リオ・グランデの砦』にも認められる。しばらく砦を離れて掃討作戦を指揮していたジョン・ウエインは、疲れはてて夜中に自分のテントに戻って頭上の布でマッチを擦り、ランプの芯に点してそれをゆっくりと地面に捨てる。それからランプを手にテント内の方に振り向くと、そこには、夫の帰りを寝ずに待っていた別居中の妻モーリン・オハラの姿が音もなく闇から浮かび上がる。二人は、思わず熱い抱擁をかわす。それから、失礼したとジョン・ウエインは気まずそうにつぶやき、彼女のテントまで送っていこうとうながすのだが、ほとんど無意識に演じられるマッチを捨てるという動作が、ここでも「投げる」ことの主題のエロチックな機能の一貫性を証明している。フォードにあって、煙草やランプにマッチで点火することは、その動作が必然化する「投げる」運動、あるいはそれを中断する身振りを通して、男女の遭遇――や別離――を組織することになるだろう。

『リバティ・バランスを射った男』のジョン・ウエインもまた、闇の中に燃えさしのマッチを捨てることで、ヴェラ・マイルズへの愛を自粛する。自分がその命を救ってやったジェームズ・スチュアートを彼女がかいがいしく手当しているのを見て、身を引くしかないとひそかに心を決めるからである。見る者がその決意を理解するのは、『男の敵』のダブリンを思わせる暗い夜道へと彼が歩み出た瞬間である。影の濃淡がきわだつ壁の前に立ち止まり、煙草に火を点けると、彼は、まだ燃えているマッチを夜の暗さの中に投げ捨てるのだが、その瞬時の運動があまりにも孤独な別離の儀式であることを、もはや誰一人として見落とすものはいまい。

多様性

「投げる」ことの主題は、煙草やマッチを小道具として、男女の遭遇や別離という説話論的な機能を演じるものとはかぎらない。例えば、『荒鷲の翼』でジョン・ウエインに投げつけられる巨大なクリーム・ケーキや、『ドノバン珊瑚礁』で乱闘中のジョン・ウエインとリー・マーヴィンとがぶつけ合うウイスキー・ボトルや酒場の椅子のように、「投げる」ことがほとんどスラップスティックのようなコミカルな効果をもたらす場合も数多く見られる。フランシス・フォードの得意芸の一つといえる嚙み煙草の場合など、『プリースト判事』の裁判のシーンや、『アパッチ砦』の司令官父娘が立ち寄る宿駅の酒場でのように、悪戯っぽく口から吐きだされ、やや離れた金属製の痰壺に嚙み煙草が落ちる瞬間の音響がコミカルに強調され、こうした手を使わずに「投げる」ことが、司法的な権威や軍隊的な階層秩序を嘲笑しているだろうことを見るものに理解させる。ジョン・フォードの人物たちは、何でも身近にあるものを、それぞれの役割にふさわしく放り投げてみせるのだが、ときには遠方目がけて息の力で口から吹き飛ばすこともまた、「投げる」ことのヴァリアントとして用意されているのである。

例えば、売れない役者たちばかりを受け入れているロンドン近郊の下宿屋が舞台となる『上流に向って』をとってみると、なにしろナイフ投げの芸人が主人公の一人なので、「投げる」仕草は冒頭から頻出している。まず、ラブシーンを稽古しているナンシー・ナッシュとアール・フォックスの間にいきなりナイフが投げこまれ、それが背景の壁にぐさりと刺さることで物語が始まる。いうまでもなく、それはナイフ投げ芸人であるグラント・ウィザースの投げたものだが、そこに嫉妬の意味がこめられているのはいうまでもない。だが、ほどなく、アール・フォックスはロンドンへと旅立ち、グラント・ウィザースはナンシー・ナッシュを標的としてナイフ投げの技術を高めながら、彼女の愛を獲得することになるのだから、この作品は、いざという瞬間にナイフが投げられる映画だとさえいえる。あるいは『河上の別荘』のスペンサー・トレイシーのように、監獄の中での囚人たちによる余興の一つとしてナイフ投げの曲芸を演じてみせたりもするのだが、そもそも彼は囚人野球チームの投手なのだから、ここでもあらゆる瞬間にボールが投げられている。

第一次世界大戦を舞台とした『栄光何するものぞ』（1952）の大尉ジェームズ・キャグニーのように、ドイツ軍陣地に向けて手榴弾を投げてみたりするときには、劇的状況からしてそれはごく自然なことで、とりわけ有意義な身振りではないというかもしれない。とはいえ、ここで注目すべきは、間違いなくステージに再現されたいかにも抽象的な戦場で、明らかにスモークをたいただけの朝霧につつまれて手榴弾を投げるとき、ジェームズ・キャグニーが、その身振りで「戦場」のイメージを換喩的に、すなわちメトニミーとしてきわだたせていることを誰もが理解する。ここには、第一次大戦を題材とする作品によくある塹壕での銃撃戦もなければ、剣付き銃をかかげての突撃もなく、鉄条網を前にして苦戦する兵士の姿もなく、大尉が手榴弾を「投げる」というたったひとつのごく些細な運動だけが、「戦場」という総体を表象しているからである。それは、おそらく、ひたすら兵士たちが手榴弾を投げ合う『世界は動く』の戦闘シーンの演出に、フォード自身がうんざりした記憶によるものかもしれない。

勿論、フォードにおける「投げる」ことの主題は、『栄光何するものぞ』のように比喩的な意味を持つものばかりではないが、投げられるものは、その場の状況に応じて多様に変化する。例えば『怒りの葡萄』のジョン・キャラダインは、警官から追われたヘンリー・フォンダを救うべく、手渡された拳銃をあらぬ方角に向けてそ知らぬ顔で放り投げ、証拠品を人目から遠ざける。かと思うと、ガラガラ蛇以外に殺したことがないという『幌馬車』のベン・ジョンソンのように、悪漢一味を倒して幌馬車隊を窮地から救うや否や、その手に握っていた拳銃を砂漠の遥か彼方へと放り投げてみせる。本来なら護身用の武器として機能すべき拳銃も、フォードにおいてはあっさり「投げる」主題とのかかわりを持つ有為な小道具へと変貌してしまうのだ。

例えば、『月の出の脱走』の第一話で偏屈にして磊落な城館主を演じるノエル・パーセルは、親しい友人のシリル・キューサックの不意の訪問を歓迎すべく、庭先で大げさに帽子をとって地面に叩きつけてみせる。そこには、相手が徴税に関する検査官だと知っているだけに、いささかの防禦性を隠し持った振る舞いであるかもしれぬが、いずれにせよ、ここで「投げる」動作が演じられているのは否定しがたいフィルム的な現実にほかならない。また、その第三話では、アイルランド独立運動の闘士の死刑執行に向かおうとしている英軍士官のフランク・ロートンも、飲みほしたばかりのスコッチ・ウイスキーのグラスを、マントルピースに向けて勢いよく投げつけている。これもまた、何でこの俺がこんな事態に立ちあわねばならぬのかという苛立ちの表現ととれなくもないが、そこでもさまざまなオブジェが着実に放り投げられているのは、否定しがたい確固たる現実だというほかはない。

フォードは、50年代から60年代にかけて、複数のテレビ向けの作品を撮っているが、その中に二本、野球を題材にしたものがある。いずれも、八百長の嫌疑で引退を余儀なくされた名選手を登場させた1時間にも充たない中編なのだが、奇妙なことに、ボールを投げたり、投げられたボールをバットで打ちかえすというこのスポーツ独特の身振りにはほとんどキャメラが向けられていない。

たとえば『新人王』（1955）の場合は、彗星の如く登場した新人パトリック・ウエインを仔細に観察していた辣腕のスポーツ記者のジョン・ウエインが、三振するとバットをホームベースに向かってさかさまにたたきつけるという癖から、そのようにバットを投げだすことで記憶されていたかつての名選手ワード・ボンドとの関係を突き止めるという物語である。自分の息子が演じているベースボール・プレイヤーがバットを投げる瞬間を見てその血縁にハッと思いをいたすジョン・ウエインには、まさにスポーツ記者に求められる動体視力がそなわっていたことになるのだろう。実際、彼は作品の終わりに、新人選手から貰ったサイン入りの野球ボールを、オフィスの入ったビルの三階に向けて表通りから放り投げ、そのガラス窓を粉々にしてみせる。記者の慧眼ぶりを認めようとしなかった編集長が、ボールの衝撃に茫然としている姿で物語は終わる。

いうまでもあるまいが、誰かが野球ボールのような硬質な物体を放り投げて窓ガラスを粉々にしてみせるのは、フォードにあっては、『新人王』のジョン・ウエインが初めてではない。ボールに劣らず固い石の塊や煉瓦をバーの入り口のガラス扉に向けて投げる女性の姿を、誰もがすでに目にしているからだ。それは、『北斗七星』（１９３６）に認められる光景である。そこでは、物語とはいっさい無縁に――１９１６年のアイルランドという舞台装置や、バーバラ・スタンウィックとプレストン・フォスターが演じる男女のカップルという主要な人物配置がいささかも必然化させることのない空間で――演じられている「投げる」ことが問題となる。

すなわち、それはダブリンの場末のバーでのできごとであり、そこでは二人の女性が何やらいい争っており、酒の力もあってほとんど乱闘に近い状況に陥るので、止めに入ったバーテンによって無理やり店の外に連れ出されてしまう。すると、追い出された女のひとりが、あたかもそれがもっとも自然な反応だというかのように足元の石を拾いあげ、何の躊躇もなく店の大きなウィンドウに向けて投げつけ、それを粉々に砕いてしまう。その破裂音に誰もが驚いている隙に、女はさらにもう一つの煉瓦を探りあて、頭の上から両手で放り投げ、隣の大きな窓ガラスをも滅茶滅茶に壊してしまう。それに興奮した店主は、中に戻って酔客の手にしているものを取りあげ、ほとんど機械的に思いきり遠くに投げると、それが見えてはいない窓ガラスをまたまた壊してしまったらしい音が響き、彼の驚きの表情とともに、このシーンは終わりを迎えるのである。

窓ガラスに石を投げてこれを破壊するといういかにもフォード的な悪戯の起源としては、おそらく音楽と効果音のついた部分トーキーの『赤毛布恋の渦巻』（1928）が位置づけられているだろう。そこでの警官J・ファレル・マクドナルドは、一人の犯人も逮捕したことのないという暢気な男で、餓鬼どもを集めて街頭で野球など楽しみ、大きな打球でさる重要なオフィスの窓ガラスを粉々にしてしまったりする野放図な男である。だが、そこでの彼はまだものを「投げる」ことはしていない。この警官がフォードの作品で初めて本格的にものを投げ、途方もない破裂音をスクリーンに響かせるのは、懇意にしている女性から仲間が地下食堂で昼食をあてがわれている姿を目にするや否や、即座に路上で拾った石を投げこみ、ガラス窓を粉々にしてしまう瞬間の愉快な破裂音にほかならない。これは、フォードの作品でウィンドウが破壊される最初の瞬間であり、その残響が、『北斗七星』や『新人王』に受けつがれているのである。

そこで戦後に撮られたテレビ向けの作品に戻るなら、『フラッシング・スパイクス』（1962）でもふたたび新人の野球選手にパトリック・ウエインが選ばれ、ウエイン一家のためにフォードが一肌脱いだといった感じの作品なのだが、ここではジェームズ・スチュアートが演じる引退した名選手が、かりにアマチュアの試合であろうと、いざという瞬間には、決まってグラウンドの土塊を握って肩から背後に投げすてて自分を奮いたたせるという癖を持った男として描かれている。『新人王』の場合と同様、ものを「投げる」身振りが元大リーガーの自己同一性をきわだたせる役割を演じており、この主題のフォードにおける重要さを改めて意識させてくれる。

無意識に何かを「投げる」という癖は、しばしば情動的なとっさの反応として、ほかの作品に多様に拡がりだしている。『人類の戦士』の人道的な医師ロナルド・コールマンは、新たな生活の開始を決意した瞬間、手にしていたウイスキー・グラスを壁に投げつける。この身振りは、その後、いくどとなくフォード的なヒーローたちによって反復されることになるだろう。

例えば、すでに触れておいたジョン・ウエインが大きなクリーム・ケーキを顔一面で受けとめる『荒鷲の翼』の乱闘は、彼がそれより大きなケーキを陸軍士官の顔に押しつけることで終わりを迎えるのだが、この陸軍のパーティーにおしかけた海軍の連中が、フォードではきわめて稀なことにシグ・ルーマンが演じている宴会係の脅えを前にして整列するなり、いっせいに帽子を天井に向けて放り投げると、こんどは陸軍士官たちに提供すべくバーに並べられていた高級なウイスキーをみたしたグラスを手にとるジョン・ウエインは、それを一気に飲みほすや否や、からになったグラスを奥のマントルピースに向けて勢いよく投げつける。その破裂音とともに陸軍と海軍との乱闘が始まるのだから、ここでの長い乱闘シーンが「投げる」ことを契機として始まっていたことは、いまや誰の目にも明らかなはずである。

また、すでに触れておいたように、『モホークの太鼓』でヘンリー・フォンダを追うインディアンは、木々におおわれた丘陵地帯を必死にかけぬけながら、ついに追いつかないと知った瞬間、男のシルエットが浮かび上がる地平に向けて、大げさな身振りでトマホークを投げて悔しがる。かと思うと、『荒野の決闘』のヴィクター・マチュアは、かつての婚約者さえまともにもてなしえないすさんだ自分自身に絶望し、まるで鏡のように自分の顔を反映させていた額入りの医師免状に向けてウイスキー・グラスを投げつける。さらには、酒場女チワワとの生活を切り上げようとして駅馬車でメキシコをめざす彼は、トゥームストーンを離れる瞬間、馭者台から金貨入りの小さな革袋を彼女に投げ与える。

他方、『黄色いリボン』の大尉ジョン・ウエインはといえば、任務を遂行しえなかった口惜しさから、司令官の机の上に、かぶっていた軍帽を脱いで大袈裟な身振りで投げだす。かと思うと、『リオ・グランデの砦』の冒頭では、インディアンの討伐から戻ったばかりのジョン・ウエインは、指令官テントでグラント将軍役のJ・キャロル・ナイシュからコーヒーをすすめられ、それこそ飲みたかったものだと微笑みながら、その軍帽をゆっくりとテーブルに投げだす。また、南北戦争中に、命令でモーリン・オハラの屋敷に火を放った過去を持つこの作品の軍曹ヴィクター・マクラグレンは、彼女から「放火犯」《Arsonist》とののしられ、その語の意味もわからぬままに、かたわらのバケツを眼下の川に向けて派手に放り投げる。弟一家を殺したコマンチ族の一味を追っている『捜索者』のジョン・ウエインもまた、テキサス警備隊の隊長ワード・ボンドの指揮が気に入らず、口論のはてに水筒を投げるかと思うと、虐殺の現場を見た直後にはライフルを地面に投げ捨てることで、興奮や悲哀を何とかおさえようとしている。

フォード的な「投げる」ことの主題は、しかし、こうした否定的な身振りばかりを作品に導入しているわけではない。『荒野の決闘』の名高い棟上げ式の教会の場面で、クレメンタイン役のキャシー・ダウンズをダンスへと誘うヘンリー・フォンダは、彼女に腕をかそうとして、持っている帽子をいさぎよくかたわらに放りだす。それについては、『若き日のリンカン』のヘンリー・フォンダが、彼自身の弁護によって無罪が確定する二人の若者をリンチにしようと集まった群衆を前にしてそれを止めようと体を張るにさきだって、いきなりかぶっていた長めの山高帽を手にしてそれを放り投げていたことを思い出しておきたい。この身振りは、モーリン・オハラを前にした『静かなる男』のジョン・ウエインによって、開かれた緑の草原で、色彩とともに大がかりに再現されるだろう。

二人の婚約の日、正装のまま田園地帯を散策中に、いきなり振りかえる女は、大きなボンネットを髪からはずしながら男に微笑みかける。すると、男は、ゆっくりとした身振りで手にしていた手袋を帽子の中に放りこみ、手袋ごと思い切り遠くに放り投げる。森のはずれで、マッチを「投げる」身振りを中断した元ボクサーは、ここでは、礼服の黒いメロン帽を思いきり遠くへ放り「投げる」ことで、二人の愛の成就を祝福しているのである。また、この作品の最後のシーンでは、かたわらのジョン・ウエインに微笑みかけるモーリン・オハラが、弄んでいた木片――出会いのシーンで彼女が持っていた羊を追うための杖だろうか――を背後に放り投げ、二人して家を目ざすという後ろ姿もまた忘れがたい。その光景に《The End》の文字が浮きあがるからである。

　さらに、次の事実をも指摘しておきたい。それは、『静かなる男』や『捜索者』がそうであったように、フォードは、モノクローム作品の中で演じられた「投げる」仕草を、しばしば色彩映画でより華麗に再現してみせる。例えば、『駅馬車』の泥酔した医師トーマス・ミッチェルは、吝嗇な銀行家バートン・チャーチルの乾杯への誘いを断り、グラスに入っていた好物のウイスキーを、無言で煖炉の火にくべる。マントルピースが一面の焔につつまれることで表現されるこの拒絶の仕草は、『捜索者』のジョン・ウエインによって、色彩とともに派手にくり返されることになる。インディアンにさらわれた姪の捜索にあたる彼とその甥同然に育てられたジェフリー・ハンターは、確かな手応えをつかんで国境近くにまで足を運び、メキシコ風のレストランで食事をする。エキゾチックなウェイトレスに目を奪われてなかなか食事のはかどらないジェフリー・ハンターをせきたてようとしてもはたせぬジョン・ウエインは、立ちあがってレストランを去りぎわに、テキーラをグラスごとかたわらの煖炉に向かって放り投げる。カラー映画であるだけに、画面を彩る焔のまばゆさがひときわはえ、そこに、孤独な捜索者の寡黙な苛立ちが見事に視覚化されている。

　ジョン・フォードがなぜ『ミスタア・ロバーツ』の映画化にこだわったのか、その理由が、いまや明らかになり始めようとしている。ヘンリー・フォンダによるこのブロードウェイの当たり狂言の映画版は、フォードと彼との仲を決定的に裂くことにのみ貢献する不幸な作品となってしまったのだが、ジョシュア・ローガンが作者の一人である原作の戯曲には、その重要な部分で、二度にわたって「投げる」運動が演じられているからである。

何の役にもたちそうにないちっぽけな輸送艦の艦長ジェームズ・キャグニーは、鉢植えの棕櫚の木に日々水をやることだけを楽しみにしている小心者の軍人である。無内容で形式主義的なその指揮ぶりに業を煮やした中尉のヘンリー・フォンダは、ふと思いつき、あえて儀式的な行進の姿勢で近づき、派手なやりかたでその鉢植えを甲板から海中へと放り投げてみせる。この部分の演出がフォード自身によるものか、その後を受けたマーヴィン・ルロイによるものかは明らかでない。しかし、この仕草は、フォンダの演じるロバーツの死後、それまではひたすら弱気だったジャック・レモンによって周到に反復されるだろう。ここで「投げる」主体となってみせる二人は部下の水兵たちの喝采を浴びるのだが、「投げる」ことの主題がその身振りを演じる主体を他から孤立せしめる場合もしばしば存在する。あるいは、その方がフォードにふさわしい仕草だといえるかもしれない。

孤独な身振りと連帯

例えば、南軍との激しい戦闘の後で、即席の病院と化したホテルのバーで、『騎兵隊』の北軍大佐ジョン・ウエインは驚くべき孤独な表情で「投げる」主体を演じ、見るものをしばし茫然とさせる。

それ以前に何が起こっていたか、そのおよそのことを思いだしてみよう。ひそかに潜入した南部奥地で、可能なかぎり戦闘を避け、鉄道による南軍の輸送径路を破壊する使命をひそかに負っていたはずのジョン・ウエインは、南軍の犠牲を怖れぬ執拗な抵抗にあい、余儀なく発砲を命じなければならなくなる。そのとき、彼は、農具を積んだ荷馬車を何台か倒しただけの急ごしらえの陣形の片隅で、そうすることに大きな抵抗を覚えつつ、軍帽を放りださんばかりの勢いで腕を振り下ろし、戦闘開始の合図を送る。ようやくにして南軍の抵抗が弱まったところでバーに立ち寄る彼は、鉄道線路の破壊がほぼ完了したとの報告に騎馬のキまホテル内に走り込んで来た自軍の兵士を手荒く馬から引きずりおろし、怒りの表情もあらわに地面に投げとばすと、その尻を目がけて派手な足蹴りをくらわせる。それに驚く同僚の大佐が、この作戦の成功でワシントンの政界への進出が有利になったと口にするのを耳にするジョン・ウエインは、躊躇なく彼をもバーの外に放りだし、遠ざかるその後姿に、飲みかけのウイスキー・グラスを投げつけるのである。

北軍大佐の不意の凶暴さに驚く南部の令嬢コンスタンス・タワーズに向かって、ジョン・ウエインは、自分が職業軍人ではなく、召集された鉄道技師にすぎないことを明らかにする。だから、鉄道施設の大がかりな破壊に無邪気な歓声をあげている部下の兵士たちを心底から許すことができないのである。また、従軍医師のウィリアム・ホールデンへの彼の憎悪が、医師の誤診で妻を亡くした過去の体験からきていることをも説明してから、おのれの孤独な饒舌を恥じるかのように、バーのカウンターに三段ほど積み重ねられていたいくつものグラスに向けて、ボトルを放り投げる。ここでのジョン・ウエインは、誰にも手がつけられないほど孤独な「投げる」男に徹しきっており、軍服を着ていながらも、軍隊という共同体の秩序からほとんど逸脱しきっている。

そのとき、北軍指揮官としての彼の一挙手一投足は曖昧なものとなり、あからさまな矛盾さえかかえこむことになる。彼は、指揮する軍事作戦に成功するたびに、あたかも義務に反したかのごとくに憤り、狂ったように「投げる」主体へと変貌するからだ。実際、大隊が南軍の前線基地を首尾よく突破しおえたとき、銃弾の飛びかう激戦地に姿を見せた彼は、馬上で襟元のネッカチーフをとり、それで荒々しく汗をぬぐったあげく、怒ったように地面に投げ捨て、集合ラッパを吹かせるのである。投げられたネッカチーフを追うようにキャメラがパンするとそこにラッパ手がいるのだから、「投げる」ことの主題が、どれほど綿密な演出的な配慮によって視覚化されているかは明らかだろう。その点をめぐっては、『黄色いリボン』の老指揮官であるジョン・ウエインが旧知のインディアンの酋長を訪れるとき、血気はやった若い戦士の一人が彼の足元に弓矢を射って見せるのだが、それを両手で折り、つばをかけてから相手に投げ返していたことなどを、ここで想起しておくべきかもしれない。

ジョン・ウエインが騎兵隊の軍服姿で手にしていたものを地面に投げ捨てるのは、これが初めてではない。すでに触れておいたことだが、『アパッチ砦』のジョン・ウエインが、指揮官ヘンリー・フォンダの無謀な作戦でインディアンとの戦争が避けられなくなったと察知したとき、怒りと諦念の入り交じった身振りで手袋を投げ捨てる姿を、誰もが記憶しているはずである。それとほぼ同じことが『騎兵隊』でも起こっているのであり、その身振りには、避けえたはずの戦闘へと部下を追いやってしまったことの悔恨がにじみでている。だが、それと同じ「投げる」身振りが、敵軍ともいうべき先住民の酋長コーチーズを演じるミゲル・インクランによっても実践されていることを見落とすと、『アパッチ砦』の意味は理解不能となる。ジョン・フォードは、すでに事態が救いがたく悪化していることに絶望したジョン・ウエインがものを投げてその諦念を示してみた直後、あたかもそれに対応するかのように、地面から砂や小石を拾い上げたインディアンの酋長もまた、戦闘が不可避と知った瞬間、それを荒々しく地面に投げ捨てる姿をはっきりとフィルムにおさめているからである。こうして、「投げる」ことの主題は、ジョン・ウエインをいたるところで軍事的な共同体から孤立させる。だが、その身振りは、敵方の指揮官の身振りと共振しあうことで、「主題」論的な連帯関係をフィルムに行きわたらせる。

『騎兵隊』でも、それとほぼ同じことが起こっている。ここでネッカチーフを投げ捨てたジョン・ウエインと連帯するのは、敵軍にあたる南部の令嬢のコンスタンス・タワーズにほかならない。それを戦場で投げ捨てたことでもはや襟元にネッカチーフを巻いてはおらず、そのことで北軍の兵士として孤立しているとしか言いえない大佐の前に、彼女は、その金髪をネッカチーフですっかり覆って登場する。説話論的な必然として、襟元の素肌を外気にさらしつつある北軍大佐は、南部の令嬢のネッカチーフを髪から滑らすようにして遠ざけ、それを巻いて首の素肌を覆うことになるだろう。事実、そうした身振りを演じるしかなかった彼は、戦争が終わったら必ず会おうという言葉を残すと、彼女の目の前で橋の爆破作戦を敢行し、向こう岸へと逃れさり、戦場から遠ざかる。二人のその後について、映画はいかなる言及もせずに終わっている。ただ、『騎兵隊』のジョン・ウエインもまた、自分のネッカチーフを投げすてることで、貴重な異性を惹き寄せることになったという事態だけは確かなことの次第であると断言しておきたい。

では、襟元のネッカチーフや手袋を投げ捨てることで軍事的な共同体から孤立するジョン・ウエインを何度も描いてみせたジョン・フォードは、あれほど多くの西部劇や戦争活劇を撮りながら、軍人集団にはおさまりがつかぬ非戦論的な立場を表明していると結論すべきなのだろうか。確かに、ジョン ウエインは、無駄な戦闘を回避しようとする指揮官の役を何度も演じているが、事態はそれほど単純ではない。『アパッチ砦』の最後で、ジョン・ウエイン自身が、新聞記者たちの前で、部下の多くを無駄死にさせた思かな司令官ヘンリー・フォンダを讃えるかのような演説をしているからだ。また、『黄色いリボン』の最後は、「日給五十セントで」辺境をまもる「一様に汚れたブルーの軍服の男たち」への賛歌が語られ、「彼らの行くところ、彼らの戦うところ……その場所こそ、合衆国となったのだ」というナショナリズムの高揚とも思えるそのナレーションで結ばれている。

ところで、「彼らは消耗品だった」という原題を持つ『コレヒドール戦記』を高く評価するリンゼイ・アンダーソンは、『アパッチ砦』のジョン・ウエインの前任者をたたえる演説や、『黄色いリボン』の最後のナレーションをほぼそのままのかたちで受け入れ、それをフォードの本音ととっているかにみえる。それに対して、フォードをもっとも「ブレヒト的」な映画作家と見なすジャン＝マリー・ストローブに想をえたジョセフ・マックブライドとマイケル・ウィルミントンは、『アパッチ砦』の最後の演説をより複雑なものと見ており、それをフォードの作家的な姿勢を表現するものとは考えていない（註10）。その姿勢は、マックブライド自身の浩瀚な書物『ジョン・フォードを求めて』にも受けつがれることになるだろう。

しかし、ブレヒト的な異化効果の概念によってフォードが非戦論的な立場にあるか否かを確かめることは、その背後にあるものが、「消耗品」である無名の戦士たちの疲れを知らぬ歩みが合衆国の領土を切り開き、いまもなおそれを不断に拡大しつつあるというイデオロギーを彼が擁護しているか否かを確かめることと同様、さして重要な迂回路とは思われない。のちに詳しく見てみるように、合衆国騎兵隊やアイルランド独立運動の運動員たちや、さらには合衆国の少数民族といった共同体の価値を擁護する映画作家と思われがちなジョン・フォードの作品が、少なくとも「投げる」ことの主題を通してみたかぎり、それほど単純な図式には還元されえないということのみを、ここで改めて指摘しておかねばなるまい。

Ⅲ　男、そして女も、あるいはその逆について

「投げる」女たち

いつの間にそうなったのかは確かでないが、ジョン・フォードは「男性的」な映画作家と思われがちである。とりわけ、男性的な共同体の価値の擁護者と見なされることが多いのだが、「投げる」ことの主題は、その広

く共有された思いこみをそのつど雄弁に否定してみせる。「投げる」主体が集合的である数少ない例外をのぞけば、この主題は、ほとんどの場合、「投げる」主体をグループの中で孤立させるのだが、『騎兵隊』の例が明らかにしているように、その孤立した主体と連帯するのはきまって女性である。それにとどまらず、女性たちは誇らしげに「投げる」主体にみずからを位置づけさえするのだから、フォードにおける女性は華やかな添えものにすぎないといった軽率な発言は、フォードの作品に対する無知の告白以外の何ものでもない。

例えば、トゥームストーンの酒場女リンダ・ダーネルは、まぎれもない「投げる」女として『荒野の決闘』に登場する。実際、彼女はヘンリー・フォンダ演じるワイアット・アープのテーブルに姿を見せ、画面の外から投げられたチップを『男の敵』の街頭で歌っていたデニス・オディさながらの身軽さで受け止め、それを手の中でもてあそびながら、ときおり男たちのカードをちらちらと見やり、その背後をゆっくりと歌ってあるく。艶をおびたその視線やしなやかな指の動きは、この歌姫がいかさま賭博に加担していることをそれとなく告げているのだが、この場面は、彼女の役柄とは無関係に、ある奇妙な居心地の悪さへと見る者を誘い込む。フォードの映画で、主演女優の一人が、離れた場所にいる楽士たちにわざわざ合図を送ってから、念入りに一曲歌ってみせるというシチュエーションそのものがきわめて異例なものだからである。しかも、リンダ・ダーネルは別の場面でさらに一曲歌うことになるのだが、それを素直に受け入れることはかなりむつかしい。

では、この酒場でのポーカーの場面で、リンダ・ダーネルはなぜ歌い、なぜ「投げる」のか。歌うことについては、理由は単純である。『荒野の決闘』が、20世紀フォックス社のダリル・F・ザナックの企画によるアラン・ドワン監督の『国境守備隊』（1939）のリメイクにほかならず、そのオリジナル作品にこれとそっくり同じ場面が存在するからにほかならない。世評の高さにもかかわらず、フォードがこの作品に深い執着を示していないのはそのためかもしれない。すでに触れておいたように、プロデューサーの手で編集され、しかも30分ほど短縮されたこの作品の最終ヴァージョンを見たことがないとさえ彼は口にしているほどである。

オリジナルの『国境守備隊』においては、リンダ・ダーネルと同じ酒場女の役を演じるビニー・バーンズが、まず一曲歌ってから舞台を降り、カード賭博のテーブルに近づき、客たちの手を賭博師に指の動きで知らせることになるとき、フォードはそれを一つのシークェンスにまとめて描いている。アラン・ドワンの作品でワイアット・アープを演じるランドルフ・スコットは、歌姫のいかさまを目ざとく見破り、彼女を戸外に連れだして水槽の中に放り投げるのだが、この場面もまた、ヘンリー・フォンダとリンダ・ダーネルによって『荒野の決闘』でもほとんど正確に再現されている。

『荒野の決闘』より。
ビールを投げるリンダ・ダーネル

だとするなら、ここでのフォード固有の署名が、酒場女の登場する瞬間にどこからともなく投げ込まれるチップにあることは明らかである。実際、リンダ・ダーネルは、一曲歌い終わると、あたかもそれがフォード的な身振りとして必須のものだというかのように、もてあそんでいたチップをワイアット・アープの灰皿の中へぽんと投げだしてみせる。そのとき、主演女優が涼しい顔で二曲も歌ったりする20世紀フォックス作品『荒野の決闘』は、「投げる」ことの主題によって、まぎれもないジョン・フォードの作品へと変容するのである。

実際、フォードの女たちは、男のすることならなんでもやってのける。『俺は善人だ』のジーン・アーサーは、エドワード・G・ロビンソンの待つレストランに着くなり、『リバティ・バランスを射った男』のジョン・ウエインがレストランのエドマンド・オブライエンの専用席につくときとまったく同じ仕草で、かぶっていた帽子をテーブルに素早く放り投げる。『荒野の決闘』のバーでヴィクター・マチュアのドク・ホリデーからつれなくされたリンダ・ダーネルは、『騎兵隊』のジョン・ウエインと同じ凶暴さで、カウンター越しにビールのジョッキを投げてみせる。いずれの場合も、製作年代からすれば、男優が女優の仕草を模倣しているというのがより正確だろう。さすがに、『男の敵』や『黄色いリボン』のヴィクター・マクラグレンのように人間を軽々と「投げる」女性は登場しないが、『餓饑娘』のお転婆なサリー・オニールは、木の枝につるされた長いブランコを使って、自分自身を二階のテラスまで放り「投げる」という曲芸さえやってのける。

フォードにおける女たちは、しかし、目の前にあるものを手当たり次第に「投げる」わけではない。多くの場合、彼女らは彼女らなりの「投げ方」を心得ている。それは、危険を伴うことのないバケツ一杯の水を、男どもに向かって浴びせかけるという思いきった振る舞いである。

例えば、『幌馬車』の勝ち気なジョーン・ドルーは、馬車の中で化粧をしている隙に近寄ってくる男たちに向かって、いきなりバケツの水をぶっかけてこれを追い払っている。かと思うと、『搜索者』のヴェラ・マイルズは、久方ぶりに故郷にもどって知人宅のバスタブに浸かっているジェフリー・ハンターの背後から、あたかも自分は部屋を出たかのように思わせておき、そっとバスタブに近よって、バケツの水を湯浴み中の裸の男に派手にぶっかけることで、ある種の愛を表現している。また、『荒野の決闘』のリンダ・ダーネルは、すれ違いざまにワード・ボンドに水を浴びせてみせることで、その苛立ちを表現することになるだろう。

いずれにせよ、フォードにあっては、「投げる」主体とはならない主演女優を思い出すほうが遥かにむつかしい。例えば、『コレヒドール戦記』のドナ・リードは、『荒野の決闘』のヘンリー・フォンダさながらに、離れて行こうとする親しい同僚のジョン・ウエインその人である海軍中尉に向けて、預かっていた制帽を軽々と、しかもある親しげな仲間意識をこめて投げてみせる。かと思うと、『モガンボ』のエヴァ・ガードナーは、クラーク・ゲーブルの心を惹きそびれ、落胆して一人で指定された部屋——不意に狩りの中心部である彼の宿舎に戻って来た彼女は、その隙に到着したグレース・ケリーとその夫に特別室があてがわれてしまったので、どうやらクラーク・ゲーブルの自室らしい——に入るなり、持っていたスーツ・ケースをふてぶてしげに床に放りだすと、かたわらのソファーに崩れ落ち、ふと口にしたウイスキーがおそろしくまずかったからだろうか、顔をしかめてそのボトルを派手にかたわらに放り投げ、それが壊れる瞬間の破裂音を誇らしげにあたりに響かせてみせる。また、『静かなる男』のモーリン・オハラは、なかなか言うことを聞かない家族の男どもに向かって、大きな花瓶のような褐色の容器を放り投げそうになって、かろうじて思いとどまる。あるいは『荒鷲の翼』のモーリン・オハラは、男に殴りかかって自分の帽子を放りだしてしまうかと思うと、何でも床に投げだす幼い娘たちを叱責しながら、自分自身はタオルを堂々と離れた箪笥に向けて投げてみせる。

初めて南の島を訪れた『ドノバン珊瑚礁』のエリザベス・アーレンは、迎えにきたジョン・ウエインに向かって船上から白いパンプスを投げ与えてからボートに乗り移る。また、久しく会っていない父の家に案内されてから同行の彼を追い払って一人になると、ボストン育ちの令嬢とはとても思えぬ大胆なだらしなさで、ハンドバッグと帽子とパンプスとを離れたソファーへと投げだす。だが、その身振りは、砦を訪れた別居中の妻にベッドを奪われた『リオ・グランデの砦』のジョン・ウエインが、離れた幌馬車の中で眠らざるをえない立場に追いやられ、脱いだ軍服や下着を不満そうに幌の中に投げこむ動作とそっくりである。かと思うと、『新人王』で女性記者を演じるヴェラ・マイルズは、オフィスの編集室で、『幌馬車』のベン・ジョンソンや『怒りの葡萄』のジョン・キャラダインさながらに、隠し持っていた拳銃を思い切りよく仕事机の上に放り投げてみせる。

こうした身振りを目にしたとき、人は、フォードの女性はまるで男のようだというべきだろうか。それとも、フォードにおいては、性差がいたるところで曖昧化されていることに驚くべきだろうか。あるいは、見て見ぬ振りを装い、フォードをなおも男性的な映画作家だと信じつづけるべきなのだろうか。

幸運な石／不吉な石

嘆かわしいことに、事態はより深刻に推移している。多くの論者は、作品のこうした意義深い細部など見ようともせずにフォードを論じているからだ。例えば、ＢＦＩ（ブリティッシュ・フィルム・インスティテュート）が刊行している叢書の一冊だから一応は「権威」ある書物とみなされるべきものなのだろうが、エドワード・バスコムの『「駅馬車」論』には驚くべき記述が含まれている。著者は、こうした言葉で作品の最後の場面を語っているからである。

「『駅馬車』は、あらゆる優れた西部劇がそうであるように、遥かな地平線へと遠ざかって行くヒーローとともに終わっている――それも、シェーンのように一人ではなく。孤独きわまりない西部劇のヒーローとは、無垢なる時代の西部劇が終わり、ヒーローが実存的な責務を担うことになった、戦後の一時期に創造されたものにほかならない」（註11）。

この記述が「驚くべき」ものであるのは、そこで語られていることのどれ一つとして、事態を正しく把握してはいないからである。ここでは『駅馬車』の最後のシーンについてのみ言及しておくが、それが『シェーン』（１９５３）のように孤独な旅立ちでないのは確かだとしても、ここでの著者がいう「あらゆる優れた西部劇」が具体的に何をさしているのか、まったくもって不明瞭だというほかはない。トーキー初期から『駅馬車』が撮られる1939年まで、ハリウッドには、リパブリック社やモノグラム社の気の利いた《B》級作品をのぞけば、「優れた西部劇」などほとんど存在していないというに等しいからである。

もしその言葉で著者が赤狩りの記憶をとどめたジンネマンの『真昼の決闘』（1952）などを想定しているのだとするなら、そこにはむしろ「実存的な責務を担う」ヒーロー像が見え隠れしており、この書物の文脈にはとうていおさまりがつくまい。また、ジョン・ウエインが最後に文字通り孤立するフォードの『捜索者』は、エドワード・バスコムの視点からするなら「優れた西部劇」とはみなされないことになる。というより、『駅馬車』のような終わり方をしている西部劇をフォードは他に一つとして撮っていないので、著者にしたがうなら、このジャンルのフォードの他の作品は、いずれも「優れた西部劇」ではないと結論されざるをえない。

こうした記述の曖昧さについては詳しく触れるにもおよぶまいから、ここでは、BFI版の『「駅馬車」論』が見落としている重大な一点を指摘しておくにとどめておく。「『駅馬車』は、あらゆる優れた西部劇がそうであるように、遥かな地平線へと遠ざかって行くヒーローとともに終わっている——それも、シェーンのように一人ではなく」という一行は、例えば『ドクター・ブル』は列車の到着で始まるという杜撰な指摘と同様、映画では可視的なイメージだけが意味を持つと高を括り、不可視の説話論的な構造へと思考を向けまいとする者の視界の単純化を、みじめなまでに露呈させているからだ。

誰もがまぎれもなくその目で確かめうるように、『駅馬車』の物語を締めくくっているのは、間違っても去りゆく若いヒーローの遠ざかる運動ではない。それはあくまで彼を逮捕するつもりの保安官や酒好きの医師などの年長者のひそかな好意を受け入れた、きわめて受動的な振る舞いにすぎず、他者の確固たる意志にもとづく身振りが、「投げる」ことの主題を誘致しつつその運動を導きだしているからである。

実際、宿敵を倒したばかりのジョン・ウエインは保安官のジョージ・バンクロフトとともに裁判所に出頭する覚悟を決め、酒場女のクレア・トレヴァーと別れの言葉をかわしている。その二人がたまたま乗っている二輪馬車が「遥かな地平線へと遠ざかって行く」のは、ジョージ・バンクロフトとトーマス・ミッチェルとが、別離を惜しみあっている若い男女に気づかれぬままに遠ざかり、いきなり馬に向かって石を投げつけるからにほかならない。そのショックで馬車が走り出すのはいうまでもないのだから、二人が遠ざかるのは、あくまで年長者ふたりの好意によってにほかならない。

実際、保安官と医師とがうなずきあって道ばたの石を拾い上げ、歓声をあげてそれを馬の尻めがけて放り投げるまでの身振りを、フォードは夜の暗さの中にも鮮明に浮き上がらせているのだから、二人が投げてみせる石つぶてに反応して走り始める馬車の運動によって『駅馬車』が物語を語り終えるのは、誰の目にも明らかである。『ドクター・ブル』がそうであるように、「投げる」ことの主題が説話論的な持続を断ちきる機能を演じていることは、まともな視力の持ち主なら誰にでもわかるはずだ。そうした構造的な類似と差異にどこまでも鈍感な『「駅馬車」論』の著者は、いささかも画面を見ることなく作品を語っているというほかあるまい。『駅馬車』のクライマックス直前の渡河のシーンで、ジョン・ウエインは、水へと足を踏み入れている馬に向かってひたすら小石を投げつけているが、ジョン・フォードにおけるほど、馬に石を投げる人物にキャメラを向ける西部劇は存在しない。鞭や手綱をあてるだけでは充分でないというかのように『荒野の決闘』のヴィクター・マチュアもまた馬車の馭者席から馬に小石を投げ続けているのだが、作品を超えて響応しあうそうしたイメージを一つでも目にしたことのある者なら、『駅馬車』の最後に姿をみせる「投げる」ことの主題を見逃すはずもなかろうにと思う。ことによると、フォードを敬愛するというほどの映画批評家や映画史家も、その演出にふさわしく画面を見てはいないのかも知れない、などと思わず呟きたくなる。

『タバコ・ロード』の家族がほんのわずかな蕪を奪うために石を投げたとき、言葉にはつくしがたい陰惨さに彩られていた画面がいきなり嘘のように滑稽な明るさへと変質したことに驚かされたものだが、フォードの演出は、この驚きに向けて視覚的な細部を組織することに途方もなくたけている。もちろん、『駅馬車』の最後に馬車を引く馬に投げつけられる石は、陰惨さとも滑稽さとも無縁の、あくまで幸運をもたらす晴れやかな運動である。それが明らかにしているのは、フォードにおける「投げる」ことが、作品に応じて異なる意味を開示する変幻自在な細部だということにつきている。

いうまでもなかろうが、フォード的な人物が石を投げつける対象は、馬の尻にかぎられているわけではない。この映画作家が好んでキャメラを向けるのは、近くの川や池の水面にふと石を投げる人物たちの後ろ姿である。そのとき、説話論的な効果としては、「投げる」主体のほとんど無意識で機械的な身振りが、思いもかけぬ幸運をもたらす場合と、陰惨きわまりない結果を招く場合とに大別される。

男が石を投げると貴重な女性が姿を見せるという優れたフォード的な状況の典型的な例として、『戦争と母性』の場合を考えてみる。舞台はアーカンソー州の農耕地帯で、そこに一人息子のノーマン・フォスターを丹精こめて育てあげている一人の農民の寡婦が登場する。フォードの作品にはこれ一本しか登場していないが、ヘンリエッタ・クロスマンという舞台出身の女優がみごとなその存在感を画面のすみずみにまで行きわたらせている。二人で畑を耕してから帰宅したこの親子は、それぞれ汗を拭いながら、母親は夕食の支度をするといって息子から離れる。だが、彼女は彼が近隣の農家の娘に心惹かれていることを承知しており、晴々とした顔で自宅の庭を離れて行く息子の様子を複雑な思いで見やっている。

彼は、木製の生け垣を乗り越える瞬間に石を拾い、家から遠ざかって行く。こんどは、母親の見えない野原を歩む息子をとらえる真正面からのキャメラが、右手で弄んでいた石を思いきり真正面に投げる彼の姿をとらえる。その向かいに不意に出現した黒々とした池に石が落ち、なだらかな波紋が拡がる。そして、それが収まろうとするとき、水面に反映する一人の若い女性の姿が逆向きに浮かびあがる。すると緩やかに上昇するキャメラが、池のほとりで大きな洗濯籠を脇に置いた娘の姿を真正面から、やや距離をおいてとらえることになる。その光景は、まるで夢の中でのように現実感を欠いていながら、その後にクローズアップで浮きあがる女性の表情は、鮮明きわまりない。二人はひとこと、ふたこと言葉をかわすが、父親らしい男の声が聞きとれるので、洗濯籠を右手に抱えたまま、彼女は池から自宅へと向けて遠ざかってゆく。その姿を遥かに見やるロングショットでこのシークェンスは終わるのだが、石を「投げる」ことが貴重な存在を視界に浮上させるというフォードならではの主題が、ここでのショットの連鎖を引きしめているのはいうまでもない。

だが、石を「投げる」ことは、貴重な女性の登場をうながす符牒だとはかぎらない。それは、何かを失うことの無念さの身振りでもあるからだ。サイレント末期の代表作といってよい『四人の息子』の母親が住む家が、遥かに石の橋を望む川——池かもしれないし、堀かもしれない——の畔に位置していることは、彼女が何度もそこで洗濯をしている光景によって冒頭から印象づけられている。年老いた母親は、第一次世界大戦で三人もの息子を失い、やがてアメリカで成功していた四男夫妻のもとに暮らすことになるのだが、ここで触れておきたいのは、それ以前に語られているドイツ時代の白くて長いカイゼル髭をたくわえた郵便配達夫の身振りである。

彼は、息子二人の戦死を告げる皇帝陛下からの黒い枠で縁取られた封筒を老婆に届けねばならない。それが、息子たちの不運を知らせる便りであることを知っている彼は、彼女に手渡すことを逡巡せざるをえない。郵便を届けるとき、普段なら彼女から一杯のビールを振る舞われることを楽しみにしていたこの太った男は、こんどばかりは家に入ることさえ躊躇せざるをえないことになるからだ。漸くにして手渡された封筒におさまっていた手紙を五男坊が読みあげるとき、寡婦が深く嘆き悲しむことはいうまでもない。

だが、フォードは、ここでも「投げる」という振る舞いを導入してこの痛ましいエピソードを締め括ろうとする。息子たちの戦死の知らせを寡婦に届けたばかりの太った郵便配達夫は、いつも彼女が洗濯をしていた川岸にぽつねんとたたずみ、拾った石を思わず水面に投げることで、その深い無念さを表明している。やるせなさからでたその振る舞いが、母親の嘆き苦しむシークェンスを閉ざすことになるのはいうまでもない。

いま見たように、川面に石を「投げる」という振る舞いには、多様な意味がこめられている。例えば、『肉弾鬼中隊』の兵士の一人がオアシスに石ころを投げるとき、その動作は、拡がる波紋のクローズアップによって、異国の砂漠で見えない敵に包囲されていることの救いのない閉塞感を可視的なものとする。ところが、それとほとんど同じ動作が『馬上の二人』の騎兵隊将校リチャード・ウィドマークによって演じられるとき、緑の木々におおわれた池の水面に音もなく拡がりだす波紋は、シャーリー・ジョーンズと彼との接近を祝福しているかに見える。

こうした視点からすると、ジョン・フォードの作品の中でもとりわけ美しい二つのシーンが、いずれも「投げる」ことの主題と無縁ではなく、しかも、そこには幸福と不幸とがわかちがたく共存していることが明らかになる。それがもっとも繊細かつ有意義に描かれている作品の一つは、『若き日のリンカン』だろう。そこでは、まだ弁護士にもなっていない青年時代のリンカーンを演じるヘンリー・フォンダが、薄命のアン・ラトレッジ役のポーリン・ムーアと川岸で出会い、彼女の大きな花籠に手をそえ、それが最後のものとなるとも知らぬまま親密な会話をかわす。

二人はゆるやかな川の流れを背にして逆光ぎみに向かい合い、その頭上には、大きな木が黒々とうねるように幹を拡げている。とりわけ凝った構図が選ばれているのでもないのに、これしかないという決定的な画面構成が澄んだ大気のようにスクリーンを吹き抜け、思わず息をのまずにはいられない素晴らしいショットである。ふたたび花籠を手にするアンは、穏やかな微笑とともにその場を去る。残された若き日のリンカーンは、歩み行くその姿を時間をかけて見送ってからやおら川の方に向きなおり、あたかもそれが必須の振る舞いだというかのように地面から小石を拾い上げると、それをゆっくりとした身振りで川面へと投げてみせる。

やや時間をおいてから、画面は音もなく拡がる波紋のショットに受けつがれ、それがいきなり流氷におおわれた川のイメージへとオーヴァーラップする。すると、あたりは一面の冬景色に変わっており、防寒具で身を包んだヘンリー・フォンダが川岸に姿を見せ、花束を手にしたまま、雪におおわれたアンの墓標にぬかずくのである。

幸福から悲運への何という簡素な転調だろう。水面に投げられた小石が、愛の成就を祝福しているかに見えながら、その波紋が愛する女性の死をも引き寄せていたことに、人は一拍遅れで気づく。フォードの演出は、そのリズムを視覚的に組織しているのであり、愛と死がこれほど無媒介的に語られたことは映画ではなかったはずだと、誰もが思わず息をのむ。あらゆる象徴や寓意を避け、貴重な異性の消滅をただ「投げる」という何の変哲もない身振りひとつで引き寄せてみせたジョン・フォードは、才能と呼ばれる演出家の資質を遥かに超えた何かで純粋状態の運動をスクリーンに生起せしめ、そうすることで、見る者を映画と距離なしに接し合わさせているとしか思えない。

水面に石を投げる身振りは、こうして、貴重な異性の消滅にとどまらず、その出現をも組織する運動となる。甥同然のジェフリー・ハンターと連れ立ち、インディアンにさらわれた姪を追ってメキシコ国境近くまで各地を時間をかけて旅した『捜索者』のジョン・ウエインは、交易商人を装って先住民の居留地に足を踏み入れ、ついに彼女を発見する。だが、姪のナタリー・ウッドがすっかりコマンチの女として成熟しているのを目にした彼は、事態を察知した酋長の殺意をも感じとり、いったん居留地を離れざるをえない。

二人は、砂漠の湖畔――河だろうか、それとも沼だろうか――で足を止め、永遠に失われた者を捜索することの不条理をかみしめるしかない。姪の奪還に向けてさらに危険を冒すべきか、それとも諦めてここで退散すべきか、それを決断すべき材料を持ってはいないジョン・ウエインは、多くのフォード的な人物の身振りを模倣するかのようにかたわらの小石を拾い上げ、やや離れた水の拡がりに向けてそれを孤独に投げいれる。

無意識に演じられたこの「投げる」運動が、思いもよらぬ緊張を画面のすみずみにまでに行きわたらせる。小さな波紋が水面に拡がるとき、あたかもそれがしめしあわせた合図だとでもいうかのように、何の前ぶれもなく、背後の丘陵地帯の砂の斜面に米粒のように小さな女の人影が姿を見せ、臆することもなく滑るように降りてくるからだ。つれ戻すことをほとんど諦めかけていた姪が、みずから彼らに近づいてきたのである。石を投げる、水面に波紋が拡がる、すると貴重な異性が出現する。こうしたすべてが一瞬に起こってしまったのだから、これは、ほとんど奇蹟というほかはない光景である。そんなことが現実に起こってしまってよいのだろうか。人は、「投げる」ことの主題の唐突な勝利に立ち会い、驚く暇もないいまただうろたえ、息をのむことしかできない。

いうまでもなく、この一瞬が、『若き日のリンカン』の川辺の場面とともに、フォードの作品でしばしば語られている「投げる」ことが途方もない美しさとともにフィルムに定着された場面の一つである。その美しさは、構図やアングルが見事だといった形式の問題でもなければ、人物配置が申し分ないといった演出の問題でもなく、長い捜索がいま終わりを迎えつつあることがもたらすだろう情動的な問題でもない。「投げる」ことの主題が、人物の素描する何げない身振りに、それが期待していたはずもない効果を誘発させていることへの驚きをそう呼ぶしかないという、そんな残酷なまでの美しさがこのショットにみなぎっている。実際、水面に拡がる小さな波紋に呼応するかのように、その向こうの砂丘にほんの小さな人影が姿を見せる一瞬を語るにふさわしい言葉を、映画理論はいうまでもなく、映画批評もまたいまだ手にしてはいない。
だが、この「主題」論的な勝利は、「苦い勝利」でしかない。それは、姪の思いがけない出現によって、ジョン・ウエインが、ひそかに愛していた彼女の母親の死を、いまや決定的なできごととして受け入れざるをえないからである。この瞬間、水面に石を投げる仕草が、貴重な異性を招き寄せる儀式であると同時に、いま一人の貴重な異性を永遠に葬る儀式でもあったことが明らかになる。だから、母親を愛していた男が、その身代わりにほかならない娘を撃ち殺そうという凶暴な身振りを彼が演じざるをえないのも、ごく自然な事態の推移というほかはない。
不意に放たれたインディアンの矢が拳銃をかまえたジョン・ウエインの胸をつらぬき、その凶暴さの実践を彼に禁じる。この一瞬の変化もまた、言葉にはつくしがたく美しい。『若き日のリンカン』から『捜索者』へといたる17年の歳月を超えて、ジョン・ウエインとヘンリー・フォンダという二人の俳優が、まったく同じ身振りを反復しつつ、異性との複雑な関係を処理しがたく引き受けていることに、見る者はしたたかに胸をつかれる。そのとき、「投げる」ことの主体が、救いがたく孤独な存在たらざるをえないからである。

孤独……

『捜索者』について、ジョン・フォードはピーター・ボグダノヴィッチに向かって、「これは、一人の孤独な人間（loner）の悲劇だ」（註12）とのべている。「孤独な人間の悲劇」という言葉を目にするなり、あたかもフォードが自分自身の作品について恥ずべき思い違いをしているというかのように苛立つリンゼイ・アンダーソンは、「その言い回しは妥当ではない」と宣言する。彼は、「イーサンは他の何にもまして直接的かつ個人的に、締め出されているという気持ちを心の底から抱くきっかけを、彼が弟の妻マーサを愛しており、彼女もイーサンを愛しているという明らかな暗示によって与えられているのだ。このことに気づいた人間は他にもいるが、特に取り上げた者は誰もいない」（註13）というのである。

リンゼイ・アンダーソンは、ジョン・ウエイン演じるイーサンを「神経症患者」的と呼び、『黄色いリボン』の退役直前の将校ネイサン・ブリトルズのように、それが人物像として「有機的に描かれていない」と断じる。であるが故に、彼は『捜索者』を高く評価することを避けているのだが、それはあくまで彼の自由であり、それを公言することがみずからの批評的な言説の貧しい限界をきわだたせかねないという覚悟があるなら、その自由をいくらでも行使するがよかろうというほかはない。ただ、イーサンの義理の妹へのひそかな愛を「特に取り上げた者は誰もいない」という指摘については、ジョン・フォードにとっての男女の愛がほとんどの場合、禁止の力学に支配されているという否定しがたい現実によって、誰もが知っていることだと答えておくしかあるまい。

実際、あえて列挙するまでもなく、ジョン・フォードほど、異性への愛を自粛する独身者たちを描き続けた映画作家は存在しない。「スモールタウン」三部作のウィル・ロジャースは、『ドクター・ブル』の最後をのぞくと、一貫して異性を遠ざける独身者の身振りを演じており、「騎兵隊」三部作のジョン・ウエインもまた同様である。『プリースト判事』のウィル・ロジャースとまったく同じ仕草で亡き妻の墓前にぬかずく『黄色いリボン』のジョン・ウエインはいうまでもなく、『アパッチ砦』のジョン・ウエインは愛をささやきあう伴侶さえ奪われた存在だし、『リオ・グランデの砦』の妻と別居中のジョン・ウエインにいたっては、思わず妻を抱擁することすら罪として意識せざるをえないほどに「孤独な存在」なのだ。

『若き日のリンカン』の川岸のシーンに露呈された「投げる」ことの主題について見たように、合衆国の未来の大統領は、愛が成就したと信じた瞬間に貴重な異性を失うことを運命として引き受けた存在である。それと同じ孤独な身振りで砂漠の湖に石を投ずる『捜索者』のジョン・ウエインと、それを合図に姿をみせるナタリー・ウッドの小さな姿を通して、その母親との禁じられた愛をうけとめるイーサンを描くジョン・フォードの根源的な悲劇性を、どうやらリンゼイ・アンダーソンは「有機的な」運動として受けとめそびれたとしか思えない。

確かなことは、ジョン・フォードにあっての「投げる」ことが、ハワード・ホークスの場合のように、パートナーシップの確立を祝福する楽天的な事態であることがきわめて稀だという事実である。『脱出』（1944）のハンフリー・ボガートとローレン・バコールは、マッチを投げ合うことで、信頼すべき異性の同志として一つに結ばれたのだし、『リオ・ブラボー』（1959）のジョン・ウエインとリッキー・ネルソンとは、ライフルを投げ合うことで楽天的な友情を確認しあう仲となる。おそらく、フォードにあってはほとんど例外的に、友愛的な振る舞いの共有を喜びあう振る舞いとしての「投げる」ことが演じられているのは、『長い灰色の線』の終わり近くのクリスマス・イヴの光景だろう。

ここに軍服姿で姿を見せるタイロン・パワーは、すでに愛する妻のモーリン・オハラを失っており、あたりに舞い落ちる雪が夜目にもはっきりと見える寒々とした光景の中を無言で自宅に戻ると、脱いだ制帽の下からのぞく髪の白さをきわだたせながら、たった一人で食卓に向かおうとしている。雪におおわれたオーヴァーを脱ぎすてて厨房に立ち、フライパンを持ちあげてヒーターにのせると卵を割り、その殻を思い切りよくかたわらのゴミ箱に投げ入れる。ここでのゴミ箱が、画面の手前に位置していることが肝心なのだ。そのことで、年老いた寡夫が殻を投げる動作が視界にはっきりと描かれることになるからである。彼が二つ目の殻を投げた瞬間、あたかもそれが合図であったかのように門のベルが鳴り、数人の兵士がどやどやと入ってくる。「投げる」

ことが遭遇の前触れだというフォード的な主題は、ここでもみごとに機能している。

数人の士官学校の生徒たちを迎えいれるタイロン・パワーはわざわざ来てくれて有り難うと口にするのだが、学校新聞の編集者だと自己紹介するその男たちは、アメリカン・フットボールのコーチとして、彼が育てあげた選手の中で誰が最も優れていたかと問い、饒舌に思い出を語り始める彼を食卓に座らせ、一人が焦げてしまったオムレツを作り直すために卵の殻を割り、それを派手な身振りでゴミ箱に捨てる。

その「投げる」仕草に導かれるように、彼らは一人が投げたテーブルクロスを受けとめてそれを器用に食卓に拡げたかと思うと、あとは「投げる」仕草ばかりが反復される。そこへ、あたかも「投げる」ことに導かれたかのように、親友の未亡人のベツィ・パルマーが、負傷しながらも戦場から帰還した軍服姿の息子をつれて姿を見せる。彼をあたかも自分の子供のように親しみをこめて迎えいれるタイロン・パワーは、さらにいまでは上官となっている若い負傷兵士に敬意をこめて敬礼する。そこへ、さらに数人の兵士たちがやってきて、大きな樅の木を室内に据え付けると、あとは気のあった仲間同士がさまざまな装飾品をたがいに投げては気軽に受けとめながら枝に据え付けるので、あっという間に派手なクリスマス・ツリーを完成させてしまう。

思わず涙ぐみそうになるタイロン・パワーを取り囲み、ベツィ・パルマーのピアノに合わせて全員が歌を歌うのだが、老齢で孤独な元アメリカン・フットボールのコーチを慰めようとする兵士や士官学校生徒たちの振る舞いは、いくぶんかお涙頂戴的にも映りかねない。にもかかわらず、フォードは、この光景をおよそホークス的というほかはない楽天的な「投げる」という仕草の集団的な応酬によって、いかにも無駄な湿りけを欠いた華やかさで終わらせてしまう。

この種のホークス的な「投げる」ことの楽天性は『荒鷲の翼』にも見られはしまいか。そう思って事態に詳しく目を向けると、必ずしもそうとはいえないことがすぐさま明らかになる。結婚して子供をもうけたばかりの海軍の航空士ジョン・ウエインがいささか酔っぱらって帰宅し、手にしていた小さな飛行機の模型を揺りかごに寝ている赤ん坊に得意そうに示してから、振り向きもせずにそれをぽんと背後に立つモーリン・オハラに投げると、あたかもそれを予期していたかのように妻があっさり受けとってみせるので、そのやり取りは、いかにも息の合った新婚夫婦にふさわしい楽天性を意味していると誰もが思う。ところが、その直後、夫は赤ん坊が高熱を発していることに気づき、妻と相談するいとまもなく即座に電話で医師を呼ぶ。だが、嬰児は呆気なく他界してしまうのだから、ここでの「投げる」ことに不吉な要素がこめられていたことは、誰の目にも明らかだろう。このように、フォードにおける「投げる」ことは、やはり楽天性からは遠い振る舞いでもあるといわざるをえない。

こうした不吉な「投げる」ことは、『荒鷲の翼』でさらにくり返される。仲間たちとの遊びに明け暮れていたジョン・ウエインは、少しはまともに家庭を顧みようと決意して、双子の娘たちに食事を作ってやってから、紺のポロシャツのままかいがいしく食器を洗っている。そこにポーカーで掛け金をすってしまったらしい妻のモーリン・オハラが帰って来て、酔った風情を隠すこともなくぞんざいに煙草に火をつけながらソファーに腰をおろすと靴を脱ぎ、それを場所もわきまえずあたりに放り投げる。そして、いかにもけだるそうな視線をかたわらに向けると、そこにはどうやら夫が買って来たものらしい花束が置かれている。それを目にした瞬間、彼女は酔いから醒めたかのように立ちあがってそれを手にとり、しっかりと抱きかかえるようにしてキッチンの方に向き直る。そこでショットが変わり、皿洗いを終えたばかりのジョン・ウエインの手元に、妻が投げたとしか思えない花束が飛んでくる。モーリン・オハラがそれを投げる姿をフォードは見せていないが、そこでは明らかに見えないところでものを「投げる」動作が演じられていたと理解できるのである。

それを目にした夫は、ふり向くこともせぬままお帰りと言葉をかけるのだから、ここでも「投げる」ことは親しい仲間同士にふさわしい儀式であるかに見える。娘たちの成長のため、俺たちも少しは大人らしく振る舞わねばならないと口にする彼は、熱烈な身振りで妻を抱擁する。二人は、すっかり意気投合した模様で、接吻も熱を帯びたものとなる。だから、ここでも花束を夫に向けて放り「投げる」妻の振る舞いは、ホークス的な楽天性をはらんでいると理解する者がいて一向に不思議ではないといえる。

ところが、その直後に、寝室で娘の声を聞いたジョン・ウエインは、かたわらに寝ている妻を起こすこともなくパジャマ姿のまま部屋を飛び出し、思わず階段を踏み外して階下に落下して半身不随に陥ってしまうのだから、ここでの「投げる」ことも、不吉なできごとの前触れだといわねばなるまい。「投げる」ことが招き寄せる不幸といえば、『捜索者』でテキサス警備隊による奇襲作戦の前夜、いらだち気味のコマンチ族の酋長のヘンリー・ブランドンがテントの前で石を投げていたことが想起される。その啼き声から犬にあたったものと思われるが、その後に彼は死ぬことになるのだから、彼の振る舞いが不吉な未来を予言しているのは明らかだろう。しかも、こうした不吉さは、そっくりと『リバティ・バランスを射った男』に受けつがれているといわざるをえない。

実際、『リバティ・バランスを射った男』でウッディー・ストロードの投げるライフルを受けとめるジョン・ウエインは、その身振りが貴重な異性の喪失につながることを知り抜いており、それだけに、リバティ・バランスを彼がひそかに射殺するシーンには、救いがたい陰惨さがつきまとうことになる。この作品のヴェラ・マイルズは、「投げる」ことの主題を介して他人への所属を決定するのであり、その意味で、この映画もまた禁じられた愛に直面する「孤独な人間の悲劇」にほかならない。

ジョン・ウエインとウッディー・ストロードとの間を行き交うライフルは、「投げる」ことの運動が導きだす「孤独な人間の悲劇」のほんの始まりにすぎない。そうすることでジェームズ・スチュアートの命を救ったジョン・ウエインは、同時に、ヴェラ・マイルズをも失うことになるからだ。そのとき、すでに触れておいた暗闇にマッチを捨てるシーンが、「投げる」ことの不吉な連鎖を作品に導入する。すさんだ顔のジョン・ウエインはおぼつかない足どりでバーに入るなり、カウンターでくわえていた煙草を地面に投げ捨て、いきなりリバティ・バランスの手下に拳銃の撃鉄の一撃をくらわせて卒倒させると、逃げまどうその相棒に向けてはグラスを投げつける。ウッディー・ストロードにうながされてようやく家路につこうと決音するときにも、彼はバーテンダーにありったけのコインを投げつけ、ボトルを握ったまま入り口の扉のかたわらに立ち、今度は大袈裟な身振りで楽士たちにコインをばらまく。

まるでフォード的な人物のパロディーを演じているかのようなここでのジョン・ウエインは、家の庭に帰り着くなり二輪馬車からかけ下り、明らかに酔いの回った足どりでボトルを庭に放り投げ、自宅に駆けこむともどかしげにマッチをすってランプを点灯し、いかなる躊躇もなしにそれを壁に投げつける。それが、ヴェラ・マイルズとの結婚を思って建て増した家の部分であることはいうまでもない。「投げる」身振りの連鎖によるここでのジョン・ウエインの自己破壊は、フォード的な「孤独な人間の悲劇」を『捜索者』以上に生々しくきわだたせている。

とはいえ、『リバティ・バランスを射った男』は、彼がランプを「投げる」ことで終わっているのではない。この作品の意義深さは、「投げる」というそのフォード的な身振りが、より正確にいうなら投げようとして思わず投げそびれるというこれまでによく見た逡巡が、他界したジョン・ウエインから白髪の上院議員ジェームズ・スチュアートへとひそかに、だが否定しがたい精度で感染していることにある。

それは、友人の棺にぬかずき、その上に添えられたサボテンの花が妻の好意であったことを確かめる上院議員がワシントンを目ざす列車に乗ってから起こる。首都での政治生活を切り上げて弁護士としてこの町に戻ろうかとかたわらの妻に向かって口にして、心からの賛同の言葉にほとんど意を決しかけたジェームズ・スチュアートは、まるで『静かなる男』でのジョン・ウエインを模倣するかのようにマッチを靴底にこすりつけて火を点け、口元のパイプに近づけようとする。そのとき、車掌が灰皿がわりの大きな痰壺を持って現れ、上院議員のやや大袈裟な謝礼の言葉に、「リバティ・バランスを射った男」を乗客として迎えることの名誉を大声でいいつのる。それを耳にした上院議員は、この町にもどるのは容易なことではなかろうと改めて気づき、ふと物思いにふけるようにマッチを投げ捨てる身振りを中断する。その瞬間を見おとしてはならぬ。そのショットは、この「投げる」仕草の中断こそ優れてフォード的な身振りであることを、誰の目にも明らかなかたちでスクリーンに永遠化するものだからである。

その横顔のショットに遠ざかる列車のイメージが続き、この映画は終わる。『わが谷は緑なりき』のウォルター・ピジョンのように、『静かなる男』のジョン・ウエインのように、擦ったマッチを捨てきれずにいるジェームズ・スチュアートのもの言わぬ表情が物語を切断しているのは、誰の目にも明らかだろう。ジョン・ウエインからその最愛の女性を奪った上院議員のジェームズ・スチュアートは、マッチを捨てる動作を中断することで、ジョン・フォード的な人物にふさわしい身振りを、その葬儀に参列したばかりの旧友から、まぎれもなく継承しているからである。「それが従来おなじみのフォード作品とあまりにもかけ離れている」としか口にしえないジョンの孫息子のダンは、どうやらその決定的な瞬間を見落としているとしか思えない。

確かに、68歳のフォードが撮った『リバティ・バランスを射った男』は、西部劇としての魅力的なロケーション撮影を欠き、セット撮影においても技術的に完璧な作品とはいいがたい。だが、そのことをもって作者の衰退を口にすることは、年齢とともに驚くほど闊達に変貌してみせたこの映画作家にふさわしい姿勢とはとても思えない。「投げる」ことの主題の意義深い配置という点でなら、これはフォードの作品の中でもきわだっており、そこに見えてくる晩年の作家像を視界から排除して壮年期の作品のみを特権視することは、1917年から1965年におよぶ半世紀近いジョン・フォードのキャリアそのものの否定にすらつながりかねない。「投げる」運動を見きわめる動体視力は、その安易な排除の身振りを避け、豊かな肯定へと向けて映画をめぐる思考を解放することになるだろう。

手放すこと、あるいは透明と混濁

これまでに述べて来たことからも明らかなように、決定的な瞬間に身近なオブジェを投げてみせる者だけが――あるいはそれを思いとどまる者だけが――真の意味でフォード的と呼ばれるにふさわしい存在である。彼らは、間違っても性格によって定義されたりはせず、もっぱら身振りの雄弁によっておのれを他から識別する。性別、年齢、階級にかかわりなく――『リバティ・バランスを射った男』のように、上院議員もカウボーイと同じ資格でということだ――誰かがふと「投げる」主体へとみずからを変貌せしめるだけで、そこにジョン・フォード的な作品の輪郭が鮮やかに素描される。その物語を始動せしめ、展開させ、停止せしめるのが「投げる」ことの主題にほかならず、それが導き入れる身振りによって、悦び、悲しみ、諦め、苛立ち、憤りなど、ときには矛盾しあってさえいるさまざまな感情が視覚化されてゆくことは、いまや明らかになり始めているだろう。

だが、フォード的な作品を輪郭づけているかにみえる鮮明さは、例えば、ハワード・ホークスの作品のような透明さにおさまることはない。それは、人物に雄弁さを保証するかにみえる「投げる」身振りが、そのつど決定的な失敗さえ招きよせかねない不幸な運動でもあるからなのだ。実際、フォードにおける「投げる」ことが、その運動の主体を自由な領域へと解き放つことはまずないといってよい。これは、いま一つの重要なフォード的主題である「囚われる」こととの関係で考察すべき問題でもあるが、フォード的な人物は、その多くが、第四章で確かめてみたように、たえず何ものかに拘束されている「囚われた」不幸な存在にほかならぬからだ。『周遊する蒸気船』もそうだったが、『虎鮫島脱獄』や『ハリケーン』などを思い出してみるまでもなく、「囚われる」ことは、フォードが物語を構想するにあたっての必須の状況だといってよい。彼に多くの題材を提供した西部の辺境さえが不自由な環境としてあったことはすでに第四章で指摘してあるように、フォード的な人物たちは、誰一人として、まったき自由を享受してはいない。であるが故に、「投げる」ことの主題もまた、逃れがたい不自由として不断に反復せざるをえないのである。何の変哲もないその身振りが、視線を避けるそぶりさえ見せずあからさまに反復されているのに、たやすく視線の対象とはなりがたいのも、そのことと無縁ではあるまい。

「投げる」ことの主題が物語を活性化するフォードの作品は、透明さからはほど遠く、画面の緊密な視覚的均衡やそこに浮きあがる存在や事物の収まる輪郭の鮮明さにもかかわらず、本質的に混濁している。それは、出現と消滅、存在と不在、幸福と不幸、愛とその消滅、そして最終的には生きることと死ぬこととの境界をそのつど曖昧にしながら、男女の愛の成立すらはばみかねない不透明な世界へと人を誘う陰鬱な映画なのである。にもかかわらず、フォードがときとして爽快さの印象をもたらすのは、出現と消滅、存在と不在、生と死のはざまに囚われたものたちの無償の身振りの見た目の晴れ晴れしさが、その錯覚を助長するからにほかならない。

ここで、「投げる」ことがあたりに不吉さを行きわたらせる不穏なケースを、ざっとながら見ておくことにする。フォードにおいて、その仕草は、どちらかといえば孤独な振る舞いにほかならず、『タバコ・ロード』の場合のように家族全員によって演じられる場合であろうと、むしろ個々の真剣さがきわだち、それがかえって滑稽感をきわだたせることになるという点は、すでに確かめてある。いずれにせよ、「投げる」ことが敵対者を傷つける目的でなされることは、むしろ例外的といってよい。

その例外性がきわだつのは、妹を自殺へと追いやった卑劣な男の前に立ち、真剣に勝負をしようと促す『血涙の志士』のヴィクター・マクラグレンによって演じられる。彼は、まず、相手に向かってナイフを投げ、それがテーブルの表面に逆立って震えているのを目におさめてから、自分もナイフを握って身がまえる。だが、卑怯者の相手は、ナイフの決闘は不得手だから拳銃にしようと提案し、それを了承するマクラグレンは、手にしていたナイフを部屋の奥まった壁に向かって思いきり投げつけ、指示に従って銃弾の入った箱でも取りに行くかのように扉の方に歩き始める。その瞬間、相手は隠し持っていた拳銃で彼を狙撃する。マクラグレンは傷つきながらも相手を制し、それが相手を死へと追いつめることになるのだが、ここでの「投げる」ことが、敵対した人物に向けられたものでないことは明らかだろう。

相手を倒す目的でものを「投げる」という凶暴で悪意のこもった振る舞いは、ごく例外的に、『果てなき航路』の最後の、おそらくはロンドン港の寂れきった埠頭で炸裂する。「地獄船」と呼ばれるアミンドラ号に攫われた船員仲間の若いジョン・ウエインを救い出すべく、西インド諸島からの困難な航海を終えたばかりの貨物船グレンケーアン号の乗組員たちがアミンドラ号に乗り込み、薬物を混ぜた酒を飲まされて昏睡状態に陥っていた彼を何とか助け出したとき、トーマス・ミッチェルは凶悪そうな船員の一人から警棒を投げつけられ、それを胸で受けとめて卒倒してしまう。これこそ「投げる」ことの凶暴さが例外的に炸裂する瞬間なのだが、仲間たちは、ストックホルム行きの乗船券を買ったばかりのスウェーデン人である若い有為の青年ジョン・ウエインを助け出したことに歓喜し、仲間の一人がアミンドラ号に残されたままであることを知らずにいる。

だが、スウェーデン人の若者が故郷を目ざしたことに安堵する仲間たちもまた、結局のところは稼いだ金を使いはたし、二度とあんな船には乗ってやらぬぞと口にしあって契約書にサインしなかったにもかかわらず、一人また一人とグレンケーアン号に戻ってきて、船員としての苛酷な日々の労働を再開せざるをえない。風に煽られて古新聞や枯れ葉が舞い上がっている寂れきった埠頭に戻って来た彼らが無言のまま船体脇にかけられた階段を重い足どりで上ってくるさまが、運命を受け入れるしかない男たちの諦念を無言で表象しており、むしろ寡黙というべきそのショットの連鎖が心に浸みる。船に残っていたアーサー・シールズはトーマス・ミッチェルの不在に気づき、あいつはどうしたと訊ねる。すると、アミンドラ号に乗せられて行っちまったのさと諦めぎみに一人が口にする。

やがて、グレンケーアン号は埠頭を離れようとして、緩やかに水面を滑り始める。すると、手にしていた新聞を拡げるアーサー・シールズは紙面に目を落とし、思わず無念な驚きの表情を押し殺して仲間たちの方に振り向きざまに、読んでいたばかりの新聞を手放してしまう。風に弄ばれた紙面は、速力を速め始めた船体にそって緩やかに舞い下りて水面に触れ、それが移動する船体に水面下で貼り付く。キャメラがその紙面をとらえると、「アミンドラ号、撃沈させられた」という大きな文字が水中でありながらもはっきりと読みとれる。昏倒させられたトーマス・ミッチェルはその船に「囚われていた」のだから、彼もまた死ぬしかなかったのだろう。その濡れた活字のつらなりを覆うかのように、これまで何度も耳にしていた《Harbor Lights》の旋律が流れ始める。

おそらく、ここでは、「投げる」ことが、そのヴァリアントとして、「手放すこと」を主題論的な布置として作品に導入していると見ることができる。実際、ジョン・フォードは、アーサー・シールズが思わず手放した新聞の紙面が宙を舞って水面下の船体に貼り付くまでを、キャメラマンがグレッグ・トーランドだっただけに実現しえたとしか思えぬほど大胆かつ繊細きわまりないショットの連鎖によって画面に収めている。かくして、「手放すこと」は、ほとんどの場合、ここでのように、「不吉」な色合いを作品に導入することになるだろう。

例えば、『北斗七星』の終わりに描かれているイギリス軍部隊によるアイルランド独立運動への激しい攻撃のさなか、誰が手放したかはわからぬアイルランドの旗が、遥かかなたの燃えあがる黒煙を通して戦闘場面をゆっくりと漂いながら舞い落ちて行くさまを捉えたロングショットは、痛ましい敗北というまごうかたなき現実をきわだたせつつ、このシークェンスを雄弁かつ冷ややかに締め括っている。当然のことながら、フォードによる「手放すこと」は、しばしば、敗北を受け入れるしかない者たちの癒しがたい諦念を語ることになるだろう。

ここまで書けば、手にしていた扇を思わずとり落とす『逃亡者』のドロレス・デル・リオの「手放す」身振りを、誰もが想起せざるをえまい。まだ幼い自分の子供に洗礼を施してくれた逃亡中の神父ヘンリー・フォンダを革命軍の目から隠そうとして、みずからが働いている酒店のバーの上にあえて裸足で立ち、彼女は兵士たちの目の前で扇情的な衣裳の裾を優雅に震わせながら踊ってみせる。場末の酒店の寂れた光景からは想像もできなかった女給の艶やかな踊りに目を引かれ、あたりの兵士たちがはやし立てるのはいうまでもない。それは、奥の部屋で疲労から深く眠りこんでいる神父の存在を彼らの目からそらそうとするドロレス・デル・リオによる決死のダンスだといってよい。

そこへ、隊長がいきなり姿を見せ、その踊りをすぐさま止めよと命令する。結婚しているかどうかは明らかではないが、宗教を撲滅しようとするこの革命軍の隊長こそ、彼女の生んだ子供の父親だったからである。いったい何で素足まで見せて踊るといったはしたない振る舞いを衆目環視のもとでしたりするのかと隊長に問いただされ、それが神父を救うための振る舞いだとは間違っても口にしえない彼女は進退窮まり、踊るために握っていた扇を思わず手放すしかないのである。

「手放す」ことは、さらに、「死」そのものを表象する身振りとなるだろう。例えば、『血涙の志士』の父親である老検事は、多くの死刑判決を下したことで怖れられているが、みずからの死が遠からぬことを医師の言葉から察知し、生きているうちにせめて一人娘が嫁ぐ姿を見とどけたいとの思いから、必ずしも評判がよいとはいえぬ男との結婚式を挙げさせることになる。だが、その男こそ、ヴィクター・マクラグレンの妹を自殺へと追いやったいかがわしい紳士だったのである。

老父は、娘が心底から愛していた土地の青年に向かって、そうとも知らぬまま、娘夫婦をしっかり見まもってやってくれと頼んだりしてから、白いハンカチーフを取りだして涙を拭いつつ煖炉の前の肘掛け椅子にどっと倒れこみ、燃えさかる炎の中にみずからが死刑を宣告した者たちの姿を幻視しながら、息絶える。その瞬間、ハンカチーフを握っていた彼の左手がソファーの肘掛けから力なくたれさがり、それを「手放す」ことになるのである。ここでの「手放す」ことが「死」を表象していることは、あえていうまでもあるまいが、それが導入した「手放す」ことの主題が、モノクロームの無声映画『血涙の志士』から27年後に撮られたカラーのシネマスコープ作品である『長い灰色の線』における老妻モーリン・オハラの死の瞬間にみごとに描かれていることとは、あまり指摘されてはいない。

だが、ここでの病身の彼女が死の瞬間に手放すのは、扇でないばかりか、ハンカチーフですらない。すでに陸軍病院に入院中の彼女の姿が描かれているだけに、いまやモーリン・オハラが病弱な身であることは誰もが知っている。あるとき、いささか気分が優れないと口にして表通りに面した戸外の椅子に座りこむ彼女に向かって、夫のタイロン・パワーはすぐに薬をとってくるというなりその場を離れる。キャメラは、緑の丘陵の起伏に目を向けながら、黒に近い衣服の胸のあたりから何かを取り出し、それを握りしめる年老いたモーリン・オハラの姿をロングショットで真正面から画面に収める。彼女が手にしているものが、どうやら十字架をつるした細くて黒いリボンであろうことがかろうじて見てとれる。それに続いて、階段を降りてくるその夫の姿をとらえたショットが挿入される。さらに、その廊下の果てに椅子に座ったままの妻の姿が、あたかも「見た目」であるかのように挿入される。気配を察した夫がふと動きを止めると、廊下の遥か向こうに座っているその後ろ姿が小さく見えている老妻の右手がゆっくりと椅子の肘掛けから離れ、握っていた十字架が地面に触れるかすかなもの音が画面に響く。そのとき、垂れていった彼女の右手は動きを止めるのである。

モーリン・オハラが孤独に他界するシークェンスは、その背後からのロングショットでもの静かに終わりとなるのだが、画面に小さく収まっている後ろ姿の彼女が手放す十字架を遥かに望むショットでその最期の瞬間をとらえて見せるここでのフォードの演出は、文字通り冴えまくっている。必ずしも重要な作品とは見なされがたい『長い灰色の線』がなおもわたくしたちの心をとらえてやまぬのは、「投げる」ことのヴァリエーションとしての「手放す」というフォード的な身振りの「不吉」さが、そこできわだっているからにほかならない。

The End

いまや、遺作となった『荒野の女たち』がどれほどフォード的な作品であるか、誰にも容易に理解できることと思う。男性的な映画作家と見なされがちだった彼が、その遺作を撮るにあたって、キャストのほとんど全員を女優でかためたことは、とりわけ驚くべきことではない。もちろん、それ以前に、フォードはテレビ向けの短編『竹の十字架』（1955）で、すでに中国大陸を舞台として、革命を推進する共産軍の隊長から自由を奪われた修道女の姿を描いている。二人の尼僧は、もちろん、白いコルネットで頭部をおおい隠しているのだが、共産軍の将校はそれを無理にはぎ取り、頭髪を露呈させる。その際、いつも隠されているその髪の毛をいきなり人目に曝さざるをえないジェーン・ワイマンの姿は、あたかも着ているものを剝がれて素肌の肉体を露呈させたかのように官能を刺激していたので、ああ、フォードはここですでに女性が身にまとう衣裳に重点をおいているのだと理解される。実際、『荒野の女たち』の最後で、思いもかけぬ奇態な衣裳がアン・バンクロフトのからだを覆っていることは、誰もが知っていよう。

フォードにとっては初めてのテレビ向け中編であるこの『竹の十字架』では、中国人の若い男が犠牲となって尼僧ジェーン・ワイマンとその仲間は救われ、アメリカ軍に保護される。ところが、『荒野の女たち』の場合、みずから犠牲になるのは女性だという大きな違いがみられる。しかも、その西欧女性はあたかも東洋人のような衣裳で身をつつんでみずからの命を断つのだから、フォードが衣裳の白さにこだわりを持つ映画作家だという点は改めて指摘するまでもあるまい。終章で見てみることになろうが、フォードの女性たちの腰を覆う白いエプロンの展開してみせる主題論的な多様さには、思わず目を見張らざるをえないからである（註14）。

ところで、ジョン・フォードの遺作『荒野の女たち』の重要さは、すでに指摘しておいたように、「投げる」ことの主体が、フォードにあっては、性差を超えた存在であることをみごとに描き出していることにある。実際、中国辺境のキリスト教伝道施設にふらりと姿をみせるアン・バンクロフトは、人々の生死を統御する医師にほかならず、「スモールタウン」三部作のウィル・ロジャースや「騎兵隊」三部作のジョン・ウエインのように、伴侶を奪われた独身者でもある。女ばかりの閉ざされた世界で異性と戯れる機会も奪われている彼女は、カウボーイにこそ似合いそうな帽子をあみだにかぶり、ブーツに乗馬ズボンのまま、ことごとに顔をしかめてみせる施設長マーガレット・レイトンの目の前で、あえて大っぴらにウイスキーもあおってみせるかと思えば、何の衒いもなく食卓でも思いきり煙草をふかす。そんな無頼の女性医師が、蛮族の襲撃にあたってみずから犠牲となり、施設の女たちを救うという物語の展開がモーパッサンの中編『脂肪の塊』と類似していることについては別のところで分析してあるが（註15）、ここでは、すでに前章で指摘しておいた「囚われる」ことの主題がこの作品に色濃く影を落としていることのみを指摘しておくにとどめる。

だが、何にもまして見落としえないのは、『荒野の女たち』が、いかにもジョン・フォードの作品にふさわしく、「投げる」ことの主題に意義深く、ほとんど決定的といってよかろう説話論的な役割を担わせているということにほかならぬ。パトリシア・ニールを主演に迎えて撮影が開始されながら、病気で倒れた彼女の代役としてアン・バンクロフトが起用されたことでよく知られているこの作品こそ、『捜索者』にも比較さるべき文字通りの「孤独な人間の悲劇」にほかならない。

それがどのように終わっていたかは、誰もが記憶していよう。あえて誇張された日本風の衣裳をまとった女性医師は、髪型から化粧までを中国風にととのえ、晴れやかな表情を装って蛮族の首領の前に姿を見せる。そこへといたる暗い廊下を無言で進んでくる彼女の表情を欠いた立ち居振る舞いが素晴らしい。彼女が首領の待つ部屋の扉を開けて以降、見る者は、毒入りの酒で相手が絶命するのを見とどけてから、みずからも盃をあおり、諦念をおびた微笑とともにそれを地面に投げ捨てるという瞬間をまぎれもなく目にすることになるのだから、誰もが、ああ、やはりここでもとつぶやかざるえない。さまざまな不吉さを素描してきた「投げる」ことの主題が、ここでその至上形態におさまっていることはいうまでもなかろう。女の手を離れた盃が床に触れ、乾いた音を響かせてころがる瞬間、暗転した画面に《THE END》の文字が浮かび上がるからである。「投げる」主題が有無をいわせずに招き寄せたこの女性医師の異郷でのそれまでは着たこともなかろう衣裳をまとっての最期は、「囚われる」ことを始めとするさまざまなフォード的な主題体系の意義深い細部と豊かに響応しあいながら、『荒野の女たち』のみならず、ジョン・フォードの撮ったすべての作品に、簡潔すぎるほど鮮やかな、それでいて思いもかけぬ終止符を燦然としたかたちで打ってみせる。断言するが、これほど大胆なイメージでみずからの映画から遠ざかってみせた映画作家は、ジョン・フォードをのぞいて、世界には一人としていまい。

それは、ジョン・フォードと呼ばれるこの映画作家にとっての幸福な選択なのだろうか、それとも不幸な選択だというべきなのだろうか。ジョン・フォードにあっての幸福と不幸は、出現と消滅、歓喜と絶望、存在と不在、生と死がそうであったように、その境界をどこまでも曖昧に引きのばしながら、ハリウッドの映画にはおよそふさわしからぬ混濁しきった視界のさなかに見る者たちを置き去りにして姿を消す。その消滅がまぎれもない出現でもあることは、いまさら指摘するまでもあるまい。

終章　フォードを論じ終えぬために

『わが谷は緑なりき』のモーリン・オハラとセイラ・オールグッド

母親、または女たち

フォードにおける母親を論じるにあたって、雌馬の親子の愛情を描いた『香も高きケンタッキー』はともかくとしても、いずれも典型的な母親が主題となっている『マザー・マクリー』や『四人の息子』、さらには『戦争と母性』にさえ触れようとしていないのだから、ブライアン・スピトルズの『ジョン・フォード』という研究書は、とても精緻な論述による書物とはいえまい。もちろん、そこにはいくばくかの正しい論述も含まれてはおり、ときには重要な事態さえ指摘されている。例えば、その書物の終章にあたる「父権性か母権性か」には、次のような一行が読めるのである。

「ハリウッドに生きる者としてはごく稀なことだが、フォードは50年にもおよび、一度しか結婚していない」(114頁)。そういわれてみれば、フォードとほぼ同時代を生きていた映画作家たちは、アラン・ドワンにしても、ラウール・ウォルシュにしても、ハワード・ホークスにしても、ウィリアム・A・ウェルマンにしても、さらにはキング・ヴィダーでさえ複数回の離婚歴を持っており、それにくらべてみれば、フォードの結婚生活は、たしかにハリウッドという特殊な社会においては、きわめて例外的なケースだとさえ断言できる。

実際、1894年2月1日に合衆国東部のメイン州のケープ・エリザベスに、アイルランド移民の子ショーン・アロイシャス・オフィーニーとして生まれたジョン・フォード――そのアメリカ名はジョン・マーチン・フィーニー John Martin Feeney というもので、生まれからしてカトリック教徒である――が、ユニヴァーサル社の専属監督としてジャック・フォードと署名していた時期も終わろうとする頃、より正確にいうなら1920年7月3日――4日という説もある――に、26歳という年齢のメアリー・マクブライド・スミスと結婚し、その死に至るまで彼女と離婚することはなかったのである。ところが、そのときフォードの妻となったプロテスタントのメアリーには、26歳にしてすでに離婚歴があった。ロバート・C・マーチンという男と結婚していたことがあるからである。

フォード自身の孫のダン・フォードの『ジョン・フォード伝——親父と呼ばれた映画監督』には、ジョン・フォードが「監督レックス・イングラム主催のパーティーの席上で、長い黒髪の見目うるわしい令嬢と出会ったのは一九二〇年の聖パトリック祭の日（三月十七日）のことだった」（48頁）と書かれているが、彼女はすでに離婚を経験しているのだから、「令嬢」という語彙はここにはふさわしくあるまい。ジョンとメアリーは嵐のような恋におちた」（同前）とも書いている孫息子のダン・フォードは、折から禁酒法が施行されたばかりの合衆国の西海岸でフォード愛用のオープンカーを乗りまわしていた二人は、「もぐり酒場《スピーク・イージー》」にしばしば出かけては痛飲していたと書きそえている。さらに、メアリーの家庭は、英国、といってもスコットランドとアイルランド系の出自であり、アメリカでの家系をたどると17世紀までさかのぼることができるほどだという。しかも「サー・トマス・モアの直系の子孫」（49頁）だとも書き記している彼は、「家庭環境が不釣り合いであるという意識はフォードを悩ませる問題として後々まで残った」（同前）とさえ書いている。

実際、メアリーの父親は、ウォール・ストリートでたっぷりと儲けた金満家なのだが、そのときのジョン・フォードといえば、ハリー・ケリー主演の西部劇で活劇監督としての名声はほぼ確立していたものの、その初期の代表作ともいうべき『アイアン・ホース』さえまだ撮ってはいない。だから、ダン・フォードは、「自ら認めるはずもなかったが、メアリーは彼の結婚相手としては身分不相応だった」（同前）と書いているのである。

だからというわけではあるまいが、ここで、前記の『ジョン・フォード』の著者のアピトルズが、こうも書きついでいたことを想起しておきたい。「とはいえ、彼（＝フォード）は、複数の婚外の密通をほしいままにしていたと疑われている。そのキャサリン・ヘップバーンとの関係は神秘にとざされており、しかるべき数の同時代人は性的な関係があったといっているし、ほかの人びとによれば、それは純粋にプラトニックなものだとされている。その後には、モーリン・オハラを巻き込んだ類似の噂も存在していた。これらのケースにおいては、何ひとつとして実証されたものでない」（スピトルズ前掲書114頁）。また、フォードは、1957年の韓国への旅行のおりに、同国の女優へラン・ムンと関係を持ったという挿話まで書き加えられているのである（註1）。

だがそれにしても、人はどうしてこれほどまでに、男女の性的な関係の有無に興味を抱かずにはいられないのだろうか。とりわけ、映画監督とその主演女優の場合、二人がベッドをともにしていようがいまいが、その作品に注がれるべきわたくしたちの視線に、しかるべき変化が生じたりすることなどありえないはずだからである。例えば、ジョン・フォードとキャサリン・ヘップバーンとの関係についていうなら、ピーター・ボグダノヴィッチのドキュメンタリー作品『監督ジョン・フォード』――ここで依拠されているのは、その2009年ヴァージョンである――の終わり近くで、その死も間近に迫っていた1973年のある日、ダン・フォードに促されてキャサリン・ヘップバーンが病床のフォードを訪れたときの、ごく親密な対話を耳にするだけで充分なはずではないか。それはボグダノヴィッチ自身によって説明されていることだが、孫息子のダンが祖父の伝記の執筆のために録音していたテープを止め忘れて中座したおりに、二人がもう誰も聞いていないと信じて交わしていた言葉だというのだが、それはこうしたものだ。

また明日の朝に来ますからねというヘップバーンの言葉を受けて、フォードは《I love you》とつぶやき、それに対して彼女は《It's mutual》と応じている。こうした言葉を日本語に移しかえる作業は何やら彼らを貶める行為のように思えてならないので、あえて原文のまま記しておくこととする。それからどうやら彼女は彼に接吻したものと思われるようなもの音がテープから聞きとれ、フォードは《Much better》と満足げに口にする。その上で、誰も聞いていないことを改めて確かめてから、彼は《Do you have a women's intuition ?》と問い、それに対して、彼女は《Yes....》と言葉少なに、だが断乎とした口調で応じているのである（註2）。

もっとも、そうした親密きわまりない対話を、ただフォードの作品に強く惹かれているというだけの理由で、後世のわたくしたちが耳にする権利があるのか、と問うことは禁じられていない。たしかに、それは、誰にも聞かれていないことを前提として口にされたものであり、それを聞いたりする権利など、本来であれば誰にもあってはならないはずである。にもかかわらず、それをひそかに耳にするのは心に浸みる深い体験であり、思わず涙をそそられずにはいられない。

実際、撮影中はたがいに罵詈雑言を浴びせあっていながら、『メアリー・オブ・スコットランド』の完成後、その監督と主演女優とはすっかり意気投合した模様で、二人してハリウッドから遠く離れると、東部のコネチカット州のヘップバーンの自宅で仲睦まじく過ごしたり、近くのカントリー・クラブでゴルフの真似ごとを楽しんだり、ニューヨークに足を運んでブロードウェイの芝居を見てまわったり、ロングアイランド湾でヨットを楽しんだりしていたのだが、それは当時からよく知られていた事実にほかならない（註3）。それから三十数年後に、かつて監督であった男は病身でベッドに横たわったまま、久方ぶりに出会ったかつての主演女優とこうした会話をかわしうる仲であったことにはからずも立ち会ってしまった者としては、あれこれ詮索したりはせず、それを素直に受け入れればもう充分ではなかろうかと思わずにはいられない。

フォードの作品にはたったの一度しか出演しておらず、年齢差も13歳だったキャサリン・ヘップバーンとは異なり、『わが谷は緑なりき』に抜擢されたモーリン・オハラの場合、ほぼ親子ほどの年齢の違いもあったので、どうやらフォード自身のこの女優の扱い方はまるで異なっていたようだ。その9年後に『リオ・グランデの砦』に主演し、『静かなる男』では生まれ故郷であるアイルランド娘を演じきり、『荒鷲の翼』にいたるまで、計五本ものフォードの作品に出演しているので——たった五本でしかなかったのか、という驚きもあるが——、つきあいも長いし、フォードという監督の魅力的な側面のみならず、そのおぞましい人格的な欠陥というべきものさえ知りつくしていたのがモーリン・オハラだといってよい。

彼女自身による自伝の『それが彼女自身——追想』によれば、あるパーティーの席で、彼女はフォードから理不尽な暴力を振るわれたことがあるらしい。同席していたダニー・ボゼージのちょっとした質問に答えたところ、「何の前触れもなく、彼（＝フォード）は私の方に向き直り、顎に一撃をくらわせた」（104頁）というのである。いまもってその理由はわからないと書いている彼女は、「私の忠誠心、あるいは敬愛の念をテストするものだったのだろうか」（同前）とも言葉をそえている。とにかく、誰ひとり口をきくものはおらず、彼女は黙ってその場を離れていかざるをえなかったのだという。

『それが彼女自身——追想』には、この女優への異様な執着心としか思えぬフォードの不可解な言動がいくつも書かれている。顎への殴打事件は第二次世界大戦中のことだが、その後のものは、もっとたちが悪く陰湿なものばかりである。例えば、『静かなる男』の公開後、その好評ぶりに歓喜していたモーリン・オハラは、ある日、自宅のベッド・ルームのもっとも親密な場所にまでフォードが侵入した形跡を発見する。しかもその痕跡を彼はいささかも隠そうとすらしておらず、アイルランドを象徴するシャムロックの草の模様が緑色のインクで書かれた紙が、これ見よがしに貼ってあったのだという。それは、フォードがかつて彼女に送った手紙の下に、やはり緑色のインクで書かれたものと同じだったという。

ここでは、その原題がすでにシャムロックという植物性の語彙を含んでいる『誉れの一番乗』（*The Shamrock Handicap*）のクレジット・タイトルの背景となる図柄を、誰もがごく自然に想起する。それはアイルランド独特の草花の模様なのだが、そのシャムロックの図柄を、作品の後半部分、合衆国に売られたアイルランド産の競走馬が活躍するシャムロック・ハンディキャップの障害物レースに出走するとき、その馬に乗る騎手に、観客席で見守るジャネット・ゲイナーがまるでお呪《まじな》いの背番号のように騎手の背中に張りつけてやったりしている。ところが、この小柄な騎手は、発走直前に馬から振り落とされ、再起不能に陥るので、すでに落馬事故で入院までして騎乗などとても無理だと思われていたアイルランド出身の騎手レスリー・フェントンが、その馬への騎乗を決意する。まわりのものたちの心配をよそに彼が乗馬服に着がえて出てきた瞬間、胸や背中はいうまでもなく、帽子にまで、いたるところにシャムロックの模様が張り付けられていることに、見る者は呆気にとられる。その御利益があってのこととは断定しがたいが、彼は難儀しながらも苛酷な障害物競走を制してアイルランドに凱旋し、恋人と結ばれることになるだろう。モーリン・オハラの留守中に彼女の寝室に忍びこんだフォード自身は、はたしてこの作品のことを思いだしながら、彼自身が描いたものだろうその植物の緑色の図柄を、親しい女優のもとに残してきたというのだろうか（註4）。

ところで、モーリン・オハラは、フォードからさらにひどい仕打ちを受けている。『H氏のバケーション』（1962）の撮影に入ってすぐのこと、主演男優のジェームズ・スチュアートが彼女との共演を好んでいないという知らせがもたらされたのである。あれほど気持ちよく演技をしあっていたのにとしばし思い悩んでいた彼女は、やがて事態を理解する。その背後にいるのは、間違いなくジョン・フォードだ。

実際、ジェームズ・スチュアートはフォードの『馬上の二人』と『リバティ・バランスを射った男』に出たばかりで、フォードのお気に入りの役者の一人となっていた。しかも、それを告げに来たジャック・ボルトン（註5）は、「ジョン・フォードのごく近しい友人だった」（225頁）と彼女は書いているが、「フォードからこの種の嫌がらせをうけたのは、一度や二度ではなかった」（同前）のだという。にもかかわらず、ジョン・フォードの死後、モーリン・オハラはこうも書いている。

「何年にもわたって、なぜジョン・フォードが私のことを憎悪していたのかと考えていた。いったい何が、彼におぞましいことをいわせたり、行わせていたのか、理解できなかった。いまにして理解できるのは、彼が私のことをまったく憎悪などしていなかったということだ。彼は私のことをとても愛してくれたし、恋心さえ抱いていた。悲しいことに、メアリー・ケイトは映画の中の登場人物でしかなく、彼の救いとはなりえなかったのだ。そこで、私はジョン・フォードに対する思いをこう結論する。私は、改めて私の敬意と敬愛の念と友情とを、『私もあなたが好きよ、パピー』ということで再確認したいと思う」(261頁)。それは、『監督ジョン・フォード』の最後で、真っ赤なスーツを着た老年のモーリン・オハラが、語り終えてから思わず涙ぐむあのシーンがもたらす感動とほぼ同じものだといえる。

こうした親密圏におけるフォード自身の伝記的な事実をめぐるわたくし自身の姿勢を、ここに詳らかにしておく。おそらくこれまでに書かれたことからも明らかなように、この『ジョン・フォード論』におけるジョン・フォードとは、あくまでその作品を撮った映画作家としてのジョン・フォードにほかならず、それは書きつぐにしたがって不確かな輪郭におさまってゆくほとんどフィクションに近い存在に与えられたとりあえずの名前にすぎず、現実——とは、だが、何か?——に生き、また現実に死にもしたジョン・フォードという名前で広く知られたあの特定の個人のことではいささかもない。だから、モーリン・オハラやキャサリン・ヘップバーンと彼が肉体関係を持ったか否かなど、あえて知りたくもないし、そもそもそれを知る権利さえわたくしたちにはないはずである。モーリン・オハラの言葉を借りるなら、「ジョン・フォードの性生活など、いささかもわたくしの問題ではない」(190頁)からである(註6)。

では、ジョン・フォードにおける女性とは何か。あるいは、ブライアン・スピトルズの『ジョン・フォード』の終章で語られている「父権性か母権性か」をいったん受け入れ、母権性について、わたくしたちにはどのようなアプローチの方法が約束されているのか（註7）。

例えば、モーリン・オハラの主演作をとってみると、フォードの後半の作品である『長い灰色の線』と『荒鷲の翼』で、彼女はいずれも妻でもあり母親でもある女性を演じている。そこで、フォードにおける母親の意味を語るために、その原点ともいうべき『マザー・マクリー』と『四人の息子』と『戦争と母性』の場合を検証してみることにする。

まず指摘できるのは、こうした作品での母親像は千差万別で、性格的にいっても、また物語の上での役割にしても、そのことごとくがまったく異なっており、そこに共通点を見いだすことなどほぼ不可能に近いという事実にほかならない。例えば、『マザー・マクリー』の場合、ひとり息子を溺愛する若いアイルランドの未亡人がアメリカ合衆国に移住し、サーカスで生活を支えたりしながら、最終的には裕福な家の家政婦として息子の幸福に立ち会うというものだ。『四人の息子』についていうなら、これは四人の息子の大半を戦争で失った大家族の未亡人が、最終的にはアメリカに渡り、息子夫妻とともに幸福を見いだす。いずれも、これといった特別な行動をとることのないごく平凡な母親たちなのだが、『戦争と母性』の場合はいささか事情が異なっている。それはきわめて自尊心の強い母親で、息子の愛人を憎悪しているのだが、彼が第一次世界大戦で戦死したことを契機としてフランスの息子の墓に詣で、そこで出会ったアメリカ人の青年に惹かれてその世話を焼き、彼とその恋人との愛の成就に力を貸し、帰国後に、息子の愛人とその息子とを受け入れるというかなり複雑な筋立てである。

では、そうした母親像にいかなる共通点が認められるのか。いうまでもあるまいが、これまでに触れた合衆国の主要なフォードの評伝類においては、タグ・ギャラガーも、スコット・エイマンも、あるいはジョゼフ・マックブライドも、この三つの作品について詳しく触れている。また、デイヴィッド・メーウェルの『ジョン・フォードの作品における女性たち』のようなモノグラフィーが、これらの作品について詳細に論じているのも当然だろう。しかし、それぞれの作品における母たちをめぐる共通点とよぶべきものに触れているものは、一つとして存在していない。では、いったい、いかなる細部がここでの母親たちの類似をきわだたせているというのか。はたして類似点とも言うべきものは、指摘しうるのか。

それはまぎれもなくショットの連鎖のうちに描きこまれている。ここで問題となるのはあくまで視覚的な類似なのだが、そのいずれもがエプロンで豊かに腰を覆っているという共通点があることは否定しがたい。その点で典型的なのは、『戦争と母性』の主演女優のヘンリエッタ・クロスマンだろう。彼女は、冒頭のシークェンスから、大きな白いエプロンに収めた大量の餌を鶏や鵞鳥に与えている姿とともに登場しており、その後も、合衆国の場面ではことごとくエプロン姿で画面を横切って行く。また、『四人の息子』のマーガレット・マンの場合も同様であり、四人もの息子を養うために、冒頭から台所でせわしなく働きながら、必ずしも白ではないごく単純な模様の入った大きなエプロン姿で登場している。では、『マザー・マクリー』の母親はどうかといえば、作品の導入部で描かれているアイルランド時代には、黒いエプロンで胸もとから腰の部分をすっぽりと覆っているが、合衆国で息子と別れて家政婦となった瞬間から、大きな白いエプロンで登場することになるのである。だからといって、彼女らのいずれもが台所にこもって料理を作っているのかといえば、必ずしもそうではない。エプロンは、いわばこうした母親たちの制服のようなもので、それをまとって画面の中心におさまることで構図を引きしめているのであり、料理との関連はいささかも高くない。

こうした何の変哲もない白いエプロンを『わが谷は緑なりき』で初めて娘役のモーリン・オハラにまとわせ

たとき、フォードにおける「白さ」の主題が未知の輝きを帯びることになる。そのとき起こる事態にやや詳しく触れておくなら、白いエプロンは、キッチンでの炊事にふさわしい衣裳というより、疲れはてた男たちを家庭に迎えいれるために必須の視覚的な細部へと変容しているのである。もちろん、それは『悪に咲く花』のイタリア系の母親フェリケ・ボロスや、とりわけ『怒りの葡萄』の母親ジェーン・ダーウェルのエプロンへと受けつがれることになるだろう。では、ハリウッドの主演級の女性スターたちがまとう白いエプロンは、フォードにおいてはいつ頃から登場することになるのか。

『モホークの太鼓』のクローデット・コルベールはまぎれもなく白いエプロンをまとっているが、後半部分で砦に立てこもる女たちの誰もがほぼ同じ衣裳で描かれているから、とりわけきわだったイメージにはおさまってはいない。ところが、『わが谷は緑なりき』のモーリン・オハラがそれを身につけた瞬間、事態は否定しがたい視覚的な変化を体験することになる。

もちろん、ここでのモーリン・オハラはいうまでもなく、母親役のセイラ・オールグッドも、兄嫁役のアンナ・リーも、初めて登場する瞬間から白いエプロンで腰のあたりを艶やかに覆っている。では、モーリン・オハラの場合はどうか。作品の中で白いエプロンが物語的な意義深さを担い始めるのは、彼女が室内から持ってきた椅子に座る母親が、あたかも門の前で男たちを迎えいれるようにしながら、その大きな白いエプロンを拡げ、炭鉱労働で黒くすすけた顔を隠そうともしない父親や五人の兄弟のひとりひとりが、年齢順に硬貨で貰ったその稼ぎを、彼女の白いエプロンに向けて投げ入れるときからだといってよい。つまり、ここでは、白い大きなエプロンは、苛酷で危険な作業に当たっていた男たちを迎えいれるにふさわしい儀式的な小道具として画面におさまっているのである。

もちろん、そのときは背後につつましく控えているモーリン・オハラは、母親が石炭ですすけたような男たちの帰還を祝福する役割を門の前で演じるための儀式を恙《つつが》なくとり行わせるために、わざわざ室内から母親に椅子を持参することで、それに貢献している。実際、男たちは、エプロンを拡げた年輩の女性の前を通過しつつ、その全員が銀貨を投げこむことで、初めて家庭の内部に足を踏みいれているのである。

ここでのこの硬貨を投げ入れるという仕草は、すでに「身振りの雄弁　あるいはフォードと『投げる』こと」の章で、その重要さを指摘しておいたものだが、この「白さ」と「投げる」こととの親密な結合という点において、ここでは初めて作品の主題論的な重要さを印象づけることになるのである。その絶望的なまでに凡庸な物語にもかかわらず、『わが谷は緑なりき』がきわめて重要な作品だといえるのは、こうした「投げる」ことという仕草と「エプロンの白さ」という色彩とがみごとに一致しているという主題論的な統一と、炭鉱で働くという困難な作業を終えたすすだらけの男たちを迎えいれる「エプロンの白さ」とが不可避的に結びつくという主題論的な統一とがまぎれもなく素描されているからなのだ。

そうした中で、とりわけ艶やかな「白さ」をきわだたせているのが、モーリン・オハラというアイルランド出身の女優であることはいうまでもない。かつては緑であった谷がその鮮やかな色彩を失うように、これはまた、彼女が「白さ」の幸福を見失うという作品でもあるという点に注目したい。実際、兄の結婚式が挙げられる教会で、大学を出たばかりという新任の牧師のウォルター・ピジョンの、この土地にはふさわしからぬ知的で誠実そうな表情に惹きつけられる彼女は、もちろんそのときの儀式にふさわしく正装している。だが、その直後の披露宴ではいつの間にかエプロンをまとっており、やや遅れて訪れた牧師を迎えるときは、彼に惹かれているという無言の表情を隠そうともしていないばかりか、あろうことか、彼と向かいあう恰好で一緒に歌まで歌ってしまう。

だが、それは、かりそめの幸福でしかない。彼女が炭鉱会社社長に乞われてその息子と結婚することになるからなのだが、式が挙げられる前の晩、忘れられない牧師の家をひそかに訪れるときにも、彼女はエプロン姿のままである。その場面については、すでに触れている。牧師がマッチをすって自宅の暗い部屋のランプに火を灯すと、それまでいかなる光線も照らし出すことのなかった室内の奥に、モーリン・オハラが浮かびあがる。そのとき、彼女がまとっているエプロンの白さが目に痛いほどだったことを想起しよう。ここでのモーリン・オハラは、その白さをみずからの記憶として彼に残そうとしていたというかのようだ。そして、結婚式の当日、新たな夫とともに教会をあとにする彼女のヴェールが風で大きく翻るとき、監督のフォードは「白さ」に彩られた女としてのモーリン・オハラの最後の姿をいつくしむかのように、その忘れがたいイメージをキャメラにおさめることになるだろう。

実際、それ以降、彼女のエプロン姿は作品から姿を消す。だから、末弟のロディー・マクドウォールが結婚した姉の住む社長宅の豪華なサロンを訪れるとき、モーリン・オハラは家柄にふさわしく正装している。だから、弟は、もはやあの姉のまとっていた見なれた白いエプロン姿を身近に感じとることはできないのである。彼女は、その翻るエプロンの白さを見失うことで、不自由な世界へと幽閉されてしまったといってよかろうと思う。父親の落盤事故を聞いて炭鉱近くにかけつけ、母親のかたわらに立ち、牧師とも視線を交わす彼女は、このあたりでは見なれぬシックなコートをまとい、一糸の乱れもない髪型をしている。だから、彼女が白いエプロンを翻しながら晴れやかな笑顔で手を振る光景は、かつて緑だった谷を去ろうとしている末の弟の思い出の中にしかない。

白さを見失ったモーリン・オハラが閉じ込められる空間こそ、フォードの戦後の西部劇の主題だといってよい。実際、そのほとんどは、危険で閉ざされていた地平線の向こうからこちら側へと戻って来る疲れきった帰郷者にキャメラを向けることで始まっている。それは第二次世界大戦後の西部劇に限らず、30年代の『周遊する蒸気船』から『虎鮫島脱獄』、さらには『ハリケーン』、あるいは戦後の『月の出の脱走』の一挿話にいたるまで、どれほど誤って逮捕され、投獄された者たちの幽閉意識をフォード的な物語の典型としていたかを思いだしてみるがよい。あるいは、『果てなき航路』から『騎兵隊』をへて『シャイアン』にいたるまで、故郷に辿りつくことの困難がどれほどフォードに特有の映画的題材を提供してきたかは、あえて指摘するまでもあるまい。さらには、『リオ・グランデの砦』から『捜索者』に加え、『馬上の二人』にいたるまでの作品で、地平線の遥か向こうに幽閉されていた男女を連れもどすために、どれほどの男たちが傷つき、命を落としていたかを考えてみるがよい。フォードの映画とは、自分と同じ境遇にありながら、不幸にして遥かかなたの不吉な空間に幽閉されていた者たちを連れもどすこと、あるいはそのために疲弊しきって故郷に戻ることを主題とした作品なのだ。そして、彼らが困難を乗り越えて帰還した瞬間、多くの場合、白いエプロンをまとった女たちが男たちを迎えることになるだろう。

例えば、『リオ・グランデの砦』は、辺境の騎兵隊の兵士たちがインディアンの討伐から戻り、砦の門をくぐって駐屯地の並木を抜け、司令部の前の広場に整列して解散命令を受けるまでの長いシークェンスで始まっている。メキシコとの条約で渡河を禁じられているリオ・グランデ河の対岸までインディアンが逃げ込んでしまったので討伐の成果は上がらず、隊員たちはいずれも疲れ切っている。夫や息子の安否を気づかって、女たちが自宅から木蔭の並木道へとかけよってくるとき、それぞれの裾の長いスカートのまわりに揺れている白いエプロンがわたくしたちの目を奪う。負傷して急造の担架に横たわったままの夫や息子に手をさしのべ、軍隊の歩調にあわせて進んで行く女たちの、白くて大きな布が痛ましく風に煽られているさまは、帰還という主題と翻る白いエプロンとのフォード的な結びつきの必然を余すところなく描ききっている。帰りつくことと白さとが、ここでは無理なく、しかも雄弁に描かれているからである。

しかし、隊長のジョン・ウエインを出むかえるべき白いエプロンは存在していない。彼は15年前に妻のもとを離れ、いらい辺境での孤独な生活にたえ続けているからである。それは、南北戦争のおりに、夫である北軍士官は、上官の命令で、妻であるモーリン・オハラの実家であるプランテーションに火を放ってしまったからなのである。だが、二人の一人息子が、陸軍士官学校から放校され、母親には黙って騎兵隊を志願し、新兵としてこの砦に配属されたことから、15年ぶりに因縁深いこの二人の男女を改めて結びつけるというこの作品なりの事態の推移は、すでに触れておいた通りである。南部からはるばる西部の辺境の夫の駐屯地までやってきた妻であり母親である女は、正式の書類を整えて息子の引き渡しを迫る。だが、その書類が効果を発揮するには、司令官である夫の署名が必要だし、そもそも息子自身が父親の連隊に断乎としてとどまると主張するので、母親であり妻でもあるモーリン・オハラは、駐屯地の夫のテントで仮住まいの生活を始めねばならない。

　このあたりの事態の推移は、人がしばしばお涙頂戴的と呼ぶかも知れない感傷的な挿話がかなり安易に描かれているかに見えはするが、『リオ・グランデの砦』がやや通俗的な挿話の連鎖にもかかわらず、きわめて重要な作品であるとわたくしはここで力説したい。通常、「騎兵隊」三部作の中では凡庸な作品として軽視されがちだが、帰りつくこととエプロンの白さというフォード的な遭遇の主題が、きわめて有効かつ有意義に機能しあっているからである。ここで、疲弊した帰還者たちを出迎えるエプロンの白さという優れてフォード的な展開が、モーリン・オハラの出現によって、さらに「連れもどすこと」という新たな主題を引き寄せているという事実に注目せざるをえないからだ。インディアンによって幌馬車ごとリオ・グランデ河の対岸へと拉致されてしまった子供たちの奪回に向けて、ジョン・ウエインとモーリン・オハラの一人息子が先兵となって出撃するというかたちで、さらに豊かな主題論的な変奏を演じることになるからでもある。いうまでもなく、夫である騎兵隊長がその奪回作戦を指揮する。従って、辺境の砦に仮住まいしていたに過ぎない妻であり母親であるモーリン・オハラは、初めて無事な帰還を待つ女の役を演じることになる。そこに、『リオ・グランデの砦』という作品の素晴らしさが突出することになるだろう。

実際、エプロン姿で疲弊しきった男たちの帰還を待つというすでに冒頭に描かれていた光景が最後にくり返されている。しかも、その光景が、「帰りつくこと」にとどまらず、地平の彼方に幽閉されていた子供たちを「連れもどすこと」をも実現するというところに、この作品の主題論的な響応関係の意義深さを認めるときがきているのである。かつては息子の返還を指揮官である夫に迫った気位の高い母親であり、かつ妻でもあった女性が、いまや、子供たちのリオ・グランデ河の対岸での奪回作戦の成功を祈り、一行の騎馬の列が砦の門をくぐり抜けるその瞬間から、あらゆる兵士たちの妻や母親と同じように、白いエプロン姿で夫や息子の無事の帰還をその瞳で確かめようとする待つ女に変貌しつくしているからである。

だが、隊列の先頭に立っているはずの夫の姿が見あたらない。彼女は、不安そうに並木道を小走りにかけぬける。夫はどこにいるのか。担架に横たわった負傷兵が何人も通りすぎる。モーリン・オハラは不安を抑えきれず、その顔をひとりひとり覗きこみ、馬の蹄がまきたてるゆるやかな塵埃《じんあい》の中を、隊列のあとへあとへと歩を進める。すると、夫は胸に深い傷を負い、疲れはててはいるものの、何頭目かの馬に引かれた担架の上に、裸の胸の包帯を痛々しく人目にさらしながら、あお向けに横たわり、息子がつきそっている。思わず夫に手をさしのべる妻は、木々の茂みがところどころで陽光をさえぎっている並木道を、隊列のゆるやかな歩調にあわせて無言で歩を進める。そのとき、彼女の白いエプロンが微風で翻る。部隊から息子を連れもどしに来ていたはずの自分が、はからずも息子と夫の無事の帰還を待つ白いエプロンの女に変容しつくしていることに、そのときの彼女は無意識である。ただ、その腰のまわりで音もなく豊かに翻るエプロンの白さだけが、彼女の口にしえない多くのことがらを、視覚的に雄弁に語りつくしている。すでに述べたように、『リオ・グランデの砦』

には、大きな欠陥がある。だから、この作品がモーリン・オハラの腰にはためく大きな白いエプロン姿で終わらなかったことが惜しまれてならない。

その翻る白さが、『リオ・グランデの砦』の舞台装置となった合衆国のユタ州をゆるやかに遠ざかり、思いもかけず『わが谷は緑なりき』のウェールズの炭鉱地帯にまで拡がりだし、白いエプロンを翻して男たちを待つ女という主題論的な一貫性をきわだたせている。感動的なのは、そうした作品の枠をこえた具体的な細部の響応関係にほかならない。おそらく、フォードは、『わが谷は緑なりき』の最後でモーリン・オハラから奪ったエプロンの白さを彼女に回復させることで、この女優に対する映画的な愛情ともいうべきものをみずから確認しているといえるのかもしれない。そして、その愛情は、『静かなる男』のすでに触れたジョン・ウエインとモーリン・オハラとの亡き母親の家での夕暮れの出会いのシーンに、カラーで甦らせられている。この場面のスチール写真での彼女は赤いスカート姿のものとなっているものもないではないが、現実の映画では、扉から吹きこむ風でその白いスカートが乱れて翻る。これこそ、合衆国から戻った元ボクシング選手を故郷に迎えるための意義深い儀式にほかなるまい。

いまや、『捜索者』の始まりと終わりとが、どうしてあれほどまでに見る者の心に響くのか、その理由が明らかになり始めている。南北戦争後にながく西部を彷徨ってきた元南軍の兵士、すなわちジョン・ウエインが演じるイーサン・エドワーズが、はたして故郷と呼べるかどうかわからないが、ひとまずは休息の場として弟一家の暮らしている家に戻って来る。それは、かつて愛しはしたが、いまや弟の妻になっているマーサ・エドワーズ（ドロシー・ジョーダン）の腰に翻るエプロンに導かれたように、いったん歩みをとめる光景として始まっている。それは誰もが知るように、真っ暗な画面に内部から扉が開かれたのをきっかけとして、後ろ姿のひとりの女性が晴れた午後の陽ざしを受けとめ、やや青みがかったエプロンとその背後で結ばれた紐とを風に翻しながら、何ものかの接近を予感して遥かかなたを見やっている光景である。ショットが変わると、ドロシー・ジョーダンと識別できる女性が目のあたりに手をかざしながら、近づいてくる騎馬の男を注視している。彼女の前に姿を見せるのは、くたびれはてた南軍の長い軍服をまとったイーサン・エドワーズなのだが、やがて彼女の額を接吻でそっとおおうようにしてから、彼は彼女に迎えられて室内に消えてゆく。ここでは、風に煽られる彼女のエプロンが、疲れはてた男をまぎれもなく迎えいれている。

作品の終わりでは、それと正反対のことが起こっている。インディアンに拐《かどわ》かされていたエドワーズ家のただひとりの生き残りであるデイビーを近隣の北欧系の夫婦にあずけ、ジョン・ウエインは戸外にひとり残される。それまで行動をともにしていたインディアンとの混血青年ジェフリー・ハンターは、白いエプロンを翻している恋人のヴェラ・マイルズとともに画面を外れて行くからである。ここには、ジョン・ウエインを迎えいれる白いエプロンの女は、もはや存在しない。そこに、内側から扉が閉ざされ、黒々とした色彩が画面をおおう。その直前、ジョン・ウエインはハリー・ケリーとそっくりだと誰もが証言する姿勢で、画面にひとりとり残される。

では、ジョン・フォードにおける重要な主題は、疲弊した男たちの遠方からの帰還と、それを迎えいれる女たちの腰に翻る白いエプロンのはためき――あるいは、その不在――と要約できるものだろうか。事態は、それほど単純なものではない。だからといって、ことさら複雑でもないのだが、そのありさまに触れることで、決して短くはなかったこの『ジョン・フォード論』を閉じることにしたい。とはいえ、それがとりあえずの終わりでしかなかろうことは、いうまでもなかろう。フォードの作品は、新たなアプローチに対して、たえず開かれているからだ。

男たちの名誉と不名誉

ジョン・フォードにおける男たちの言動のことごとくが、翻るエプロンの白さに統御され尽くしていることは、いまや誰の目にも明らかである。彼らの性格がいかに粗暴で、その表情がどれほど精悍なものであろうと、彼らの運動のことごとくは、女たちのエプロン姿に触れることで決まって歩みをとめる。その意味で、フォードの作品のほとんどは、どれほど汗臭い男たちにみちあふれていようと、しばしば口にされる「男の友情」とやらを基軸とした爽快な活劇ではなく、また開かれた地平線の彼方への欲望に突き動かされて出発するという冒険譚でもなく、母親と妻と恋人のイメージのまわりに収斂する本質的な家庭劇なのだ。

もちろん、男たちしか登場しない『肉弾鬼中隊』のような作品も存在しているし、物語の中心部分が船乗りたちの動静に集中している『果てなき航路』――その導入部と終末には、大量の商売女たちが登場する――や、その原題が「女不在の男の世界」を意味している『最後の一人』――実際には、怖ろしい数の上海の商売女たちが登場する――なども存在するが、その多くは、とりわけ『わが谷は緑なりき』以降の作品は、本質的にホームドラマとしての枠組みが顕著なものとなっている。

では、そのフォード的な家庭劇は、男たちが戸外で苛酷な労働に耐え、母たちが家庭の秩序の維持にかかわり、子供たちの教育に徹するという、あのうんざりするほかはない永遠の性的秩序に忠実な「ホーム―ドラマ」だというのだろうか。女たちは、ただその白いエプロンを風になびかせながら扉の前に立ち、男たちの苛酷な旅からの帰還を寡黙に待ち続けているというのだろうか。

そうではない。フォード的な家庭劇とは、オデュッセウスとペネロペとの関係の貧しい映画的な変奏などにはとうてい還元しきれない豊かな相貌におさまっているからだ。そこにあるのは、性的な分業というより、男女を隔てている境界線など苦もなく崩壊させてしまうという点で、むしろ無政府主義的とさえいえるかもしれない稀有な現象なのである。

それがほかの作家ではまず目にすることのなかろう途方もなく稀有な現象だというのは、例えば『ジョン・フォードの作品における女性たち』の著者デイヴィッド・メーウェルが強調しているように、「これまでしばしば見てきたことだが、女性たちとその体験は彼にとってきわめて重要なものだった。彼は、女性たちの体験を、技巧を弄して、しかも大いなる理解と共感をこめて描くことに大いなる自尊心をこめていた」（１８０頁）というかのごとき作品の理解とはいっさい無縁のものだからである。ここで指摘しておきたいのは、だから、フォードにおける男性は、いつの間にか、しかもごく自然に、女性のごとく振る舞い始めていることがあり、女性もまた、あるとき男性のごとく振る舞い始めることさえ稀ではないという奇態な現象が、フォードにおけるフィルム的な現実として明らかに指摘しうるということなのだ。

例えば、『三人の名付親』の三人の無法者たちは、ジョン・ウエインはもとより、ペドロ・アルメンダリスも、ハリー・ケリー・ジュニアも、まるで母親のような細心さで、生まれたての赤ん坊を胸にだきかかえていはしなかったか。あるいは、『戦争と母性』の冒頭部分における母親はいかにも家父長的に振る舞っているし、フランスをめざす船中に見られるように、葉巻やパイプぐらいは大っぴらに吸ってみせる勇猛な老夫人役のルシル・ラ・ヴァーンにフォードは好んでキャメラを向けている。

実際、男よりも遥かに大声でがなりたてる女など、フォードにおいてはいたるところに転がっている。これはすでに述べておいたことだが、例えば『モガンボ』のエヴァ・ガードナーなど、夕食後に優雅な衣裳で、日本では「夕空晴れて、秋風吹き……」で名高い「故郷の空」《Comin' Thro' The Rye》を感慨深げに歌ってみせるかと思うと、あてがわれた寝室が不満で、まるで男のような投げやりな仕草でウイスキーの瓶を壁に向かって投げつけ、河馬に襲われた川船の上では、ずぶ濡れになって甲板に転倒したりもしている。また夫の乗った単発複葉機をジープで追いかけ、男に殴りかかることさえ朝飯前で、キッチンの低いテーブルに足を掛けるという男性的な姿勢でウイスキーをきこしめす『荒鷲の翼』のモーリン・オハラなど、男以上に男性的な振る舞いを演じて見せているし、『ミスタア・ロバーツ』の艦長ジェームズ・キャグニーの優柔不断さは戯画的なまでに女性的だといえるし、何のためらいもなく食卓で煙草をくわえる『荒野の女たち』のアン・バンクロフトにいたっては、男性的な決断力を徹底的に欠いたエディー・アルバートとの対照において、こうした性的な境界線の崩壊ぶりをあますところなく体現しており、これが、いかなる意味においてもフォードにおける例外的な作品ではないことを誰もが理解できるはずである。

ところが、奇妙なことに、あるいはごく当然のことというべきかも知れないが、こうした性的な分業への蔑視という点で注目すべきことがらが存在する。それは、ふと家庭的と思われがちな女性たちのスカートを覆っていた白いエプロンが、ことのほか男性的と思われているスターたちの胸から腰にかけて拡がりだしているというまごうかたなきフィルム的な現実が存在しているからにほかならない。ジョン・フォードという監督の奇態さは、たんに家の戸口で疲れはてた男たちの帰還を待つ女性たちばかりではなく、無数の男たちに平然と白いエプロンをまとわせていることにあるのだと断言したい。

実際、ジョン・フォードが描きあげる男女は、まるで見ている者の瞳を欺くかのように、距離と密着の戯れをいとも容易く演じたててみせる。女たちの腰を豊かに包みこむエプロンの白さは、男という男を誘う保護と休息の符牒として風に翻っているかと見えながら、いざ近づいてみると、いつの間にか、闘う男たちの胸から腰を誇り高く蔽っているからだ。そこには、嘘としか思えぬ白さの変容が生きられており、性的な境界線のほぼ完璧というに近い崩壊がごく自然に導き出されている。おそらく、翻るエプロンの白さは、女にも属していなければ男にも属することのない、宙に吊られたごく孤独な光景なのだろう。それは、遭遇が別離であり、別離が遭遇であるかのような、性の対立をこえた垂直な軸にそって走りぬける磁力に煽られた残酷な運動であるに違いない。それを残酷とは感じさせないところが、ジョン・フォードの演出の醍醐味にほかならない。であるがゆえに、これほどあからさまに男女の腰を彩る白さについて、ほとんど誰ひとりとして論じるものがいなかったのだろう。

男たちのエプロンといっても、例えばジョンの兄貴のフランシス・フォードを始めとして、ジャック・ペニックやスリム・サマーヴィル、あるいはジョン・クォーレンといった脇役たちが、軍隊の酒保や町の酒場、あるいは辺境のレストラン、さらにはごく普通の開拓民の家の玄関先で、エピソード風にエプロン姿を披露しているというのはいうまでもない事実である。そもそも、現在見ることのできるフォード最古の作品である『誉の名手』でエプロンをまとっていたのは、年老いたバーの経営者だったことを想起しておくべきかも知れない。また、『栄光何するものぞ』のドイツ軍将校が、アメリカ軍の突然の襲撃に慌てふためき、階級を偽ろうとして思わずエプロン姿で炊事に専心するふりを装っているといったエピソードがとりわけ重要だというのでもない。ここで見落としてならぬのは、ある時期のハリウッド映画を代表するといっても過言でない三人もの男性スターが、モーリン・オハラのエプロン姿と寸分違わぬ出でたちで、作品の重要なシーンに登場しているという点である。その三人とは、『長い灰色の線』のタイロン・パワーであり、『騎兵隊』のウィリアム・ホールデンであり、『リバティ・バランスを射った男』のジェームズ・スチュアートにほかならない。しかも、『人類の戦士』の医師ロナルド・コールマンまでが、実験室で前掛けを掛けたまま研究を続けたりしていたのだから、事態は、この三人の戦後のスターにとどまるものではない。実際、『俺は善人だ』で実直な独身のサラリーマンを演じているエドワード・G・ロビンソンは、自分と顔がそっくりなギャングに押し入られ、彼をなだめようとして、エプロンをかけた姿でコーヒーなど供していはしなかったか。

『長い灰色の線』のタイロン・パワーの場合は、白い給仕用の上着なので、正確な意味ではエプロンではないのだが、ウエストポイントの大きな食堂の給仕の職をえて合衆国への移民をはたしたこのアイルランド出身の青年が遭遇する最初のエピソードにそれは登場する。彼は大きな盆に皿を大量に乗せて調理場に戻ろうとして、床の傾斜に足をとられて転倒し、食器代を請求されてほとんど稼ぎがなくなってしまったので、そんな雇用形態につくづく嫌気がさし、心機一転して軍隊を志願することになるのだから、白い上着が彼にとっていかにも不名誉な衣裳であったことは間違いない。

『騎兵隊』のウィリアム・ホールデンにおける白い衣裳との関係はより複雑である。彼はまず、作戦が決行される以前の司令部に白い平服――さすがにズボンは制服であるが――で姿を見せ、隊長のジョン・ウエインを苛立たせる。だが、軍規ではそれが許されていると主張し、断乎として制服を着ようとはせず、負傷兵には長くて白い衣裳のまま医学的な処置を施している。だが、一行が南部に足を踏みいれ、典型的な南部の女性であるコンスタンス・タワーズの豪邸での晩餐に招待されたときに、彼は肩章付きの白い制服を初めて優雅に着こなしているかと思うと、ニュートン・ステイションにおける野戦病院と化したホテルでは、まるでコンスタンス・タワーズの召使いから借りうけたかのようなきわめて女性的なエプロン姿で死者や負傷者たちの間を立ち回っている。このエプロン姿はウィリアム・ホールデンにとって、はたして不名誉な衣裳なのか、それとも職業的な要請によるものなのか、それは誰にも判断しがたい。だが、晩餐のおりの優雅な白い制服姿に較べると、いかにもみすぼらしく感じられることは否めない。

　では、『リバティ・バランスを射った男』のジェームズ・スチュアートの場合はどうか。なにしろ白いエプロン姿で決闘にのぞむのだから、衣裳としてあまり名誉あるいでたちとはいえぬだろう。彼は東部からやってきた法律家なのだが、目ざした町に着く直前、強盗団に襲われてその全財産を失ってしまう。西部では、その

『リバティ・バランスを射った男』のジェームズ・スチュアート

悪人を法律的に裁くことがきわめて難しいと判断されてか、それとも緊急の要請によるものなのか、ジョン・ウエインに救われて担ぎ込まれたジョン・クォーレンの経営するレストランで彼は皿洗いとして日銭を稼ぐことになるのだが、白いエプロンとは、まさにその仕事着としてのものにほかならない。そのレストランには経営者の娘ヴェラ・マイルズがおり、彼女に惹かれるジェームズ・スチュアートとジョン・ウエインとが恋敵となるという事態の展開は、ひとまず無視しておくこととする。

もちろん、彼には料理などできないので給仕をしているのだが、自分を襲った強盗団の首領リバティ・バランス役のリー・マーヴィンに、レストランでのサーヴィス中に足を掛けられて床に倒れこみ、料理を台無しにしてしまう——その場を救ってくれたのはいうまでもなくジョン・ウエインである——のだから、エプロンは、いうまでもなく彼にとっては不名誉きわまりない衣裳となる。そして、あるとき、彼はリバティ・バランスとの決闘を受け入れることになるのだが、その結末はとりあえずさして重要ではないといっておく。問題は、ジョン・フォードが、なぜ、かくも多くの男たちに白いエプロンをまとわせたりするのかという点にあるからである。

もちろん、その正確な理由などわかるはずもない。だが、そうしたものの起源ともいうべきものが、『戦争と母性』に描かれていることを指摘しておかねばなるまい。それは、フランス戦線で一人息子を失ったアメリカ人の母親が、墓参ツアーともいうべきものでパリを訪れたとき、たまたまセーヌ河に身投げしそうな酔ったアメリカの青年と知りあいになり、彼の下宿まで送って行き、かいがいしく彼を慰め、酔って寝てしまった彼に朝食を提供し、その後、大きなタオルを青年の腰に巻きつけ、皿洗いの術を伝授する場面が存在するからである。

青年は大金持ちの御曹司なのだが、その長い皿洗いの間に、人生とも言うべきものについて老女と語りあうという決して短くはないが、性的な分業を快く廃棄するかにみえる素晴らしい場面である。富豪の息子であるだけに、自宅ではまずやったこともなかろう汚れた皿を洗いきったとき、前掛けのように垂らしたタオルを掛けた自分の姿にひどく満足したように見えさえする。おそらく、それは肉親の母親ではなく、他人だからこそできる教育ともいうべきものだろう。

フォードの30年代の作品でこの驚くべき日常的な光景を見てしまったものは、エプロンを掛けたまま決闘にのぞむ1960年代のジェームズ・スチュアートの姿勢をもはや不名誉なものだとは思うまい。もちろん、『リバティ・バランスを射った男』を撮影中のフォードが、『戦争と母性』のこの光景を思い出していたか否かを知ることとは、さして意味のあることとは思えまい。あるいは、男として不名誉と思える振る舞いのなかにこそ、真の勇気がこめられているというフォード的な新たな現実が、ここでひそかに浮上してくるのかもしれない。

だが、白いエプロンをまとっていようがいまいが、ジェームズ・スチュアートに勝ち目はない。そこで、暗闇の物影からジョン・ウエインがリバティ・バランスを撃ち殺したという種明かしが示されはするが、そのこと自体はさして重要な挿話ではない。実際、ジョン・ウエインが親しい友人を救わんとして放った銃弾がその友人を伝説的な英雄に仕立てあげ、自分自身は人に知られることなく、その英雄伝説の犠牲者となって好きな女性を失い、孤独に死んでいったという物語が感動的なのではいささかもない。

　ここでの事態は、しばしば「伝説を活字にせよ」《Print the Legend》という視点からその重要性が語られているが、そんなこともまたどうでもよろしい。しばしばそう安易に信じられているように、『リバティ・バランスを射った男』は、いまは失われた西部の伝説への郷愁に湿った挽歌などではいささかもないからである。それは、翻る白いエプロンの抒情詩としてあったフォード的な家庭劇が、その抒情性を完璧に払拭しえたほとんど抽象的とさえいえる冷ややかさにみちた映画なのだ。人がこの映画を見て涙するとしたら、それは帰りつくことが、あらゆる郷愁から自由になった乾いた地点にフォードがさしかかっていることを想起させるからにほかならない（註8）。

　実際、自らの家に火まで放ったジョン・ウエインの、貧しくかつ孤独な死が痛ましいのではない。扉の前で疲弊した男たちを待ち受けていたあまたの女たちの白いエプロンが、いまや母親や恋人たちのスカートを敢然と離脱し、やがては上院議員にもなろうとしている青年の胸からズボンまでを覆い、しかもその右手には持ち馴れない拳銃さえ握られているからこそ、胸に迫るものがあるのだ。白いエプロンを掛けたヴェラ・マイルズがかいがいしく働いていたレストランの調理場を離れ、凶暴な悪漢の銃口の前に立ちはだかろうとするジェームズ・スチュアートは、レストランの皿洗いであり給仕でもあるにもかかわらず、あるいは皿洗いであり給仕でもあるがゆえに、あえてエプロン姿のまま拳銃を握り、もっとも危険な敵に立ち向かおうとする。だが、ここで強調したいのは、そのとき、彼がまとっている服装が、もはや不名誉な眺めであることをやめているという点である。であるがゆえに、ジョン・ウエインは、エプロン姿で拳銃を握る男のイメージを、その瞬間に永遠化しようとして引き金を引かねばならなかったのだ。

それは、救いの一発というよりは、嫉妬の一発にほかならない。だが、その嫉妬を、間違っても、友人であり恋敵でもある男への嫉妬だなどと勘違いしてはならない。それは、足元まで垂れる白いエプロンへの嫉妬であり、また羨望でもあるだろう。それは、まるで、男にとってはもっとも栄誉ある制服のようなものだからである。めっきり白髪がふえた妻ヴェラ・マイルズとともにこの町を訪れた上院議員としてまとっている瀟洒で高級な仕立ての服よりも、遥かに真実に近い美しさをたたえており、それは、男にとってもっとも名誉ある制服なのだということが重要なのだ。

ここで、わたくしたちは、フォードの遺作となった『荒野の女たち』と『リバティ・バランスを射った男』との貴重かつ微妙な接点に触れておかざるをえない。あれほど数々の制服姿の男の凛々しさを描いてきたジョン・フォードが、この白くて長いエプロンを引きずりながら決闘に向かう皿洗いと給仕に徹していた青年を、本物の勇気ある男としてとらえているという事実を重視したいからである。それは、ながらくフォード的な女性の名誉あるいでたちと思われていた裾の長いスカートと、それをゆるやかな曲線で覆う白いエプロンとは似ても似つかぬ東洋風の衣裳を『荒野の女たち』のアン・バンクロフトにまとわせ、そのメークアップから髪型までをいかにも場違いな醜さで統一しながら、そのあまりに不調和な姿こそが女としての唯一にしてもっとも美しい制服であるかのようにフィルムに収めながら、あえて彼女に毒薬を呷《あお》らせるという展開は、ジョン・フォードだけにできる終わりの確定なのだといえる。

夜のレストラン前の歩廊で、エプロン姿のまま拳銃を握るジェームズ・スチュアートは、中国辺境の伝道施設へと、カウボーイハットに乗馬服という突飛な服装で到着し、食卓では煙草をふかし、ポケットに手を入れて会話をかわすという、およそ女らしさとは無縁の女性だったアン・バンクロフトと深いところで連携しあっている。それは、名誉と不名誉の同義語化、あるいは醜さと美しさの同義語化といったらよいだろうか。さらには、男と女の同義語化といえるかもしれないこうした異様なまでに満艦飾の衣裳を一人の女性にまとわせ、そうすることでみずからのフィルモグラフィーを締め括ってみせるジョン・フォードの驚くべき揺るぎなさを前にしたときの、深い感動だといってもよい。それは、抒情や郷愁で湿ることのないきわめて硬質な、それでいて排他性からは思いきり遠い未知の親密さに触れてしまった者たちの、抑えがたい心の震えであるかもしれぬ。

未知と既知とが同じひとつのものであるかのような現象に思いもかけず不意に立ちあうときのそんな情動の高まりを、いつ、どこで、どんな男女たちに向けて、どのように送りとどけたかについてはいっさい無頓着なまま、映画作家ジョン・フォードは、いま、比類なき美しさの彼方へと姿を消す。

註

序章

（註1）いわゆる近親者によるフォードをめぐる個人的な証言は、それがどれ程貴重なものと思われようと、作品の分析＝記述に関する限り、徹底してこれを無視することをここでの原則とする。たとえば、すでに触れた『ジョン・フォード伝――親父と呼ばれた映画監督』（高橋千尋訳、文藝春秋、1987）の著者でフォード自身の孫にあたるダン・フォードは、「祖父は『荒野の女たち』をくそみそにけなし、あんなものを作ったのは一生の不覚で、きっと、あの作品で引導を渡されるだろうと嘆いていた。酔っ払っている祖父を見かけるのは初めてではなかったが、あのときほど滅入っている姿は一度も見たことがなかった」（487頁）と書いている。もちろん、これが根も葉もない虚言だというのではない。ある種の後悔の念がフォードを痛めつけていたのは間違いあるまいとさえ思う。にもかかわらず、わたくしは、この作品がフォードによって撮られたこと――フォードにしか撮れない作品であること――を心の底から祝福したい。批評家にできることは、それについて作者がどれほど後悔の念に囚われていようと、わたくしたちの前にまぎれもなく作品として存在している『荒野の女たち』に虚心な瞳を注ぎ、そこに見えており聞こえているものを分析＝記述することにつきているからだ。そして、このフォードの遺作を美しいと断じているのは、わたくしひとりではない。

（註2）ここで言及されているサドゥールの文章が具体的に何であるかは、明らかにしえない。当時のサドゥールの名高い評論としては、「ジョン・フォード 整合性には欠けるが輝かしい」《John Ford, Inégal et Brillant》（*L'Écran français*, No 14, octobre 1945）が存在するが、これは『アパッチ砦』の公開以前に書かれたものである。なお、1948年にフランスで公開された『アパッチ砦』は、上映時間114分の短縮版であり、上映時間127分のオリジナル完全版が公開されるのは1966年3月のことにすぎない。この作品のスイスでの再公開については詳細に知りえなかったが、ストローブがジュネーヴ郊外で「天啓」としてフォードの偉大さに目覚めたのは、ことによると、この作品が完全版として再公開された1966年のことだった可能性も否定しがたい。だとするなら、サドゥールとストローブが見た『アパッチ砦』は、それぞれ異なるヴァージョンだった可能性も否定できない。

（註3）ごく寡作ながら、『孤独の報酬』、『If もしも…』、『八月の鯨』などの注目すべき作品を残したリンゼイ・アンダーソンは、批評家として出発し、のちに映画作家にもなったという点では、フランスの「ヌーヴェル・ヴァーグ」の作家たちと似ていないでもない。ただ、1923年生まれのアンダーソンは、世代的には彼らより10歳ほど年長である。では、フォードに関する書物を残した彼の功績はといえば、『コレヒドール戦記』が優れた作品であるということを、監督自身に納得させせたことにつきている。それは「序章」でも語られ、対話1「ダブリンでの出会い」でもフォードを前にしてくり返されているが、帰国後の監督から「レイノモノミタ。キミハタダシイ。フォード」（43頁）という電報がとどいたという記述のもたらす感動は、不幸にして書物全体には及んでいない。『荒野の決闘』について、「一回も観とらんね」（39頁）という言葉がフォードから返ってきたことの意味を咀嚼しえぬまま、この作品に較べて劣っているといったたぐいの評価を1953年以降の作品についてしばしば下しているからだ。

実際、彼は、『太陽は光り輝く』以降の作品を、「創作力の衰えには疑問の余地がない」（201頁）のひとことで片づけてしまっている。たとえば、「真偽の詩人、ジョン・フォード」の章で、アンダーソンは、進んで評価することをしていない『馬上の二人』について、「フォードが『馬上の二人』を演出しなければならなかったのは、コロムビアの社長ハリー・コーンがそれを製作する契約を強引に結んでしまったからだった（その時期、仕事がなかったことも一因のようではあるが）。世界的な名監督であったという事実をもってしても、フォードは映画産業の強制的な締めつけから逃れることができなかった」（289〜290頁）と書いている。だが、ハリウッドで仕事をしている以上、そんなことはごく当然のはなしであり、あえて指摘することでもあるまい。「フォードは日に日に嫌気をつのらせ、まだ映画になる前から『こいつは、この二十年来、最悪のがらくた映画だよ』と言い捨てた」（456頁）だの「祖父の仕事の流儀を知り尽していた人びと（中略）は、当時のことを訊ねたわたしにほぼ異口同音に『馬上の二人』の折りの祖父は〝気抜けした様子〟で、〝素材を投げかかっている〟ように見受けられたと答えた」（同前）というダン・フォードによる証言をうけて、フォードは「一九六一年に作った『馬上の二人』は、最初から頑として嫌っていたように見える」（240頁）とアンダーソンは書いている。

だが、かりにそれらの証言が正しかったとしても、ジェームズ・スチュアートとリチャード・ウィドマークが川辺で長い時間をかけて語らったり、ウィドマークとシャーリー・ジョーンズとが池のほとりで言葉を交わしあう素晴らしいシーンがどうしてフォードに撮れたのかの説明がつかない。フォードのいかなる作品にも、それが撮られた時の年齢とはいっさい無縁に、目を見張るしかない光景が決ってまぎれこんでおり、それを見ずしてフォードを語ることなど、不可能なのだ。

ここで、『荒野の決闘』について、「一回も観とらんね」とフォードが答えていたことの意味に立ちもどらねばなるまい。彼がこの作品を一度として見直そうとしていないのは、製作者ザナックに粗編集版を手渡してから、あとは彼の判断に任せてしまったからだ。ザナックはそれを30分ほど短縮し、ロイド・ベーコン監督によって撮られた数ショットを追加させている。ザナックによって短縮された公開版の最後で、明らかに髪型の異なるヘンリー・フォンダがキャシー・ダウンズの頬に唇を寄せる、あの背景を欠いた醜いクローズアップなどがそれにあたるだろう。こうした事情は、ザナックがフォードに送った手紙などを引用しつつ、スコット・エイマンの書物『伝説を活字にせよ』に詳しく語られている（314〜316頁）。そもそも、ザナックによる再編集によって商品化された『荒野の決闘』を、フォードが自分の作品と判断するはずがないではないか。

実際、フォードは、この作品を最後に、ザナックとの協力をほぼ諦めることになる。もちろん、撮られたショットはいずれも素晴らしいものだから、ザナックが手を加えた短縮版でも、素晴らしい画面がいたるところで見るものをうっとりとさせる。だが、フォード自身が自分の作品とは見なしていない『荒野の決闘』に触れ、これを傑作と見なすことには細心の注意が必要となる。まだオックスフォードの学生だったリンゼイ・アンダーソンは「幻惑に近（27頁）いものを感じとり、「ただうっとり」とさせられ、「理由は判然としなかった」にもかかわらず、「一本の映画にそれほどまで深く感動させられて、心の内奥まで揺さぶられた経験は、そのときまで一度もなかった」（同前）と書いている。

その感動を疑う気持ちはさらさらない。だが、ザナックによって30分も短縮され、ほかの監督によって撮られたショットまで混じっていると知らされたアンダーソンは、どのような反応を示しているのだろうか。書物から想像しうるかぎり、自分の受けた感動を、距離をおいて改めて考え直してみることはしていなかったように見える。いずれにせよ、きわめて「不純」な『荒野の決闘』に心を動かされてフォードに接近していったものたちの書くものには、ある距離の意識をもって批判的にあたるしかあるまい。

第一章

（註1）ここに始まる「艶やかな毛並みに導かれて」の段落は、Shigehiko Hasumi,《Touching the Glossy Coat of a Horse — John Ford's *Kentucky Pride*》, Undercurrent, Fipresci, Issue #5, 2009 およびその日本語ヴァージョン「思わず触れたくなるような艶やかな馬の毛並みにキャメラを向ける——ジョン・フォード監督の『香も高きケンタッキ

ー』について」（蓮實重彦『映画時評２００９―２０１１』、講談社、２０１２）で論じた内容に大幅な加筆をほどこし、さらに発展させたものである。

（註２）《The *New York Times* reviewed no John Ford movies made before 1922, and even after 1922 ignored such major releases — if not major achievements — as *Cameo Kirby*, *Kentucky Pride*, *The Shamrock Handicap*, and *The Blue Eagle*, among others.》Scott Eyman, *Print The Legend*, New York : Simon & Schuster, 1999, p. 50.

（註３）Peter Bogdanovich, *John Ford*, Revised and Enlarged Edition, Berkeley, University of California Press, 1978. ピーター・ボグダノヴィッチ『インタビュー　ジョン・フォード』、高橋千尋訳、文遊社、２０１１。

（註４）《unexpected sweetness and charm》, Joseph McBride, *Searching for John Ford – A Life*, New York, St. Martin's Press, 2001, p. 154.

（註５）Tag Gallagher, *John Ford – The Man and His Films*, Berkeley, University of California Press, 1986 :《When I saw my baby flying ahead, all the aching disappointment, the bitterness of my own life seemed to melt away .... Suddenly I knew that I had not failed, that I too had carried on ... My darling baby ... had paid my debts in full.》pp. 34-35.

（註６）《*Kentucky Pride* remains a shameless — shamelessly effective — film.》Eyman, op. cit., p. 92.

（註７）《And in this incipient vignette style lie seeds of Ford's greatness.》Gallagher, op. cit., p. 35.

（註８）《"Tradition & Duty" theme》, Gallagher, ibid.

（註９）《In *Mogambo* the apes were photographed by a second unit equipped with 16mm equipment...》Gallagher, op. cit., p. 309. ギャラガーは「ゴリラのシーンを撮影したのは、ヤキマ・カナット Yakima Canutt だ」と断言している。クレジットはされてはいないが、『駅馬車』以来の多くのアクションシーンの撮影に彼が携わったのは、よく知られている。

（註10）Patrick Brion, *John Ford*, Éditions de La Martinière, 2002, p. 567.

（註11）ベン・ジョンソンの演じる役柄の重要さにもかかわらず、『リオ・グランデの砦』の撮影中の彼とフォードとの関係が必ずしも理想的なものでなかったことは指摘しておかねばなるまい。リチャード・D・ジェンセンによる彼の伝記 *The Nicest Fella — The life of Ben Johnson*, iUniverse, Inc., 2010 の第七章には、撮影中の晩餐の席で、ちょっとした彼の言葉尻を捕まえてフォードが激怒したことが語られており、席を立ったベン・ジョンソンは、ついに食卓には戻らなかったらしい。以後、フォードは彼を『シャイアン』まで、14年間も使用していないといわれている。だが、後述のハリー・ケリー・ジュニアの自伝『ジョン・フォードの旗の下に』によると、事態はやや異なったものらしい。彼は、フォードの命を受けて食卓を去ったベン・ジョンソンを迎えに行き、親父さんが謝っていると伝えたという。それでもベンは食卓には戻らなかったそうだ。フォードを怒らした言葉とは、「今日はやたら盛大に銃がぶっ放されたが、馬から落ちて埃にまみれたインディアンはそんなにいなかったな」（同書215頁）というものだったという。それをよく聞きとれなかったフォードが、いったいお前たちは何の話をしているのかと訊ねたとき、ベンは、いや、自分はハリー・ケリー・ジュニアに個人的なことをいっただけで、それを貴方にいうつもりはありませんと答えたようだ。それが、フォードを激怒させたのである。もちろん、その事件の後もベン・ジョンソンの出演しているシーンの撮影は続いたというのだから、一応の手打ちは行われたのだろう。だが、ハリー・ケリー・ジュニアの書物は、二人の仲違いの原因を別のところに見ている。というのも、フォードは『太陽は光り輝く』にもベン・ジョンソンの出演を構想しており、話はかなりのところまで進んでいたらしい。ところが、ベン・ジョンソンのエージェントが「ベン・ジョンソンを使いたければこれこれのギャラをくれと高姿勢にでた」（同書217頁）ので、フォードは激怒し、電話の受話器をこわしてしまったのだという。以後、『シャイアン』までベンを使うことはなかったほどである。フォードの引退後は、サム・ペッキンパー監督の『ワイルドバンチ』（1969）で活躍し、ボグダノヴィッチ監督の『ラスト・ショー』（1971）ではアカデミー賞の助演男優賞を獲得したほどなのだが、誰もが記憶

しているように、彼はフォードの50年代の西部劇になくてはならぬ存在となったのである。

（註12）ジル・ドゥルーズは、その『シネマ1＊運動イメージ』（Gilles Deleuze, *Cinéma 1 – L'image mouvement*, Les Éditions de Minuit, 1983. 財津理／齋藤範訳、法政大学出版局、２００８）の第5章「知覚イメージ」で、「流水への好みはフランス戦前派全体がもっていた好みである」（同書１３８頁）と書いた後、「二つのシステム、すなわち、陸の人間の知覚、感情、行動のシステムと、水の人間の知覚、感情、行動のシステム」（同書１４１頁）がそこでは対立しあっており、「（…）運動は、陸上では、ひとつの点から別の点に向かってなされるのであり、つねに二つの点のあいだにあるのだが、水上では、点そのものが二つの運動のあいだにある」（同前）と述べている。そして、ブルターニュ地方の海を舞台とすることの多かったジャン・エプスタンやジャン・グレミオンなどの「ブルターニュ派」の作品にあっての水は、「動かされている事物から、運動をあるいは運動そのものとしての動きを抽出することのできる卓越した環境」（同書１３９頁）だと述べている。

だが、浅い川面を蹄で蹴立て、飛沫を飛び散らせながらそれを一気にかけ渡るというフォード的な騎馬が画面に導き入れる爽快な運動感が、そうした「卓越した環境」としての水とはいっさい無縁であることは明らかだろう。それは、ある意味で、ドゥルーズによる陸と水という分類そのものの粗雑さをもきわだたせている運動でもあるといえる。

実際、ハリー・ケリーからベン・ジョンソンにいたるフォード的な存在たちが描きあげているのは、いわば陸と水との曖昧な接点で演じられるごく特殊な運動ならざる運動にほかならず、瞬時に空中に跳ね上がっては流れに戻る水の飛沫は、流れるものというより、ほとんど大気中を漂う気体のようなあやうげな存在形態におさまっている。ここで馬の四つの蹄が大気中に蹴たてる瞬時のとらえどころのない飛沫を、砂漠を疾駆する馬の蹴たてる砂埃のとらえどころの無さの等価物ととらえるなら、フォード的な騎馬はあたかも砂漠地帯をかけぬけるかのように、水深の浅い河面を駆けぬけているということができよう。そこに、「フランス戦前派」とはまったく異なるフォードと水との関係が立ち現れてくる。フォードにおける馬たちは、あたかもそれが陸上での振る舞いであるかのように水の流れを無視して軽々と河を渡ってみせている――あるいは、その逆と考えてもよい――からだ。それは、ドゥルーズのいう「フランス戦前派」といった地域的、時代的な限定を超え、文字通り映画そのものに出会おうとするかのような、無謀であるがゆえにこれしかないという絶対的な運動であり、同時に運動であることを回避するはかない振る舞いのようでもある。それは、ある意味で、フォードが、サイレント期の黒白映画から色彩映画の大型画面にいたるまで、映画の歴史を貫いて到達せんとした超＝歴史的な持続にほかならず、ふと見れば歴史を回避するかのように思われながら、いとも容易く、しかも軽々と歴史の中枢に回帰しようとする持続でもあるという意味で、真に映画的ともいえる創造的な身振りにほかならない。ジョン・フォードにはたびたび触れていながら、彼のこうした側面にいっさい無感覚だったとするなら、それは、ジル・ドゥルーズの映画をめぐる著作の理論的な限界をきわだたせるものではなかろうかとさえ思う。

第二章

（註1）ここに読まれようとしている「太い木の幹と枝に招かれて」という節と「斜めに伸びる枝に導かれて」の節の一部は、すでに刊行されている蓮實重彥のテクストである「太い木の幹の誘惑」「季刊リュミエール」（No 8、一九八七年夏、筑摩書房）で論じられた内容に大幅な加筆、修正をほどこしたものであることを書きそえておく。

（註2）第一章「馬など」の「『古代ローマ人』流の」の節で触れておいたように、『リオ・グランデの砦』の大部分は「ユタ州のモアブ」地方であり、モニュメント・ヴァレーでの撮影はごく一部にとどまっている。また、『駅馬車』のロケ地が、モニュメント・ヴァレーにかぎられていたわけでないことは、最後のインディアンの襲撃場面の背景からして明らかである。この作品のロケ地は、カリフォルニア州のルサーン・ドライ・レイク Lucerne Dry Lake、アリゾナ州のメサ地方、等々、複数の異なる光景が描かれている。にもかかわらず、フォードの西部劇といえば誰もが

モニュメント・ヴァレーを思い起こすのは、その景観からして致し方ないことだろう。

（註3）『若き日のリンカン』を論じたテクストの中で、もっとも充実しているのは「カイエ・デュ・シネマ」誌の編集部員による集団執筆の「ジョン・フォードの『若き日のリンカーン』」（荒尾信子訳、『「新」映画理論集成』2、岩本憲児・武田潔・斉藤綾子編、《*Young Mr. Lincoln* de John Ford》, Cahiers du Cinéma, août, 1970）だろう。だが、そのテクストは「太い木の幹の誘惑」にはいたって鈍感である。その「10 書物」、「11 自然、法、女性」、「12 墓、賭け」という三項目における論述の過程で、ヘンリー・フォンダが「寝転んで」読書に励んでいるという指摘はあるが、それが太い木の幹の根もとであるとは書かれていない。また、フォンダが水面に石を投げるという動作についての言及もあるが、それが生い茂る木の枝に覆われてのことだという指摘もない。これが、イデオロギー分析という目的のテクストであるという限界を考慮するにしても、初期のユニヴァーサル時代の西部劇からの顕在的な主題だった「太い木の幹の誘惑」に触れずにいることで、フォードにおける顕在的な主題にほかならぬ「太い木の幹の誘惑」を無視することは、フォードの樹木への官能的な執着への無視につながりかねず、しごく残念なことだというほかはない。

なお、太い木の幹の根もとに向けて思いきり足をのばすというヘンリー・フォンダ独特の読書の姿勢は、『餓饑娘』のオリジナルのポスターの一枚で、主演女優のサリー・オニールが、ほぼこれと同じ恰好で本を読んでいるイラストが使われていたことを想起させずにはおかない。もっとも、その場合は、彼女の脚線美を強調するという意味がこめられていたことはいうまでもなかろうが、ジョン・フォードがこの姿勢を気に入っていたことは間違いなかろうと思う。ちなみに、そのポスターにおける名前の文字の大きさを比較してみるなら、directed by John Ford の文字は、Sally O'Neil のそれの五分の一にも充たない小さなものである。

（註4）スコット・エイマンによれば、フォードは辺境のキリスト教伝道施設の責任者役として、まずキャサリン・ヘップバーンを想定していたという。しかし、製作者のバーナード・スミスの反対によってマーガレット・レイトン

に落ちついたとのことである。また、カートライト医師役には、まずジェニファー・ジョーンズが挙げられていたが、結局のところ、パトリシア・ニールで撮影が始まったという。ところが、彼女は撮影の5日目に脳卒中で倒れて入院してしまったので、苦肉の策としてアン・バンクロフトが選ばれたのだという（Scott Eyman, *Print The Legend*, p. 520）。パトリシア・ニールとキャサリン・ヘップバーンが競演する『荒野の女たち』もぜひ見てみたい気もするが、それはあくまでわたくしたちの想像を刺激するというまでのことでしかない。なお、ビル・レヴィのフォードのバイオ＝ビブリオグラフィーの註記によると、カートライト医師役にフォードはキャサリン・ヘップバーンを構想していたというが（*John Ford-A Bio-Bibliography*, P. 197）、これはいくら何でも間違いではなかろうか。

（註5）序章の（註1）で触れておいたことだが、フォードの孫息子にあたるダン・フォードは、その『ジョン・フォード伝――親父と呼ばれた映画監督』（486～487頁）で、フォードが『荒野の女たち』を撮ったことをひどく後悔していたかのような記述を残しており、作品の出来そのものにも疑義を呈している。だが、これも前記の（註1）で述べておいたように、わたくしはそうした立場をとることはいっさいしない。実際、フォード自身も、ピーター・ボグダノヴィッチに向かってこういっている。「私のいない間に、いい編集ができていた。あれは、いいストーリーだったと思う。私にとってはいい転機だった。それまでとは一八〇度転換して、すべて女性ばかりの映画を作ったんだからな。アメリカ国内では評判はよくなかったが、ヨーロッパでは、センセーションを呼んだものだ。とてつもなく、いい映画だと思ったが」（『インタビュー ジョン・フォード』183～184頁）。

第三章

（註1）この作品を日本公開当時の1949年に見たわたくし自身は中学生だったが、その記憶をたどるまでもなく、クラスメートの誰もが、いったいあの無言の追跡場面は何なのだと呟き合ったものだ。中には、テクニカラー色彩顧

問のナタリー・カルマスの指示による色彩的な実験ではないかというがった見方をする幼い仲間もいたが、テクニカラーの全盛期だったので、ナタリー・カルマスの名前ぐらいは日本の中学生でも知っていた。

（註２）現在までのところもっとも完璧なものと見なされているビル・レビィの『ジョン・フォードの伝記＝書誌』の総索引では、ドロシー・ジョーダンの項目が《Johnson, Dorothy》と姓が誤記されている。彼女は、『捜索者』でジョン・ウエインの元恋人であり、いまは彼の弟の妻になっているマーサ役を演じており、わたくし自身のご贔屓の女優なので、彼女の名前がいったい何度引用されているかを知りたくて検索してみたことから明らかになった誤記である。世に完璧な研究書などというものは存在しないものだと、つくづく思い知らされた次第である。

（註３）南部を舞台とした作品で「ディキシー」が歌われるのは当然のことだが、南部以外の思いがけぬ場面でそれが歌われる作品を二つほど列挙しておく。まず、１８６５年のワシントン市を舞台とした『虎鮫島脱獄』の導入部。窓辺に立ったリンカーン大統領が、熱狂する聴衆の歓迎に応えて、「ディキシー」を歌ってほしいと要望するので、あとは誰もが歌い始めてパレードが始まるのである。それはリンカーンの暗殺のほんのわずか前でしかない。二つ目は、『リオ・グランデの砦』の最後の閲兵式の場面である。北軍に属していたシェリダン将軍のはからいで、南部出身のヨーク中佐の妻であるモーリン・オハラへのねぎらいとして「ディキシー」がいきなり演奏されるので、思ってもみなかった彼女は、日傘をまわしながら、その曲に進んで和してみせる。

（註４）これまでに何度も引用したことがあるピーター・ボグダノヴィッチの『インタビュー　ジョン・フォード』のフィルモグラフィーに付された説明によると、「スリム・サマーヴィルは台本にもぜんぜんのってなかったんだ。でね、掃除してる場面を作って出させて、笑い声を少々拾ってやった」（２５２頁）とフォードがいったことになっている。彼は、もちろん、壊れた傘には言及していない。

（註５）『世界は動く』は、そのジェネリックに先だち、「この作品は『プロダクション・コード』（Production Code Administration）」の検閲を通過して上映が認められた作品の第一号」だという文章が添えられている。すなわち、

ジョン・フォードは、後の悪名高い「ヘイズ・コード」として知られるようになった自己検閲システムが適用された最初の作品を監督した作家として永遠化されたことになる。もっとも、そのコードは、男女が同じベッドに寝る光景を厳禁しているはずだが、フランチョット・トーンとマデリーン・キャロルはダブルベッドの上で濃厚な抱擁を演じており、本来ならそれは自粛さるべき光景のはずである。その後は、どれほど親密な男女であろうと、やや離れたシングルベッドで行儀正しく寝るという「不自然さ」がハリウッド映画の定番となるのだから、フォードはある意味で「コード違反」を犯していることになる。

（註6）前註の書物で、劇中のワード・ボンドの役柄がフォード自身に似ているがと聞くボグダノヴィッチに対して、「そうするつもりは少しもなかったのだが、ワード・ボンドの奴が、勝手に私を演じてしまったのだ。撮影中のある朝、目を覚すと、気に入りの帽子が見当たらない。パイプもなくなっているし、身のまわりのものがみんな消えてしまっていた。奴らは、私の部屋にあったアカデミー賞のオスカーまで持ち出して、セットに並べ立てたんだ」（前掲書171頁）と告白している。

（註7）フート・ギブソンは現存するフォード最古の西部劇『誉の名手』では助演級の出演者だったが、1920年代に入ると、フォードは彼の主演ものを『雷電児』（1921）や『百発百中』（1921）など数本撮っており、彼にとっては忘れがたい役者の一人である。なお、これまでしばしば引用したタグ・ギャラガーの『ジョン・フォード――人とその作品』の369頁下の註によると、ユニヴァーサル時代のフォードは、フート・ギブソンとたえず相部屋だったそうだ。

なお、『騎兵隊』撮影当時のフート・ギブソンはその故郷ではいまだ有名人の一人で、撮影隊の到着を伝えるテネシー州の当地の新聞《ナッチェス・タイムズ》Nachez Timesは、ジョン・ウエインやウィリアム・ホールデンの存在にもかかわらず、「映画スターたち、フート・ギブソン、その他が到来」と一面で伝えていたという。なお、著者のギャラガーは、本文中に脇役や端役を演じる役者たちを列挙し、その最後にフート・ギブソンの名前を挙げ「それそれの個性を発揮しているが、ごく短くである」（同前）と書いている。だが、ここでコンスタンス・タワーズに割れた鏡を差しだすギブソンの振る舞いに言及していないのは、いかにも不可解というほかはない。

（註８）ほんの些細なことでありながら心に浸みるこの挿話は、ミシェル・ウィルミントンとの共著『ジョン・フォード』の冒頭のマックブライドによるテクスト「一つにまとめる」11頁に読まれる。Joseph McBride, 《Bringing in the Sheaves》, *in* Joseph McBride and Michael Wilmington, *John Ford*, Da Capo Press, Inc 1975, p. 11. なお、「まもなくかなたの」《Shall We Gather at the River》は、１８６４年にロバート・ロウリーによって作曲された賛美歌で、わが国ではさる家電量販店のＣＭソングや、いささか卑猥な替え歌で知られる「たんたんたぬきの金時計」などで親しまれている。なお、フォードがこの曲を好んでいたのは、それが南北戦争当時に歌われ始めた「共和国賛歌」（Battle Hymn of the Republic）を間接的な原曲としていたからかもしれない。

（註９）『タバコ・ロード』という作品は、フォードの作品の中であまり評価されていない。というより、むしろほぼ無視されつくしているというのが実情である。例えば、タグ・ギャラガーはその既出の「ジョン・フォード――人とその作品』の中で、直後に撮られた『わが谷は緑なりき』には十六頁も費やしていながら、『タバコ・ロード』はほんの数行で片づけている。また、『ジョン・フォードの非＝西部劇作品』の著者プレイス（J. A. Place, *The Non-Western Films of John Ford*, Citadel Press, 1979）は、この作品が失敗作である理由を次のように記している。彼女は、まず、『タバコ・ロード』の問題点は、「題材や検閲にあるのでは無く、それは、作品の形式的な次元における、基本的で、深く、そして何よりもまず、素材とその提示との間の非生産的な矛盾にある」と述べてから、「この緊張状態が、演出を美しくはあっても、空虚で無意味なものにしている」（p. 74）と述べている。だが、この「非生産的な矛盾」という文字を無視するとするなら、「空虚で無意味…」という一句は、フォードの本質を突いた意図されざる褒め言葉のように響きはしまいか。実際、フォードは、ピーター・ボグダノヴィッチに対して、『タバコ・ロード』の「撮影中は、実に楽しかった。最近、テレビで見たが、また楽しめた」（前掲書１４６頁）と語っている。

（註10）キャサリン・カリナック『西部はどのように歌われたか——ジョン・フォードの西部劇における音楽』によると、歌われている歌の題名は「スイート・ジュヌヴィエーヴ」《Sweet Genevieve》となっているが、それが正しい題名であるかどうかははっきりしない。いずれにせよ、それが、ジョージ・クーパー作詞、ヘンリー・L・タッカーが1869年に作曲したことだけは間違いない。なお、Gaylyn Studlar and Matthew Bernstein, *John Ford Made Westerns – Filming the Legend in the Sound Era*, Indiana University Press, 2001）という玉石混交の論文集にも、Kathryn Kalinak は《"The Sound of Many Voices" – Music in John Ford's Westerns》という論文を書いている。また、同じ書物には Charles Ramírez Berg,《The Margin as Center – The Multicultural Dynamics of John Ford's Westerns》という論文が収められており、そこには「歌うことと踊ること」という短い項目が含まれているが、それはあいもかかわらずエスニックな同一性と異質性といった視点から語られており、ここでもフォードの磊落性は「説明と分析」の対象でしかない。

（註11）すでに触れてあるビル・レビィの『ジョン・フォードの伝記＝書誌』は、『コレヒドール戦記』の章のシノプシスで、《PT（Patrol-Topedo）Boat》と誤記している。本来なら（Patrol-Torpedo）とすべきことはいうまでもない。その誤記によってこの書物への信頼が決定的に揺らいだのは、いうまでもない。

（註12）註10で触れたカリナックの書物によると、無声映画時代から、フォードが使いたい曲を選択していたのは、アコーディオン奏者——優れた演奏者だという証言はまったくないのだが……——でもあるダニー・ボゼージ（同書18頁）だと書かれている。なお、この作品の音楽監督はMGM専属のハーバート・ストサートであり、オスカーに輝いた『オズの魔法使』や『子鹿物語』などで名高い。実際、クレジットの背後には勇壮な管弦楽が流れているが、いざ恋愛場面になると、古いメキシコ起源の「マルキータ」（Victor Schertzinger 作詞作曲）が流れる。ことによるとその選曲にもダニー・ボゼージがかかわっていたのかもしれない。

第四章

（註１）蓮實重彥『映画への不実なる誘い　国籍・演出・歴史』（ＮＴＴ出版）所収の「映画における国籍」を参照。なお、この点をめぐっては、第五章の（註15）で詳しく述べられることになるだろう。

（註２）フォードと主演女優のキャサリン・ヘップバーンの特殊な「恋愛関係」をめぐっては、Joseph McBride, *Searching for John Ford — A life*, St. Martin's Press, 2001 の２３１頁以降を参照されたい。そこには、バーバラ・リーミングのヘップバーンの伝記（Barbara Leaming, *Katharine Hepburn*, Crown, 1995）へのダン・フォードの反論、等々、さまざまな異なる見解や矛盾した証言を批判的かつ統合的に把握しようとする視点が示されているからである。

（註３）Dan Ford, *Pappy — The Life of John Ford*, Prentice Hall, 1979 の日本語訳のダン・フォード著『ジョン・フォード伝——親父と呼ばれた映画監督』の１６４〜１６６頁を参照。フォードの孫によるこの伝記もこの点に言及しているが、具体的な根拠を欠いたまま、二人の関係は「プラトニック」なものに限られていたと書かれている。

（註４）日本語訳の『Me キャサリン・ヘプバーン自伝』（芝山幹郎訳、文春文庫、文藝春秋、１９９８）の上巻、４０６頁を参照。

（註５）この点をめぐってのわたくし自身の最終的な見解は、終章で語られることになるだろう。

（註６）前記の『Me キャサリン・ヘプバーン自伝』の上巻、４０３頁。

（註７）映画理論家のデヴィッド・ボードウェルは、その小津論 David Bordwell, *Ozu and the Poetics of Cinema*, British Film Institute Publishing, 1988（日本語訳『小津安二郎——映画の詩学』、杉山昭夫訳、青土社、１９９２）で「古典的ハリウッド映画は、『一八〇度のライン』や『アクション軸』の規則を神聖視した。これは、人物を向き合うように配置し、彼らの相互の関わり合いを示す様々なショットを、アクション軸の一方の側から撮ることを前提

とした」（日本語訳163頁）と書き、それらを「神聖視」しない小津の「脱中心化」を論じている。

だが、「古典的ハリウッド映画」をひたすら撮り続けたといってよい『メアリー・オブ・スコットランド』の監督ジョン・フォードもまた、それらを「神聖視」していないことの意味を彼はどうとらえるか。それらを「神聖視」しない映画作家としてフランスの映画作家サッシャ・ギトリーも挙げられるが、だからといって小津とギトリーが似ているわけではないように、ギトリーとフォードもまた似ていない。ボードウェルのいう「一八〇度のライン」や「アクション軸」の「神聖視」というハリウッド的な規範については、改めて演出という視点から考察される価値があろうかと思う。

（註8）『インタビュー　ジョン・フォード』の141頁。

（註9）前掲書、83～84頁参照。

（註10）Jean-Loup Bourget, *John Ford*, Rivages, 1990 の10～20頁参照。

（註11）これに続く文章は、1979年6月11日のジョン・ウエインの死にあたって書かれた比較的に長い追悼文「ジョン・ウエインという記号」（蓮實重彥『映画　誘惑のエクリチュール』、冬樹社、1983）の後半部分で語られていた内容を深化、さらに発展させたものである。

（註12）ボグダノヴィッチ　前掲書、141頁。

第五章

（註1）ここに「第五章　身振りの雄弁　あるいはフォードと『投げる』こと」として提示されたテクストは、2003年8月に開催された韓国の光州国際映画祭の「ジョン・フォード・フォーラム」で発表された英語のテクスト《Ford and "Throwing"》を直接の起源とし、それを大幅に加筆し発展させたかたちでフランスの映画雑誌《Cinéma

08》（Octobre 2004）に発表したフランス語のテクスト《John Ford ou l'éloquence du geste》のやや長めの日本語ヴァージョン「身振りの雄弁――ジョン・フォードと『投げる』こと」（「文學界」、文藝春秋、２００５年2月号）を基盤としている。書物化にあたって、さらに多くの加筆と修正がほどこされたのはいうまでもない。ただ、基本的な構成そのものは「文學界」版のそれが維持されている。

（註2）タグ・ギャラガーの印刷書籍――彼にはKindle版の別の書物も存在しているからである――としての『ジョン・フォード――人とその作品』の94～97頁を参照のこと。

（註3）１９２０年代の後半から１９３０年代の中期まで、ラジオ番組や新聞のコラムなどで人気の高かったウィル・ロジャースは、チェロキー・インディアンの血を引くエンターテイナーである。彼は、『周遊する蒸気船』の完成直後、興行先のアラスカへと向かう航空機の事故で惜しまれつつ他界した。彼の生涯をめぐっては、Ben Yagoda. *Will Rogers — A Biography*, University of Oklahoma Press, 2000を参照。

（註4）これまでも何度かこの書物に登場したフランシスと呼ばれるジョン・フォードの兄は、無声映画の初期におけるユニヴァーサル社の代表的な西部劇スターだった。ジョン自身も、雑用係として参加した兄の製作現場を通して映画作りのノウハウを学んだといっているが、フランシス自身の自伝ともいうべきFrancis Ford, *Legend of a Hollywood Icon*, Randall Co. Press, 2020を参照されよ。

（註5）事実、マルクス兄弟は、エドワード・バゼル監督の『マルクスの二挺拳銃』（Edward Buzzell, *Go West*, 1940）のクライマックスで、『周遊する蒸気船』の蒸気船を列車に置き換えたかのように、客車部分を壊してその木材を機関車のボイラーに投げ込むというのだから、あたかもフォードの作品をそっくり翻案しているかに見える。ただ、その影響関係については不詳とするほかはない。

（註6）『駅馬車』におけるジョン・ウエインの登場シーンについて分析しているスリム・ベン・シェリックは、その論考「西部劇におけるヒーローの最初の出現と最後の退場――ジョン・フォードとクリント・イーストウッド」

(Slim Ben Cheikh,《Première apparition et départ final du héros　— John Ford et Clint Eastwood》(L'art du cinéma, No 27/28, hiver 2000) で、特集が《Clichés》（定型表現）であるだけに、『駅馬車』におけるジョン・ウエインの登場ぶりの「定型性」――スターの待たれていた不意の登場ぶり、等々――について語っている。だが、銃声とともに駅馬車の乗客という集団性の中に姿を見せるジョン・ウエインという個人的なヒーローが、誰が撃っているのかはわからない銃声に先だち、騎兵隊の渡河風景を挿入するフォード演出の「非定型性」については、当然のことながら触れずにいる。

（註７）『西部開拓史』は全五話からなる言わば中編集ともいえる構成からなっており、監督もそれぞれに異なっているが（ヘンリー・ハサウェイ Henry Hathaway のみそのうち第一話、第二話、第五話の三本の監督に当たっている）、フォードが演出を担当した第三話「南北戦争」（*The Civil War*）を始めとして、そのすべての挿話は本来３Ｄのシネラマ方式で撮られ、その形式で上映されることを前提としていたので、現在出まわっているフィルム、あるいはＤＶＤによるコピーなどが、その画面にしかるべき不自然な歪みをとどめているのは致し方のないことだろう。だが、このバケツで撒かれる水のシーンには、その視覚的な不均衡をもフィルムから一掃するかのような、時を超えたがごとき透明感が漲っている。

（註８）Patrice Rollet, Nicolas Saada 共編の *John Ford, Cahiers du Ciénema*, 1990 の１０２～１０３頁。

（註９）例えば、『ブレヒト的な映画――ストローブとユイレ、ピーター・ワトキンス、ラルス・フォン・トゥリアーにおけるモンタージュと演劇性』（Nenad Jovanovic, *Brechtian Cinemas — Montage and Theatricality in Jean-Marie Straub and Danièle Huillet, Peter Watkins, and Lars Von Trier*, State University of New York Press, 2017）の著者ネナド・ジョヴァノヴィッチなる人物は、ストローブとユイレのブレヒトとの「論争の余地ある」（controversial）関係に言及しながら、二人の映画作家が言及しているジョン・フォードという名前について、「政治的に右翼の映画作家」（《a filmmaker of rightist politics》[sic], p. 66）というたったの一行で定義している！　いった

い、そう断言している——正確に何と読むのかは知りえない——この研究者は、『アパッチ砦』を始めとして、フォードの作品を一本でもまともに見たことがあるのかと思わず首を傾げざるをえない。

（註10）Joseph McBride and Michael Wilmington, *John Ford*, の P. 108 以降を参照のこと。

（註11）Edward Buscombe, *Stagecoach*, BFI Film Classics, British Film Institut Publishing 1992, 2nd edition, p. 76.

（註12）Peter Bogdanovic, *John Ford*, Revised and Enlarged Edition, University of California Press, 1997, p. 92. ピーター・ボグダノヴィッチ『インタビュー ジョン・フォード』（高橋千尋訳 文遊社、２０１１）１６８頁。

（註13）Lindsay Anderson, *About John Ford*, Plexus, 1981 日本語訳『ジョン・フォードを読む』（高橋千尋訳、フィルムアート社、１９８４）に次のような文章が読める。「フォードはピーター・ボグダノヴィッチに向って、イーサンのことを〝一匹狼だ〟と言うが、その言い回しは妥当でない。イーサンは他の何にもまして直接的かつ個人的に、締め出されているという気持ちを心の底から抱くきっかけを、彼が弟の妻マーサを愛しており、彼女もイーサンを愛しているという明らかな暗示によって与えられているのだ。このことに気づいた人間は他にもいるが、特に取り上げた者は誰もいない」（２１６頁）。わたくし自身が「このことに気づいた人間」であるか否かは、あえて明らかにはしまい。ただ、同じ書物の冒頭にすえられた「対話１『ダブリンでの出会い』」に次の一句が読めることは指摘しておきたい。「私の個人的なお気に入り作品『荒野の決闘』はどうかと恐る恐る質問すると、フォードいわく『一回も見とらんね』」（39頁）。その主なる理由は、これまで何度も引用したダン・フォードによる『ジョン・フォード伝——親父と呼ばれた映画監督』にも書かれているように、製作者のダリル・F・ザナックが「フォードが編集したフィルムを三十分ほど削って短くした」（３３３頁）と書いていることと無縁ではあるまい。いずれにせよ、リンゼイ・アンダーソンのように、『荒野の決闘』に惹かれてフォードに近づいたものに碌な人間はいないと断言しておく。

（註14）蓮實重彥『映像の詩学』（筑摩書房）所収の「ジョン・フォード、または翻える白さの変容」、ならびにこの書物の終章「フォードを論じ終えぬために」の「母権性」の項目を読まれよ。

（註15）蓮實重彥『映画への不実なる誘い　国籍・演出・歴史』（NTT出版）所収の「映画における国籍」、ならびに、モーパッサンの中編『脂肪の塊』と世界の映画との関係は、著者自身のフランス語論文Shiguéhiko Hasumi,《Cinéma asiatique, singulier et universel — *Oyuki la Vierge* de Mizugichi dans le réseau intertextuel filmique》, in *La modernité après le post-moderne*, Sous la direction de Henri Meschonnic et Shiguéhiko Hasumi, Maisonneuve & Larose, 2002。

終章

（註1）ここで問題となっている韓国女性は、正式には文惠蘭문혜란という名前の新進女優である。彼女は朝鮮半島の北部の生まれで、朝鮮戦争中に韓国に移住してソウルに住みつき、１９５８年に映画デビューを果たしたという。彼女の名前の正式の英文の綴りはMoon Hye-ranとなり、スピトルズによる表記は正しくない。なお、ジョン・フォードが彼女に出会ったのも、著者スピトルズの書いているように１９５７年ではなく、１９５９年5月のことである。より正確には、4月30日から5月9日までフォードは韓国に滞在して《People to People》という国防総省提供のシリーズの一編として、『韓国――自由のための戦場』（Kim Ji-mi, Choi Mu-ryong. *Korea-Battleground for Liberty.* 1959）をプロデュースするためだったという。その作品は韓国人の監督二人によって撮られたもので、フォードの名前はクレジットされていない。

Moon Hye-ranはフォードの歓迎パーティーで彼と出会い、ひどく気に入られたようで、彼女自身は電話番号など渡していないのに、翌朝フォードから電話がかかってきたという。彼女は英語が得意だったので、通訳のような仕事でフォードに協力したらしい。以後、二人は文通しあう仲となったという。さらに、「映画ファン」と訳しうる映画雑誌の１９６０年3月号に「文惠蘭嬢を通して見た名匠ジョン・フォード監督」という記事が載っており、そこには、眼鏡をとって相手の顔の間近まで屈みこんだジョン・フォードが、彼女の唇にルージュを塗っている写真など数枚掲載されているから、かなりきわどい関係だったと想像される。なお、当時は映画館で本編の前に上映されていた「大韓ニュース」には、フォードのかたわらにいる文惠蘭の姿が映っている。

その後、彼女はどうやら合衆国に移住したらしい。1963年のサンフランシスコ映画祭に、彼女も出演している『誤發彈』(Yu Hyun-mok, *Obaltan*, 1961) が出品されたときが、彼女のことが話題となる最後だったという。以上の註の執筆にあたって、韓国の映画評論家のLim Jae-Cheol氏から提供された膨大な資料——視覚的なものも含む——を参考にさせていただいた。『韓国——自由のための戦場』の映像のコピーまでお送り下さったLim Jae-Cheol氏の友情にみちたご助力には、深甚の感謝を捧げさせていただく。

(註2) キャサリン・ヘップバーンは、その『Me キャサリン・ヘプバーン自伝』の『スコットランドのメアリー女王』をめぐる項目で、「私たちの時代のもっとも傑出した映画監督のひとり」(上巻403頁) と書いているフォードについて、「私たちは仲よしになり、彼が亡くなるまでずっと友人だった」(同前) と回想している。だが、彼との最後の邂逅をめぐっては、「最後に会ったとき、彼は病いの床にふせっていた。正確にいうと、いまわのきわを迎えていたのだ」(上巻407頁) としごくあっさりと触れているにすぎない。だが、それに続く数行では、この男に対する執着を絶ちきれぬというかのように、こう記しているのである。「フォードはタフだった。友人を愛し、敵をにくみ、アイルランドを愛し、映画産業を愛し、自分のヒット作を愛し、自分の失敗作にも愛をそそいだ。つむじまがりで、頑固で、きびしくて、傲慢で、そして最高の友人だった。/そしてフォードは……敵にまわすと危険な男だった」(同前)。

(註3) このゴルフの挿話など、その翌々年に撮られたハワード・ホークス監督の『赤ちゃん教育』(Howard Hawks, *Bringing Up Baby*, 1938) におけるキャサリン・ヘップバーンの演じる滑稽なゴルフシーンで皮肉られているように思われてならない。

（註4）シャムロックの植木鉢がクローズアップされるフォードの映画が存在する。すでに引いておいた『マザー・マクリー』がそれであり、アメリカに移住したマザー・マクリー（ベル・ベネット）がテーブルの上に置いておいたその小さな鉢植えを、訪れたヴィクター・マクラグレンが手にとり、その匂いを嗅いだりしてアイルランドを懐かしむ場面が描かれているのだから、やはりこの植物がフォードにとっていかに重要かがわかるというものだろう。

（註5）モーリン・オハラの自伝にはエージェントとして何度も登場しているジャック・ボルトンJack Boltonについて、フォードの評伝類はほとんど言及していない。どうやらアルフレッド・ジョンソン・"ジャック"・ボルトンAlfred Johnson "Jack" Bolton（1902-1962）というのが正式の名前らしいこの人物に言及している数少ないジョゼフ・マックブライドの書物によれば、この男は、第二次世界大戦中に合衆国海軍とハリウッドとの調整役のような使命を受けていたらしい。彼自身も海軍の軍人であり、情報収集の仕事をしていたようでもあり、フォードが海軍の予備役として志願し、中佐に任命されたとき、その書類に署名したのも彼だという。また、スコット・アーレン・ノーレンの『三悪人――ジョン・フォード、ジョン・ウエイン、ワード・ボンド』（Scott Allen Nollen, *Three Bad Men – John Ford, John Wayne, Ward Bond*, McFarland &Company, 2013）によれば、ジャック・ボルトンは軍人でありながら、合衆国政府にもかなりの顔がきいたようだ。1945年の退役後は、当時のハリウッドで最大のエージェンシーの一つMCA（Music Corporation of America）に就職し、ジョン・フォードのエージェントもつとめていたという。なお、インターネット・ムーヴィー・データベースIMDbによれば、彼は『台湾――自由の島』（*Taiwan – Island of Freedom*, 1963）という中編映画に、スーパーヴァイザーとして参加している。これはおそらく（註1）で言及しておいた『韓国――自由のための戦場』と同様、国防総省提供による一連のドキュメンタリーの一つかと思われる。ことによると、彼は1959年のフォードが中心となった韓国訪問団に加わっていたのかも知れない。事実、フォードは、韓国に到着する以前に、台湾にも滞在しているからである。

（註6）その自伝によると、あるときモーリン・オハラがフォードのオフィスに入って行ったとき、彼が出演俳優の

一人と接吻しあっている光景を目撃してしまう。後にその俳優から、どうしてフォードが同性愛者だと教えてくれなかったのかといわれたときのことを回想しつつ述べられた言葉である。

（註7）この段落以降の論述は、蓮實重彥「ジョン・フォード、または翻える白さの変容」に批判的な加筆を施し、さらに修正かつ発展させたものであることをお断りしておく。

（註8）これまですでに何度も言及しているスコット・エイマンの書物は、『伝説を活字にせよ』を総題として、『ジョン・フォードの生涯とその時代』を副題としている（Scott Eyman, *Print the Legend – The Life and Times of John Ford*, Simon & Schuster, 1999）。その総題の由来は、いうまでもなく、『リバティ・バランスを射った男』の最後で、いまや上院議員となっているジェームズ・スチュアートに向かって、彼を囲んでいたジャーナリストの一人が「閣下、ここは西部なのです。かりに伝説が事実となっていたとするなら、伝説を記事にすべきですね」（492頁）といっていたことからきている。もちろん、エイマンは、「『リバティ・バランス』の名高いエピグラフにもかかわらず、フォードは伝説と事実をも印刷している」（341頁）と書くほどに事態を掌握している。だから、「彼（＝ジョン・ウエイン）は、ある水準で、自分がリバティ・バランスを殺したとき、彼は自分自身をも殺していたことを知悉していた」（490頁）と書いているのは、ある意味で正しい。だが、ここで重要なのは、伝説でも事実でもなく、あくまでその白さがきわだつジェームズ・スチュアートがまとっているエプロンなのだ。それを見落とすと、事態は「伝説」か「事実」の凡庸な二元論に還元されてしまう。

とりあえずのあとがき

1945年5月のドイツ降伏によってヨーロッパでの戦闘が終わりを迎えたとき、ナチスの戦争犯罪をめぐる映像資料を発見すべく、合衆国の映画人たちは早速ベルリンに赴き、ウーファーなどの撮影所でフィルムの蒐集にあたることになる。彼らをドイツに派遣したのは、CIAの前身ともいうべき戦略謀報局OSSの野戦撮影班の班長として活動していた海軍予備役中佐ジョン・フォードその人である。

その合衆国の映画人たちの前に、完璧な英語を操る一人のソ連軍の将校が姿を見せる。その前で、彼らをベルリンに派遣したフォードのことを話題にしていると、それは「『男の敵』を、『怒りの葡萄』を撮ったジョン・フォードですか?」と相手は口にする。一人がそうさと答えると、相手は誰も聞いたことのないフォードの作品の題名をいくつも挙げながら、それぞれの作品のキャストやスタッフを列挙して行き、あげくの果てに「フォードは1923年にジャック・フォードからジョン・フォードに名前を変えた。『俠骨カービー』のときからです。主演はジョン・ギルバートとガートルード・オルムステッド、カメラはジョージ・シュナイダーマンで、映画はパート・カラーになっていて、この処理は、1928年の『マザー・マクリー』でも再度行われます」などとすらすら述べたてたというのである。

合衆国の映画人たちを呆気にとらせたそのソ連人の将校は、グロモフ Gromoff 中佐と名乗っていたという。それが彼の正式の名前であるかは知る由もないが、そう書いているのは『わがハリウッド年代記――チャップリン、フォードたちの素顔』の著者ロバート・パリッシュである。チャップリンやラオール・ウォルシュを始め、フォードの数本の作品に子役やエキストラとして彼が出演していたことや、第二次世界大戦中はフォードのクルーの一員としてさまざまなドキュメンタリー作品の製作に協力していた、等々、の事実は前記の書物に詳しく語られている。もちろん、戦後の彼がロバート・ロッセン監督の『ボディ・アンド・ソウル』の編集で、同僚のフランシス・ライオンとともにアカデミー賞を受賞するより遥か以前のことであり、ましてや監督として何本ものフィルム・ノワールを撮り、評価さるべき『西部の旅がらす』を監督することになるなどとは思ってもみない時期のことである。

フォードからはボブと呼ばれて可愛がられていたロバート・パリッシュがグロモフ中佐に向かって、自分は子役としてフォードの作品に出ていたと口にすると、相手は「ジョン・フォードと会ったことがあるのですか」とひたすら驚愕しながら、「彼に関する決定版的な著作」を執筆中だと自己紹介したという。このフォード狂の中佐のおかげで、パリッシュたちは、ソ連軍が隠匿していた貴重なフィルムをごっそりと手に入れることができたのだという。

グロモフ中佐なる人物が、はたしてフォードをめぐる「決定的な著作」を、第二次世界大戦後のスターリニズム支配下のソ連で刊行しえたか否かは知ることができない。ただ、ロバート・パリッシュが語るこの挿話に似たできごとを、『ジョン・フォード論』を書き終えたいま、わたくし自身もふと口にしてみたいなどと不遜なことをいいたい気がしないでもない。ジョン・フォードのような並はずれた映画作家は、彼を生み落としただろう文化とはおよそ無縁の、世界のあらゆる土地に、必ずグロモフ中佐に似た人物を一人や二人は生み落としているはずであり、その程度のことはいってみたい気分に誘われぬでもない。

だが、そんなことは、ひとまずどうでもよろしい。戦後の日本でグロモフ中佐のような人物になりたかった一人の男は、この挿話より30年余ののちの１９７０年代の初頭に、フォード論を書きたいという意志というより夢を正式に口にしている。だが、その夢が確かなかたちをとり始めるには、一九八三年の東京国立近代美術館フィルムセンターにおける大がかりな「ジョン・フォード監督特集」上映と、1990年のパリのシネマテークにおけるほぼ完璧に近い「ジョン・フォード・レトロスペクティヴ」で、上映されることのきわめて稀な作品を見ることができたことが決定的だった。また、1995年のカンヌ国際映画祭がフォードの生誕100年を祝ったとき、ハリー・ケリー・ジュニアやベン・ジョンソンを始め、The John Ford Stock Company の生き残りの面々が壇上に顔を揃えた瞬間には、妖しく胸が騒いだものだ。ただ、かなり名高いフランス人の司会者が、パット・ウエインに向かって、あなたは父上と異なり、フォードの作品に出たことはありませんよねなどと愚かなことを口にしたので、「馬鹿」にあたるフランス語を客席で思わず口にしてしまったところ、たまたまかたわらにおられたジョン・ベリー監督——あの忘れがたい『その男を逃がすな』(1951)を撮った!——と目が合ってしまい、共感の目くばせを送ってくれたことなど到底忘れられない。

この度『ジョン・フォード論』として書物が刊行されるまで、思いもよらぬほどの時間がかかってしまったのにはさまざまな個人的な理由が存在するが、それについてはここでは語るまい。ただ、その間、多くの男女の献身的な支援があって漸く上梓することができたのだから、その方々への深い感謝の言葉だけは綴っておきたい。ただ、できればこの書物の最初の読者であってほしいとひそかに願っていた青山真治が、刊行直前にわたくしたちの世界から遠ざかってしまったことの無念さだけは言葉にしがたく、いまも心の乱れはおさまることがないと記しておく。

まず、見ることの困難な作品をあっという間に見させて下さった貴重な知人として、海外の方では、映画史家の Bernard Eisenschitz、東京在住の批評家 Chris Fujiwara、シネマテーク・フランセーズの Jean-François

Rauger、批評家のNöel Simsolo、さらに個人のお名前を挙げることは差し控えるが、ニューヨーク近代美術館MoMAの映画上映にかかわるスタッフの方々、前トロント国際映画祭ディレクターのJames Quandt、また日本人としては、ニューヨーク在住の寺田悠馬、東京在住の内藤由美子、三枝亮介、関口良一、また難解な英語文章の解読を手ほどきしてくださった高田康成、さらに資料の蒐集に関しては、当時はシカゴ大学に留学中だった現京都大学の木下千花、ならびに韓国の批評家Lim Jae-Cheolの献身的なご助力がなければこの度の上梓は不可能だったので、心よりの感謝を捧げたい。また、その味わい深い言葉によってフォードを論じてこられた故Jean Douchetを始め、その定期的な刊行物にわたくしのフォードをめぐる文章を掲載して下さったRaymond Bellour、Adrian Martinといった方々との友情にも、感謝を超えた深い思いを伝えたい。

最後になったが、雑誌の不定期連載時よりお世話になった『文學界』の丹羽健介編集長、書籍化にあたって厄介な編集作業を担当された元『文學界』編集長で現在は文藝春秋の第一文藝部の武藤旬のお二人には、感謝という語彙にはおさまりきれぬ複雑な思いを捧げさせていただく。また、具体的なフォードの作品に当たられ、執筆者の思い違いを詳しく指摘して下さった校閲の方にも、それに似た思いを捧げさせていただく。

２０２２年３月27日

著者

ジョン・フォード主要監督作

本文中で言及した作品に限る。1923年まではジャック・フォード名義の作品がある。またドキュメンタリー作品は省略した。

1917

誉の名手　Straight Shooting

バタフライ＝ユニヴァーサル　白黒　サイレント　5巻

監督　ジャック・フォード　脚本　ジョージ・ヒヴリー　撮影　ジョージ・スコット

出演　ハリー・ケリー（シャイアン・ハリー）、モリー・マローン（ジョーン・シムス）、デューク・リー（サンダーフリント）、ヴェスター・ペグ（〝プレイサー〟フレモント）、フート・ギブソン（ダニー・モーガン）、ジョージ・ベレル（スウィートウォーター・シムス）、テッド・ブルークス（テッド・シムス）、ミルト・ブラウン（ブラックアイド・ピード）［8月27日公開］

鄙《いなか》より都会へ　Bucking Broadway

バタフライ＝ユニヴァーサル　白黒　サイレント　5巻

監督　ジャック・フォード　脚本　ジョージ・ヒヴリー

出演　ハリー・ケリー（シャイアン・ハリー）、モリー・マローン（ヘレン・クレイトン）、L・M・ウェルズ（ヘレンの父、ベン・クレイトン）、ヴェスター・ペグ（キャプテン・ソーントン、牛の買付人）［12月24日公開］

1918

砂に埋れて　Hell Bent

ユニヴァーサル＝スペシャル・アトラクション　白黒　サイレント　6巻

監督　ジャック・フォード　脚本　ジャック・フォード、ハリー・ケリー　撮影　ベン・レイノルズ

出演　ハリー・ケリー（シャイアン・ハリー）、ネヴァ・ガーバー（その恋人、ベス・サーストン）、デューク・リー（その友人、シマロン・ビル）、ヴェスター・ペグ（ジャック・サーストン）、ジョゼフ・ハリス（ボウ・ロス、悪漢）、M・K・ウィルソン、スティーヴ・クレメンテ［6月29日公開］

1919

最後の無法者　The Last Outlaw

ユニヴァーサル　白黒　サイレント　2巻

監督　ジャック・フォード　脚本　H・ティプトン・スティック　撮影　ジョン・W・ブラウン
出演　エドガー・″キング・フィッシャー″・ジョーンズ（バッド・コバーン）、リチャード・カミング（ブラウンロー保安官）、ルシール・ハットン（アイダリーン・コバーン）、ジャック・ウォルターズ（チャド・アレン）、ビリー・ハットン［6月14日公開］

1920

野人の勇　Just Pals
フォックス＝20世紀ブランド　白黒　サイレント　1時間
監督　ジャック・フォード　撮影　ジョージ・シュナイダーマン
出演　バック・ジョーンズ（ビム）、ヘレン・ファーガソン（メアリー・ブルース、教師）、ジョージ・M・ストーン（ビル）、デューク・リー（保安官）、ウィリアム・バックレイ（ハーヴェイ・ケイヒル）、エドウィン・ブース・ティルトン（ストーン医師）、ユーニス・マードック・ムーア（ストーン夫人）、バート・アプリング（ブレーキ手）、スリム・バジェット、ペドロ・レオン（悪漢）、アイダ・テンブルーク（家政婦）［11月14日公開］

1921

雷電児　Action
ユニヴァーサル＝スペシャル　白黒　サイレント　5巻
監督　ジャック・フォード　脚本　ハーヴェイ・ゲイツ　撮影　ジョン・W・ブラウン
出演　フート・ギブソン（サンディ・ブルーク）、フランシス・フォード（ソーダ・ウォーター・マニング）、J・ファレル・マクドナルド（モルモン・ピーターズ）、バック・コナーズ（パット・ケイシー）、バイロン・マンソン（ヘンリー・ミーキン）、クララ・ホートン（モリー・ケイシー）、ウィリアム・R・ダリー（J・プリムソール）、チャールズ・ニュートン（ディップル保安官）、ジム・コーレイ（サム・ウォータース）、エド・″キング・フィッシャー″・ジョーンズ（アート・スミス）、ドロテア・ウォルバート（ミランディ・ミーキン）［9月10日公開］

百発百中　Sure Fire
ユニヴァーサル＝スペシャル　白黒　サイレント　5巻
監督　ジャック・フォード　脚本　ジョージ・C・ハル　撮影　ヴァージル・G・ミラー
出演　フート・ギブソン（ジェフ・ブランスフォード）、モリー・マローン（マリアン・ホフマン）、リーブス・″ブリーズィ″・アーソン・ジュニア（ソニー）、ハリー・カーター（ルーファス・コールター）、マードック・マカーリー（パーカー少佐）、フリッチ・ブルネット（エリノア・パーカー）、ジョージ・フィッシャー（バート・ローリングス）、チャールズ・ニュートン（レオ・バリンジャー）、ジャック・ウッズ（ブラゾス・バート）、ジャック・ウォルターズ（オー

バーランド・キッド）、ジョー・ハリス（ロメオ）、スティーヴ・クレメンテ（ゴメス）、メリー・フィルビン［11月5日公開］

1923

Three Jumps Ahead
フォックス　白黒　サイレント　5巻
監督・脚本　ジョン・フォード　脚本　ダニエル・B・クラーク　撮影　ダニエル・B・クラーク
出演　トム・ミックス（スティーヴ・クランシー）、アルマ・ベネット（アニー・ダレル）、ヴァージニア・トルー・ボードマン（ダレル夫人）、エドワード・ピール（タジット）、ジョー・E・ジラード（アニーの父）、フランシス・フォード（ヴァージル）、マーガレット・ジョスリン（ジュリエット）、ヘンリー・トッド（シセロ）、バスター・ガードナー（ブルータス）［3月25日公開］

侠骨カービー　Cameo Kirby
フォックス　白黒に部分着色　サイレント　7巻
監督　ジョン・フォード　脚本　ロバート・N・リー　撮影　ジョージ・シュナイダーマン
出演　ジョン・ギルバート（カメオ・カービー）、ガートルード・オルムステッド（アデール・ランダル）、アラン・ヘイル（モロー大佐）、ウィリアム・E・ローレンス（ランダル大佐）、ジーン・アーサー（アン・ブレイデル）、リチャード・タッカー（いとこのアーロン）、フィリップ・スモーリー（ブレイデル判事）、ジャック・マクドナルド（ラーキン・ブルース）［10月21日公開］

意気天に冲す　North of Hudson Bay
フォックス　白黒に部分着色　サイレント　56分
監督　ジャック・フォード　脚本　ジュールズ・ファースマン　撮影　ダニエル・B・クラーク
出演　トム・ミックス（マイケル・ダン、牧場主）、キャスリーン・ケイ（エステル・マクドナルド）、ジェニー・リー（ダンの母）、フランク・キャンポウ（キャメロン・マクドナルド）、ユージン・パレット（ピーター・ダン）、ウィル・ウォリング（アンガス・マッケンジー）、フランク・リー（ジェフリー・クロウ）、フレッド・コーラー（アーマンド・ルモア）［11月19日公開］

1924

アイアン・ホース　the Iron Horse
フォックス　白黒に部分着色　サイレント　2時間45分
監督　ジョン・フォード　脚本　チャールズ・ケニヨン　撮影　ジョージ・シュナイダーマン、バーネット・ガフィー　タイトル　チャールズ・ダーントン　音楽　エルノ・ラピー
出演　ジョージ・オブライエン（ディヴィ・ブランドン）、マッジ・ベラミー（ミリアム・マーシュ）、チャールズ・エドワード・ブル判事（エイブラハム・リンカーン）、ウィリアム・ウォリング（ト

ーマス・マーシュ）、フレッド・コーラー（ドゥルー）、シリル・チャドウィック（ピーター・ジェソン）、ジェームズ・マーカス（ハラー判事）、グラディス・ヒューレット（ルビー）、フランシス・パワーズ（スラッタリー軍曹）、J・ファレル・マクドナルド（ケイシー伍長）、ジェイムズ・ウェルチ（兵卒シュルツ）、コリン・チェイス（トニー）、ウォルター・ロジャース（ダッジ大将）、ジャック・オブライエン（ディニー）、トーマス・デュラント（ジャック・ガンゾール）、スタンホープ・ウィートクロフト（ジョン・ヘイ）、ジョージ・ワグナー（〝バッファロー・ビル〟コディ大佐）、ジョン・バジャン（ワイルド・ビル・ヒコック）、チャールズ・オマリー（ノース少佐）、チャールズ・ニュートン（コリス・P・ハリントン）、デルバート・マン（チャールズ・クロッカー）、チーフ・ビッグ・ツリー（シャイアン族酋長）、チーフ・ホワイト・スペアー（スー族酋長）、エドワード・ピール（中国人の老人）、ジェイムズ・ゴードン（デイヴィッド・ブランドン・シニア）、ウィンストン・ミラー（ディヴィの子供時代）、ペギー・カートラント（ミリアムの子供時代）、［8月28日公開］

電光 Lightnin'

フォックス　白黒　1時間15分

監督　ジョン・フォード　脚本　フランセス・マリオン　撮影　ジョゼフ・H・オーガスト

出演　ジェイ・ハント（〝ライトニング〟・ビル・ジョーンズ）、マッジ・ベラミー（ミリー）、エディス・チャプマン（マザー・ジョーンズ）、ウォーレス・マクドナルド（ジョン・マーヴィン）、J・ファレル・マクドナルド（タウンゼント判事）、エセル・クレイトン（マーガレット・デイヴィス）、リチャード・トラヴァース（レイモンド・トーマス）、ジェームズ・マーカス（保安官）、オティス・ハーラン（ゼブ）［7月21日］

1925

香も高きケンタッキー Kentucky Pride

フォックス　白黒　サイレント　7巻

監督　ジョン・フォード　脚本　ドロシー・ヨスト　撮影　ジョージ・シュナイダーマン、エドマンド・リーク　タイトル　エリザベス・ピケット

出演　ヘンリー・B・ウォルソール（ロジャー・ボーモン）、J・ファレル・マクドナルド（マイク・ドノヴァン）、ガートルード・アスター（ボーモン夫人）、マルコム・ウェイト（グリーヴ・カーター）、ベル・スタダード（ドノヴァン夫人）、ウィンストン・ミラー（ダニー・ドノヴァン）、ジョージ・リード（執事）、ピーチス・ジャクソン（ヴァージニア・ボーモン）、競走馬マン・オウォー、同ザ・フィン、同コンフェデラシー、同モーヴィッチ、同ヴァージニアズ・フューチャー、同フェア・プレイ、同ネゴフォール［8月23日公開］

1926

誉れの一番乗　The Shamrock Handicap

フォックス　白黒に部分着色　6巻

監督　ジョン・フォード　脚本　ジョン・ストーン　原作　ピーター・B・カイン　撮影　ジョージ・シュナイダーマン　タイトル　エリザベス・ピケット

出演　ジャネット・ゲイナー（シーラ・ガフニー）、レスリー・フェントン（ネイル・ロス）、J・ファレル・マクドナルド（デニス・オショア）、ルイス・ペイン（マイルス・ガフニー卿）、クレア・マクドウェル（モリー・オショア）、ウィラード・ルイス（マーティン・フィンチ）、アンディ・クラーク（チェスティ・モーガン）、ジョージ・ハリス（ベニー・ギンズバーグ）、エライ・レイノルズ（プス）、トマス・デルマー（マイケル）、ブランドン・ハースト（女衒）［5月2日公開］

三悪人　Three Bad Men

フォックス　白黒に着色　サイレント　1時間35分

監督　ジョン・フォード　脚本　ジョン・ストーン　原作　ハーマン・ホワイテイカー　撮影　ジョージ・シュナイダーマン

出演　ジョージ・オブライエン（ダン・オマリー）、オリーヴ・ボーデン（リー・カールトン）、J・ファレル・マクドナルド（マイク・コスティガン）、トム・サンチ（ブル・スタンレー）、フランク・カンポー（スペード・アレン）、ルー・テリジェン（保安官レイン・ハンター）、ジョージ・ハリス（ジョー・ミンスク）、ジェイ・ハント（金鉱堀りの老人）、プリシラ・ボナー（ミリー・スタンレイ）、オーティス・ハーラン（ザック・レスリー）、ウォルター・ペリー（パット・モナハン）、グレイス・ゴードン（ミリーの老人）、アレック・B・フランシス（カルヴァン・ベンソン牧師）、ジョージ・アーヴィング（ネンヴィル将軍）、フィリス・ヘイヴァー（プレイリー・ビューティー）、ヴェスター・ペグ、バッド・オズボーン［8月28日公開］

青鷲　The Blue Eagle

フォックス　白黒に部分着色　サイレント　7巻

監督　ジョン・フォード　脚本　L・G・リグビー　撮影　ジョージ・シュナイダーマン

出演　ジョージ・オブライエン（ジョージ・ダーシィ）、ジャネット・ゲイナー（ローズ・クーパー）、ウィリアム・ラッセル（ビッグ・ティム・ライアン）、ロバート・イーディソン（ジョー神父）、ディヴィッド・バトラー（ニック・カルヴァニ）、フィリップ・フォード（リンビィ・ダーシィ）、ラルフ・シッパリー（スラット・マグラン）、マーガレット・リヴィングストン（メリー・ローハン）、ジェリー・マッデン（ベビー・トム）、ハリー・テンブルーク（バスコム）、リュー・ショート（マッカーシー大尉）［9月12

日公開〕

1927

上流に向って　Upstream

フォックス　白黒　サイレント　1時間1分

監督　ジョン・フォード　脚本　ランダル・H・フェイ　撮影　チャールズ・G・クラーク

出演　ナンシー・ナッシュ（ガーティ・キング）、アール・フォックス（ブラシンガム）、グラント・ウィザース（ジャック・レヴェール）、レイモンド・ヒッチコック（ザ・スター・ボーダー）、リディア・ヤーマンス・ティタス（ブレッケンリッジ嬢）、エミール・チョウタード（キャンベル・マンデア）、テッド・マクナマラ、サミー・コーヘン（ダンス・チーム）、リリアン・ウォース、フランシス・フォード（手品師）、ジェイン・ウィントン（スーブレット）、ハリー・ベイリー（ガス・ホフマン）、エライ・レイノルズ（ディアーフット）、ジュディ・キング〔1月30日公開〕

1928

マザー・マクリー　Mother Machree

フォックス　白黒に部分着色　サイレントと音楽と効果音付きの2ヴァージョン有り　1時間15分

監督　ジョン・フォード　脚本　ガートルード・オア　原作　リタ・ジョンソン・ヤング　撮影　チェスター・ライオンズ　タイトル　エモ・ラペー

出演　ベル・ベネット（エレン・マクヒュー）、ニール・ハミルトン（ブライアン・マックヒュー）、フィリッペ・デ・レイシー（ブライアンの子供時代）、パット・サマーセット（ボビー・ド・ピュイスター）、ヴィクター・マクラグレン（テレンス・オダウド）、テッド・マクナマラ（ウェックスフォードのハープ弾き）、ジョン・マックスウィーニー（アイルランド人の神父）、ユーラリー・ジェンセン（レイチェル・ヴァン・スタッドフォード）、コンスタンス・ハワード（エディス・カッティング）、エーセル・クレイトン（カッティング大人）、ウィリアム・プラット（ピップス）、ジャック・ローレンス（セニョール・セリーニ）、ロドニー・ヒルドブランド（ブライアン・マクヒュー・シニア）、ジョイス・ウィラード（エディスの子供時代）、ロバート・パリッシュ（子役）〔サイレント版1月22日公開〕〔音楽と効果音付き3月5日公開〕

四人の息子　Four Sons

フォックス　白黒　音楽と効果音付き　1時間40分

監督　ジョン・フォード　脚本　フィリップ・クライン、ハーマン・ビン　原作　I・A・R　ワイル　タイトル　キャスリーン・ヒリカー、H・H・コールドウェル　撮影　ジョージ・シュナイダーマン、チャールズ・G・クラーク　音楽アレンジャー　S・L・ロタフェル

出演　マーガレット・マン（フラウ・バーンル）、ジェームズ・ホール（ヨセフ・バーンル）、チャールズ・モートン（ヨ

ハン・バーンル）、ジョージ・ミーカー（アンドレアス・バーンル）、フランシス・X・ブッシュマン・ジュニア（フランツ・バーンル）、ジューン・コリアー（アナベル・バーンル）、アール・フォックス（フォン・ストム少佐）、アルバート・グラン（郵便配達員）、フランク・ライヒャー（校長）、ジャック・ペニック（ヨセフのアメリカ人の友人）、オーストリアのレオポルド大公（ドイツ人船長）、ヒューイ・マック（商店主）、ウエインデル・フランクリン（ジェイムズ・ヘンリー）、オーガスト・トライア（市長）、ルース・ミックス（ヨハンの恋人）、ロバート・パリッシュ（子供）［2月13日公開］

血涙の志士　Hangman's House

フォックス　白黒　サイレント　1時間20分

監督　ジョン・フォード　脚本　マリオン・オース　原作　ドン・バイアン　撮影　ジョージ・シュナイダー　編集　マーガレット・V・クランシー

出演　ヴィクター・マクラグレン（シチズン・ホーガン）、ホバート・ボスワース（ジェイムズ・オブライエン、最高法院判事）、ジューン・コリアー（コンノート・オブライエン）、ラリー・ケント（ダーモット・マグダーモット）、アール・フォックス（ジョン・ダーシィ）、エリック・メイン（大佐）、ジョゼフ・バーク（ネディ・ジョー）、ベル・ストッダード（アン・マクダーモット）、ジョン・ウエイン（競馬場の観客の一人）［5月13日公開］

ナポレオンと理髪師
Napoleon's Barber

フォックス＝ムーヴィートーン　白黒　トーキー　32分

監督　ジョン・フォード　脚本　アーサー・シーザー　撮影　ジョージ・シュナイダーマン

出演　オットー・マティセン（ナポレオン）、フランク・ライヒャー（床屋）、ナタリー・ゴリチェン（ジョセフィーヌ）、ヘレン・ウェア（床屋の妻）、フィリップ・ダーシィ（床屋の息子）、ラッセル・パウエル（鍛冶屋）、ダーシィ・コリガン（洋服屋）、マイケル・マーク（農夫）、バディ・ルーズベルト（フランス陸軍士官）、アーヴィン・レナード（同）、ジョー・ウォデル（同）、ユーカ・トロウベッコイ（同）、ヘンリー・ハーバート（兵卒）［11月24日公開］

赤毛布恋の渦巻　Riley the Cop

フォックス　白黒　サイレントに音楽と効果音入り　1時間7分

監督　ジョン・フォード　脚本　ジェイムズ・グルエン、フレッド・スタンリー　撮影　チャールズ・B・クラーク　編集　アレックス・トロフェイ

出演　J・ファレル・マクドナルド（アロイシャス・ライリー）、ルイズ・ファゼンダ（レナ・クラウスメイヤー）、ナンシー・ドレクセル（メリー・コロネリ）、デイヴィッド・ロリンズ（デイヴィ・スミス）、ハリー・シュルツ（ハンス・ク

ラウスメイヤー）、ビリー・ビーヴァン（パリのタクシー運転手）、トム・ウィルソン（軍曹）、オットー・H・フライズ（ミュンヘンのタクシー運転手）、ミルドレッド・ボイド（キャロライン）、フェルディナンド＝シューマン＝ハインク（ジュリアス・クーシェンドルフ）、デル・ヘンダーソン（コロネリ判事）、ラッセル・パウエル（クチェンドルフ）、マイク・ドンリン（いかさま師）、ロバート・パリッシュ［11月25日公開］

1929

黒時計連隊　The Black Watch

フォックス　白黒　トーキー（以降の作品はすべてトーキー）　1時間33分
監督　ジョン・フォード　脚本　ジェームズ・ケヴィン・マッギネス、ジョン・ストーン　撮影　ジョゼフ・H・オーガスト　音楽　ウィリアム・カーネル　編集　アレクサンダー・トロフェイ
出演　ヴィクター・マクラグレン（ドナルド・キング大尉）、マーナ・ロイ（ヤスマニ）、ロイ・ダーシィ（レワ・チュンガ）、パット・サマーセット（スコットランド士官）、デイヴィッド・ローリンズ（マルコム・キング少尉）、ミッチェル・ルイス（モハメド・カーン）、ウォルター・ロング（ハレム・ベイ）、デイヴィッド・パーシィ（スコットランド士官）、ラムズデン・ヘア（大佐）、シリル・チャドウィック（トワインズ少佐）、デイヴィッド・トーレンス（マーシャル）、フランシス・フォード（マグレガー少佐）、クロード・キング（インドの将軍）、フレデリック・サリヴァン（将軍の副官）、ジョゼフ・ディスケイ、リチャード・トラヴァース、デヴィッド・パーシィ、ランドルフ・スコット、ジョイゼル［5月22日］

最敬礼　Salute

フォックス　白黒　1時間26分
監督　ジョン・フォード　脚本　ジェームズ・ケヴィン・マッギネス　撮影　ジョゼフ・H・オーガスト　セット・デザイナー　W・W・リンゼイ　編集　アレックス・トロフェイ
出演　ジョージ・オブライエン（陸軍士官候補生ジョン・ランダル）、ヘレン・チャンドラー（ナンシー・ウエイン）、フランク・アルバートソン（海軍士官候補生アルバート・エドワード・プライス）、ウィリアム・ジェイニー（同ポール・ランダル）、クリフォード・デンプシー（ソマーズ陸軍少将）、ラムスデン・ヘア（ランダル海軍少将）、ジョイス・コンプトン（マリオン・ウィルソン）、デイヴィッド・バトラー（海軍側コーチ）、ステッピン・フェチット（煙幕）、レックス・ベル（陸軍士官候補生）、ジョン・ブリーデン（海軍士官候補生）、ワード・ボンド（フッーボール選手）、ジョン・ウエイン（同）［9月1日公開］

1930

最後の一人　Men Without Women

フォックス　白黒　1時間17分
監督　ジョン・フォード　脚本　ダッド

リー・ニコルズ　撮影　ジョゼフ・H・オーガスト　美術　ウィリアム・S・ダーリング　音楽　ピーター・ブルネリ、グレン・ナイト　編集　ポール・ウェザーワックス

出演　ケネス・マッケンナ（バーク）、フランク・アルバートソン（プライス）、ポール・ページ（ハンサム）、パット・サマーセット（ディグビー中尉）、ウォルター・マックグレイル（コブ）、スチュワート・アーウィン（通信兵ジェンキンス）、ウォーレン・ハイマー（カウフマン）、J・ファレル・マクドナルド（コステロ）、ロイ・スチュワート（カーソン大尉）、ワーナー・リッチモンド（ブライドウェル海軍少佐）、ハリー・テンブルーク（ウィンクラー）、ベン・ヘンドリックス・ジュニア（マーフィー）、ジョージ・ル・グエール（ポロスク）、チャールズ・ジェラード（ウェイマウス海軍中佐）、ジョン・ウエイン、ロバート・パリッシュ、フランク・ベイカー［1月31日公開］

悪に咲く花　Born Reckless

フォックス　白黒　1時間22分

監督　ジョン・フォード　脚本　ダッドリー・ニコルズ　撮影　ジョージ・シュナイダーマン　美術　ジャック・シュルズ　編集　フランク・E・ハル

出演　エドマンド・ロウ（ルイス・ベレッティ）、キャサリン・デール・オーエン（ジョアン・シェルドン）、リー・トレーシー（ビル・オブライエン）、マルグリート・チャーチル（ローザ・ベレッティ）、ウォーレン・ハイマー（ビッグ・ショット）、パット・サマーセット（デューク）、ウィリアム・ハリガン（早耳プロフィー）、フランク・アルバートソン（フランク・シェルドン）、フェリケ・ボロス（ベレッティの母親）、J・ファレル・マクドナルド（地区検事）、ポール・ポルカジ（ベレッティの父親）、エディー・ギブソン（バッグズ）、マイク・ドンリン（フィンギー・モスコヴィッツ）、ベン・バード（ジョー・バーグマン）、ポール・ペイジ（リッツィ・ライリー）、ジョー・ブラウン（下戸のゴーガン）、ジャック・ペニック（兵隊）、ワード・ボンド（同）、ロイ・スチュワート（カーディガン地区検事）［5月11日公開］

河上の別荘　Up the River

フォックス　白黒　1時間32分

監督　ジョン・フォード　脚本　モーリン・ワトキンス、ジョン・フォード、ウィリアム・コリアー・シニア　撮影　ジョゼフ・H・オーガスト　セット・デザイナー　ダンカン・クラマー　音楽　ジョゼフ・マッカーシー、ジェームズ・F・ハンリー　編集　フランク・E・ハル

出演　スペンサー・トレイシー（セントルイス）、ウォーレン・ハイマー（ダネモラ・ダン）、ハンフリー・ボガート（スティーヴ・フィリップス）、クレア・ルース（ジュディ）、ジョーン・マリー・ロウズ（ジーン）。シャロン・リン（エディス・ラ・ヴァーン）、ジョージ・マクファーレン（ジェサップ）、ゲイロー

ド・ペンドルトン（モリス）、モーガン・ウォーレス（フロスビー）、ウィリアム・コリアー・シニア（とっちゃん）、ロバート・E・オコナー（看守）、ルイズ・マッキントッシュ（マッセイ夫人）、エディス・チャップマン（ジョーダン夫人）、ジョーニー・ウォーカー（ハッピー）、ノエル・フランシス（ソフィー）、ミルドレッド・ヴィンセント（アニー）、ウィルバー・マック（ホワイトレイ）、ジョージ・モンゴメリー（キット）、アルテア・ヘンリー（シンシア）、キャロル・ワインズ（デイジー・エルモア）、アデル・ウィンザー（ミニー）、リチャード・キーン（ディック）、エリザベス・キーティング（メイ）、ヘレン・キーティング（ジューン）、ロバート・バーンズ（スリム）、ジョン・スウォア（クレム）、パット・サマーセット（ボーシャン）、ジョー・ブラウン（副看守）、ハーヴェイ・クラーク（ナッシュ）、ブラックとブルー（スリムとクレム）、ワード・ボンド（囚人）、ロバート・パリッシュ［10月12日公開］

1931

海の底　Sea Beneath

フォックス　白黒　1時間39分
監督　ジョン・フォード　脚本　ダッドリー・ニコルズ　撮影　ジョゼフ・H・オーガスト　音楽　ジョージ・リップシュルツ　編集　フランク・E・ハル
出演　ジョージ・オブライエン（ロバート・〝ボブ〟・キングスリー少佐）、マリオン・レッシング（アンナ・マリー・フォン・シュトイベン）、ウォーレン・ハイマー（〝ラグ〟カウフマン）、ヘンリー・ヴィクター（エルネンスト・フォン・シュトイベン男爵）、モナ・マリス（ロリータ）、ジョン・ローダー（フランツ・シラー大尉）、スティーヴ・ペンドルトン（リチャード〝ディック〟キャボット少尉）、ウォルター・マッグレイル（ジョー・コップ）、フランシス・フォード（エリック）、ハリー・テンブルーク（ウィンクラー）、ウィリアム・コリアー・シニア（がり勉オフラハティ）、ナット・ペンドルトン（殺し屋ワグナー）［1月30日公開］

餓饑娘　The Brat

フォックス　白黒　1時間21分
監督　ジョン・フォード　脚本　ソニア・レヴィアン、S・N・バーマン、モード・フルーン　撮影　ジョゼフ・H・オーガスト　編集　アレックス・トロフェイ　美術　ジャック・シュルズ　音楽　ハリー・レインハルト
出演　サリー・オニール（餓饑娘）、アラン・ダインハート（マクミラン・フォレスター）、フランク・アルバートソン（スティーヴン・フォレスター）、ヴァージニア・チェリル（アンジェラ）、ジューン・コリヤー（ジェーン）、J・ファレル・マクドナルド（執事ティムソン）、ウィリアム・コリアー・シニア（判事）、マーガレット・マン（家政婦）、アルバート・グラン（司教）、メリー・フォーブス（フォレスター大人）、ルイーズ・マッキントッシュ（レナ）、ワード・ボンド（警官）

［8月23日公開］

人類の戦士　Arrowsmith

ゴールドウィン＝U・A　白黒　1時間48分

監督　ジョン・フォード　製作　サミュエル・ゴールドウィン　脚本　シドニー・ハワード　撮影　レイ・ジューン

美術　リチャード・デイ　音楽　アルフレッド・ニューマン　編集　ヒュー・ベネット

出演　ロナルド・コールマン（医師マーティン・アロウスミス）、ヘレン・ヘイズ（レノア）、A・E・アンソン（ゴットリーブ教授）、リチャード・ベネット（サンデリウス）、クロード・キング（医師タッブス）、ビューラ・ボンディ（トーザー夫人）、マーナ・ロイ（ジョイス・ラニヨン）、ラッセル・ホプトン（テリー・ウィケット）、デ・ウィット・ジェニングス（トーザー氏）、ジョン・クォーレン（ヘンリー・ノヴァク）、アデル・ワトソン（ノヴァク夫人）、ラムスデン・ヘア（サー・ロバート・フェアランド）、バート・ローチ（バート・トーザー）、シャーロット・ヘンリー（若い開拓者の娘）、クラレンス・ブルックス（オリヴァー・マーチャンド）、ウォルター・ダウニング（市職員）、デイヴィッド・ランドー（政府の獣医）、ジェイムズ・マーカス（ヴァイチャーソン医師）、アレック・B・フランシス（チェシル・トワイフォード）、シドニー・デグレイ（ヘッセリンク医師）、フローレンス・ブリットン（トワイフォード嬢）、ケンダール・マッコマース（ジョニー）、ボビー・ワトソン［12月1日公開］

1932

大空の闘士　Air Mail

ユニヴァーサル　白黒　1時間23分

監督　ジョン・フォード　製作　カール・レムレ・ジュニア　脚本　デイル・ヴァン・エヴァリー、フランク・W・ウィード　撮影　カール・フロイント　編集　ハリー・W・リーブ　特殊効果　ジョン・P・フルトン

出演　パット・オブライエン（デューク・タルボット）、ラルフ・ベラミー（マイク・ミラー）、グロリア・スチュアート（ルース・バーンズ）、リリアン・ボンド（アイリーン・ウィルキンス）、ラッセル・ホプトン（おまぬけウィルキンス）、スリム・サマーヴィル（やせっぽちのマックーン）、フランク・アルバートソン（トミー・ボーガン）、レスリー・フェントン（トニー・ドレッセル）、デイヴィッド・ランドー（とっつぁん）、トム・コリガン（いねむりコリンズ）、ウィリアム・ダグリー（テキサス・レイン）、ハンス・ファーガート（ドイツ人クレイマー）、ルウ・ケリー（のんだくれ）、フランク・ビールス、フランシス・フォード、ジェイムズ・ドンラン、ルイーズ・マッキントッシュ、キャサリーン・ペリー（以上乗客）、ベス・ミルトン（客室乗務員）、エドマンド・バーンズ（ラジオ・アナウンサー）、チャールズ・デ・ラ・モンテ、パット・デイヴィス（以上パイロット）、

ジム・ソープ（インディアン）、エンリコ・カルーソ・ジュニア、ビリー・ソープ、アレーヌ・キャロル、ジャック・ペニック［11月3日公開］

肉体　Flesh

MGM　白黒　1時間35分

監督　ジョン・フォード　脚本　レオナード・プラスキンス、エドガー・アレン・ウールフ　撮影　アーサー・イーディソン　美術　セドリック・ギボンズ　編集　ウィリアム・S・グレイ

出演　ウォーレス・ベアリー（ポラカイ）、カレン・モーレー（ローラ）、リカルド・コルテズ（ニッキー）、ジーン・ハーショルト（ハーマン氏）、ジョン・ミリアン（ジョー・ウィラード）、ヴィンス・バーネット（ウェイター）、ハーマン・ビング（ペピ）、グレタ・メイヤー（ハーマン夫人）、エド・ブロフィー（ドーラン）、ワード・ボンド（レスラー“マッスル”マニング）、ナット・ペンドルトン（レスラー）［12月9日公開］

1933

戦争と母性　Pilgrimage

フォックス　白黒　1時間30分

監督　ジョン・フォード　脚本　フィリップ・クライン、バリー・コナーズ　撮影　ジョージ・シュナイダーマン　美術　ウィリアム・ダーリング　音楽　R・H・バセット　編集　ルイス・R・ローフラー

出演　ヘンリエッタ・クロスマン（ハナ・ジェソップ）、ヒーサー・エンジェル（スザンヌ）、ノーマン・フォスター（ジム・ジェソップ）、マリアン・ニクソン（メアリー・サンダース）、モーリス・マーフィー（ゲイリー・ウォース）、ルシル・ラ・ヴァーン（ハットフィールド夫人）、チャーリー・グレープウィン（サウンダーズ親父）、ヘッダ・ホッパー（ウォース夫人）、ロバート・ワーウィック（アルバートソン少佐）、ベティ・プライス（ジャネット・プレスコット）、フランシス・フォード（市長）、ルイーズ・カーター（ロジャース夫人）、ジェイ・ワード（ジム・サウンダース）、フランシス・リッチ（看護婦）、アデル・ワトソン（シムズ夫人）、ジャック・ペニック（軍曹）［7月12日公開］

ドクター・ブル　Doctor Bull

フォックス　白黒　1時間19分

監督　ジョン・フォード　製作　ウィンフィールド・シーハン　脚本　ジェーン・ストーム、ポール・グリーン、フィリップ・クライン　撮影　ジョージ・シュナイダーマン　美術　ウィリアム・ダーリング　音楽　サミュエル・ケイリン　編集　ルイス・R・ローフラー

出演　ウィル・ロジャース（ジョージ・ブル医師）、マリアン・ニクソン（メイ・トリッピング）、バートン・チャーチル（ハーバート・バニング）、ルイズ・ドレッサー（バニング夫人）、ハワード・ラリー（ジョー・トリッピング）、ローチェル・ハドソン（ヴァージニア・バニング）、ヴェラ・アレン（ジャネット・カートメ

イカー）、テンプ・ピゴット（祖母）、エリザベス・パターソン（パトリシア伯母）、ラルフ・モーガン（ヴァーニー医師）、アンディ・ディヴァイン（ラリー・ワード）、ノラ・セシル（エミリー伯母）、パッツィ・オバイアン（スーザン）、エフィー・エルスラー（マイラ伯母）、ヴィーダ・バックランド（メリー）、ヘレン・フリーマン（ヘレン・アップジョン）、ロバート・パリッシュ［9月22日公開］

1934

肉弾鬼中隊　The Lost Patrol

RKOラジオ　白黒　1時間14分

監督　ジョン・フォード　製作　メリアン・C・クーパー、クリフ・リード　脚本　ダッドリー・ニコルズ、ギャレット・フォード　撮影　ハロルド・ウエインストローム　美術　ヴァン・ネスト・ポルグレイス、シドニー・ウルマン　音楽　マックス・スタイナー　編集　ポール・ウェザーワックス

出演　ヴィクター・マクラグレン（軍曹）、ボリス・カーロフ（サンダース）、ウォーレス・フォード（モレリ）、レジナルド・デニー（ジョージ・ブラウン）、J・M・ケリガン（クィンキャノン）、ビリー・ビーヴァン（ハーバート・ヘイル）、ブランドン・ハースト（ベル）、ダグラス・ウォルトン（ピアソン）、サミー・スタイン（エイベルソン）、ハワード・ウィルソン（飛行士）、ネヴィル・クラーク（ホーキンス中尉）、ポール・ハンソン（ジョック・マッケイ）、フランシス・フォード［2月16日公開］

世界は動く　The World Moves On

フォックス　白黒　1時間44分

監督　ジョン・フォード　製作　ウィンフィールド・シーハン　脚本　レジナルド・C・バークレイ　撮影　ジョージ・シュナイダーマン　美術　ウィリアム・ダーリング　音楽　マックス・スタイナー、ルイス・デ・フランチェスコ、R・H・バセット、デイヴィッド・バトルフ、ヒューゴー・フリードホーファ、ジョージ・ガーシュイン

出演　マデリーン・キャロル（ウォーヴァートン夫人＝1824年〈以下24と略〉）、メアリー・ウォーヴァートン＝1914年〈以下14と略〉）、フランチョット・トーン（リチャード・ジラール24・14）、ラムスデア・ヘア（ガブリエル・ウォーヴァートン24、サー・ジョン・ウォーヴァートン14）、レジナルド・デニー（エリッヒ・フォン・ゲルハルト）、ジーグフリード・ルーマン（フォン・ゲルハルト男爵）、ルイーズ・ドレッサー（フォン・ゲルハルト男爵夫人）、ステッピン・フェチット（ディキシー）、ダドリー・ディッグス（マニング氏）、フランク・メルトン（ジョン・ジラール24）、ブレンダ・ファウラー（ジラール夫人24）、ラッセル・シンプソン（公証人）、ウォルター・マクグレイル（決闘するフランス人24）、マルセル・コルディ（ジラール嬢24）、チャールズ・バスティン（ジャック・ジラール14）、バリー・ノートン（ジャック・ジラール＝1929年）、ジョージ・ア

ーヴィング（シャルル・ジラール14）、フェルディナンド・シューマン＝ハインク（フリッツ・フォン・ゲルハルト）、ジョルジェット・ローズ（ジャン・ジラール14）、クロード・キング（ブライスウェイト）、アイヴァン・シンプソン（クランベル）、フランク・モーラン（カルベール）、ジャック・ペニック（ローマ兵）、フランシス・フォード（同）、トービン・メイヤー（ドイツの家令14）［6月27日公開］

プリースト判事　Judge Priest

フォックス　白黒　1時間19分
監督　ジョン・フォード　製作　ソル・ワーツェル　脚本　ダッドリー・ニコルズ、ラマー・トロッティ　撮影　ジョージ・シュナイダーマン　美術　ウィリアム・ダーリング　音楽　サミュエル・ケイリン
出演　ウィル・ロジャース（ウィリアム・"ビリー"・プリースト判事）、ヘンリー・B・ウォルソール（アシュビー・ブランド牧師）、トム・ブラウン（ジェローム・プリースト）、アニタ・ルイーズ（エリー・メイ・ギレスピー）、ローチェル・ハドソン（ヴァージニア・メイデュー）、バートン・チャーチル（H・K・メイデュー上院議員）、デヴィッド・ランドー（ボブ・ギリス）、ブレンダ・ファウラー（キャロライン・プリースト夫人）、ハッティー・マクダニエル（ディルシー伯母）、ステッピン・フェチット（ジェフ・ポインデクスター）、フランク・メルトン（フレム・タリー）、ロジャー・インホフ（ビリー・ゲイナー）、チャーリー・グレープウィン（ジミー・バグビー軍曹）、フランシス・フォード（陪審員12番）、ポール・マカリスター（レイク医師）、マット・マクヒュー（ギャビー・ライヴス）、ハイ・メイヤー（ハーマン・フェルズバーグ）、ルイス・メイソン（バードソング保安官）、ロバート・パリッシュ［10月5日公開］

1935

俺は善人だ　The Whole Town's Talking

コロムビア　白黒　1時間36分
監督　ジョン・フォード　製作　レスター・コーワン　脚本　ジョン・スワーリング　撮影　ジョセフ・H・オーガスト
編集　ヴァイオラ・ローレンス
出演　エドワード・G・ロビンソン（アーサー・ファーガソン・ジョーンズと殺し屋マニオンの二役）、ジーン・アーサー（ビル・クラーク嬢）、ウォーレス・フォード（ヒーリー氏）、アーサー・バイロン（スペンサー氏）、アーサー・ホール（マイリル・ボイル）、ドナルド・ミーク（ホイト氏）、ポール・ハーヴェイ（J・G・カーペンター）、エドワード・プロフィー（なめくじマーティン）、J・ファレル・マクドナルド（ウォーデン）、エティエンヌ・ジラルド（シーヴァー夫人）、ジェイムズ・ドンラン（ハウ）、ジョン・ヘイ（ヘンチマン）、エフィー・

エルスラー（アガサ伯母）、ロバート・エメット・オコナー（警察官）、ジョゼフ・ソウヤー（マニオンの子分）、フランシス・フォード、ロバート・パリッシュ［2月22日公開］

男の敵　The Informer

RKOラジオ　白黒　1時間31分

監督　ジョン・フォード　製作　クリフ・リード　脚本　ダッドリー・ニコルズ、リーアム・オフラハーティ、ロバート・シスク　撮影　ジョゼフ・H・オーガスト　美術　ヴァン・ネスト・ポルグラエ、チャールズ・カーク　音楽　マックス・スタイナー　編集　ジョージ・ヒヴリー

出演　ヴィクター・マクラグレン（ジポー・ノーラン）、ヒザー・エンジェル（メリー・マクラフィリップ）、プレストン・フォスター（ダン・ギャラガー）、マーゴット・グレアム（ケティー・マッデン）、ウォーレス・フォード（フランキー・マクフィリップ）、ウーナ・オコナー（マクフィリップ夫人）、J・M・ケリガン（テリー）、ジョゼフ・ソウヤー（バートリー・マルホランド）、ニール・フィッツジェラルド（トミー・コナー）、ドナルド・ミーク（パット・マリガン）、ダーシー・コリガン（盲人）、レオ・マッケイブ（ドナヒュー）、ゲイロード・ペンドルトン（ダリー）、フランシス・フォード（〝判事〟フリーン）、メイ・ボーリィ（ベティ夫人）、グリツェルダ・ハーヴェイ（おとなしい娘）、デニス・オディ（街角の歌い手）、ジャック・マルホール（見張り）、J・ファレル・マクドナルド（路上の男）、ロバート・パリッシュ（兵士）、クライド・クック、バーロウ・ボーランド、フランク・モーラン、アーサー・マクラグレン［5月1日公開］

周遊する蒸気船　Steamboat Round the Bend

20世紀フォックス　白黒　1時間20分

監督　ジョン・フォード　製作　ソル・M・ワーツェル、ウィンフィールド・シーハン　脚本　ダッドリー・ニコルズ、ラマー・トロッティ　撮影　ジョージ・シュナイダーマン　美術　ウィリアム・ダーリング　音楽　サミュエル・ケイリン　編集　アルフレッド・デ・ガエターノ

出演　ウィル・ロジャース（ドクター・ジョン・パーリー）、アン・シャーリー（フリーティ・ベル）、ユージン・ポーレット（ルーフ・ジェファーズ保安官）、ジョン・マクガイア（デューク）、バートン・チャーチル（〝モーゼ〟を名乗る男）、フランシス・フォード（イフェ）、ステッピン・フェチット（ジョージ・リンカーン・ワシントン）、アーヴィン・S・コップ（イーライ船長）、ロジャー・インホフ（とっちゃん）、レイモンド・ハットン（マット・エリベル）、ホバート・ボスワース（チャプレン）、ルイス・メイソン（競技主催者）、ロバート・E・ホルムズ（同）、チャールズ・B・ミドルトン（フリーティの父）、サイ・ジェンクス（農夫）、ジャック・ペニック（船

を襲う一団の頭目）［9月6日公開］

1936

虎鮫島脱獄
The Prisoner of Shark Island

20世紀フォックス　白黒　1時間35分
監督　ジョン・フォード　製作　ダリル・F・ザナック　脚本及び共同製作　ナナリー・ジョンソン　撮影　バート・グレノン　美術　ウィリアム・ダーリング　音楽　ルイス・シルヴァース　編集　ジャック・マレー
出演　ウォーナー・バクスター（サミュエル・A・マッド医師）、グロリア・スチュアート（ペギー・マッド夫人）、クロード・ギリングウォーター（ダイヤ大佐）、アーサー・バイロン（エリクソン氏）、O・P・ヘジー（マッキンタイヤ医師）、ハリー・ケリー（虎鮫島ことジェファーソン砦の士官）、フランシス・フォード（オトゥール伍長）、ジョン・キャラダイン（ランキン軍曹）、フランク・マグリン・シニア（エイブラハム・リンカーン）、ダグラス・ウッド（ユーウィング将軍）、ジョイス・ケイ（マーサ・マッド）、フレッド・コーラー・ジュニア（クーパー軍曹）、フランシス・マクドナルド（ジョン・ウィルクス・ブース）、ジョン・マクガイア（ラヴェル中尉）、アーネスト・ホイットマン（バックランド・モンランシー・"バック"・ティルフォード）、ポーレイラ・マッキンタイア（リンカーン夫人）、エッタ・マクダニエル（ロザベル・ティルフォード）、アーサー・ロフト（北部から来た流れ者）、ポール・マクヴィー（ハンター将軍）、モーリス・マーフィー（伝令）、ジャック・ペニック（信号旗手の兵）、J・M・ケリガン（メイベン判事）、ホイットニー・ボーン、ロバート・パリッシュ［2月12日公開］

メアリー・オブ・スコットランド
Mary of Scotland

RKOラジオ　白黒　2時間3分
監督　ジョン・フォード　製作　パンドロ・S・バーマン　脚本　ダッドリー・ニコルズ、モーティマー・オフナー　撮影　ジョゼフ・H・オーガスト　美術　ヴァン・ネスト・ポルグレイズ、キャロル・クラーク　音楽　マックス・スタイナー　編集　ジェイン・ローリング
出演　キャサリン・ヘップバーン（メアリー・スチュアート）、フレドリック・マーチ（ボズウェル）、フローレンス・エルドリッジ（エリザベス一世）、ダグラス・ウォルトン（ダーンリー）、ジョン・キャラダイン（デイヴィッド・リッツィオ）、モンテ・ブルー（メサジェル）、ジーン・フェンウィック（メアリー・セトン）、ロバート・バラット（モートン）、ガヴィン・ミュア（ライセスター）、イアン・キース（ジェームズ・スチュワート・モーレイ）、モロニ・オルセン（ジョン・ノックス）、ドナルド・クリスプ（ハントレイ）、ウィリアム・スタック（ラスヴェン）、モリー・ラモント（メアリー・リヴィングストン）、ウォルター・バイロン（サー・フランシス・ウォルシンガム）、ラルフ・フォーブズ（ランドルフ）、

アラン・モーブレイ（トロックモートン）、フリーダ・アイネスコート（メアリー・ビートン）、デイヴィッド・トーレンス（リンゼイ）、アニタ・コルビー（メアリー・フレミング）、ライオネル・ベルモア（イングランドの漁師）、ドリス・ロイド（その妻）、ボビー・ワトソン（その息子）、ライオネル・ペープ（バーグレー）、アイヴァン・シンプソン（裁判官）、マレー・キンネル（同）、ローレンス・グラント（同）、ナイジェル・デ・ブリュリエール（同）、バーロウ・ボーランド（同）、アレック・クレイグ（ドナル）、メアリー・ゴードン（乳母）、ウィルフレッド・ルーカス（レキシントン）、レオナルド・マディー（メイトランド）、ブランドン・ハースト（アリアン）、ダーシー・コリガン（カーカルディ）、フランク・ベイカー（ダグラス）、シリル・マクラグレン（フォードサイド）、ロバート・ウォリック（サー・フランシス・ネーリス）、アール・フォックス（ケント公爵）、ウィンダム・スタンディング（軍曹）、ガストン・グラス（シャトラル）、ニール・フィッツジェラルド（貴族）、ポール・マカリスター（デュ・クロシエ）［7月24日公開］

北斗七星　The Plough and the Stars

RKOラジオ　白黒　1時間12分

監督　ジョン・フォード　製作　クリフ・リード、ロバート・シスク　脚本　ダッドリー・ニコルズ　撮影　ジョゼフ・H・オーガスト　美術　ヴァン・ネスト・ポルグレイズ　音楽　ナサニエル・シルクレット、ロイ・ウェッブ　編集　ジョージ・ヒヴリー

出演　バーバラ・スタンウィック（モーラ・クライセロー）、プレストン・フォスター（ジャック・クライセロー）、バリー・フィッツジェラルド（フルーザー・グッド）、デニス・オーディ（青年団の一員）、アイリーン・クロウ（ベッシー・バージェス）、アーサー・シールズ（パドライク・ピアース）、エリン・オブライエン・ムーア（ロジー・レドモンド）、ブランドン・ハースト（ティンレイ軍曹）、F・J・マコーミック（ブレノン大尉）、ウーナ・オコナー（マギー・コーガン）、モロニ・オルセン（コンロイ将軍）、J・M・ケリガン（ピーター・フリン）、ニール・フィッツジェラルド（カンゴン中尉）、ボニータ・グランヴィル（モルサー・ゴーガン）、シリル・マクラグレン（ストダート伍長）、ロバート・ホーマンズ（バーテン）、メアリー・ゴードン（女）、ライオネル・ペープ（老イングランド人）、マイケル・フィッツモーリス（ICA）、ゲイロード・ペンドルトン（同）、ドリス・ロイド、ダーシー・コリガン、ウェズリー・バリー［12月26日公開］

1937

テンプルの軍使　Wee Willie Winkie

20世紀フォックス　白黒一部着色　1時間39分

監督　ジョン・フォード　製作　ダリル・F・ザナック、ジーン・マーケイ

脚本　アーネスト・パスカル、ジュリア

ン・ジョゼフソン　撮影　アーサー・ミラー　音楽　アルフレッド・ニューマン　ルイス・シルヴァース　編集　ウォルター・トンプソン

出演　シャーリー・テンプル（プリシラ・ウィリアムズ）、ヴィクター・マクラグレン（マグダフ軍曹）、C・オーブリー・スミス（ウィリアム大佐）、ジューン・ラング（ジョイス・ウィリアムズ）、マイケル・ウォレン（〝コビー〟・ブランデス中尉）、シーザー・ロメロ（コーダ・カーン）、コンスタンス・コリアー（アラダイス夫人）、ダグラス・スコット（モット）、ギャビン・ミュア（ビバーベイ大尉）、ウィリー・ファング（モハマド・デイン）、ブランドン・ハースト（バグビー）、ライオネル・ペープ（アラダイス将軍）、クライド・クック（スニース少佐）、ロウリー・ビーティー（エルシー・アラダイス）、ライオネル・ブレアム（ハモンド陸軍少将）、メアリー・フォーブス（マクモナシー夫人）、シリル・マクラグレン（タンメル伍長）、パット・サマーセット（士官）、ヘクター・サーノ（指揮官）［1時間39分］

ハリケーン　The Hurricane

ゴールドウィン＝UA　白黒　1時間42分

監督　ジョン・フォード　製作　サミュエル・ゴールドウィン、メリット・ハルバート　脚本　ダッドリー・ニコルズ　撮影　バート・グレノン　美術　リチャード・デイ、アレックス・ゴリツェン　音楽　アルフレッド・ニューマン　編集　ロイド・ノスラー

出演　ドロシー・ラムーア（マラマ）、ジョン・ホール（テランギ）、メアリー・アスター（ドラージュ夫人）、C・オーブリー・スミス（ポール神父）、トーマス・ミッチェル（カーサイン医師）、レイモンド・マッセイ（ドラージュ氏）、ジョン・キャラダイン（衛兵）、ジェローム・コーワン（ネイグル船長）、アル・キカム（マヘイア酋長）、クーライ・ドクラーク（チタ）、ライン・トム・ジュニア（マコ）、マモ・クラーク（ヒティア）、モヴィタ・カステナダ（アライ）、レリ（レリ）、フランシス・カアイ（タヴィ）、ポーリン・スティール（マタ）、フローラ・ヘイズ（ママ・ルア）、メアリー・ショウ（マランガ）、スペンサー　チャータース（判事）、ロジャー・ドレーク（衛兵隊長）、イネス・コートネイ（小舟の娘）、ポール・ストレイダー［12月24日公開］

1938

四人の復讐　Four Men and a Prayer

20世紀フォックス　白黒　1時間25分

監督　ジョン・フォード　製作　ダリル・F・ザナック　脚本　リチャード・シャーマン、ソニヤ・レヴィエン、ウォルター・フェリス　撮影　アーネスト・パーマー　美術　ベルナルド・ヘルツブラン、ルドルフ・ステルナ　音楽　ルイス・シルヴァース、エルンスト・トック　編集　ルイス・R・ローフラー

出演　ロレッタ・ヤング（リン・チェリントン）、リチャード・グリーン（ジェ

フリー・リイ）、ウィリアム・ヘンリー（ロドニー・リイ）、C・オーブリー・スミス（ローリング・リイ大佐）、J・エドワード・ブロンバーグ（トーレス将軍）、アラン・ヘイル（ファーノイ）、ジョン・キャラダイン（アドルフ・アルチェロ・セバスチャン将軍）、レジナルド・デニー（ダグラス・ラヴランド）、バートン・チャーチル（マーティ・チェリントン）、クロード・キング（ブライス将軍）、ジョン・サットン（ドレイク大尉）、バリー・フィッツジェラルド（マルカーイ）、セシル・カニンガム（バイヤー）、フランク・ベイカー（被告弁護人）、フランク・ドーソン（マリンズ）、リナ・バスケット（アーニー）、ウィリアム・スタック（検事側代理人）、ハリー・ハイドン（チェリントンの秘書）、ウィンター・ホール（判事）、ウィル・スタントン（コクニー）、ジョン・スペイシー（弁護士）、C・モンタギュー・ショウ（同）、ライオネル・ペープ（検視官）、ブランドン・ハースト（陪審長）［4月29日公開］

サブマリン爆撃隊　Submarine Patrol

20世紀フォックス　白黒　1時間35分
監督　ジョン・フォード　製作　ダリル・F・ザナック　脚本　ライアン・ジェイムズ、ダレル・ウェア、ジャック・イェーレン　撮影　アーサー・ミラー　美術　ウィリアム・ダーリング、ハンス・ピータース　音楽　アーサー・ラング　編集　ロバート・シンプソン
出演　リチャード・グリーン（ペリー・タウンゼント三世）、ナンシー・ケリー（スーザン・リーズ）、プレストン・フォスター（ジョン・C・ドレイク大尉）、ジョージ・バンクロフト（リーズ艦長）、スリム・サマーヴィル（エルズワース・“スポッズ”・フィケット）、ジョージ・ヴァレリー（アン）、ジョン・キャラダイン（マカリソン）、ウォーレン・ハイマー（ロッキー・ハガティー）、ヘンリー・アーメッタ（ルイジ）、ダグラス・ファウラー（ブレット）、J・ファレル・マクドナルド（クインキャノン）、ディック・ホーガン（ジョニー）、マクシー・ローゼンブルーム（ジョー・ダフィー軍曹）、ワード・ボンド（オラーフ・スワンソン）、ロバート・ローリー（スパークス）、チャールズ・タンネン（ケリー）、ジョージ・E・ストーン（アーヴィング）、モロニ・オルセン（ウィルソン大尉）、ジャック・ペニック（ガンス・マベック）、エリシャ・クック・ジュニア（プラット教授）、ハリー・ストラング（グレインジャー）、チャールズ・トロウブリッジ（ジェゼフ・メイトランド提督）、ヴィクター・ヴァルコーニ（従軍牧師）、マレイ・オールバー（水兵）、E・E・クライブ（プリングル氏）［11月25日公開］

1939

駅馬車　Stagecoach

ウエインジャー＝UA　白黒　1時間37分
監督　ジョン・フォード　製作　ウォルター・ウエインジャー　脚本　ダッドリー・ニコルズ　撮影　バート・グレノン

美術　アレクサンダー・トルボフ　音楽　リチャード・ヘイグマン、W・フランク・ハーリング、ジョン・ライポルド、レオ・シャーケン　編集監督　オソー・ラヴァリング　編集　ドロシー・スペンサー、ウォルター・レイノルズ

出演　ジョン・ウエイン（リンゴー・キッド）、クレア・トレヴァー（ダラス）、ジョン・キャラダイン（ハットフィールド）、トーマス・ミッチェル（医師ジョサイア・ブーン）、アンディ・ディヴァイン（馭者バック）、ドナルド・ミーク（サミュエル・ピーコック）、ルイーズ・プラット（ルーシー・マローリー）、ティム・ホルト（ブランチャード中尉）、ジョージ・バンクロフト（保安官カーリー・ウィルコックス）、バートン・チャーチル（ヘンリー・ゲートウッド）、トム・タイラー（ルーク・プラマー）、クリス・ピン・マーティン（クリス）、エルヴィラ・リオス（その妻ヤキマ）、フランシス・フォード（ビリー・ピケット）、マーガ・ダイトン（ピケット夫人）、ケント・オデル（ビリー・ピケット二世）、ヤキマ・カナット（騎兵隊の斥候）、チーフ・ビッグ・ツリー（インディアンの斥候）、ハリー・テンブルーク（通信兵）、ジャック・ペニック（バーテンのジェリー）、ポール・マクヴィー（駅馬車会社係員）、コーネリアス・キーフ（ホイットニー大尉）、フローレンス・レイク（ナンシー・ホイットニー夫人）、ルイーズ・メイソン（保安官）、ブレンダ・フォウラー（ゲートウッド夫人）、ウィルター・マッグレイル（シッケル大尉）、ジョゼフ・リクソン（アイク・プラマー）、ヴェスター・ペグ（ハンク・プラマー）、ウィリアム・ホファー（軍曹）、ブライアント・ウォシュバーン（シモンズ大尉）、ノラ・セシル（ブーン医師の家政婦）、ヘレン・ギブソン（踊り子）、ドロシー・アンルビー（同）、バディ・ルーズヴェルト（牧童）、ビル・コディ（同）、チーフ・ホワイトホース（インディアン酋長）、デューク・リー（ローズバーグの保安官）、メアリー・キャスリーン・ウォーカー（ルーシーの赤ちゃん）、エド・ブラディ、スティーヴ　クレメント、セオドア・ラーチ、フリッチィ・ブルーネット、レオナード・トレイナー、クリス・フィリップス、テックス・ドリスコル、テディ・ビリングス、ジョン・エカート、アル・リー、ジャック・モア、パッツィ・ドイル、ウィギー・ブラウン、マーガレット・スミス［3月2日公開］

若き日のリンカン
Young Mr. Lincoln

コスモポリタン＝20世紀フォックス　白黒　1時間40分

監督　ジョン・フォード　製作　ダリル・F・ザナック、ケネス・マクゴーワン　脚本　ラマー・トロッティ　撮影　バート・グレノン　美術　リチャード・デイ、マーク・リー・カーク　音楽　アルフレッド　ニューマン　編集　ウォルター・トンプソン

出演　ヘンリー・フォンダ（エイブラハム・リンカン）、アリス・ブラディ（ア

ビゲイル・グレイ）、マージョリー・ウィーバー（メアリー・トッド）、アーリーン・ウェラン（ハンナ・クレイ）、エディ・コリンズ（イフ・ターナー）、ポーリン・ムーア（アン・ラトレッジ）、リチャード・クロムウェル（マット・クレイ）、ワード・ボンド（ジョン・バルマー・キャス）、ドナルド・ミーク（ジョン・フェルダー）、スペンサー・チャーターズ（ハーバート・A・ベル判事）、エディ・クィラン（アダム・クレイ）、ジュディス・ディッケンズ（キャーリー・スウ）、ミルバーン・ストーン（スティーヴン・A・ダグラス）、クリフ・クラーク（ビリングス保安官）、ロバート・ローリー（陪審員）、チャールズ・タンミン（ニニアン・エドワーズ）、フランシス・フォード（サム・ブーン）、フレッド・コーラー・ジュニア（スクラブ・ホワイト）、ケイ・リンエイカー（エドワーズ夫人）、ラッセル・シンプソン（ウールリッジ）、チャールズ・ハルトン（ホーソン）、エドウィン・マクスウェル（ジョン・T・スチュワート）、ロバート・ホーマン（クレイ師）、ジャック・ケリー（少年時代のマット・クレイ）、ハリー・タイラー（ヘア・ドレッサー）、ルイーズ・メイソン（法廷書記）、ジャック・ペニック（ビッグ・バッグ）、スティーヴン・ランダル（陪審員）、クラレンス・ウィルソン［6月9日公開］

モホークの太鼓

Drums along the Mohawk

20世紀フォックス　カラー　1時間43分

監督　ジョン・フォード　製作　ダリル・F・ザナック　脚本　ラマー・トロッティ、ソニヤ・レヴィアン　撮影　バート・グレノン、レイ・レナハン　美術　リチャード・デイ、マーク・リー・カーク　音楽　アルフレッド・ニューマン

編集　ロバート・シンプソン

出演　クローデット・コルベール（ラナ・ボースト・マーティン）、ヘンリー・フォンダ（ギルバート・マーティン）、エドナ・メイ・オリヴァー（マクレナン夫人）、エディ・コリンズ（クリスチャン・リール）、ジョン・キャラダイン（コールドウェル）、ドリス・ボードン（メアリー・リール）、ジェシー・ラルフ（ウィーヴァー夫人）、アーサー・シールズ（ローゼンクランツ神父）、ロバート・ローリー（ジョン・ウィーヴァー）、ロジャー・アインホフ（ニコラス・ハーキュー将軍）、フランシス・フォード（ジョー・ボレオ）、ワード・ボンド（アダム・ハートマン）、ケイ・リンエイカー（ドムース夫人）、ラッセル・シンプソン（ペトリー医師）、チーフ・ビッグ・ツリー（ブルー・バック）、スペンサー・チャーターズ（宿の主人フィスク）、アーサー・アイルワース（ジョージ）、サイ・ジェンクス（ジェイコブス）、ジャック・ペニック（エイモス）、チャールズ・タンネン（ロバート・ジョンソン）、ポール・マクヴィー（マーク・ドームス大尉）、エリザベス・ジョーンズ（リール夫人）、ライオネル・ペープ（将軍）、クラレンス・ウィルソン（会計官）、

エドウィン・マクスウェル（牧師）、クララ・ブランディック（ボースト夫人）、ビューラ・ホール・ジョーンズ（デイジー）、ロバート・グリーグ（ボースト氏）、メー・マーシュ［11月3日公開］

1940

怒りの葡萄　The Grapes of Wrath

20世紀フォックス　白黒　2時間8分
監督　ジョン・フォード　製作　ダリル・F・ザナック　脚本　ナナリー・ジョンソン　撮影　グレッグ・トーランド　音楽　アルフレッド・ニューマン　編集　ロバート・シンプソン
出演　ヘンリー・フォンダ（トム・ジョード）、ジェーン・ダーウェル（ジョードの母）、ジョン・キャラダイン（ケイシー）、チャーリー・グレープウィン（ジョードの祖父）、ドリス・ボードン（ローザシャーン）、ラッセル・シンプソン（ジョードの父）、O・Z・ホワイトヘッド（アル）、ジョン・クォーレン（マレイ）、エディ・クィラン（コニー）、ゼフィ・ティルバリー（ジョードの祖母）、フランク・サリー（ノア）、フランク・ダリアン（ジョン伯父）、ダリル・ヒックマン（ウィンフィールド）、シャーリー・ミルズ（ルース・ジョード）、グラント・ミッチェル（後見人）、ワード・ボンド（警官）、フランク・フィレン（ティム）、ジョー・ソウヤー（会計係）、ハリー・タイラー（バート）、チャールズ・B・ミドルトン（指導者）、ジョン・アーレッジ（デイヴィス）、ホリス・ジュウェル（マレイの息子）、ポール・ギルフォイル（フロイド）、チャールズ・D・ブラウン（ウィルキー）、ロジャー・アインホフ（トーマス）、ウィリアム・ポーリー（ビル）、アーサー・アイルワース（神父）、チャールズ・タンネン（ジョー）、セルマー・ジャクソン（検査官）、エディ・C・ウォーラー（地主）、デイヴィッド・ヒューズ（フランク）、クリフ・クラーク（町民）、エイドリアン・モリス（口入れ屋）、ロバート・ホーマンズ（スペンサー）、アーヴィング・ベイコン（指導者）、キティ・マクヒュー（メエ）、ジャック・ペニック（警備員）、メー・マーシュ　フランシス・フォード［3月15日公開］

果てなき航路　The Long Voyage Home

ウエインジャー＝UA　白黒　1時間45分
監督　ジョン・フォード　製作　ダッドリー・ニコルズ　撮影　グレッグ・トーランド　美術　ジェイムズ・バセヴィ
音楽　リチャード・ヘイグマン　編集　シャーマン　トッド
出演　トーマス・ミッチェル（アロイシャス・ドリスコール）、ジョン・ウエイン（オル・オルセン）、アイアン・ハンター（トーマス・ヘンウィック・〝スミティ〟）、バリー・フィッツジェラルド（コッキィ）、ウィルフレッド・ローソン（船長）、ミルドレッド・ナットウィック（フィリーダ）、ジョン・クォーレン（アクセル・スワンソン）、ワード・ボンド（ヤンク）、ジョー・ソウヤー（デイヴィス）、アーサー・シールズ（ドンキーマン）、J・M・ケリガン（クリンプ）、デイヴィッド・ヒューズ（スコッティ）、ビリー・ビーヴァン（ジョー）、シリル・マクラグレン（メイト）、ロバート・E・ペリー（バディ）、ジャック・ペニック（ジョニー・バーグマン）、コンスタンティン・フレンケ（ナーヴェイ）、コンスタンティン・ロマノフ（ビッグ・フランク）、ダン・ボサージ（ティム）、ハリー・テンブルーク（マックス）、ダグラス・ウォルトン（少尉）、ラファエラ・オティアノ（〝トロピックス〟の娘）、カーメン・モラレス（カヌーの娘たち）、カーメン・ド・アントニオ（同）、ハリー・ウッズ（アミンドラ号の一等航海士）、エドガー・〝ブルー〟・ワシントン、ライオネル・ペープ、ジェイン・クロウリー、モーリン・ローデン＝ライアン［1時間45分］

1941

タバコ・ロード　Tobacco Road

20世紀フォックス　白黒　1時間24分

監督　ジョン・フォード　製作　ダリル・F・ザナック　脚本　ナナリー・ジョンソン　撮影　アーサー・ミラー　美術　リチャード・デイ、ジェイムズ・バセヴィ　音楽　デイヴィッド・バトルフ　編集　バーバラ・マクリーン

出演　チャーリー・グレープウィン（ジーター・レスター）、マージョリー・ランボー（シスター・ベッシー）、ジーン・ティアニー（エイリー・メイ・レスター）、ウィリアム・トレイシー（デューク・レスター）、エリザベス・パターソン（レイグ・レスター）、ダナ・アンドリュース（ティム医師）、スリム・サマーヴィル（ヘンリー・ピーボディ）、ワード・ボンド（ロヴ・ベンゼイ）、グラント・ミッチェル（ジョージ・ペイン）、ゼフィー・ティルバリー（レスター家の祖母）、ラッセル・シンプソン（保安官）、スペンサー・チャーターズ（使用人）、チャールズ・ハルトン（市長）、ジャック・ペニック（保安官助手）、ドロシー・アダムズ（ペインの秘書）、フランシス・フォード（放浪者）［2月20日公開］

わが谷は緑なりき　How Green Was My Valley

20世紀フォックス　白黒　1時間58分

監督　ジョン・フォード　製作　ダリル・F・ザナック　脚本　フィリップ・ダン　撮影　アーサー・ミラー　美術　リチャード・デイ、ネーサン・ジュラン　音楽　アルフレッド・ニューマン　編集　ジェイムズ・B・クラーク　ナレーション　ライス・ウィリアムズ

出演　ウォルター・ピジョン（グルフィッド牧師）、モーリン・オハラ（アンガラード・モーガン）、ドナルド・クリスプ（グウィリム・モーガン）、アンナ・リー（ブロンウィン・モーガン）、ロディー・マクドウォール（ヒュー・モーガン）、ジョン・ローダー（イアント・モーガン）、セイラ・オールグッド（ベス・モーガン夫人）、バリー・フィッツジェラルド（サイファータ）、パトリック・ノウルズ（アイヴァー・モーガン）、ザ・

エイステッドフォッド・シンガーズ・オブ・ウェールズ（唄い手たち）、モートン・ロウリー（ジョナス夫人）、アーサー・シールズ（パリー助祭）、アン・トッド（サイウエイン）、フレデリック・ワーロック（リチャーズ医師）、リチャード・フレイザー（デヴィ・モーガン）、エヴァン・S・エヴァンス（若き日のグウィリム・モーガン）、ジェイムズ・モンクス（オーウエイン・モーガン）、ライス・ウィリアムズ（ダイ・バンド）、ライオネル・ペープ（エヴァンス老人）、エセル・グリフィーズ（ニコラス夫人）、マーティン・ラモント（ジェスティン・エヴァンス）、メー・マーシュ（鉱夫の妻）、ルイス・ジーン・ヘイト（鉱夫）、デニス・ホーイ（モッシェル）、チューダー・ウィリアム（歌手）、クリフォード・セヴァーン（マーヴィン）［10月28日公開］

1945

コレヒドール戦記 They Were Expendable

MGM　白黒　2時間16分
監督・製作　ジョン・フォード　脚本　フランク・ウィード　撮影　ジョセフ・H・オーガスト　美術　セドリック・ギボンズ、マルコム・F・ブラウン　音楽　ハーバート・ストサート　編集　ダグラス・ビッグス、フランク・E・ハル
出演　ロバート・モンゴメリー（ジョン・ブリックリー大尉）、ジョン・ウエイン（ラスティー・ライアン中尉）、ドナ・リード（サンディ・ダヴィス中尉）、ジャック・ホルト（マーティン将軍）、ワード・ボンド（〝ボーツ〟マルケーヒー兵曹長）、チャールズ・トローブリッジ（ブラックウェル提督）、マーシャル・トンプソン（〝スネーク〟ガードナー少尉）、キャメロン・ミッチェル（ジョージ・クロス少尉）、ルイス・ジーン・ハイット（オハイオ）、ジャック・ペニック（ドク・チャーリー）、ラッセル・シンプソン（〝ダドゥ〟ノーランド）、ブレイク・エドワーズ（魚雷艇乗組員）、レオン・エイムズ（モートン少尉）、ポール・ラングドン（アンディ・アンドリュース）、アーサー・ウォルシュ（ジョーンズ）、ドナルド・カーティス（ショーリィ）、ジェフ・ヨーク（トニー・エイケン）、マレイ・オールバー（スラグ・マハン）、ハリー・テンブルーク（ラーセン）、チャールズ・ロウブリッジ（ブラックウェル提督）、ロバート・バラット（ブラント）、バーノン・スティール（軍医）、アレックス・ハブラー（ベニー）、ウォーレス・フォード、トム・タイラー［12月20日公開］

1946

荒野の決闘　My Darling Clementine

20世紀フォックス　白黒　1時間37分
監督　ジョン・フォード　製作　ダリル・F・ザナック、サミュエル・G・エンゲル　脚本　サミュエル・G・エンゲル、ウィンストン・ミラー　撮影　ジョー・マクドナルド　美術　ジェイムズ・バセヴィ、ライル・R・ウィーラー　音楽　アルフレッド・ニューマン、シリル・J・モックリッジ　編集　ドロシー・ス

ペンサー

出演　ヘンリー・フォンダ（ワイアット・アープ）、リンダ・ダーネル（チワワ）、ヴィクター・マチュア（ジョン・ヘンリー・〝ドク〟ホリデー）、キャシー・ダウンズ（クレメンタイン・カーター）、ウォルター・ブレナン（ニューマン・ヘインズ・クラントン）、ワード・ボンド（モーガン・アープ）、ティム・ホルト（ヴァージル・アープ）、ジョン・アイアランド（ビリー・クラントン）、ジェーン・ダーウェル（ケイト・ネルソン）、アラン・モーブレイ（グランヴィル・ソーンダイク）、ロイ・ロバーツ（町長）、グラント・ウィザース（アイク・クラントン）、ラッセル・シンプソン（ジョン・シンプソン）、J・ファレル・マクドナルド（バーテンダーのマック）、フランシス・フォード（老兵士）、ジャック・ペニック（駅馬車の御者）、ドン・ガーナー（ジェームズ・アープ）、ベン・ホール（床屋）、アーサー・ウォルシュ（ホテルの番頭）、ルイス・メルシエール（フランス人）、ミッキー・シンプソン（サム・クラントン）、フレッド・リビー（フィン・クラントン）、ハリー・ウッズ（保安官ルーク）、チャールズ・スティーヴンズ（インディアン・チャーリー）、メー・マーシュ

［11月7日公開］

1947

逃亡者　The Fugitive

アーゴシィ・ピクチャーズ＝RKOラジオ　白黒　1時間44分

監督　ジョン・フォード　製作　ジョン・フォード、メリアン・C・クーパー

脚本　ダッドリー・ニコルズ　撮影　ガブリエル・フィゲロア　美術　アルフレッド・イバラ　音楽　リチャード・ヘイグマン　編集　ジャック・マレイ

出演　ヘンリー・フォンダ（逃亡者）、ドロレス・デル・リオ（メキシコ女）、ペドロ・アルメンダリス（憲兵隊長）、ワード・ボンド（お尋ね者の〝エル・グリンゴ〟）、レオ・キャリロ（憲兵司令官）、J・キャロル・ナイシュ（憲兵のスパイ）、ロバート・アームストロング（憲兵隊の軍曹）、ジョン・クオーレン（医師）、フォーチュニオ・ボナノバ（知事のいとこ）、クリスピン・マーティン（オルガン弾き）、ミゲル・インクラン（人質）、フェルナンド・フェルナンデス（歌手）、ホセ・I・トウペイ（メキシコ人農夫）、メル・ファーラー［11月3日公開］

1948

アパッチ砦　Fort Apache

アーゴシィ・ピクチャーズ＝RKOラジオ　白黒　2時間7分

監督　ジョン・フォード　製作　ジョン・フォード、メリアン・C・クーパー

脚本　フランク・S・ニュージェント

撮影　アーチー・スタウト　編集　ジャック・マレー　音楽　リチャード・ヘイグマン

出演　ジョン・ウエイン（カービー・ヨーク大尉）、ヘンリー・フォンダ（オーウエイン・サーズデー中佐）、ワード・ボンド（マイケル・オルーク軍曹）、シ

ャーリー・テンプル（フィラデルフィア・サーズデー）、ペドロ・アルメンダリス（ボーフォート軍曹）、ジョージ・オブライエン（サム・コリングウッド大尉）、ジョン・エイガー（マイケル・シャノン〝ミッキー〟オローク少尉）、ヴィクター・マクラグレン（フェスタス・マルケヒー軍曹）、アンナ・リー（エミリー・コリングウッド）、アイリーン・リッチ（メアリー・オローク）、ガイ・キビー（ウィルケンス軍医）、メー・マーシュ（ケイツ夫人）、グラント・ウィザース（シーラス・ミーチャム）、ミゲル・インクラン（コーチーズ）、ジャック・ペニック（シャタック軍曹）、フランク・ファーガソン（新聞記者）、フランシス・フォード（フェン）、ハンク・ウォーデン（補充兵）、ディック・フォーラン（クィンケノン軍曹）［3月9日公開］

三人の名付親　Three Godfathers

アーゴシィ・ピクチャーズ＝MGM　カラー　1時間46分

監督　ジョン・フォード　製作　ジョン・フォード、メリアン・C・クーパー　脚本　ローレンス・スターリングス、フランク・S・ニュージェント　撮影　ウィントン・C・ホック　美術　ジェイムズ・バセヴィ　音楽　リチャード・ヘイグマン　編集　ジャック・マリー

出演　ジョン・ウエイン（ロバート・マーマデューク・ハイタワー）、ペドロ・アルメンダリス（ペドロ〝ピート〟フエルテ）ハリー・ケリー・ジュニア（ウィリアム・〝アビリーン・キッド〟・カーニー）、ワード・ボンド（パーリー・〝バック〟・スウィート）、メー・マーシュ（スウィート夫人）、ミルドレッド・ナットウィック（幌馬車の婦人）、ベン・ジョンソン（民警団）、マイケル・デューガン（同）、ドン・サマーズ（同）、ジェーン・ダーウェル（フローリー夫人）、ガイ・キビー（判事）、ドロシー・フォード（ルビー・レイサム）、チャールズ・ホルトン（オリヴァー・レイサム）、フランシス・フォード（酒場の飲んだくれ）フレッド・リビー（保安官補）、ハンク・ウォーデン（同）、ジャック・ペニック（ルーク）、クリフ・ライオンズ（民警団／モハーヴェ・タンク）、リチャード・ヘイグマン（酒場のピアノ弾き）［12月1日公開］

1949

黄色いリボン
She Wore a Yellow Ribbon

アーゴシィ・ピクチャーズ＝RKOラジオ　カラー　1時間43分

監督　ジョン・フォード　製作　ジョン・フォード、メリアン・C・クーパー　脚本　フランク・ニュージェント、ローレンス・スターリングス　撮影　ウィントン・C・ホック　美術　ジェイムズ・バセヴィ　音楽　リチャード・ヘイグマン　編集　ジャック・マレー

出演　ジョン・ウエイン（ネイサン・カッティング・ブリトルズ大尉）、ジョーン・ドルー（オリヴィア・ダンドリッジ）、ジョン・エイガー（フリント・コーヒル中尉）、ベン・ジョンソン（タイリー軍曹）、

ハリー・ケリー・ジュニア（ロス・ペネル少尉）、ヴィクター・マクラグレン（クィンケノン軍曹）、ジョージ・オブライエン（マック・オールシャード少佐）、ミルドレッド・ナットウィック（アビー・オールシャード）、アーサー・シールズ（オラフリン軍医）、マイケル・ドゥーガン（ホックバウアー軍曹）、チーフ・ジョン・ビッグ・トゥリー（酋長・歩く馬）、フランシス・フォード（コネリー）、ジャック・ペニック（曹長）、トム・タイラー（クウエイン伍長）、ノーブル・ジョンソン（酋長レッド・シャツ）、クリフ・ライオンズ（クリフ騎兵）、ミッキー・シンプソン（ワグナー）、フレッド・グレアム（ヘンク）、フランク・マックグラス（ラッパ手）、ドン・サマーズ（ジェンキンズ）、フレッド・リビー（クラムレイン元海軍大佐）、ビリー・ジョーンズ（急使）、ビル・ゲティンジャー（士官）、フレッド・ケネディ（バジャー）、ルディ・ボウマン（兵卒スミス）、ポスト・パーク（士官）、レイ・ハイク（マッカーシー）、リー・ブラドレイ（通訳）、チーフ・スカイ・イーグル、ダン・ホワイト［10月22日公開］

1950

ウィリーが凱旋するとき When Willie Comes Marching Home

20世紀フォックス　白黒　1時間22分

監督　ジョン・フォード　製作　フレッド・カマー　脚本　メアリー・ルース、リチャード・セイル　撮影　レオ・トーヴァー　美術　ライル・R・ウィーラー、チェスター・ゴア　音楽　アルフレッド・ニューマン　編集　ジェイムズ・B・クラーク

出演　ダン・デイリー（ビル・クラッグス）、コリンヌ・カルヴェ（イヴォンヌ）、コリーン・タウンゼンド（マッジ・フェットルズ）、ウィルアム・デマレスト（ハーマン・クラッグス）、ジェイムズ・ライドン（チャールズ・フェットルズ）、ロイド・コリガン（アダムス市長）、イヴリン・ヴァーデン（ガートルド・クラッグス）、ケニー・ウィリアムズ（楽士）、リー・クラーク（同）、チャールズ・ホルトン（フェットルズ）、メー・マーシュ（フェットルズ夫人）、ジャック・ペニック（教官の軍曹）、ミッキー・シンプソン（M・P・ケリガン）、フランク・パーシング（ピックフォード少佐）、ドン・サマーズ（M・P・シャーヴ）、ギル・ハーマン（クラウン海軍少佐）［2月公開］

幌馬車　Wagon Master

アーゴシィ・ピクチャーズ＝RKOラジオ　白黒　1時間26分

監督　ジョン・フォード　製作　ジョン・フォード、メリアン・C・クーパー

脚本　フランク・S・ニュージェント、パトリック・フォード　撮影　バート・グレノン　美術　ジェイムズ・バセヴィ

音楽　リチャード・ヘイグマン　編集　ジャック・マレー、バーバラ・フォード

出演　ベン・ジョンソン（トラヴィス・ブルー）、ジョーン・ドルー（デンヴァー）、ハリー・ケリー・ジュニア（サンディー）、

ワード・ボンド（エルダー・ウィッグス）、チャールズ・ケンパー（シャイロー・クレッグ）、アラン・モーブレイ（A・ロックスリー・ホール）、ジェーン・ダーウェル（シスター・レジャード）、ルース・クリフォード（フロレッティ・ファイファ）、ジェームズ・アーネス（フロイド・クレッグ）、ラッセル・シンプソン（アダム・パーキンス）、クリフ・ライオンズ（連邦保安官）、カスリーン・オマリー（プルーデンス・パーキンス）、フレッド・ビリー（リーズ・クレッグ）、ハンク・ウォーデン（ルーク・クレッグ）、ミッキー・シンプソン（ジェシー・クレッグ）、フランシス・フォード（ピーチトゥリー）、ドン・サマーズ（サム・ジェンキンズ）、モヴィタ・カステナダ（ナバホ族の若い娘）、ジム・ソープ（ナバホ族）、チャック・ヘイワード（ジャクソン）［4月19日公開］

リオ・グランデの砦　Rio Grande

アーゴシィ・ピクチャーズ＝リパブリック　白黒　1時間45分

監督　ジョン・フォード　製作　ジョン・フォード、メリアン・C・クーパー　脚本　ジェームズ・ケヴィン・マッギネス　撮影　バート・グレノン　美術　フランク・ホタリング　音楽　ヴィクター・ヤング　編集　ジャック・マレー

出演　ジョン・ウエイン（カービー・ヨーク中佐）、モーリン・オハラ（キャスリーン・ヨーク）、クロード・ジャーマン・ジュニア（ジェフ・ヨーク二等兵）、ベン・ジョンソン（トラヴィス・タイリー二等兵）、ハリー・ケリー・ジュニア（ダニエル〝サンディ〟ブーン二等兵）、ヴィクター・マクラグレン（ティモシー・クィンケノン軍曹）、チル・ウィルズ（ウィルキンス軍医）、J・キャロル・ナイシュ（フィリップ・シェリダン将軍）、ピーター・ジュリアン・オルティス（サンジャック大尉）、スティーヴ・ペンドルトン（プレスコット大尉）、グラント・ウィザース（連邦保安官補）、ケン・カーティス（ドネリー）、ジャック・ペニック（軍曹）クリフ・ライオンズ（騎兵）、スタン・ジョーンズ（軍曹）、サンズ・オブ・ザ・パイオニアーズ（連隊歌唱隊）、フレッド・ケネディ（ハインツ）、パトリック・ウエイン（少年）［11月15日公開］

1952

栄光何するものぞ　What Price Glory

20世紀フォックス　カラー　1時間51分

監督　ジョン・フォード　製作　ソル・C・シーゲル　脚本　フィービー・エフロン、ヘンリー・エフロン　撮影　ジョー・マクドナルド　美術　ライル・R・ウィーラー、ジョージ・W・デイヴィス　音楽　アルフレッド・ニューマン　編集　ドロシー・スペンサー

出演　ジェームズ・キャグニー（フラッグ大尉）、コリンヌ・カルヴェ（シャルメイン）、ダン・デイリー（クワート軍曹）、ウィリアム・デマレスト（カイパー伍長）、クレイグ・ヒル（オルドリッチ中尉）、ロバート・ワグナー（ルイソン二等兵）、マリサ・パヴァン（ニコール・ブシャー

ル)、ヘンリー・モーガン(モラン軍曹)、ケイシー・アダムズ(ムーア中尉)、ジェームズ・グリーソン(コークリー将軍)、ウォーリー・ヴァーノン(リビンスキー)、ヘンリー・レトンダル(コニャック・ピート)、フレッド・リビー(シュミット中尉)、レイ・ハイク(マルカーイ)、ポール・フィックス(ゴウディ)、チャールズ・B・フィッツシモンズ(ウィッカム大尉)、ショーン・マクローリー(オースティン中尉)、ピーター・ジュリアン・オルティス(フランス軍将軍)、ジャック・ペニック(ファーガソン)、ルイス・メルシエール(ボーチャード)[8月15日公開]

静かなる男　The Quiet Man

アーゴシィ・ピクチャーズ=リパブリック　カラー　2時間9分

監督　ジョン・フォード　製作　メリアン・C・クーパー、ジョン・フォード

脚本　フランク・S・ニュージェント

撮影　ウィントン・C・ホック　美術　フランク・ホタリング　音楽　ヴィクター・ヤング　編集　ジャック・マレー

出演　ジョン・ウエイン(ショーン・ソーントン)、モーリン・オハラ(メアリー・ケイト・ダナハー)、ヴィクター・マクラグレン("レッド"・ウィル・ダナハー)、ワード・ボンド(ピーター・ロネガン神父)、バリー・フィッツジェラルド(ミケリーン・オグ・フリン)、アーサー・シールズ(シリル・プレイフェア牧師)、アイリーン・クロウ(エリザベス・プレイフェア)、フランシス・フォード(ダン・トビン)、ミルドレッド・ナットウィック(サラ・ティラン)、チャールズ・B・フィッツシモンズ(ヒュー・フォーブス)、ジェームズ・フィッツシモンズ(ポール神父)、ショーン・マクローリー(オーウエイン・グリン)、ケン・カーティス(ダーモット・フェイ)、ジャック・マックゴーラン(イグナティウス・フィーニー)、メー・マーシュ(ポール神父の母)、ハリー・テンブルーク(警官)、マイケル・ウエイン(レース場の少年)、パトリック・ウエイン(レース場の少年)[9月14日公開]

1953

太陽は光り輝く　The Sun Shines Bright

アーゴシィ・ピクチャーズゴールドウィン=U・Aリパブリック　白黒　1時間30分

監督　ジョン・フォード　製作　メリアン・C・クーパー、ジョン・フォード

脚本　ローレンス・ストーリングス　撮影　アーチー・スタウト　美術　フランク・ホタリング　音楽　ヴィクター・ヤング　編集　ジャック・マレイ

出演　チャールズ・ウィニンジャー(ウィリアム・ピットマン・プリースト判事)、アーリーン・ウェラン(ルーシー・リー・レイク)、ジョン・ラッセル(アシュビー・コーウィン)、ステッピン・フェチット(ジェフ・ポインデクスター)、ラッセル・シンプソン(ルート・レイク医師)、ルドウィヒ・ストッセル(ハーマン・フェ

ルスバーグ)、フランシス・フォード(フィーニー)、スリム・ピケンズ(スターリング)、ポール・ハースト(ジミー・バグビー軍曹)、ミッチェル・ルイス(アンディ・レドクリフ保安官)、グラント・ウィザース(バック・ラムジー)、ミルバーン・ストーン(ホーレス・K・メイデュー)、ドロシー・ジョーダン(ルーシー・リーの母親)、エルジー・エマニュエル(U・S・グラント・ウッドフォード)、ヘンリー・オニール(ジョー・D・ハバーシャム)、ジェームズ・カークウッド(フェアフィールド将軍)、アーネスト・ウィットマン(プレザント・〝アンクル・プレズ〟・ウッドフォード)、エヴァ・マーチ(マリー・クランプ)、トレヴァー・バーデット(ルーフ・ラムズール)、ハル・ベイラー(ルーフ・ラムズール・ジュニア)、ジェーン・ダーウェル(オーロラ・ラチット)、クラレンス・ミューズ(ザック)、メー・マーシュ(舞踏会の老嬢)、ジャック・ペニック(ジャック・ペニック)、クリフ・ライオンズ(クリフ・ライオンズ)、保安官補(ビーカー)、パトリック・ウエイン(士官候補生)〔5月2日公開〕

モガンボ Mogambo

MGM カラー 1時間56分

監督 ジョン・フォード 製作 サム・ジンバリスト 脚本 ジョン・リー・メイヒン 撮影 ロバート・サーティース、フレディ・A・ヤング 美術 アルフレッド・ユンゲ 音楽 ロバート・バーンズ 編集 フランク・クラーク

出演 クラーク・ゲーブル(ヴィクター・マーズウェル)、エヴァ・ガードナー(エロイズ・Y・〝ハニー・ベア〟・ケリー)、グレース・ケリー(リンダ・ノードリー)、ドナルド・シンデン(ドナルド・ノードリー)、エリック・ポールマン(レオン・ボルチャック)、フィリップ・ステイントン(ジョン・ブラウン・プライス)、デニス・オデア(ジョセフ神父)、ローレンス・ネイスミス(スキッパー)、エイサ・エチュラ(現地人の若い娘)、ワゲニア族、サムブル族、バハヤ族、ムベチ族〔10月9日公開〕

1955

長い灰色の線 The Long Gray Line

ロータ・プロダクションズ=コロムビア カラー シネスコ 2時間18分

監督 ジョン・フォード 製作 ロバート・アーサー 脚本 エドワード・ホープ 撮影 チャールズ・ロートン・ジュニア 美術 ロバート・ピーターソン 音楽 ジョージ・ダニング 編集 ウィリアム・A・ライオン

出演 タイロン・パワー(マーティン・〝マーティ〟・マー)、モーリン・オハラ(メアリー・オドネル)、ワード・ボンド(ハーマン・J・キーラー大佐)、ハリー・ケリー・ジュニア(ドワイト・D・アイゼンハワー)、ロバート・フランシス(ジェームズ・リンドストロム・ジュニア)、ドナルド・クリスプ(マーティンの老父)、ショーン・マクローリー(ディニー・マー)、ベツィ・パルマー(キティ・カー

ター）、フィリップ・ケリー（チャールズ・ドットソン中尉）、ウィリアム・レスリー（レッド・サンドストロム）、パトリック・ウエイン（シェラブ・オーヴァートン）、ピーター・グレイヴス（ルドルフ・ハインツ大尉）、ミルバン・ストーン（ジョン・パーシング大尉）、エリン・オブライエン・ムーア（ケラー夫人）、ウォルター・D・エアラース（マイク・シャノン）、マーティン・ミルナー（ジム・オカーベリー）、チャック・コートニー（ホイットニー・ラーソン）、ジャック・ペニック（軍曹）、ドン・バークレイ、ウィリス・バウチー［2月9日公開］

ミスタア・ロバーツ　Mister Roberts

オレンジ・プロダクションズ＝WB　カラー　シネスコ　2時間3分
監督　ジョン・フォード、マーヴィン・ルロイ　製作　リランド・ヘイワード　脚本　フランク・ニュージェント、ジョシュア・ローガン　撮影　ウィントン・C・ホック　美術　アート・ロエル　音楽　フランツ・ワックスマン　編集　ジャック・マレー
出演　ヘンリー・フォンダ（ロバーツ中尉）、ジェームズ・キャグニー（艦長）、ジャック・レモン（フランク・サーロウ・パルヴァー少尉）、ウィリアム・パウエル（軍医長“ドク”）、ワード・ボンド（ダウディ兵曹長）、ベツィ・パルマー（アン・ジラード中尉）、フィリップ・ケリー（マニオン）、ニック・アダムス（レーバー）、ペリー・ロペス（ロドリゲス）、ロバート・ローク（インシグナ）、ハリー・ケリー・ジュニア（ステファノスキー）、パトリック・ウエイン（ブックサー）、ケン・カーティス（ドラン）、フランク・アレッター（ゲアハルト）、フリッツ・フォード（リンドロストロム）、バック・カータリアン（メイソン）、ウィリアム・ヘンリー（ビリングス中尉）、ウィリアム・ハドソン（オルソン）、スタビー・クルーガー（シュレンマー）、ティゲ・アンドリュース（ワイリー）、ジム・モローニー（ケネディ）、デニー・ナイルズ（ギルバート）、フランシス・コナー（ジョンソン）、シャグ・フィッシャー（コクラン）、、ダニー・ボサージ（ジョンジー）、ジム・マーフィー（テイラー）、マーティン・ミルナー（沿岸警備隊）、グレゴリー・ウォルコット（同）、ハリー・テンブルーク（コックのクッキー）、カスリーン・オマリー（看護婦）、ジェームズ・フラビン（MP）、ジャック・ペニック（海兵隊軍曹）、デューク・カハナモコ（ポリネシア人の酋長）［7月30日公開］

1956

捜索者　The Searchers

C・V・ホイットニー・ピクチャーズ＝WB　カラー　ヴィスタ　1時間59分
監督　ジョン・フォード　製作　メリアン・C・クーパー、C・V・ホイットニー　脚本フランク・S・ニュージェント　撮影　ウィントン・C・ホック　美術　フランク・ホタリング、ジェイムズ・パセヴィ　音楽　マックス・スタイナー　編集　ジャック・マレー

出演　ジョン・ウエイン（イーサン・エドワーズ）、ジェフリー・ハンター（マーティン・ポーリー）、ヴェラ・マイルズ（ローリー・ジョーゲンセン）、ワード・ボンド（サミュエル・クレイトン）、ナタリー・ウッド（デイビー・エドワーズ）、ラナ・ウッド（少女時代のデイビー・エドワーズ）、ヘンリー・ブランドン（スカー酋長）、ハリー・ケリー・ジュニア（ブラッド・ジョーゲンセン）、ハンク・ウォーデン（モーズ・ハーパー）、ジョン・クォーレン（ラース・ジョーゲンセン）、オリーヴ・ケリー（ジョーゲンセン夫人）、ケン・カーティス（チャーリー・マッコリー）、パトリック・ウエイン（グリーンヒル少尉）、ウォルター・コイ（アーロン・エドワーズ）、ドロシー・ジョーダン（マーサ・エドワーズ）、ピッパ・スコット（ルーシー・エドワーズ）、ロバーロ・ライデン（ベン・エドワーズ）、クリフ・ライオンズ（グリーヒル大佐）、ピーター・ママコス（ジェレム・ファターマン）、ビューラ・アーチュレッタ（ルック）、ジャック・ペニック（騎兵隊二等兵）、アントニオ・モレノ（エミリオ・フェルナンデス・フィギュロア）、メー・マーシュ（砦の夫人）［5月26日公開］

1957

荒鷲の翼　The Wing of Eagles

MGM　カラー　1時間50分

監督　ジョン・フォード　製作　チャールズ・シュニー　脚本　フランク・フェントン、ウィリアム・ワイスター・ヘインズ　撮影　ポール・C・ヴォーゲル　美術　ウィリアム・A・ホーニング、マルコム・ブラウン　音楽　ジョン・アレキサンダー　編集　ジーン・ラギェロ

出演　ジョン・ウエイン（フランク・W・〝スピッツ〟・ウィード）、モーリン・オハラ（ミニー・ウィード）、ダン・デイリー（カーソン）、ワード・ボンド（ジョン・ダッジ）、ケン・カーティス（ジョン・デール・プライス）、エドマンド・ロウ（モフェット提督）、ケネス・トビー（ハーバート・アーレン・ハザード）、ジェイムズ・トッド（ジェック・トラヴィス）、バリー・ケリー（ジョック・クラーク艦長）、シグ・ルーマン（パーティーマネージャー）、ヘンリー・オニール（スペアー艦長）、ウィリス・バウチー（バートン）、ドロシー・ジョーダン（ローズ・ブレントン）、ピーター・オーティス（チャールズ・デクスター中尉）、ルーザジ（ピート）、ウィリアム・トレイシー（空軍将校）、ハーラン・ワード（副長）、ジャック・ペニック（ジョー）、ビル・ヘンリー（海軍後援者）、アルベルト・モリン（セカンド・パーティーマネージャー）、ミミ・ギブソン（ライラ・ウィード）、イヴリン・ルディ（ドリス・ウィード）、チャールズ・トロウブリッジ（クラウン提督）　メー・マーシュ（看護婦クラムレイ）　ジャネット・レイク（看護婦）、フレッド・グレアム（喧嘩する士官）、スチュアート・ホルムズ（プロデューサー）　オリーヴ・ケリー（ブライディ・オファオライン）、サム・ハリス少佐（患者）、メイ・マッカヴォイ（看

護婦)、ウィリアム・ポール・ロウリー(准将、"ザ・ウィード"ベイビー)、チャック・ロバーソン(士官)[2月22日公開]

月の出の脱走
The Rising of the Moon

フォア・プロヴィンス・プロダクションズ=WB 白黒 1時間21分
監督 ジョン・フォード 製作 マイケル・キラニン 脚本 フランク・S・ニュージェント 撮影 ロバート・クラスカー 美術 レイ・シム 音楽 アーモン・オガラガー 編集 マイケル・ゴードン
出演 タイロン・パワー(イントロダクションの解説役)、第一話"The Majesty of the Law"ノエル・パーセル(ダン・オフラーハティ)、シリル・キューサック(検査官マイケル・ディロン)、ジャック・マクゴウラン(ミッキー・J)、エリック・ゴーマン(隣人)、ポール・ファレル(同)、ジョン・コウリー(ゴムビーンの男) 第二話"A Minute Wait"ジミー・オデア(赤帽)、トニー・クイン(駅長)、ポール・ファレル(おかかえ運転手)、J・G・デヴリン(車掌)、マイケル・トルブショア(フロビシャー大佐)、アニタ・シャープ・ポルスター(フロビシャー夫人)、モーリン・ポッター(酒場の女給)、ゴドフレイク・クィグレー(クリスティ)、ハロルド・ゴールドブラット(クリスティの父親)、モーリン・オコンネル(メイ・アン・マクマホン)、メイ・クレイブ(メイの伯母)、マイケル・オダフィ(歌手)、アン・ドルトン(漁師の妻) 第三話"1921" デニス・オデア(巡査部長)、アイリーン・クロウ(その妻)、モーリス・グッド(オグラディ巡査)、フランク・ロートン(陸軍巡査)、エドワード・レクシー(R・Q・M・S)、ドナル・ドネリー(ショーン・カラン)、ジョゼフ・オデア(近衛兵隊長)、デニス・ブレナン、デイヴィッド・マーロウ(以上英国陸軍将校)、ドリーン・マッデン、モーリン・キューザック(以上偽の尼僧)、モーリン・デラニー(老女)[8月10日公開]

1958

最後の歓呼 **The Last Hurrah**

コロムビア 白黒 2時間1分
監督・製作 ジョン・フォード 脚本 フランク・ニュージェント 撮影 チャールズ・ノートン・ジュニア 美術 ロバート・ピーターソン 編集 ジャック・マレー
出演 スペンサー・トレイシー(フランク・スケフィントン)、ジェフリー・ハンター(アダム・コールフィールド)、ダイアン・フォスター(メーヴ・コールフィールド)、パット・オブラインエン(ジョン・ゴーマン)、ベイジル・ラスボーン(ノーマン・キャス・シニア)、ドナルド・クリスプ(枢機卿)、ジェイムズ・グリーン(キューク・ギレン)、エドワード・ブロフィー(ディトー・ボランド)、ジョン・キャラダイン(エイモス・フォース)、ウィリス・バウチー(ロジャー・サグルー)、ベイジル・ルイスディール(ガードナー司教）、リカルド・コルテス（サム・ワインバーグ）、ウォーレス・フォード（チャールズ・J・ヘネシー）、フランク・マクヒュー（フェスタス・ガーヴェイ）、アンナ・リー（ガート・ミニハン）、ジェーン・ダーウェル（デリア・ボイラン）、フランク・アルバートソン（ジャック・マンガン）、チャールズ・フィッツシモンズ（ケヴィン・マックルスキー）、カールトン・ヤング（ウィンスロウ師）、ボブ・スウィーニー（ジョニー・デグナン）、エドマンド・ロウ（ジョニー・バーン）、ウィリアム・レスリー（ダン・ハーリヒィ）、ケン・カーティス（キリアン司教）、O・Z・ホワイトヘッド（ノーマン・キャス・ジュニア）、アーサー・ウォルシュ（フランク・スケフィントン・ジュニア）、ヘレン・ウェスコット（マックルスキー夫人）、ルース・ウォーレン（エレン・ダヴィン）、ダン・ボザージ（ピート）、ジェイムズ・フラヴィン（巡査長）、ウィリアム・フォレスト（医師）、フランク・サリー（消防署長）、チャーリー・サリヴァン（お抱え運転手）、ルース・クリフォード（看護婦）、ジャック・ペニック（巡査）、リチャード・ディーコン（プリマス・クラブ支配人）、ハリー・テンブルーク（フッツィー）、イヴ・マーチ、ビル・ヘンリー、ジェイムズ・ウォーターズ［12月公開］

1959

ギデオン　Gideon's Day（アメリカでのタイトルは **Gideon of Scotland Yard**）

コロムビア・ブリティッシュ・プロダクションズ＝コロムビア　カラー　1時間31分

監督　ジョン・フォード　製作　マイケル・キラニン　脚本　T・E・B・クラーク　撮影　フレデリック・A・ヤング　美術　ケン・アダム　音楽　ダグラス・ガムレイ　編集　レイモンド・ボールトン

出演　ジャック・ホーキンス（ジョージ・ギデオン上級警部）、ダイアン・フォスター（ジョアンナ・デラフィールド）、シリル・キューザック（バーディ・スパロウ）、アンドリュー・レイ（サイモン・ファーナビー＝グリーン巡査）、アンナ・マッセイ（サリー・ギデオン）、ジェームス・ヘイター（ロバート・メイソン）、ロナルド・ハワード（ポール・デラフィールド）、ハワード・マリオン＝クロフォード（スコットランドヤード総監）、ローレンス・ナイスミス（アーサー・セイヤー）、デレク・ボンド（カービィ）、グリゼルダ・ハーヴェイ（カービィ夫人）、ドリーン・マッデン（コートニー嬢）、アンナ・リー（ケイト・ギデオン）、ジョン・ローダー（ポンズフォード）、マイルス・モールソン（オールド・ベイリーの判事）、マージョリー・ローデス（サパレリ夫人）、マイケル・シェプレイ（ルパート・ベラミー卿）、マイケル・トラブショウ（ゴライトリー警部）、ジャック・ワトリング（スモール牧師）、ハーミオン・ベル（ドリー・サパレリ）、ドナルド・ドネリー（フィーニィ）、ビリー・ホワイトロー（クリスタイン）、マルコム・ランソン（ロニー・ギデオン）、フランシス・クラウディ（フランシス・フィッツヒューバート）、デイヴィッド・アイルマー（マンナーズ）、ブライアン・スミス（ホワイト＝ダグラス）、バリー・キーガン（運転手ライリー）、モーリン・ポッター（エセル・スパロー）、ヘンリー・ロングハート（コートニー警部）、チャールズマウンセル（ウォーカー）、スチュアート・ソンダース（高等法院通りの警官）、デルヴィス・ウォード（シンモ）、ジョーン・イングラム（レディ・ベラミー）、ナイジェル・フィッツジェラルド（キャメロン上級警部）、ロバート・ラグラン（ドーソン）、ジョン・ウォリック（ギリック上級警部）、ジョン・メシュリエール（検事）、ピーター・ゴッドセル（ジミー）、ロバート・ブルース（弁護士）、アラン・ロルフ（病院の検察局員）、デレク・プレンティス（最初の雇い主）、アレステア・ハンター（二番目の雇い主）、ヘレン・ゴス（雇い主の女性）、スーザン・リッチモンド（メイ伯母）、レイモンド・ローレンット（ディック伯父）［イギリス公開は58年2月、アメリカ公開は59年2月］

騎兵隊　The Horse Soldiers

ミリッシュ・カンパニー＝U・A　カラー　1時間59分

監督　ジョン・フォード　製作・脚本　ジョン・リー・メイヒン、マーティン・ラッキン　撮影　ウィリアム・クロージア　美術　フランク・ホタリング　音楽　デヴィッド・バトルフ　編集　ジャック・マレー

出演　ジョン・ウエイン（ジョン・マーロー大佐）、ウィリアム・ホールデン（ヘンリー・〝ハンク〟・ケンドール少佐）、コンスタンス・タワーズ（ハンナ・ハンター）、アルシア・ギブソン（ルーキー）、ジャドソン・プラット（カービー曹長）、ケン・カーティス（ウィルキー伍長）、ウィリス・ボーシェイ（フィル・シーコード大佐）、デンヴァー・パイル（ジャガー・ジョー）、ストローザー・マーティン（ヴァージル）、ビング・ラッセル（ダンカー）、O・Z・ホワイトヘッド（オーティス・〝ホッピー〟・ホプキンズ）、ハンク・ウォーデン（ディーコン）、フート・ギブソン（ブラウン軍曹）、アンナ・リー（ビュフォード夫人）、カールトン・ヤング（ジョナサン・マイルズ大佐）、ベイジル・ルイスディール（ジェファーソン幼年学校校長）、ラッセル・シンプソン（ヘンリー・グッドボーイ保安官）、クリフ・ライオンズ（軍曹）、スタン・ジョーンズ（ユリシーズ・S・グラント将軍）、ウォルター・リード（北軍騎兵隊将校）、チャック・ヘイワード（北軍騎兵隊大尉）、フレッド・グレアム（北軍騎兵隊員）、ジャック・ペニック（ミッチェル曹長）、チャールズ・シール（ニュートン駅のバーテンダー）、リチャード・カッティング（シャーマン将軍）［6月公開］

1960

バファロー大隊　Sergeant Rutledge

フォード・プロダクションズ＝WB　カラー　1時間51分
監督　ジョン・フォード　製作　パトリック・フォード、ウィリス・ゴールドベック　脚本　ウィリス・ゴールドベック、ジェームズ・ウォーナー・ベラ　撮影　バート・グレノン　美術　エディ・イマズ　音楽　ハワード・ジャクソン　編集　ジャック・マレイ
出演　ジェフリー・ハンター（トム・カントレル中尉）、コンスタンス・タワーズ（メアリー・ビーチャー）、ウッディー・ストロード（ブラックストン・ラトレッジ軍曹）、ビリー・バーク（コーデリア・フォスゲート夫人）、ファノ・エルナンデス（マシュー・ルーク・スキッドモア軍曹）、ウィリス・バウチー（オティス・フォスゲート大佐）、カールトン・ヤング（シャタック大尉）、ジャドソン・プラット（マルクィーン中尉）、ビル・ヘンリー（ドワイアー大尉）、ウォルター・リード（マッカフィー大尉）、チャック・ヘイワード（ディッキンソン大尉）、メー・マーシュ（ネリー）、フレッド・リビー（チャンドラー・ハブル）、トビー・リチャーズ（ルーシー・ダブニー）、ジャン・スタイン（クリス・ハブル）、ハンク・ウォーデン（ラレド）、チャック・ロバーソン（陪審員）、エヴァ・ノヴァック（法廷の観客）、エステル・ウィンウッド（同）、シャグ・フィッシャー（オウエインス師）［5月28日公開］

1961

馬上の二人　Two Rode Together

フォード＝シュペトナー・プロダクションズ＝コロムビア　カラー　1時間49分
監督　ジョン・フォード　製作　スタンリー・シュペトナー　脚本　フランク・S・ニュージェント　撮影　チャールズ・ロートン・ジュニア　美術　ロバート・ピーターソン　音楽　ジョージ・ダニング　編集　ジャック・マレー
出演　ジェームズ・スチュアート（ガスリー・マケーブ連邦保安官）、リチャード・ウィドマーク（ジム・ゲイリー中尉）、リンダ・クリスタル（エレナ・デ・ラ・マドリアーガ）、シャーリー・ジョーンズ（マーティ・パーセル）、アンディ・ディヴァイン（ダリウス・P・ポージー軍曹）、ジョン・マッキンタイア（フレイザー少佐）、ヘンリー・ブランドン（クアナ・パーカー）、ハリー・ケリー・ジュニア（オーソー・クレッグ）、オリーヴ・ケリー（アビー・フライザー）、ケン・カーティス（グリーリー・クレッグ）、アンナ・リー（マラプロップ夫人）、アネル・ヘイズ（ベル・アレゴン）、ジャネット・ノーラン（メアリー・マッキャンドルス）、クリフ・ライオンズ（ウィリアム・マッキャンドルス）、ジョン・クゥオーレン（オリー・クヌードセン）、ポール・バーチ（エドワード・パーセル判事）、ウィリス・ボーシェイ（ハリー・J・リングル）、ウッディー・ストロード（ストーン・カルフ）、デビッド・ケント（ランニング・ウルフ）、メー・マーシュ（ハンナ・クレッグ）、ジャック・ペニック（軍曹）［7月26日公開］

1962

リバティ・バランスを射った男
The Man Who Shot Liberty Valance

フォード・プロダクションズ＝パラマウント　白黒　2時間2分
監督　ジョン・フォード　製作　ウィリス・ゴールドベック　脚本　ウィリス・ゴールドベック、ジェイムズ・ウォーナー・ベラ　撮影　ウィリアム・H・クロージア　美術　ハル・ペレイラ、エディ・イマズ　音楽　シリル・J・モックリッジ　編集　オソー・ラヴァリング
出演　ジェームズ・スチュアート（ランソム・ストッダード）、ジョン・ウエイン（トム・ドニファン）、ヴェラ・マイルズ（ハリー・ストッダード）、リー・マーヴィン（リバティ・バランス）、エドマンド・オブライエン（ダットン・ピーボディ）、アンディ・ディヴァイン（リンク・アップルヤード）、ケン・マレイ（医師ウィロビー）、ジョン・キャラダイン（カシアス・スターバックル少佐）、ジャネット・ノーラン（ノラ・エリクソン）、ジョン・クォーレン（ピーター・エリクソン）、ウィリス・バウチー（ジェーソン・タリー）、カールトン・ヤング（マックスウェル・スコット）、ウッディー・ストロード（ポンペイ）、デンヴァー・パイル（エイモス・カールザース）、ストローサー・マーティン（フロイド）、リー・ヴァン・クリーフ（リーズ）、ロバート・F・サイモン（ハンディ・ストロング）、O・Z・ホワイトヘッド（ベン・カールザース）、ポール・バーチ（町長ウィンダー）、ジョゼフ・フーバー（ハズブルック）、ジャック・ペニック（酒場の亭主）、アンナ・リー（乗客）、チャールズ・シール（候補者選出会議の議長）、シャグ・フィッシャー（酔っぱらい）、アール・ホッジンス、スチュアート・ホームズ、ドロシー・フィリップス、バディ・ルーズヴェルト、ガートルード・アスター、エヴァ・ノヴァク、スリム・タルボット、モンティ・モンタナ、ビル・ヘンリー、ジョン・B・ホワイトフォード、ヘレン・ギブソン、サム・ハリス少佐［4月公開］

西部開拓史　How the West Was Won

シネラマ＝MGM　カラー　2時間42分
監督　ジョン・フォード（〝南北戦争〟）、ヘンリー・ハサウェイ（〝川〟／〝平原〟／〝無法者〟）、ジョージ・マーシャル（〝鉄道〟）　製作　バーナード・スミス　脚本　ジェームズ・R・ウェッブ　美術　ジョージ・W・デイヴィス、ウィリアム・フェラーリ、アディソン・ヘイル　音楽　アルフレッド・ニューマン、ケン・ダービー　編集　ハロルド・F・クレス（以下フォードのパートのみ）　撮影　ジョゼフ・ラシェル
出演　ジョン・ウエイン（ウィリアム・シャーマン将軍）、ジョージ・ペパード（ゼブ・ローリングス）、キャロル・ベイカー（イヴ・プレスコット）、ヘンリー・モーガン（ユリシーズ・グラント将軍）、アンディ・ディヴァイン（パターソン伍長）、ラス・タンブリン（南軍脱走兵）、ウィリス・バウチー（軍医）、クロード・

ジョンソン（ジェレマイア・ロウリング）、スペンサー・トレイシー（ナレーター）
［11月公開］

1963

ドノバン珊瑚礁　Donovan's Reef

フォード・プロダクションズ＝パラマウント　カラー　1時間49分
監督　ジョン・フォード　製作　ジョン・フォード　脚本　フランク・ニュージェント、ジェームズ・E・グラント　撮影　ウィリアム・H・クロージア　美術　ハル・ペレイラ、エディ・イマズ　音楽　シリル・J・モックリッジ　編集　オソー・ラヴァリング
出演　ジョン・ウエイン（マイケル・パトリック・〝ガンズ〟・ドノバン）、リー・マーヴィン（トーマス・アロイシアス・〝ボーツ〟・ギルフーリー）、エリザベス・アーレン（アメリア・デダム）、ジャック・ウォーデン（ウィリアム・デダム）、シーザー・ロメロ（アンドレ・デラージ総領事）、ドロシー・ラムーア（ラフルール）、ジャクリーヌ・マドーフ（レラーニ）、ジェフリー・バイロン（ルーク・デダム）、シェリレーン・リー（サリー・デダム）、マイク・マズルキ（モンク・メンコヴィッチ巡査）、マルセル・ダリオ（クルーゾー神父）、ヨン・フォング（ユー神夫）、チュリライン・リー（サリー・デッドハム）、ティム・スタッフォード（ルキ・デッドハム）、カーメン・エストラボウ（尼僧ガブリエル）、イヴォンヌ・ピーティ（尼僧マシュー）、フランク・ベイカー（マーティン大尉）、エドガー・ブキャナン（ボストンの公証人）、パトリック・ウエイン（オーストラリア海軍少尉）、チャールズ・シール（大伯父セドリー・アターブリー）、チャック・ロバートソン（フェスタス）、メー・マーシュ（アメリアの家族会議メンバー）、ディック・フォーラン（オーストラリア海軍士官）、クリフ・ライオンズ（同）［7月公開］

1964

シャイアン　Cheyenne Autumn

フォード＝スミス・プロダクションズ＝WB　カラー　2時間39分
監督　ジョン・フォード　製作　バーナード・スミス　脚本　ジェームズ・R・ウェッブ　撮影　ウィリアム・H・クロージア　美術　リチャード・デイ　音楽　アレックス・ノース　編集　オソー・ラヴァリング
出演　リチャード・ウィドマーク（トーマス・アーチャー大尉）、キャロル・ベイカー（デボラ・ライト）、ジェームズ・スチュアート（ワイアット・アープ）、アーサー・ケネディー（ドク・ホリデー）、エドワード・G・ロビンソン（カール・シュルツ）、カール・マルデン（オスカー・ウェッセルズ大尉）、ドロレス・デル・リオ（スパニッシュ・ウーマン）、リカルド・モンタルバン（リトル・ウルフ）、ギルバート・ローランド（ダル・ナイフ）、サル・ミネオ（赤シャツ）、パトリック・ウエイン（スコット少尉）、エリザベス・アーレン（グィネヴィア・プランタジネット）、ヴィクター・ジョリー（トール・

トゥリー）、ハリー・ケリー・ジュニア（騎兵スミス）、ジョン・キャラダイン（ジェフ・ブレア少佐）、ベン・ジョンソン（騎兵プラムトゥリー）、マイク・マズルキ（スタニスラウス・ウィチャウスキー曹長）、ジョージ・オブライエン（ブレイデン少佐）、ショーン・マクローリー（オキャベリー医師）、カーメン・ド・アントニオ（ボウニーの女）、ケン・カーティス（ジョー）、ウォルター・ボールドウィン（ジェレミー・ライト）、シャグ・フィッシャー（スキニー）、ナンシー・セウ（リトルバード）、チャック・ロバートソン（歩兵軍曹）、ジャドソン・プラット（ダグ・ケリー市長）、リー・ブラドレー（シャイアン）、フランク・ブラドレー（同）、ウォルター・リード（ピーターソン中尉）、ウィリス・バウチー（大佐）、カールトン・ヤング（カール・シュルツの側近）、デンヴァー・パイル（ヘンリー上院議員）、ジョン・クォーレン（スヴェンソン）
［10月公開］

1965

荒野の女たち　7 Women

フォード＝スミス・プロダクションズ＝MGM　カラー　1時間27分

監督　ジョン・フォード　製作　バーナード・スミス　脚本　ジャネット・グリーン、ジョン・マコーミック　撮影　ジョゼフ・ラシェル　美術　ジョージ・W・デイヴィス、エディ・イマズ　音楽　エルマー・バーンスタイン　編集　オソー・ラヴァリング

出演　アン・バンクロフト（女医、D・R・カートライト）、スー・リオン（エマ・クラーク）、マーガレット・レイトン（アガサ・アンドリュース）、フロラ・ロブソン（ミス・ビンス）、ミルドレッド・ダンノック（ジェイン・アージェント）、ベティ・フィールド（フロリー・ペザー）、アンナ・リー（ラッセル夫人）、エディー・アルバート（チャールズ・ペザー）、マイク・マズルキ（トゥンガ・カーン）、ウッディー・ストロード（リーン・ウォリアー）、ジェイン・チャン（リング夫人）、ハンス・ウィリアム・リー（キム）、H・W・ジム（クーリー）、アイリーン・ツー（中国人の少女）［1月公開］

〈テレビ作品〉

1955

竹の十字架　The Bamboo Cross

NBC　白黒　27分（シリーズ「ファイアーサイド・シアター」の一話）

監督　ジョン・フォード　製作　ウィリアム・アッシャー　脚本　ローレンス・ストーリングス　撮影　ジョン・マックバーニー　美術　マーティン・オブジナ　音楽スーパーバイザー　スタンレー・ウィルソン　スーパーバイジング・エディター　リチャード・G・レイ

出演　ジェーン・ワイマン（尼僧レジナ）、ペティ・リン（尼僧アン）、スー・ヤング（シチ・サオ）、ジム・ホング（マーク・チュー）、ジュディ・ウォング（タニヤ）、

ドン・サマーズ（ホー・クォング）、クルト・カッチ（キング・ファット）、パット・オマリー（神父）、フランク・ベイカー（脇役の男）［12月6日放映］

新人王　Rookie of the Year

NBC　白黒　29分（シリーズ「映画監督劇場」の一話）
監督・案内役　ジョン・フォード　製作　ハル・ローチ　脚本　フランク・ニュージェント　撮影　ハル・モール　美術　ウィリアム・フェラーリ
出演　ジョン・ウエイン（マイク・クローニン）、ヴェラ・マイルズ（ローズ・グッドヒュー）、ワード・ボンド（バック・ガリソンこと、ラリー・グドヒュー）、パトリック・ウエイン（リン・グッドヒュー）、ジェイムズ・グリーソン（エド）、ウィリス・バウチー（新聞編集者カリー）［12月7日放映］

1960

コルター・クレイヴン物語　The Colter Craven Story

NBC　白黒　53分（シリーズ『幌馬車隊』の一話）
監督　ジョン・フォード　製作　ハワード・クリスティ　脚本　トニー・ポールソン　撮影　ベンジャミン・N・クライン　美術　マーティン・オブジナ　音楽　スタンレー・ウィルソン、ジェローム・モロス　編集　トーマス・フェイ、デイヴィッド・オコンネル
出演　ワード・ボンド（セス・アダムス少佐）、カールトン・ヤング（コルター・クレイヴン）、フランク・マクグラス（チャック・ウースター）、テリー・ウィルソン（ビル・ホークス）、ジョン・キャラダイン（バーク）、チャック・ヘイワード（クェンティン）、ケン・カーティス（カイル）、アンナ・リー（アラリス・クレイヴン）、クリフ・ライオンズ（クリール）、ポール・バーチ（サム・グラント）、アネル・ヘイス（グラント夫人）、ウィリス・バウチー（ジェシー・グラント）、ジャック・ペニック（軍曹）、ハンク・ウォーデン（シェリー）、チャールズ・シール（モート）、ビル・ヘンリー（クリンドル）、チャック・ロバートソン（ジュニア）、デニス・ラッシュ（ジェイミー）、ハリー・テンブルーク（シェリーの友人）、ビューラ・ブレイズ、ロン・チャーニー・ジュニア、ジョン・ウエイン（マイケル・モリスの変名でシャーマン将軍役）［11月23日放映］

1962

フラッシング・スパイクス　Flashing Spikes

ABC　白黒　53分（『アルコア・プレミア・シリーズ』の一話）
監督　ジョン・フォード　脚本　ジェイムソン・ブルーアー　撮影　ウィリアム・H・クロージア　美術　マーティン・オブジナ　音楽　ジョニー・ウィリアムズ　編集　リチャード・ベルティング、トニー・マーチネリ　タイトル・デザイン　ソール・バス
出演　ジェームズ・スチュアート（スリ

ム・コンウェイ)、ジャック・ウォーデン(コミッショナー)、パトリック・ウエイン(ビル・ライリー)、エドガー・ブキャナン(クラブ・ホルコム)、タイグ・アンドリュース(ギャビー・ラサル)、カールトン・ヤング(レックス・ショート)、ウィリス・バウチー(市長)、ドン・ライスデール(ゴマー)、ステファニー・ヒル(メアリー・ライリー)、チャールズ・シール(判事)、ビング・ラッセル(ホーガン)、ハリー・ケリー・ジュニア(ダッグアウトの男)、ヴィン・スカリー(アナウンサー)、ウォルター・リード(二番目のリポーター)、サリー・ヒューズ(看護婦)、ラリー・ブレイク(最初のリポーター)、チャールズ・モートン(アンパイア)、サイ・マリス(端役)、ビル・ヘンリー(コミッショナーのアシスタント)、ジョン・ウエイン(マイケル・モリスの変名で海兵隊軍曹役)、アート・パサレラ(アンパイア)、ヴァーン・スティーヴンス(最初に出てくる野球選手)、ラルフ・ヴォルキー(二番目の選手)、アール・ジルピン(三番目の選手)、バッド・ハーデン(四番目の選手)、ホイットニー・キャンベル(五番目の選手)

[10月4日放映]

作成にあたって、Bill Levy "JOHN FORD A Bio-Bibliography" Greenwood Press、ピーター・ボグダノヴィッチ/高橋千尋訳『インタビュー ジョン・フォード』文遊社、その他インターネット上の各種映画サイトを参照した。

主要参照資料

ピーター・ボグダノヴィッチ『インタビュー　ジョン・フォード』、高橋千尋訳、文遊社、2011年

ダン・フォード『ジョン・フォード伝――親父と呼ばれた映画監督』、高橋千尋訳、文藝春秋、1987年

リンゼイ・アンダーソン『ジョン・フォードを読む：映画、モニュメント・ヴァレーに眠る』、高橋千尋訳、フィルムアート社、1984年

アンドレ・バザン『映画とは何かⅡ 映像言語の問題』、小海永二訳、美術出版社、1970年

フランソワ・トリュフォー『映画の夢 夢の批評』、山田宏一・蓮實重彥訳、たざわ書房、1979年

デヴィッド・ボードウェル『小津安二郎――映画の詩学』、杉山昭夫訳、青土社、2003年

ジョルジュ・サドゥール『世界映画史』、丸尾定訳、みすず書房、1964年

＜以下は邦訳なし＞

Bill Levy, *John Ford - A Bio-Bibliography,* Greenwood Press, 1998

Andrew Sarris, *The John Ford Movie Mystery,* Cinema One S. Martin Secker and Warburg 1976

Peter Bogdanovich, *Directed by John ford,* 1971

Sue Matheson, *The Westerns and War Films of John Ford,* Rowman & Littlefield, 2016

Tag Gallagher, *John Ford - The Man and His Films,* University of California Press, 1986

Tag Gallagher, *John Ford - Himself and his Movies,* Kindle, 2017

Joseph McBride, *Searching for John Ford - A Life,* St. Martin's Press, 1999

Scott Eyman, *Print the Legend - The Life and Times of John Ford,* Simon & Schuster, 1999

Harry Carey, Jr., *Company of Heroes - My Life as an Actor in the John Ford Stock Company,* Tylor Trade Publishing, 2013

Jean Mitry, *John Ford,* Editions Universitaires, 1954

Jean-Loup Bourget, *John Ford,* Rivages, 1990

Andrew Sinclair, *John Ford - A Biography,* Dial Press, 1979

Brian Spittles, *John Ford,* Pearson Education Limited, 2002

Patrice Rollet, Nicolas Saada, *John Ford - Cahiers du Cinéma,* L'Etoile／Cahiers du Cinéma 1990

Maureen O'Hara, John Nicoletti, *'Tis Herself - A Memoir,* Simon & Schuster, 2004

David Meuel, *Women in the Films of John Ford,* McFarland, 2014

Richard Roud, *Jean-Marie Straub,* Viking Press, 1972

索引＜映画作品名＞

索引＜人名＞

本文中登場箇所のみ。ジョン・フォードは省略。姓・名のみの場合もフルネームを記載。

初出　序章（「文學界」二〇一九年十二月号）、第一章（同二〇二〇年二月号）、第二章（同四月号）、第三章（同七月号～九月号）、第四章（同二〇〇五年三月号）、第五章（同二月号）、終章（同二〇二一年四月号）。それぞれ大幅な修正を施した。

装丁　中川真吾
写真協力　シネマヴェーラ渋谷、公益財団法人川喜多記念映画文化財団
カヴァー表1『アラモ』撮影現場のジョン・フォード。
同表4『駅馬車』、化粧扉と巻末『リオ・グランデの砦』より。
DTP制作　ローヤル企画
索引制作　鷗来堂

蓮實重彦 はすみ・しげひこ

一九三六（昭和十一）年東京生れ。東京大学文学部仏文学科卒業。一九八五年、映画雑誌「リュミエール」の創刊編集長、一九九七年から二〇〇一年まで第二十六代東京大学総長を務める。文芸批評、映画批評から小説まで執筆活動は多岐にわたる。一九七七年『反＝日本語論』で読売文学賞、一九八九年『凡庸な芸術家の肖像 マクシム・デュ・カン論』で芸術選奨文部大臣賞、一九八三年『監督 小津安二郎』（仏訳）で映画書翻訳最高賞、二〇一六年『伯爵夫人』で三島由紀夫賞をそれぞれ受賞。他の著書に『批評あるいは仮死の祭典』『夏目漱石論』『大江健三郎論』『表層批評宣言』『物語批判序説』『陥没地帯』『オペラ・オペラシオネル』『「赤」の誘惑―フィクション論序説―』『「ボヴァリー夫人」論』『見るレッスン 映画史特別講義』『ショットとは何か』など多数。一九九九年、芸術文化コマンドゥール勲章受章。

ジョン・フォード論《ろん》

二〇二二年七月三〇日 第一刷発行
二〇二三年三月二〇日 第三刷発行

著者 蓮《はす》實《み》重《しげ》彦《ひこ》
発行者 大川繁樹
発行所 株式会社 文藝春秋
〒一〇二―八〇〇八
東京都千代田区紀尾井町三―二三
電話 〇三―三二六五―一二一一（代）
印刷所 大日本印刷
製本所 若林製本

ISBN978-4-16-391574-6

THE END